中国脱贫攻坚的
理论与实践

FIGHTING ABSOLUTE POVERTY IN CHINA

THEORY AND PRACTICE

郑宝华 著

社会科学文献出版社
SOCIAL SCIENCES ACADEMIC PRESS (CHINA)

目　录

自　序

自己已经快到了"耳顺"之年，且已经是二级研究员了，既没有工作和生活压力，也没有太大动力来写作这本书。但作为一个"三农"学者，作为农民的儿子，自己不仅干过各种各样的农活，而且挣过工分，深知农民之苦、农民之所期所盼，有责任为广大农民说些实在话。重要的是，自己1986年大学毕业被分配到云南省社会科学院从事"三农"研究工作，不仅真实体验了我国"三农"问题的衍化，而且对贫困问题有着刻骨铭心的记忆，更重要的是，个人一直没有离开过贫困问题的研究。可以说，最初对贫困问题更多是一种兴趣爱好，真正喜欢"三农"，特别是贫困问题的研究，而后来更多变成一种责任，一种压迫感，让自己必须静下心来，把我国农村扶贫开发这一波澜壮阔的过程及其带给广大农民的真切变化、积累的宝贵经验、形成的理论思考做个交代。正是这种个人兴趣和责任，促使自己完成了这部书稿的写作。当然，在书稿即将付印之际，也有必要交代一下自己关于贫困问题研究的心路历程。

作为20世纪60年代出生在农村的人，深刻体会了农民生活之苦，加上自己家庭出身为"社员"[①]，更吃了不少苦头。别人家的孩子可以顺顺当当去上学，自己则因为爷爷是"地主子女"，父亲不让读书，五六岁开始帮助家里做家务、拾牲口粪便作为肥料，当同年纪的小伙伴们都能去上学时，自己只能借去拾粪的机会，趴在教室的窗前听老师讲课，听小伙伴们

---

① 是地主、富农的前称，1979年中央决定把地主、富农改称为社员，政治待遇成为正常公民。

咿呀的读书声。随后被老师发现了，到家里七八次做我父母的工作。最后，我才得以到学校读书，且从二年级读起……1980年，因为有了改革开放的好政策，自己以优异的成绩考进了陆良一中读高中，并顺利于1982年考入云南大学经济系，就读政治经济学专业。① 由于大学期间只会读书，1986年大学毕业后以较好的成绩被分配到了云南省社会科学院农业经济研究所，如愿当上了"国家干部"，吃上了"皇粮"，成为一名"三农"学者。

当时，刚参加机关工作的人需要到基层支教，叫作"讲师团"。我被分配到现在的昭通市镇雄县。从事"三农"研究的学者大多知道镇雄县是云南省的第一人口大县②，也是云南省贫困面最大、贫困程度最深的一个县。由于是经济学专业毕业，我被分配到了镇雄县委党校去负责商业经济专业的电大班。支教期间，我利用业余时间去该县的杉树乡③做调研。当时还只有一条很窄的土路通到乡政府，路上花了整整一天的时间。让我吃惊的是，当我与乡政府附近的村民座谈时，村民首先问我的问题是："北京有多大，比杉树乡政府大多少？""有没有汽车卖，如果有，我们能不能买一辆回来摆在村里看看？"……这就是我脑海中留下的贫困记忆。随后，我把调研发现写成了调研报告，这也是我人生的第一份铅字文稿④。

1987年支教工作结束回到农业经济研究所从事科研工作，首先参与的课题就是"云南农业发展战略研究"和"云南省41个贫困县脱贫致富战略研究"，并且是后一个课题的秘书。可以这样说，大学毕业参加工作后，最先参加的就是关于贫困问题研究的课题。随后参加了当年美国福特基金会与云南省人民政府合作的"云南省贫困山区综合开发试验示范与推广项

---

① 不是自己喜欢政治经济学，更不知道政治经济学是什么，因为父亲不识多少字，母亲则是大字不识的文盲，入学志愿也不知道填写什么，就这样"选择"了这个"热门"专业。
② 2019年全县总人口为143.79万人，占云南省总人口的2.96%，但2015年的建档立卡贫困人口达到282480人，贫困发生率高达19.67%（数据来源于相关年份的《云南领导干部手册》）。
③ 根据镇雄县人民政府提供的资料，该乡距镇雄县城120多公里，2015年总人口为23668人，其中建档立卡贫困人口为5174人，贫困发生率为21.86%，比当年镇雄县的贫困发生率高出了2个多百分点。
④ 当时都还是手写稿。该调研报告收录于农业经济研究所的内刊，因此是铅字印刷。

目"，不仅有更多机会深入贫困地区做调查研究，而且有机会接触到一些西方学者，对西方学者关于贫困问题的研究有了更多了解，还翻译了一些有关美国贫困问题的资料。最值得庆幸的是，有机会于1992年6月到国立菲律宾大学碧瑶分校攻读社会发展专业硕士研究生，并于1994年7月准时毕业回国。

国外学习最大的收获是研究视角和研究方法。从研究视角来看，最重要的就是能否站在包括贫困者在内的被研究者的角度去分析问题和研究问题，即所谓的换位思考。这一新视角至少让自己认识到，贫困者也大多是"经济人"，且是"理性经济人"，谁也不愿意选择贫困，选择忍饥挨饿，选择被人看不起。而从研究方法角度来讲，需要科学的研究方法，即方法论。这两者结合在一起，要求研究者必须回到现实生活中去，回到贫困者的生活中去，走马观花或者说"坐车观花"以及随便下去收集一点部门资料，本质上不叫调研，尤其是对学者来讲。真正的实地调研，必须回到老百姓的现实生活中去，不要说同吃同住同劳动，但至少要采取有效的方法与老百姓面对面地进行深入系统的交流，并亲身去体验他们生活的不易，去感受他们生存的艰辛。为此，个人为了写好硕士学位论文，在怒江州的两个贫困村各待了一个月的时间，并采用了国际上较为有效的参与式农村评估（Participatory Rural Appraisal，PRA）调查方法作为辅助工具，做了深入的实地调研。

为了践行自己在国外学习所认知的理念和方法，2006年，在云南省社会科学院时任领导的关心支持下，创办了农村发展研究所，并任所长至2020年6月。在这期间，致力于把研究所建设成为建基于云南，通过跨学科行动研究，弘扬民本思想、服务政府决策、创新发展理论，致力于建设和谐农村的开放型学术机构。为此，把"贵民份、尊特色、汇多元、勤生计、乐山水、享盛世"作为农村发展研究所的愿景，提出了"扎根农村社区，弘扬民本思想；实践行动研究，服务政府决策；创新发展理论，献智和谐农村"的建所使命，并确立了"平等、热情、倾听、学习"的价值观，规划了"社区参与、综合发展、行动研究、能力建设、伙伴关系"的发展战略。其中，"社区参与"强调，社区对自身事务有知情权、选择权和决策权；人民群众是发展的主体，社区以外的个人和组织都只能是协助者和指导者；研究问题及其解决方法来源于社区，研究成果与社区分享，并服务于社区问题的解决。"行动研究"倡导，摒弃从书本到书本的学风，强调实地调研，在调研中体恤人民的喜怒哀乐，反映社区的客观现实，总结本土的经验知识。在丰富发展社会科学理论的同时，努力改善弱势群体的生计，升华研究者的社会责任感。

而从科研工作来看，组织实施了一些以调查研究为主的课题，如"中国农村反贫困词汇释义"（2002 年英国行动援助基金资助，已结题），"云南'十一五'农村扶贫开发经验问题及对策研究"（2010 年云南省社会科学院立项，已结项），"云南片区扶贫开发研究"（2011 年云南省人民政府决策咨询课题，省扶贫办委托，已结题），"云南省迪庆藏族自治州发展类型与社区需求研究"（2012 年云南省扶贫办委托，已结题），"西部民族地区生态移民聚居区农地制度改革难点及对策研究"（2015 年国家社会科学基金项目，已结题），"云南精准扶贫的对策研究"（2015 年云南省人民政府省长课题，已结题），"曲靖市脱贫攻坚发展报告"（2017 年中共曲靖市委委托，已结题），"云南巩固脱贫成果对策研究"（2018 年中共云南省委财经委委托，已结题），"云南扶贫对象分类研究"（2018 年中共云南省委财经委委托，已结题），"深度贫困地区政策实施效果评估研究"（2019 年国务院扶贫办委托，子课题负责人，已结题），"云南脱贫攻坚实践成效与经验总结"（2020 年云南省哲学社会科学规划办委托马工程项目，已结题），"曲靖市脱贫攻坚实践成效与经验总结"（2020 年中共曲靖市委委托，已结题），等等。

不仅主持了以上以调查研究为主的课题，而且推动了一些行动研究项目，如"贫困山区市场开发研究"（2006 年美国洛克菲勒基金会资助，已结题），"改善政府政策，促进社区在环境治理中的参与"（2008 年联合国开发计划署资助，已结题），"少数民族贫困山区妇女刺绣发展项目"（2008 年美国洛克菲勒基金会资助，已结题），等等。为了强化理论支撑并改进研究方法，除了 2007 年 9 月至 2011 年 3 月完成了博士学位学业外，还于 2000 年 4～5 月到英国曼彻斯特大学学习参与式贫困评估方法（Participatory Poverty Assessment, PPA)，2003 年 8 ~ 9 月到美国夏威夷大学学习贫困图示方法（Poverty Mapping），等等。

除此以外，还先后为世界银行、亚洲开发银行、联合国开发计划署、欧洲联盟、联合国教科文组织、联合国粮农组织、国际农发基金、世界粮食计划署、英国政府、德国政府、澳大利亚政府、新西兰政府等国际组织和外国政府在华农村扶贫项目提供决策咨询服务。尤其是作为世界银行专家参加了其中国扶贫贷款项目 3 ~ 5 期的咨询工作，使自己有更多机会到全国，特别是西部地区的贫困县做了大量 PPA 研究，不仅对贫困问题研究进一步深化，而且不断完善了相关调查研究方法，为随后的调查研究奠定了坚实的方法论基础。

正是有了深厚的理论基础和科学的研究方法支撑，个人也取得了不错的科研业绩，获得了一些荣誉。1995 年被评为云南省跨世纪中青年学术技术带头人后备人才，1996 年 8 月被破格评聘为副研究员，1998 年 8 月被破格评聘为研究员，2002 年成为云南省跨世纪中青年学术技术带头人，2005 年获云南省人民政府"有突出贡献专家"称号，2008 年被评为云南省宣传文化系统"四个一批"人才，2012 年 12 月被聘为云南省社会科学院二级研究员，2015 年被评为云南省"文化名家"。一些科研成果也获得过不少奖励，如《云南片区扶贫推进机制研究》获 2011 年国务院扶贫办"扶贫开发优秀调研报告"一等奖；《云南发展高原特色农业与构建新型农业经营体系研究》获 2016 年云南省第二十次哲学社会科学优秀成果三等奖；《找准片区开发与精准扶贫的结合点》获云南省扶贫开发领导小组办公室"云南省学习贯彻习近平总书记扶贫开发重要论述"征文二等奖；《云南推进现代农业发展路径研究》获 2017 年云南省第二十一次哲学社会科学优秀成果二等奖；《促进产业扶贫与供给侧结构性改革有机结合》获 2018 年中共云南省委宣传部、云南省扶贫办"学思想促攻坚迎盛会——学习贯彻习近平总书记扶贫开发思想"征文一等奖；等等。

回顾 30 多年的学术生涯，可以说是与中国农村贫困治理一路同行。研究领域重点关注可持续生计、自然资源可持续管理和利用、乡村治理三个相互支撑和有机联系的方面，尤其突出贫困治理、土地产权制度、自然资源管理、绿色发展等。正因为如此，个人在对贫困概念的理解、对贫困标准的看法、对贫困人群识别的建议、对贫困类型的思考、对贫困治理体系的探索以及对贫困研究方法的探究等方面，都还算有自己的见解。

对贫困概念的研究和看法。代表性成果：《中国农村反贫困词汇释义》（第一主编），中国发展出版社，2004 年 3 月；《环境 健康 新农村——全国建设社会主义新农村语境下的环境、健康与贫困研讨会论文集》（主编），云南民族出版社，2008 年 3 月；《"发展"概念之透视》（个人独立完成），刊于北京大学《经济科学》1995 年第 3 期；《风险、不确定性和贫苦农户行为》（个人独立完成），刊于《中国农村经济》1997 年第 1 期；等等。

基本观点：绝对贫困是客观的，相对贫困则是客观和主观相统一的；绝对贫困主要表现为收入或消费水平不足以满足贫困群体个人及家庭维持自身生产和再生产所必需的基本需求，而相对贫困则主要是低于某一社会可接受的标准的消费水平；相比之下，相对贫困的表现形式和致贫原因较之于绝对贫困更加复杂。个人对此进行过独立思考，并形成了一些成果。尤其值得强调的是《中国农村反贫困词汇释义》一书，该书从贫困的基本概念、贫困与发展、反贫困研究、反贫困战略与规划、反贫困行动和贫困监测评估 6 个方面，对涉及农村贫困及反贫困的 165 个主要来自国外的词语进行了全面和深入解读。本书认为，随着经济社会的发展，贫困的概念也不断深化，由最初主要关注收入水平的绝对贫困，逐渐发展到更加关注贫困群体的能力和发展权利等方面。

笔者概括了学界对贫困观点的众多界定后认为：贫困是伴随人类社会发生、发展的一种社会经济现象；是人由于不能合法地获得基本的物质生活条件和参与基本的社会活动的机会，以至于不能维持个人生理和社会文化可以接受的生活水准的状态。贫困在表现为收入水平低下的同时，也表现为人们缺少发展的机会和应对变化的能力，甚至表现为对人类基本能力和权利的剥夺，从而使之无法获取社会公认的、一般社会成员都能享受到的饮食、生活条件、舒适和参加活动的机会。① 这一概念表述有以下几个

---

① 郑宝华、张兰英主编《中国农村反贫困词汇释义》，中国发展出版社，2004，第 10 页。

核心观点。

一是在当今社会，尤其是在中国，贫困本身具有相对性，但这种相对性中包含贫穷作为绝对性的成分。也就是说，当描述人民日子难过的概念由贫穷（poor）演变到贫困（poverty）时，也即我们前面描述的，当学界一开始研究贫困问题时，更多考虑的是"贫"，即贫穷，随后更多关注"困"时，也就转向了贫困，这就使得贫困本身具有相对性。换句话说，不仅相对贫困具有相对性，而且绝对贫困也具有相对性。

二是贫困的相对性，或者相对贫困，其外在表现还是收入水平低或消费水平和消费层次很低，但回到其根本原因来说，既有自身能力不足的因素，即能力贫困，也有发展机会不公平甚至被剥夺的因素，即权利贫困，还有生存环境较差的因素，即条件贫困。

三是对于相对贫困来讲，其前提是维持个人生理和生存的条件得到了基本满足，即消除了绝对贫困，但发展条件不充分。这种发展条件是社会文化可以接受的、社会公认的、一般社会成员都已经获得满足的，因此是发展不平衡中的不平等，本质上是发展不充分。这就使贫困概念的表述与新时代我国社会主要矛盾的表述统一起来了。

四是对于贫困家庭和个人来讲，这种发展条件还表现为其安全感受到威胁，进而影响到其获得感和幸福感。也就是说，贫困导致的首要影响是人们缺乏安全感。没有安全感，哪来的获得感和幸福感？

对贫困标准的理解。代表性成果：《中国农村扶贫开发的实践与理论思考——基于云南农村扶贫开发的长期研究》（第一作者），中国书籍出版社，2013 年 12 月；《社会经济发展理论透视》，云南大学出版社，1994年；"Understanding Rural Poverty and Poverty Constraints in China: An Analysis of the Causes of Poverty and Poverty Constraints in Poor Rural Areas of China, the Impact and Effectiveness of Poverty Alleviation Projects"（《理解中国农村的贫困及其限制因素：中国农村贫困地区的贫困原因和摆脱贫困的限制因素分析》，世界银行和英国海外发展部委托，项目负责人和报告执笔人，2000 年 8 月）；《扶贫攻坚战中应处理好的几个关系》，刊于《云南社会科学》1996 年第 4 期；《完善贫困对象动态管理工作需要注意的问题》，刊于

《云南智库专报》2017 年第 2 期；《强化消费水平在测度贫困中的应用》，刊于《改革内参》2018 年第 26 期；等等。

基本观点：基于对贫困概念的理解，以及对我国扶贫实践的长期研究和思考，早在 2013 年，个人在《中国农村扶贫开发的实践与理论思考——基于云南农村扶贫开发的长期研究》一书中，对我国贫困标准存在的问题及校正思路提出了自己的看法。存在的突出问题主要有以下几点。

（1）标准和指标较为单一。长期以来，我国测度贫困的主要指标是"农民人均纯收入"（2013 年后改为"农村常住居民人均可支配收入"）。个人认为，这个指标"不仅难以准确识别贫困人口，而且为地方政府提供了与上级政府博弈的工具。且'农民人均纯收入'这个统计指标本身含义模糊，无法与国际接轨，而且要准确测量一个地区或者一个家庭的收入水平都是件很困难的事"。[①]

（2）贫困线确定的依据和程序有偏差。确定贫困线的步骤都是用消费作为测量指标的，但计算贫困线时就变成了农民人均纯收入。而从指导实践的角度来讲，用人均消费水平作为贫困线去测量贫困对中国有更实际的指导意义。

一是反映消费的数据较反映收入的数据敏感性更低，调查获取的数据的真实可靠性更高一些，至少被调查者不会像理解他们的收入那样敏感和"神经紧张"。

二是从我国的统计实践来看，我们不仅有消费水平的数据，还有较详细的消费结构方面的数据，尤其是食物消费支出方面的数据，这样也就很容易获得各地用于满足基本生存需要的食物开支数据，且水分不会太大。

三是容易与国际接轨。国际上也有许多国家使用消费水平作为贫困线的主要指标，且从研究的角度来讲，恩格尔系数本身就是一个可以做国际比较的较好指标，其内涵能够较准确地说明"仅足生存"的必要家庭支出，以及各个地方因物价水平的差别可能存在的明显差异。

四是从我国的具体实践来看，人均纯收入和人均消费水平呈现的是正

---

① 郑宝华、陈晓未、崔江红等：《中国农村扶贫开发的实践与理论思考——基于云南农村扶贫开发的长期研究》，中国书籍出版社，2013，第 45 页。

相关关系，但不是绝对相关。

除了上述优势外，还有两个方面，其一，脱贫的主要目标"两不愁三保障"本身所反映的，也主要是贫困农户家庭消费水平和生活福利方面的。其二，脱贫攻坚第三方评估的内容也主要关注的是建档立卡贫困农户家庭消费状况的实现程度。为此，个人还提出了具体建议：尽快建立建档立卡贫困农户相关消费水平指标的基础数据；构建反映家庭收支的间接指标；进行关联性研究；研究制定国家消费贫困线；完善考核体系。

（3）国家贫困线没有随经济发展水平提高而进行相应调整。我国自1986年正式公布国家贫困线标准以来，虽然有过1978年、2008年和2010年三个贫困线标准，但某一个贫困线使用期内没有做过大的调整，只是随消费物价指数每年做了微调。2000～2008年使用了低收入和低收入人群概念，但官方并没有正式声明低收入标准就是相对贫困线。这就使国家的贫困线与农民人均纯收入的比值越来越小，对此，书稿中已经做了深入分析。

贫困地区和贫困人群的生存和发展问题已经越来越成为农村工作的焦点。给更多处于劣势的人群以必要帮助，不仅是全面建成小康社会的需要，也是国家贯彻落实新发展理念的内在要求。在这种情况下，农村扶贫政策就需要有根本性的转变，从瞄准最贫困的村庄和最贫困的人群，到对那些虽然基本解决了温饱问题，但生活水平仍然很低的人群给予关怀。这就要求适当提高贫困线标准，让更多的家庭和人口能够得到扶持。

（4）地方政府确定和调整贫困线的依据不足。以云南省为例，不仅20世纪80年代制定的贫困线大大低于全国的标准并没有充分依据，而且90年代贫困线的年度调整也没有充分考虑到物价指数的变化。1985年，有关研究提出的农民人均纯收入150元的贫困线没有得到决策部门的重视，但提出的贫困人口规模被采纳了，这样一来，云南省农民人均纯收入在151～206元的农户就没有被视为贫困人口。1986～1988年，当全国的贫困线不断调高的时候，云南的贫困线却被调低了。这种情况一直维持到1993年。是年，云南省的农村贫困线只有200元，只相当于全国贫困线350元的57.1%。

1994年，云南省正式公布了本省的贫困线定为414元（比全国的441

元低了27元)。随后几年虽逐年有所提高,如1995年,云南省农村居民的消费物价指数按1985年不变价比1994年提高了62.6个百分点,比上年上涨了21.8%,但贫困线只提高了19.3个百分点,而全国农村居民的消费物价指数以1985年为基数提高了43.4个百分点,实际比上年上涨了7.9%,但贫困线只提高了20.2个百分点;1998年,云南省农村居民的消费物价指数以1985年为基数比上年上涨了4.1个百分点,实际下降了2.8个百分点,但贫困线比上年降低了7.1个百分点,同年全国农村居民的消费物价指数以1985年为基数比上年下降了3.2个百分点,实际下降了0.9个百分点,但贫困线反而提高了0.8个百分点。

针对这些突出问题,笔者也提出了纠偏建议:在国家和省级层面,可以将人均生活消费支出作为关键指标,并采用恩格尔系数和物价指数加以完善。可以考虑将全国农村居民的食品消费支出加上其他必需的生活开支作为国家绝对贫困线,而用全国农村居民的恩格尔系数与各个地区的差作为调整系数,来确定各个地方的绝对贫困线标准。一般情况下,食品消费占生活必需品消费的60%,但考虑到近年来国家在社会事业和社会保障方面已经做了许多工作,广大农民在这些方面的投入较我国过去以及国外许多发展中国家要高得多,因此可以把食品消费占生活必需品消费的比重适当提高。笔者认为食品消费占80%对于彻底解决贫困人口的温饱问题,实现《中国农村扶贫开发纲要(2011—2020年)》(简称《11纲要》,下同)提出的让贫困人口"不愁吃、不愁穿"的基本目标具有决定性意义。因此建议将食品消费额除以0.8作为绝对贫困线,并考虑以全国乃至不同省份的物价上涨因素来确定国家及各个地区的贫困线。比如,全国2010年农村居民的平均食物消费支出是1801元,消费物价指数上涨了3.6%,因此可以将2332元(=1801×1.036)/0.8作为全国2011年测量贫困家庭和贫困人口的绝对贫困线,各地可以视本地农村居民的消费物价指数和恩格尔系数做适当调整。这实际上与国家后来公布的2010年标准的2011年新贫困线基本吻合。[1]

① 郑宝华、陈晓未、崔江红等:《中国农村扶贫开发的实践与理论思考——基于云南农村扶贫开发的长期研究》,中国书籍出版社,2013,第52~55页。

　　而从实践角度来讲，县乡地方政府在设计项目时，由于村庄没有农户消费方面的统计，可以以县为单元将农村居民的人均消费水平折算成农民人均纯收入（农村常住居民人均可支配收入），还可以增加一些辅助指标加以修正，如家庭规模、家庭劳动力抚养系数、正常年景缺粮月份、农户实际经营的耕地面积、实际开发的山林面积、其他具有稳定收入来源的就业门路、孩子上学阶段、家庭住房条件、可证明的家庭负债情况等。这些指标到了村庄一级很容易采集，也具有可比性。这些建议不仅强调了中国贫困的实践价值，尤其是与"两不愁三保障"的基本脱贫目标相衔接，而且已经涵盖了贫困多维识别应该考虑的许多指标，更重要的是与中国的国情和贫情紧密联系。

　　对识别贫困人群的探索。代表性成果：《中国农村扶贫开发的实践与理论思考——基于云南农村扶贫开发的长期研究》（第一作者），中国书籍出版社，2013 年 12 月；《曲靖市脱贫攻坚发展报告》（主编），云南出版集团、云南人民出版社，2018 年 4 月；《云南农村发展报告——瞄准目标整体推进并提高扶贫开发成效（2010—2011）》（主编），云南大学出版社，2011 年 6 月；"Listening to the Poor's Voices：Identifying the Poor and Meeting Their Needs：Lessons and Recommendations from the PPA Study in Nanhua County, Yunnan, P. R. China"（《倾听贫困者的声音：识别穷人并满足他们的基本需要——中国云南省南华县参与性贫困评估的经验教训和政策建议》），世界银行和英国海外发展部委托，项目负责人和报告执笔人，2001 年 5 月完成；"Participatory Poverty Assessments" ［《参与性贫困评估》（第二作者）］，收录于世界银行出版的《中国战胜农村贫困》一书，中国财政经济出版社，2001；《完善贫困对象动态管理工作需要注意的问题》，刊于《云南智库专报》2017 年第 2 期；等等。

　　基本观点：在《中国农村扶贫开发的实践与理论思考——基于云南农村扶贫开发的长期研究》一书中，笔者专门用一章讨论了贫困人群的识别，包括识别单元、识别方法和手段、监测与动态调整等内容。在识别单元上，开宗明义强调"家庭是基本单元"，认为将家庭作为识别和度量贫困的基本单元，可以使识别和度量贫困的指标和标准简化。因为不管是从一个自然区域还是一个行政区域内部来看，农户之间的差异主要体现在家庭结构及家庭所能支配的生产要素和生活设施的差别上。这样一来，也较容易进行比较且能够更准确地将贫困人口识别出来。从家庭结构来看，主要表现为家庭的成员构成及相互关系，因此可以很简单地用人口数量、劳动力数量、代际结构、年龄结构、健康状况等具体指标来测量。从家庭所支配的生产要素来看，主要的生产要素如土地、劳动力和资本等也可以用土地的数量与质量、劳动力的数量与受教育程度及生产技能、拥有的主要生产工具等指标来测量。从家庭拥有的生活设施来看，最重要的是房屋及一些主要的设施和设备，也是很容易观察到的。[①]

同时认为，"在使用的技术手段既定的条件下，测量单元越小，个体特征越能显现，也就更容易瞄准我们的目标群体；而测量单元越大，个体特征越难以显现，也就更容易偏离目标群体。这种偏离度还受到单元内个体之间差异性的影响：差异性越大，离散性越大，偏离度越高；反之就越低。在现实生活中，测量单元却与效率相关。一般情况下，测量单元越大，相对成本越低，而测量单元越小，单个成本所引起的相对成本就越大。因此，测量单元的大小实际上体现的是一个效率问题。这里的效率不仅仅指识别贫困人群本身的成本与收益的比较问题，而且还包括随后的操作成本及运行效率问题。对于农村扶贫开发来说，单元越小，管理成本越大，而单元越大，相对管理成本越小"。[②] 这就是科斯的制度成本问题。

而就具体的识别方法和手段，当时提到了"统计与调查分析法"、"典型调查法"和"社区参与法"。针对社区参与法，建议采取以下五个步骤。[③]

一是由村民通过民主方式选举出一个大家认为办事公道、能够坚持公平正义的协调小组（有的地方叫信任小组），由该小组负责整个过程。这个过程不仅包括贫困农户的识别，而且包括扶贫项目的选择、项目实施的

① 郑宝华、陈晓未、崔江红等：《中国农村扶贫开发的实践与理论思考——基于云南农村扶贫开发的长期研究》，中国书籍出版社，2013，第 59 页。
② 郑宝华、陈晓未、崔江红等：《中国农村扶贫开发的实践与理论思考——基于云南农村扶贫开发的长期研究》，中国书籍出版社，2013，第 63～64 页。
③ 郑宝华、陈晓未、崔江红等：《中国农村扶贫开发的实践与理论思考——基于云南农村扶贫开发的长期研究》，中国书籍出版社，2013，第 72～73 页。

组织协调和资金物资的使用监督等。这个协调小组一般采取"一户一票制"民主选举产生，其成员既有村组干部，也有村里有威望的老人，还有包村干部等。

二是通过群众会议让社区群众自己讨论评判贫困的标准。一般情况下，除家庭的生产水平和收入状况外，还需要考虑家庭的劳动力状况和就业结构、土地等生产资料的数量和质量、生活设施（特别是住房条件）、生产设施（特别是主要的生产工具）、家庭成员数量和结构（尤其注意是否有老人、残疾人、病人及上学子女多的农户）等。

三是采取"一人一票或者一户一票"的办法选出贫困农户。首先将村里所有农户按上述标准分成至少三种类型：生产生活很困难的、一般的、比较好的。随后展开广泛的讨论，大家按照自己的评判标准对有争议的农户发表看法。对于争议比较大的农户，依据情况还可能举行第二轮投票。

四是将不同类型的农户名单张榜公示，让所有村民在规定时间内发表自己的看法。在这个过程中，会出现农户相互比较的情况。这种"用心投票"的方法实际上能够将村里农户之间的差别很简单地识别出来。

五是最终确定农户分类名单。协调小组在张榜公示期间会认真听取群众的反映，并定期召开碰头会讨论村民提出的异议，对于理由确实很充分的意见，将以小组名义进行调整；而对于有意见但提出的理由不充分的村民，则尽量做说服工作。最终，以这种方式确定农户分类名单。

为了提升研究成果服务政府决策的效果，2017 年个人撰写的《完善贫困对象动态管理工作需要注意的问题》一文，对当时云南省采用"1（家庭人均收入水平）＋N（家庭人口、劳动力、残疾人、病人、住房、家庭财产等）"完善扶贫对象动态管理可能出现的问题进行了分析，认为很难改变过去单纯强调收入的识别方法，建议采用"N＋1"的办法，即先考虑家庭的主要显性指标，然后根据其收入和消费水平在村里的档次进行调整。

对贫困类型的思考。代表性成果：《云南省 41 个贫困县总体特点及分类研究》，选入《云南省 41 个贫困县脱贫致富战略研究》一书，1989 年由云南人民出版社出版；《云南片区扶贫推进机制研究》，2010 年 8 月通过评审验收；《云南省藏族贫困地区发展类型及社区发展需求研究报告》（报告执笔），2011 年 10 月 21 日通过专家评审；《精准扶贫需要高度重视的理论与实践问题》，刊于《农村经济》2017 年第 1 期；《云南扶贫对象分类研究报告》（主笔），2019 年 6 月通过评审验收；等等。

基本观点：笔者一直认为，因地制宜配置扶贫资源的前提就是要对贫困对象实行科学分类。1989 年完成的成果，除了提出以收入水平和人均占有粮食水平为主要指标外，明确提出需要充分注意到贫困地区的自然条件、贫困群体的受教育程度和脱贫意识、区域产业结构和投资结构等因素，尽管没有明确提出多维贫困概念，但已经考虑到致贫因素的多样性。而所完成的中共云南省委财经委交办的课题成果则认为，针对云南省贫困人口分布所具有的"小分散、大集中"特点，必须提高精准到户到人与片区扶贫措施的有效对接。2019 年 6 月完成并评审结项的《云南扶贫对象分类研究报告》，综合考虑云南省县域发展的差异性和贫困特点，应用距离函数方法，采用 AHP 层次模型和聚类分析（Cluster Analysis）模型方法，分两个阶段对云南区域性贫困进行定量分析。第一阶段建模主要选取云南 129 个县（市、区）相关贫困指标构建 AHP 层次模型，建立贫困综合评价指标；第二阶段采用聚类分析模型对贫困综合指标进行分类；最后对比分析不同结构下贫困分类的特征差异，得到相应的分类结果。该研究选取了云南省 129 个县（市、区）的自然条件基础、县域经济基础、农村经济基础以及贫困状况四类有代表性的 18 个指标，构建了 AHP 综合评价模型，用于分析自然条件基础、县域经济基础、农村经济基础与贫困状况之间的内在关系。这种分类方法为推动相对贫困的多维测度奠定了方法论基础。

对更加有效的贫困治理机制的思考。代表性成果：《走内源发展之路的叭拉》（第一作者），云南民族出版社，2006 年 12 月；《独龙江乡扶贫攻坚与跨越发展之路》（执行主编），云南出版集团、云南人民出版社，2016 年 3 月；《曲靖市脱贫攻坚发展报告》（主编），云南出版集团、云南人民出版社，2018 年 4 月；《扶贫攻坚战中应处理好的几个关系》，刊于《云南社会科学》1996 年第 4 期；《参与性发展与"还权于民"》，选入《参与性：拓展与深化》一书（云南参与性发展协会编），中国社会科学出版社，

2006 年 7 月;《责任下沉:提高省级粮食安全的必然选择——基于云南 80 个贫困县的粮食生产趋势分析》,刊于《云南社会科学》2014 年第 5 期;《找准片区开发与精准扶贫的结合点》,刊于《社会主义论坛》2015 年第 9 期;《建立需求响应机制 提高扶贫的精准度》(第一作者),刊于《云南社会科学》2015 年第 6 期;《精准扶贫需要高度重视的理论与实践问题》(第一作者),刊于《农村经济》2017 年第 1 期;《资源配置精准是精准扶贫的当务之急》,刊于《社会主义论坛》2017 年第 5 期;《未来农村扶贫需以提升可行发展能力为方向》(第一作者),刊于《云南社会科学》2020 年第 3 期;《聚焦"两不愁三保障"基本标准补齐短板》,"学习强国"之"云南学习平台",2020 年 3 月 22 日上线;《脱贫攻坚收官之际,三项工作还需做深做细》,刊于《云南日报内参》2020 年第 17 期;等等。

基本观点:针对实施精准分类扶贫面临的突出问题、主要困难、障碍因素,以及当前扶贫工作中出现的问题的深度思考,前期研究成果已经对脱贫攻坚需要完善的体制机制进行了探讨,如建议围绕发挥贫困群体的主体作用,建立社区需求响应机制。核心是根据各村农户数量的多少和贫困程度的不同,形成各村的脱贫需求表(实际上就是后来国家广泛采用的项目库),参照需求表确定每个村的财政补助额度,让村民自己决定先实施什么项目,后实施什么项目。村庄的选择采用"谁积极,支持谁,同等条件下支持较贫困的"的政策,并进行公开公平竞争。考虑到扶贫开发项目的性质和要求,可以对极端贫困的山区和少数民族社区实行奖励性扶持政策。① 再如,建议建立有效的农民需求响应显真机制和建设成本分摊机制,提高扶贫开发资源配置效率。关键是在考虑收入等经济指标的同时,增加贫困农户及其所在社区的基础生产生活条件、自然环境、民族文化等方面的指标,分类型制定贫困群众承担的成本,原则上村民分担的成本就是其劳动力成本和一部分村民可以自己用劳动力提供的原材料,但对于一些经济条件较好的贫困社区和贫困农户,也可以尝试让社区和农户适当承担少部分的货币投入成本;对于贫困山区、少数民族地区和边疆地区,尤其是

---

① 郑宝华、晏铃:《建立需求响应机制 提高扶贫的精准度》,《云南社会科学》2015 年第 6 期。

其中的深度贫困人口，应该有特殊的倾斜政策。国家除了承担货币投入部分外，也可以尝试一些鼓励政策，提高社区和贫困农户参与农村扶贫开发的积极性和主动性，如以工代赈、专项奖励等。①

以参与性贫困评估（PPA）为重点的研究方法的探索。代表性成果：《来自贫困者的声音：中国西部参与性贫困评估和扶贫政策的调整》，世界银行和英国海外发展部委托，项目负责人和报告执笔人，2000 年 8 月完成；"Understanding Rural Poverty and Poverty Constraints in China: An Analysis of the Causes of Poverty and Poverty Constraints in Poor Rural Areas of China, the Impact and Effectiveness of Poverty Alleviation Projects"（《理解中国农村的贫困及其限制因素：中国农村贫困地区的贫困原因和摆脱贫困的限制因素分析》），世界银行和英国海外发展部委托，项目负责人和报告执笔人，2000 年 8 月完成；"Reflecting Voice of the Poor: Participatory Poverty Assessments in Nayong County, Guizhou Province, P. R. China"（《反映贫困者的声音：中国贵州省纳雍县参与性贫困评估》），亚洲开发银行和国务院扶贫办委托，项目负责人和报告执笔人，2000 年 12 月完成；"Listening to the Poor's Voices: Identifying the Poor and Meeting Their Needs: Lessons and Recommendations from the PPA Study in Nanhua County, Yunnan, P. R. China"（《倾听贫困者的声音：识别穷人并满足他们的基本需要——中国云南省南华县参与性贫困评估的经验教训和政策建议》），世界银行和英国海外发展部委托，项目负责人和报告执笔人，2001 年 5 月完成；"Voices of the Poor: Participatory Poverty Analysis in Qinghai Province, P. R. China"（《贫困者的声音：中国青海省参与性贫困原因分析》），澳大利亚国际发展部资助，项目负责人和报告执笔人，2002 年 12 月完成；《参与性贫困评估和扶贫战略的调整：来自贫困者的声音》，刊于《云南社会科学》2003 年第 3 期；"Empowering Communities Through Mapping, in Mapping Communities: Ethnics, Values, Practices", edited by Jefferson Fox, Krisnawati Suryanata, and Peter Hershock, published by the East – West Center, 2005；《参与性发展与"还权

---

① 郑宝华、宋媛：《未来农村扶贫需以提升可行发展能力为方向》，《云南社会科学》2020 年第 3 期。

于民"》，选入《参与性：拓展与深化》一书（云南参与性发展协会编），中国社会科学出版社，2006 年 7 月；等等。

基本观点：过去主流的贫困测度和指标选择大多是由学者或者政府主导的，较少从贫困者的切身感受去理解贫困，更没有开发出反映贫困者自身诉求和需求的测度维度和测度指标；而国际上广泛接受的多维贫困指数也很难刻画中国贫困问题的本质。受世界银行、亚洲开发银行、英国国际开发署、澳大利亚国际开发署等国际组织和外国政府的资助，为推动中国农村扶贫更加全面客观地反映贫困面貌和根本致贫原因，笔者个人所领导的团队，曾经在云南、贵州、广西、甘肃、宁夏、青海等贫困面广、贫困程度深的地区开展过为期三年多的参与性贫困评估研究工作，尽管由于知识产权的原因，这些成果没有公开出版，但所积累的社区参与式研究方法，不仅改变了传统的以学者和政府官员为主的调查方法，让社区和贫困者成为分析贫困问题和制定脱贫策略的主体，而且提供了强大的社区工作方法，为获得更加准确的反映贫困农户状况的指标和数据提供了方法论支持。

对以上笔者有关贫困问题研究心路历程的叙述，重点不是为了突出自己有哪些创新点或者贡献，而是让读者能够领会本书所阐述的个人学术观点所具有的逻辑上的内在一致性。写到这里，就需要给读者简要说明一下本书为什么取这么一个书名以及本书的基本结构，并简单归纳一下书中所阐述的基本观点。

本书的主书名叫《中国脱贫攻坚的理论与实践》，核心是想就已经取得全面胜利的脱贫攻坚战，从战略选择、推进机制、重大举措、实践成效、溢出效应、重要经验、理论贡献等方面进行系统讨论，也就是书稿的第三章到第八章。书稿把理论放到实践之前，意思是中国的脱贫攻坚与1986 年以来 30 多年的扶贫开发具有天然联系，是一个整体，过去的农村扶贫开发不仅为脱贫攻坚提供了现实基础、提出了现实挑战，而且奠定了一定的理论基础。脱贫攻坚所依赖的精准扶贫方略，既是习近平总书记高瞻远瞩的结果，也有 30 多年中国农村扶贫开发的历史贡献。而为了奠定分析基础，才有了第一章、第二章的内容。也就是说，最开始的两章实际上为后面的系统分析提供了逻辑基础。最后两章则是为了使书稿具有逻辑连贯性，需要对未来以相对贫困为主的贫困治理做个交代。

副书名为《基于个人30多年的长期研究和思考》，不是想对自己关于贫困的研究做什么盖棺定论，而是要表明：本书不是就脱贫攻坚论脱贫攻坚的，而是把对脱贫攻坚的研究发现放在自己关于贫困研究与思考的整个过程中去，这既能彰显中国农村扶贫开发所具有的阶段性特征，又能凸显脱贫攻坚所遵循的精准方略的历史逻辑与现实逻辑。这一历史逻辑主线正好就是个人1986年参加工作以来的所思所想。这也使得本书具有了历史逻辑与现实逻辑的内在一致性，反过来也更能支撑本书的主书名，尤其是把理论置于实践之前，所遵循的是实践—理论—实践—理论的分析主线。

本书以20世纪80年代中期我国启动的扶贫开发工作为分析论证的逻辑起点，通过对国家把农村扶贫开发作为"重要议事日程"和"中心任务"的回顾，概述了《11纲要》及之前，国家对农村扶贫开发所采取的主要措施及取得的成效，以回应以习近平同志为核心的党中央把脱贫攻坚作为"最重要的政治任务和第一民生工程"的内在逻辑。在此基础上，以精准扶贫精准脱贫为主线，分析了所形成的以"六个精准"为主要内容的推进机制和以"五个一批"为主要内容的重大举措，系统归纳了所取得的决定性胜利的直接脱贫成效和间接溢出效应，概括了以"四个坚持"和"四个充分发挥"为重点的基本经验及围绕"扶持谁"、"谁来扶"、"怎么扶"和"如何退"的重要实践经验，进而从对西方贫困及反贫困理论的重要贡献、马克思主义贫困及反贫困理论的原创性贡献和新中国成立以来开发式扶贫实践的理论升华三个维度，归纳了脱贫攻坚的主要理论贡献。最后，基于我国发展不平衡现实的深度分析，概括了我国未来以相对贫困为重点的贫困治理所面临的新形势，并从坚持和完善精准方略、侧重"纾困"和强化组织领导等角度描述了相应的贫困治理思路。

消除贫困是社会主义制度的本质要求，"扶贫永远在路上"。希望以本书的出版，庆祝伟大祖国脱贫攻坚所取得的决定性伟大胜利，并充分彰显中华民族作为世界伟大民族所选择的中国共产党领导下的社会主义制度的无比优越性。

祝愿伟大的中华民族明天会更好，祝愿勤劳的广大中国农民明天更加幸福安康，祝愿伟大的祖国明天更加繁荣富强。

借书稿出版之机，要特别感谢我的父母，尽管他们都已经去世，看不到儿子的作品，但他们不仅生育养育了我，而且让我从小就懂得做人最基本的道理，一定要知道自己是从哪里来的，别做对不起老百姓的事；要特别感谢我的家人，是他们的默默付出，才让我有更舒适的环境和心情来完成此书稿；要特别感谢我的同事，特别是云南省社会科学院农村发展研究所的同事们，他们把我当"大哥"，不离不弃支持我的工作，我们就像兄弟姊妹一样，快乐地一起工作了 14 年，书稿吸收了他们的许多观点，除了特别注明的以外，还有很多；还要特别感谢李永松研究员、张体伟研究员、宋媛研究员、崔江红研究员，他们不仅对书稿的结构框架提出了宝贵意见和建议，而且对文字进行了认真修改，包括标点符号的错误在内。最后，需要特别感谢社会科学文献出版社的鼎力支持，尤其要特别感谢责任编辑胡庆英女士、文稿编辑张真真女士，是她们的认真负责态度和一丝不苟精神感动了我，让我的研究心得能够与读者见面。

2021 年 2 月 12 日，辛丑牛年春节于昆明

第一章

扶贫开发实践与思考

贫穷不是社会主义,社会主义一定要消灭贫穷。这是历代中国共产党领导人的谆谆教诲和孜孜追求。从 20 世纪 80 年代中期开始,中国展开了专门的农村扶贫工作,重点是加强贫困地区的基础设施和公共服务设施建设,加快贫困地区的经济发展步伐,以此带动贫困人口得到较快发展,进而摆脱贫困,实现共同富裕。这一实践切实使广大贫困地区的发展条件得到了较大改善,使贫困家庭的生产生活条件得到了明显改善,使贫困人口的社会事业得到长足发展。但过去的农村扶贫开发,重点针对的是贫困地区,而不完全是贫困家庭和贫困人口。由于瞄准上出现了一些偏差,也就出现了习近平总书记强调的 "前两轮扶贫每当贫困人口减到 3000 万左右就减不动"[①] 的 "怪象"。脱贫攻坚是打破这一 "怪象" 的重要举措。为此,需要对我国 20 世纪 80 年代中期以来的扶贫开发实践进行梳理和思考,目的是回答为什么要推动以精准扶贫精准脱贫为重要举措的脱贫攻坚战。

第一节　历程回顾

中华人民共和国成立后,很快实行了社会主义公有制。在公有制下,生产资料实行全体劳动人民共同所有,人们共同劳动,共同消费,农户之间的贫富差距不是很大,扶贫也没有被作为专项工作放在重要位置。经过

---

① 习近平:《在解决 "两不愁三保障" 突出问题座谈会上的讲话 (2019 年 4 月 16 日)》,《求是》2019 年第 16 期。

20 世纪 80 年代初期的改革，农户不仅获得了主要生产资料的承包经营权，拥有了较大自主权，而且成为独立的经济单元，正因为如此，还有多种因素的叠加，地区之间、村庄之间、农户之间的发展差距越来越大，贫富分化成为社会关注的重大热点和难点问题。在这种情况下，国家于 1986 年正式把农村扶贫作为专项工作，不仅制定实施了许多专门政策，给予贫困地区各个方面的政策优惠，而且投入专项资金，支持贫困地区快速发展。作为国家的扶贫开发行动，笔者不同意一些学者把改革开放到 1985 年作为一个专门阶段，依据国家三次贫困线的调整，笔者把我国的扶贫开发大致划分为三个阶段。而第三个阶段的工作重心就是脱贫攻坚，因此，本章先对前两个阶段的扶贫开发实践进行简要回顾。

一 "重要议事日程"工作阶段（1986~2000 年）

1986 年是中国扶贫开发史上具有重要历史意义的一年。在此前一年的 1985 年，邓小平会见时任坦桑尼亚副总统的姆维尼（Ali Hassan Mwinyi，1925~ ）时谈道："贫穷不是社会主义，社会主义要消灭贫穷。不发展生产力，不提高人民的生活水平，不能说是符合社会主义要求的。"[①] 这是一个具有划时代意义的英明论断，标志着中国共产党承认走社会主义道路的中国存在贫困，并从制度上要求必须也能够尽快消灭贫困。是年的中央一号文件强调："由于劳动者之间和地区之间所处的具体条件不同，出现先富后富和富裕程度不同的差别是不可避免的。""我国农村在自然条件和社会历史条件上存在着较大的不平衡性。改变一部分地区的贫困面貌，必须做艰苦的工作和长期的努力。各级领导和每个部门都要提高认识，转变作风，十分重视这些地区的工作，把改变贫困地区面貌摆上重要议事日程。"[②] 因此，笔者把这个阶段称为"重要议事日程"工作阶段。

在这一阶段，我国对贫困的理解，主要强调的是经济意义上的，并且

---

① 邓小平：《政治上发展民主，经济上实行改革》（1985 年 4 月 15 日），见《邓小平文选》（第 3 卷），人民出版社，1993，第 116 页。

② 人民出版社编《中共中央国务院关于"三农"工作的一号文件汇编（1982—2014）》，人民出版社，2014，第 74~75 页。

是连基本需求都难以得到满足的绝对贫困。国家统计局农村调查总队在 20 世纪 80 年代末对贫困的定义是："个人或家庭依靠劳动所得和其他合法收入不能维持其基本的生存需要的状态。"① 适应于这种理解，国家长期以来测度贫困的主要指标是农民人均纯收入以及一段时期的人均粮食占有量，只是在不同年份根据物价指数对农民人均纯收入水平做了调整而已。1984 年，中共中央书记处政策研究室提出了划分贫困的标准，以乡为单位，按 1981～1983 年三年平均的农民人均纯收入计算，但这并没有作为国家标准。从实践角度来讲，我国以农民人均纯收入为贫困标准，实际上既针对贫困家庭和贫困人口，也针对贫困县，且前者是隐性的，后者是显性的。贫困县按照获得扶贫资源的渠道以及贫困的程度划分为以下几个层次。

一是国家级贫困县，准确地说是国家重点扶持的贫困县，即国定贫困县，后来叫作国家扶贫开发工作重点县。1986 年，中央政府第一次确定了国定贫困县的标准：1985 年农民年人均纯收入低于 150 元（相当于当年全国农民人均纯收入平均水平 397.60 元的 37.73%）的县和农民人均纯收入低于 200 元的少数民族自治县；对民主革命时期做出过重大贡献的革命老区给予重点照顾，标准放宽到农民人均纯收入在 300 元以下。按照这一标准，根据国家统计局提供的 1985 年的数据，全国选择了 300 个贫困县由国家投入扶贫专项资金进行项目扶持，云南省当年有 26 个县。1988 年，全国增加了 37 个牧区县，当时的国定贫困县共计 337 个。

二是省级贫困县。各省、自治区和直辖市也根据自己的实际确定了省级贫困县，全国大约有 370 个县被定为省一级人民政府重点扶持的贫困县，云南省有 15 个县，这就是当时云南 41 个贫困县的概念。1988 年，全国国家级和省级实施的扶贫项目一共涵盖了 698 个县（约占全国县级总数的 1/3）。到 1990 年，国定贫困县的贫困线标准提高到 300 元。根据最初确定的贫困线标准，全国有 27 个省和自治区，其中 23 个有贫困县，但 78% 集中在以中部山区为界的南北线以西。这条南北线北起黑龙江、甘肃和内蒙古，南到广西和云南，其余的分散在华东和东南部的山区。1994 年制定《国家八

---

① 转引自沈小波、林擎国《贫困范式的演变及其理论和政策意义》，《经济学家》2005 年第 6 期。

七扶贫攻坚计划》时，中央政府重新调整了国定贫困县的标准，即以县为单位，凡是 1992 年农民年人均纯收入高于 700 元的原国定贫困县，一律退出国家扶持范围，原因是根据当时的测算，凡是农民人均纯收入高于 700元的县，90% 以上的农村贫困人口基本解决了温饱问题。根据这一标准，列入《国家八七扶贫攻坚计划》的国家重点扶持的贫困县共有 592 个，分布在 27 个省（自治区、直辖市），其中云南省有 73 个，为全国最多。这592 个国家重点扶持的贫困县涵盖了全国 72% 以上的农村贫困人口，[①] 其中有 485 个分布在中西部地区，为此，国家也同时把扶贫工作的重点向中西部贫困地区倾斜。

与贫困县概念相联系的是贫困地区的概念。这是根据贫困的区域分布特征和为了集中连片搞好扶贫工作而提出的。早在 1986 年，国家确定的贫困县集中分布在东部的沂蒙山区、闽西南地区、闽东北地区；中部的努鲁尔虎山区、太行山区、吕梁山区、秦岭大巴山区、武陵山区、大别山区、井冈山区和赣南地区；西部的定西干旱山区、西海固地区、陕北白于山区、黄河沿岸土石山区、西南喀斯特山区、青藏高原高寒山区和滇桂黔石漠化区 18 个地区。这 18 个集中连片特困地区的国定贫困县占全国贫困县总数的 65.4%，其农村贫困人口占全国农村贫困人口总数的 53.0%。这18 个地区的典型特征就是"老、少、边"，"老、少、边"与穷连在一起，成为"老、少、边、穷"。由此，"老、少、边、穷"也就成了人们对贫困地区的习惯称谓。[②]

我国确定贫困人口的标准，既不是国际通行标准，也不是相对贫困标准，而是从中国实际出发确定的最低生活标准，即维持简单再生产和基本生存需要的标准。当然，这一标准也与国家能够用于扶贫开发的资源有着非常紧密的联系。国家统计局农村社会经济调查总队于 1985 年、1990 年、1994 年和 1997 年采纳世界银行推荐的方法，根据全国农村住户调查的分

---

① 国务院扶贫开发领导小组办公室编《中国农村扶贫开发纲要》，中国财政经济出版社，2003，第 6 页。
② 国务院扶贫开发领导小组办公室编《中国农村扶贫开发纲要》，中国财政经济出版社，2003，第 3 页。

户资料测定了衡量贫困的最低生活标准。有以下具体步骤。

（1）确定最低营养需求。最低营养需求是指维持人体生存所必需的营养需求。根据营养学家的建议，中国采用了每人每日 2100 大卡热量作为最低营养需求。

（2）计算食物贫困线。利用全国农村住户调查数据，根据穷人的实际消费物品价格和消费结构计算出能获得最低营养需求的食物支出，以该食物支出作为食物贫困线。

（3）计算非食物贫困线。采用世界银行的马丁法，利用计量方法找到最低非食物贫困线和最高非食物贫困线。

（4）计算贫困线。食物贫困线 + 最低非食物贫困线 = 低水平贫困线。达到低水平贫困线的农户，只能得到基本食物消费和一些农户愿意牺牲基本食物消费来换取的家庭必需的非食物消费。在 1997 年测定的低水平贫困线中，农户食物消费支出份额高达 85%，这表明，低水平贫困线确实是一条极端贫困线。食物贫困线 + 最高非食物贫困线 = 高水平贫困线。达到高水平贫困线的农户，可以获得基本食物消费以及与基本食物消费同等重要的非食物消费。

（5）确定农村贫困标准。20 世纪中国农村的贫困面很大，而国家的扶贫资源又很有限，因而根据当时的情况，确定以低水平贫困线为农村贫困标准，用来衡量农村的贫困状况。其他年份则根据农村居民消费价格指数进行调整。

按照以上步骤，国家统计局 1986 年测算全国 1984 年的农村贫困标准为农民人均纯收入 200 元（相当于当年全国农民人均纯收入 355.3 元的 56.29%），由此回溯 1978 年的农村贫困标准为 100 元（相当于当年全国农民人均纯收入 133.6 元的 74.85%）。这也就是通常所说的 1978 年贫困标准。按照这一标准，1985 年全国农村贫困标准为农民人均纯收入 206 元，相当于当年全国农民人均纯收入 397.6 元的 51.81%，全国农村贫困人口约为 1.25 亿人，贫困发生率为 14.8%；1986 年，农村贫困标准调整为 213 元，相当于当年全国农民人均纯收入 423.8 元的 50.26%，农村贫困人口增加到 1.31 亿人，贫困发生率提高到 15.5%；1994 年，农村贫困标准调整为 440 元，相当于当年全国农民人均纯收入 1221.0 元的 36.04%，全国农村贫困人口下降到 7000 万人，贫困发生率下降到 7.7%；2000 年，贫困线调整为 625 元，但只相当于当年全国农民人均纯收入 2253.4 元的 27.74%，全国农村贫困人口仍为 3209 万人，贫困发生率高达 3.5%（见表 1 - 1），① 且出现停滞和摇摆状态，2001 年降为 2927 万人，2002 年小幅降为 2820 万人，2003 年升到 2900 万人。② 这一标准在随后的《中国统计年鉴》中有着不同的表述，1978～1999 年称为农村贫困标准，2000～2007 年称为农村绝对贫困标准。

表 1 - 1　1978～2000 年按 1978 年农村贫困标准计算的贫困人口及其变化

年份	低水平贫困线（元）	全国农民人均纯收入（元）	贫困线占全国农民人均纯收入的比例（%）	农村贫困人口（万人）	贫困发生率（%）
1978	100	133.6	74.85	25000	30.7
1980	130	191.3	67.96	22000	26.8
1981	142	223.4	63.56	15200	18.5
1982	164	270.1	60.72	14500	17.5
1983	179	309.8	57.78	13500	16.2
1984	200	355.3	56.29	12800	15.1
1985	206	397.6	51.81	12500	14.8
1986	213	423.8	50.26	13100	15.5
1987	227	462.6	49.07	12200	14.3
1988	236	544.9	43.31	9600	11.1
1989	259	601.5	43.06	10200	11.6
1990	300	686.3	43.71	8500	9.4
1991	304	708.6	42.90	9400	10.4
1992	317	784.0	40.43	8000	8.8
1994	440	1221.0	36.04	7000	7.7
1995	530	1577.7	33.59	6540	7.1

---

① 杨立雄、胡姝:《中国农村贫困线研究》，中国经济出版社，2013，第 40 页、第 166 页附表 2。

② 国家统计局编《2020 中国统计年鉴》，中国统计出版社，2020，第 204 页表 6 - 35。

续表

年份	低水平 贫困线（元）	全国农民人均 纯收入（元）	贫困线占全国农民人 均纯收入的比例（%）	农村贫困人口 （万人）	贫困发生率 （%）
1997	640	2090.1	30.62	4962	5.4
1998	635	2162.0	29.37	4210	4.6
1999	625	2210.3	28.28	3412	3.7
2000	625	2253.4	27.74	3209	3.5

资料来源：低水平贫困线数据来源于杨立雄、胡姝《中国农村贫困线研究》，中国经济出版社，2013，第166页附表2；全国农民人均纯收入数据来源于国家统计局编《2001中国统计年鉴》，中国统计出版社，2001，第304页表10-3；农村贫困人口及贫困发生率数据来源于国家统计局编《2020中国统计年鉴》，中国统计出版社，2020，第204页表6-35。

二　"中心任务"工作阶段（2001～2010年）

随着《国家八七扶贫攻坚计划》的顺利实施，中国绝大多数农村贫困人口的温饱问题得到基本解决。贫困人口分布呈"大分散、小集中"态势。2000年底，全国东、中、西部地区农村未解决温饱问题的绝对贫困人口分别占全国农村贫困人口总数的5.43%、34.00%、60.57%，而1993年分别为10%、39%、51%。同时，在《国家八七扶贫攻坚计划》实施期间，全国592个国定贫困县覆盖了全国农村贫困人口总数的70%以上，县内贫困发生率达30%，而2010年这592个国定贫困县仅覆盖了61.9%的农村贫困人口，贫困发生率仅为9%。[1] 这不仅意味着过去针对区域的扶贫推进方式面临着越来越多的瞄准问题，而且扶贫工作的难度也越来越大。究其原因，一是剩余的农村贫困人口大多生活在自然条件十分恶劣的深山区、石漠化地区，发展条件较差，且大多数贫困人口的社会发育程度较低，生产方式和生活方式落后，扶贫成本越来越高；二是尽管扶贫开发使广大农村贫困地区的基础设施和公共服务设施得到了明显改善，但由于历史欠账太多，与非贫困地区还有不小差距，贫困地区社会、经济、文化落后的状况还没有根本改观，且贫困农户的基本生产生活条件还没有发生本

---

[1] 国务院扶贫开发领导小组办公室编《中国农村扶贫开发纲要》，中国财政经济出版社，2003，第21页。

质性的变化；三是由于全国人口基数很大，在未来相当长一段时期将面临较大的就业和改善民生的压力，且贫困人口由于自身素质较差，必然会影响到他们的就业水平和就业质量，也会使一些重在治本的扶贫举措很难在短时间内发挥出显著作用。

针对贫困人口的变化所带来的对扶贫方式进行变革的内在要求，2001年5月召开的中央扶贫开发工作会议，重点研究新世纪的农村扶贫开发工作，并及时颁布实施了《中国农村扶贫开发纲要（2001—2010年）》（以下简称《01纲要》）。这是继《国家八七扶贫攻坚计划》之后又一个指导全国农村扶贫开发工作的纲领性文件。《01纲要》对21世纪初农村扶贫开发的奋斗目标、基本方针、对象与重点、内容与途径、政策保障、组织领导等做了系统阐述。总体目标是："尽快解决少数贫困人口温饱问题，进一步改善贫困地区的基本生产生活条件，巩固温饱成果，提高贫困人口的生活质量和综合素质，加强贫困乡村的基础设施建设，改善生态环境，逐步改变贫困地区经济、社会、文化的落后状况，为达到小康水平创造条件。"对象是"把贫困地区尚未解决温饱问题的贫困人口作为扶贫开发的首要对象；同时，继续帮助初步解决温饱问题的贫困人口增加收入，进一步改善生产生活条件，巩固扶贫成果"。重点是"按照集中连片的原则，国家把贫困人口集中的中西部少数民族地区、革命老区、边疆地区和特困地区作为扶贫开发的重点，并在上述四类地区确定扶贫开发工作重点县。东部以及中西部其他地区的贫困乡、村，主要由地方政府负责扶持"。《01纲要》还特别强调："扶贫开发工作重点县，必须把扶贫开发作为党委和政府的中心任务。"① 因此，笔者把这一阶段的农村扶贫开发工作称为"中心任务"工作阶段。

由此不难看出，《01纲要》明确了21世纪初农村扶贫开发的三大重点任务："一是帮助目前尚未解决温饱问题的贫困人口尽快解决温饱；二是帮助初步解决温饱问题的贫困人口进一步改善生产生活条件，巩固温饱成

① 国务院扶贫开发领导小组办公室编《中国农村扶贫开发纲要》，中国财政经济出版社，2003，第54页。

果，提高生活质量和综合素质；三是加强贫困乡村的基础设施建设，改善生态环境，逐步改变贫困地区社会、经济、文化的落后状态，为达到小康创造条件。"① 对照《国家八七扶贫攻坚计划》，《01 纲要》强调在加大对贫困县扶持力度的同时，要重点关注尚未解决温饱问题和初步解决温饱问题的两个重点群体，并要求尽快落实"省负总责，县抓落实，工作到村，扶贫到户"② 的工作责任制，这本身就是一个很大的进步。

适应于国家扶贫对象的不断明确，国家统计局早在 1998 年就开始测算新的贫困标准，并从 2000 年起以低收入标准的名义向社会公布。具体方法是：采用 1997 年的食物贫困线（根据物价指数逐年调整），再利用在贫困状况下食物消费占消费总额 60% 的假设，计算出 1998 年农村低收入标准为 880 元③，相当于当年全国农民人均纯收入 2162.0 元的 40.70%。该标准的测定使用了世界粮农组织采用的一般性假设，即假设恩格尔系数（食物消费份额）在 60%④ 以上时，生活水平为赤贫。按 1993 年购买力平价换算，世界银行早期的"1 天 1 美元"标准在 1998 年相当于 885 元，这与低收入标准非常接近，但不是高水平贫困标准。这个标准主要用于测度初步解决温饱问题但稳定性较差的低收入人口规模。这就是统计部门的 2008 年贫困标准。为了衔接新旧标准，国家统计局把 2000～2007 年按 1978 年测

---

① 国务院扶贫开发领导小组办公室编《中国农村扶贫开发纲要》，中国财政经济出版社，2003，第 22 页。
② 国务院扶贫开发领导小组办公室编《中国农村扶贫开发纲要》，中国财政经济出版社，2003，第 54 页。
③ 这个标准是按贫困人口的生活消费水平测算的，根据 592 个国定贫困县的住户调查资料测算，1998 年贫困家庭的生活消费为 1029.42 元，其中食物消费支出为 634.30 元（《2001 中国农村贫困监测报告》第 119 页表 3-4），即恩格尔系数为 61.62%，加上非食物消费，大概是这么一个水平，但这是一个赤贫状态下的食物消费水平。
④ 恩格尔系数，指居民的食品消费支出占个人或家庭消费总支出的比例。一个家庭收入越少，家庭收入中（或总支出中）用来购买食物的支出所占的比例就越大；随着家庭收入的增加，家庭收入中（或总支出中）用来购买食物的支出所占比例则会下降。推而广之，一个国家或者一个地区越贫穷，每个国民的平均收入中（或平均支出中）用于购买食物的支出所占比例就越大，随着国家或地区不断走向富裕，这个比例呈下降趋势。根据联合国粮农组织提出的标准，恩格尔系数在 59% 以上为赤贫，50%～59% 为温饱，40%～50% 为小康，30%～40% 为富裕，低于 30% 则为最富裕。

定贫困的标准称为农村绝对贫困标准，而把新标准称为农村低收入标准，2008～2010 年统称为农村贫困标准。按照这个标准，2000 年全国农村贫困人口规模增加到 9422 万人，除去 3209 万按 1978 年标准的农村绝对贫困人口外，还有 6213 万低收入人口，贫困发生率也随之提高到 10.2%。

但需要指出的是，即使按照 2008 年标准，2000 年全国的农村贫困标准也只为 865 元，仅为当年全国农民人均纯收入 2253.4 元的 38.39%，2008 年随物价指数调整到 1196 元，只相当于当年全国农民人均纯收入 4760.6 元的 25.12%，比 2000 年按 1978 年标准计算的当年农村绝对贫困标准占农民人均纯收入的比例（27.74%）还低，但这一年全国的农村贫困人口仍为 4007 万人，贫困发生率为 4.2%[①]。2010 年，2008 年的贫困标准随物价水平调整为 1274 元，相当于当年全国农民人均纯收入 5919.0 元的 21.52%，农村贫困人口为 2688 万人，贫困发生率为 2.8%[②]（见表 1 - 2）。更令人费解的是，既然参照联合国粮农组织的恩格尔系数，就应该按全国农村居民的生活消费水平来计算，且应该把恩格尔系数下调到 50%，因为按照粮农组织的标准，60% 以上是赤贫，50%～59% 还是温饱水平。1998 年全国农村居民的人均生活消费支出是 1603.8 元，恩格尔系数为 53.2%（整体处于温饱阶段）[③]，如果按 50% 的食物消费份额计算，那么 1998 年农村居民的低收入贫困线应该划在 1700 元以上（1998 年全国农村居民的食物消费为 853.22 元），即使按 20%[④] 的非食物消费线测算，也应该划在 1000 元以上。

① 国家统计局农村社会经济调查司编《2009 中国农村贫困监测报告》，中国统计出版社，2009，第 10 页。

② 国家统计局编《2020 中国统计年鉴》，中国统计出版社，2020，第 204 页表 6 - 35。

③ 《辉煌 70 年》编写组编《辉煌 70 年：新中国经济社会发展成就（1949 - 2019）》，中国统计出版社，2019，第 382 页表 12 续表。

④ 实际上，1984 年农民人均纯收入 200 元的贫困标准，当年的农村居民生活消费水平为 273.8 元，且恩格尔系数高达 59.3%（《辉煌 70 年》第 381 页表 12），整体处于温饱尚未解决的近乎赤贫阶段，而照此计算，食物消费为 162.36 元，占 200 元的 81.18%，1978 年的 100 元中，非食物消费仅占 21.4%，因此笔者认为，20% 的非食物消费占比比较符合中国的实际情况。

表 1 - 2 2000～2010 年按 2008 年标准计算的农村贫困情况

年份	贫困线（元）	全国农民人均纯收入（元）	贫困线占全国农民人均纯收入的比例（%）	农村贫困人口（万人）	贫困发生率（%）
2000	865	2253.4	38.39	9422	10.2
2001	872	2366.4	36.85	9029	9.8
2002	869	2475.6	35.10	8645	9.2
2003	882	2622.2	33.64	8517	9.1
2004	924	2936.4	31.47	7587	8.1
2005	944	3254.9	29.00	6432	6.8
2006	958	3587.0	26.71	5698	6.0
2007	1067	4140.4	25.77	4320	4.6
2008	1196	4760.6	25.12	4007	4.2
2009	1196	5153.2	23.21	3597	3.8
2010	1274	5919.0	21.52	2688	2.8

资料来源：贫困线、农村贫困人口及贫困发生率数据来源于国家统计局住户调查办公室编《2011 中国农村贫困监测报告》，中国统计出版社，2011，第 11 页表 2 - 1；全国农民人均纯收入数据来源于国家统计局编《2018 中国统计年鉴》，中国统计出版社，2018，第 184 页表 6 - 16。

　　适应于贫困县分布特征的变化，中央政府进一步把国家扶贫开发工作重点县收缩到中西部少数民族地区、革命老区、边疆地区和特困地区。国务院扶贫办根据"明确责任，覆盖多数，科学测算，相对稳定，省负总责"的原则，明确各省重点县的数量和有关要求，由各省（自治区、直辖市）人民政府确定具体县后，报国务院扶贫开发领导小组审核、备案。重点县数量的确定采用"631 指数法"测定：贫困人口占全国的比例占 60% 的权重（其中绝对贫困人口和低收入人口各占 80% 和 20% 的比例）；农民人均纯收入较低的县（占全国比例）占 30% 的权重；人均 GDP 低的县数、人均财政收入低的县数合计占 10% 的权重。其中，农民人均纯收入以 1300 元为标准，老区、少数民族边疆地区为 1500 元；人均 GDP 以 2700 元为标准；人均财政收入以 120 元为标准。根据此原则和方法，在全国中西部 21 个省（自治区、直辖市）确定了 592 个县（旗、市）为国家扶贫开发工作重点县。这样一来，国家扶贫开发工作重点就集中到了中西部少数民族地区、革命老区、边疆地区和特困地区，其中"老、少、边"县的比例分别由《国家八七扶贫攻坚计划》的 18%、43%、6% 上升到 31%、45%、9%，农村贫困人口数占比由 67% 提高到 85%。根据测算，2000 年，国家扶贫开发工作重点县覆盖的农村贫困人口（1978 年标准 625 元以下）占全国农村贫困人口总数的 61.9%，低收入人口（2008 年标准 865 元以下）占 63.3%。同时，适应于国家扶贫开发工作重点县分布的进一步集中，调整后的国家扶贫开发工作重点县总数没有变，但与《国家八七扶贫攻坚计划》确定的国定重点县相比，新调入 89 个县，原贫困县出列 51 个，调出 38 个，调整比例为 9.2%。①

通过以上分析可以得出三个基本结论。一是贫困县是这两个扶贫开发阶段的重要工作单元。基于当时中国农村贫困问题所具有的区域性显著特征，以及我们对贫困问题的初步认识，这两个阶段的扶贫开发工作单元主要是贫困地区，尤其是贫困县，并具有显性特征。1986 年的中央一号文件强调："改变贫困地区面貌，需要从实际出发，分别情况，分级负责，分批治理。当前应把重点放在帮助那些至今尚未解决温饱的最困难地区。"② 《国家八七扶贫攻坚计划》也强调："扶持贫困地区尽快改变贫穷落后的面貌，是党中央、国务院的一贯方针。"需要把重点放在 592 个贫困县上，这些贫困县是贫困人口较为集中的地区，主要"分布在中西部的深山区、石山区、荒漠区、高寒山区、黄土高原区、地方病高发区以及水库库区，而且多为革命老区和少数民族地区"。③ 尽管提出了一些涉及贫困户的目标，但并没有真正识别出具体的贫困户，因此贫困户和贫困人口只具有隐性特征。《01 纲要》与《国家八七扶贫攻坚计划》的显著差别是，后者关注到了贫困地区的贫困村，但没有具体标准来区分贫困村与非贫困村，因此主要的项目执行单元仍然是贫困县。

二是农民收入水平是测度贫困的最重要指标。不管是 1984 年中央书记

---

① 国务院扶贫开发领导小组办公室编《中国农村扶贫开发纲要》，中国财政经济出版社，2003，第 25 页。
② 人民出版社编《中共中央国务院关于"三农"工作的一号文件汇编（1982—2014）》，人民出版社，2014，第 75～76 页。
③ 国务院扶贫开发领导小组办公室编《中国农村扶贫开发纲要》，中国财政经济出版社，2003，第 33～34 页。

处政策研究室的标准，还是国家统计局的标准，农民人均纯收入都是最重要的指标。这个标准有其现实基础，关键是有基础数据、便于操作，且具有一致性。但实际执行的效果不尽如人意。其一，这个指标本身的含义较为模糊，很难与国际标准接轨，且该指标所表达的基本内涵与广大农村贫困地区和贫困家庭的贫困状况和致贫的主要因素不完全对称。其二，用一个数字来武断地说某些地区或某些家庭属于贫困地区或贫困家庭，不仅难以以理服人，而且会给人以歧视感。其三，出于功利的目的，无论是地方政府还是贫困家庭本身，都不会主动说自己比别的地方或家庭更好，而只会说自己更差，一些地方政府为了争"戴贫困县帽子"，还隐瞒农民收入水平，甚至搞两套数据：一套为了"戴贫困县帽子"，另一套为了表明自己的政绩。其四，对于家庭来说，同样一个人均收入水平，不同家庭结构和不同文化信仰的家庭的消费模式会有很大差别，一个人均收入水平在贫困线以下的家庭，可能会比另一个人均收入水平在贫困线以上的家庭生活得更幸福。从这个意义上讲，2010 年底中共中央和国务院发布的《中国农村扶贫开发纲要（2011—2020 年）》（以下简称《11 纲要》）首次提出的"到 2020 年，稳定实现扶贫对象不愁吃、不愁穿，保障其义务教育、基本医疗和住房"的目标，即"两不愁三保障"，则是一个明显的进步，意味着扶贫开发目标越来越具体了。

三是开发式扶贫是基本方针。从表面上讲，开发式扶贫对应的是救济式扶贫。但从现实意义上讲，开发式扶贫或者叫扶贫开发也是区域扶贫开发的代名词。其核心内容就是《11 纲要》正文中强调的"三个联系，两个结合，一个开发，一个目的"。在这样一种扶贫方针指导下，我国前面两个阶段的农村扶贫主要是改善贫困地区的发展条件，当然也包括改善贫困农户的生产生活条件，但重点还是从贫困县到贫困村的发展条件，尤其是以交通通信、人畜饮水、居住条件等为重点的基础设施条件，和以就学就医条件为主的公共服务设施条件。这对于贫困面广量大的早期扶贫工作来说，既非常必要，也可以降低制度执行成本。实践证明，这是非常符合贫困地区实际，并受到包括贫困农户在内的广大农村居民的认可和广泛欢迎的。但当贫困呈现散状分布时，瞄准偏差就成了问题，或者导致"手榴弹炸跳蚤"的弊端，或者出现贫困人口到了三千万人就减不动的难题。这是我国脱贫攻坚提出精准扶贫精准脱贫的一个重要实践基础。

第二节　重大举措

为了有效推动全国农村扶贫开发工作，不论是作为"重要议事日程"工作还是"中心任务"工作，国家大面上都采取了许多有利于贫困地区加快发展的政策举措，如税收优惠，土地、用电等方面的特殊政策，并推动相对发达地区支援落后地区等。但就国家主要政策来讲，这两个阶段还主要围绕《国家八七扶贫攻坚计划》和《01 纲要》展开，由此有必要分开论述。

一　"重要议事日程"工作阶段的扶持政策和举措

为了有效推动农村扶贫开发工作，1986 年国家成立了专门扶贫工作机构，安排专项资金，制定实施专门优惠政策，确立了开发式扶贫的基本方针。所谓开发式扶贫是相对于救济式扶贫而言的，就是在国家的帮扶下，动员、鼓励、引导贫困地区的干部群众大干苦干加巧干，把自己的努力同国家的扶持有机结合起来，通过开发当地的自然资源和人文资源，发展商品生产，改善生产生活条件，增强自我积累、自我发展的能力。其实质在于通过外界帮助搞经济开发，达到脱贫目的。

较之于救济式扶贫，开发式扶贫有"三个联系，两个结合，一个开发，一个目的"的显著特点。"三个联系"是：扶贫与经济发展紧密联系，与改善生产生活条件紧密联系，与市场经济体制下的商品性生产紧密联系。"两个结合"是：帮扶者与被帮扶的贫困地区的农民相结合，一方主动帮扶与另一方主动接受帮扶相结合。"一个开发"是：帮扶者通过认真调查研究，帮助被帮扶者扬其所长，避其所短，物尽其用，人尽其才，在劣势中找优势，在资源优势中找经济优势，使资源优势变成商品优势。"一个目的"是：通过"三个联系"、"两个结合"和"一个开发"，使贫困地区自我积累和自我发展的能力不断增强，从根本上消除造成贫困的根源，实现稳定脱贫，走上致富大道。①

这一基本方针在《国家八七扶贫攻坚计划》中就得到明确表述：针对当前我国农村"贫困人口主要集中在国家重点扶持的 592 个贫困县，分布在中西部的深山区、石山区、荒漠区、高寒山区、黄土高原区、地方病高发区以及水库库区，而且多为革命老区和少数民族地区。共同特征是，地域偏远，交通不便，生态失调，经济发展缓慢，文化教育落后，人畜饮水困难，生产生活条件极为恶劣"的实际，必须"继续坚持开发式扶贫的方针；鼓励贫困地区广大干部、群众发扬自力更生、艰苦奋斗的精神，在国家的扶持下，以市场需求为导向，依靠科技进步，开发利用当地资源，发展商品生产，解决温饱进而脱贫致富"。其基本途径是："重点发展投资少、见效快、覆盖广、效益高、有助于直接解决群众温饱问题的种植业、养殖业和相关的加工业、运销业。积极发展既能够充分发挥贫困地区资源优势，又能够大量安排贫困户劳动力就业的资源开发型和劳动密集型的乡镇企业。通过土地有偿租用、转让使用权等方式，加快荒地、荒山、荒坡、荒滩、荒水的开发利用。有计划有组织地发展劳务输出，积极引导贫困地区劳动力合理、有序地转移。对极少数生存和发展条件特别困难的村庄和农户，实行开发式移民。"②

《国家八七扶贫攻坚计划》还阐述了可以采取的主要开发形式，包括"依托资源优势，按照市场需求，开发有竞争力的名特稀优产品。实行统一规划，组织千家万户连片发展，专业化生产，逐步形成一定规模的商品生产基地或区域性的支柱产业。坚持兴办贸工农一体化、产加销一条龙的扶贫经济实体，承包开发项目，外联市场，内联农户，为农民提供产前、产中、产后的系列化服务，带动群众脱贫致富。引导尚不具备办企业条件的贫困乡村，自愿互利，带资带劳，到投资环境较好的城镇和工业小区进行异地开发试点，兴办二、三产业。扩大贫困地区与发达地区的干部交流和经济技术合作。在优先解决群众温饱问题的同时，帮助贫困县兴办骨干

---

① 百度百科：《开发式扶贫》，https://baike.baidu.com/item/开发式扶贫/3047741？fr=aladdin。
② 国务院扶贫开发领导小组办公室编《中国农村扶贫开发纲要》，中国财政经济出版社，2003，第35~36页。

企业，改变县级财政的困难状况，增强自我发展能力。在发展公有制经济的同时，放手发展个体经济、私营经济和股份合作制经济。对贫困残疾人开展康复扶贫"。① 在坚持开发式扶贫基本方针的基础上，这一时期的农村扶贫开发尽管也强调到村到户，加强少数民族和民族地区的扶贫开发工作，重视残疾人扶贫和针对妇女的扶贫济困，但重点是提高贫困地区的经济社会发展水平，且工作单元主要是贫困县，尤其重视以下措施。

一是科技教育扶贫。从 1986 年开始，国家有关部门根据全国农村扶贫开发的总体要求，适时提出科技扶贫的目标、措施和实施办法，于 1996 年出台《1996—2000 年全国科技扶贫规划纲要》，加强对科技扶贫的政策指导，并专门安排科技扶贫资金，用于优良品种和先进适用技术的引进、示范和推广，以及科技培训等。1995～2000 年，国家教委和财政部联合组织实施了"贫困地区义务教育工程"，投入资金超过 100 亿元，② 帮助贫困地区普及九年义务教育，还鼓励高等院校、科研单位到贫困地区推广农业先进实用技术，组织科技人员到贫困地区挂职任教，组织科研单位到贫困乡村宣传普及农业技术。

二是动员和组织社会各界参与扶贫。根据中央政府的统一要求，政府各部门分别制订了本部门、本系统的扶贫开发实施方案，提出了一系列有利于贫困地区发展和贫困群众脱贫致富的优惠政策，并充分发挥各自优势，在资金、物资、技术、人才等方面向贫困地区倾斜。同时，参与扶贫的部门、单位不断增多，规模不断扩大。到 2000 年底，国家层面定点帮扶的部门和单位达到 138 个，共派出 3000 多名干部到贫困县挂职扶贫，直接投入资金 44 亿元，帮助引进各种资金 105 亿元。③ 此外，各社会组织、民间团体和私营企业也积极开展"希望工程""光彩事业""文化扶贫""幸福工程""春蕾计划""青年志愿者支教扶贫接力计划"等扶贫活动。

① 国务院扶贫开发领导小组办公室编《中国农村扶贫开发纲要》，中国财政经济出版社，2003，第 35～36 页。
② 国务院扶贫开发领导小组办公室编《中国农村扶贫开发纲要》，中国财政经济出版社，2003，第 12 页。
③ 国务院扶贫开发领导小组办公室编《中国农村扶贫开发纲要》，中国财政经济出版社，2003，第 13 页。

三是开展东西部协作扶贫。本着先富带后富的精神，采取东部发达省（直辖市）对口支援西部省（自治区、直辖市）发展的方式，加快西部贫困地区脱贫致富步伐。对口帮扶双方根据"优势互补、互惠互利、长期合作、共同发展"的原则，在企业合作、项目援助、人才交流等方面开展多层次、全方位的扶贫协作。在整个《国家八七扶贫攻坚计划》实施期间，东部 13 个省（直辖市）政府和社会各界累计捐款、捐物折款近 21.4 亿元，签订合作项目 5745 个，协议投资 280 多亿元，实际投资 40 多亿元，从贫困地区输出劳动力 51.7 万人。[①] 此外，东西部地区在干部交流、人才培训、援建学校、建设基本农田、修筑公路、解决人畜饮水等方面也开展了广泛的协作和支援。

四是实施自愿移民扶贫开发。鼓励和支持生存条件极其恶劣地区的贫困农户通过自愿移民搬迁、易地扶贫开发等方式，寻找新的生存发展空间。在整个《国家八七扶贫攻坚计划》实施期间，通过多种方式和途径迁移安置了 260 万贫困人口，使全国需要移民搬迁的贫困人口由 750 万人减少到 500 万人。[②] 主要搬迁安置方式有插花安置、集中安置，以及后来广为人知的吊庄移民[③]等。同时，国家鼓励并组织具备条件的贫困地区和贫困农户开展劳务输出，帮助贫困群体获得异地就业增收机会。

五是实行扶贫开发与生态环境保护、计划生育相结合行动。鼓励农民大力发展生态农业、环保农业和混农林业，提高扶贫产业的可持续性，通过科技扶贫，在一定程度上改变了贫困地区以破坏生态为代价的传统生产方式。同时，特别强调转变贫困地区群众的生育观念，积极倡导贫困地区的农民实行计划生育，不断提高人口素质。核心就是通过控制贫困家庭人

① 国务院扶贫开发领导小组办公室编《中国农村扶贫开发纲要》，中国财政经济出版社，2003，第 13 页。

② 国务院扶贫开发领导小组办公室编《中国农村扶贫开发纲要》，中国财政经济出版社，2003，第 13 页。

③ 就是把特困地区或因为建设需要的移民（按照村庄）集体搬迁到有条件安置的地区。其重要原则是迁出地一定是生存条件恶劣、自然资源贫乏、一方水土养活不了一方人的地方，而迁入地一定是自然资源特别是土地资源丰富、地势平坦、有灌溉条件的灌区。最早实施吊庄移民的是宁夏回族自治区，1983 年便开始在西海固地区进行试验示范，核心是搬迁初期农户两头有家、来去自由。

口规模、提高人口素质来阻断贫困代际传递。

六是强化国际扶贫交流与合作。自 20 世纪 90 年代开始，国家积极探索借鉴国际反贫困经验，不断加强与国际组织和双边政府的扶贫合作和交流。其中最早、规模也最大的是世界银行，先后开展了西南、秦巴、西部等扶贫贷款项目，并与联合国开发计划署、世界粮食计划署、联合国粮农组织、亚洲开发银行等开展广泛扶贫合作。此外，还与英国、德国、新西兰、澳大利亚等国政府开展了双边扶贫合作。

同时，为推动国家扶贫开发战略的有效实施，中央政府持续加大了对农村扶贫开发的资金投入力度，1986~2000 年，中央政府累计投入扶贫资金 1511.58 亿元，其中财政扶贫资金为 668.96 亿元（见表 1-3）。这与国家统计局住户调查办公室编写的《2011 中国农村贫困监测报告》中使用的数据出入不大。该报告称："不考虑价格因素，15 年累计投入达到 1500 亿元。"[①]

表 1-3 1986~2000 年中央扶贫投入情况

单位：亿元，%

年份	全部扶贫资金	财政扶贫资金	一般公共预算支出	财政扶贫资金占一般公共预算支出比例	全部扶贫资金占一般公共预算支出比例
1986	42	19	2204.91	0.86	1.90
1987	42	19	2262.18	0.84	1.86
1988	39	10	2491.21	0.40	1.57
1989	41	11	2823.78	0.39	1.45
1990	46	16	3083.59	0.52	1.49
1991	63	28	3386.62	0.83	1.86
1992	67	26	3742.20	0.69	1.79
1993	76	41	4642.30	0.88	1.64
1994	97	52	5792.62	0.90	1.67
1995	98	53	6823.72	0.78	1.44
1996	108	53	7937.55	0.67	1.36

---

① 国家统计局住户调查办公室编《2011 中国农村贫困监测报告》，中国统计出版社，2011，第 107 页。

续表

年份	全部扶贫资金	财政扶贫资金	一般公共预算支出	财政扶贫资金占一般公共预算支出比例	全部扶贫资金占一般公共预算支出比例
1997	153	68	9233.56	0.74	1.66
1998	189.97	94.76	10798.18	0.88	1.76
1999	231.86	87.69	13187.67	0.66	1.76
2000	217.75	90.51	15886.50	0.57	1.37
合计	1511.58	668.96	94296.59	0.71	1.60

资料来源：根据国家统计局住户调查办公室编《2011 中国农村贫困监测报告》（中国统计出版社，2011）第 107 页表 6－3 整理。其中 1998～2000 年数据根据该报告第 114 页附表 1－3 修正，把扶贫投资总额减去了"省地财政扶贫资金"、"地方财政为中央配套资金"以及"地方为国家配套以工代赈资金"，因此中央财政扶贫投入除了"中央财政扶贫资金""国家以工代赈资金"外，还包括"接受各种捐款"和"其他资金"；信贷资金包括"中央扶贫专项贷款"、"扶贫专项贷款回收再贷款"和"利用外资"三项；原表中的"财政支出"改成了"一般公共预算支出"，含中央支出和地方支出，1999～2000 年数据来源于《2017 中国统计年鉴》第 204 页表 7－1。本表大部分数据通过世界银行的国别报告《中国战胜农村贫困》（中国财政经济出版社，2001）第 64 页表3－1 得以核实。

二 "中心任务"工作阶段的新举措

对比第一阶段，第二阶段国家在农村扶贫开发方面，除继续把发展种养业和改善贫困地区的基本生产生活条件作为重点、继续稳步推进自愿移民搬迁和劳务输出、继续开展社会扶贫、继续加大科技扶贫力度、继续做好贫困地区干部培训等工作外，还重点强化了以下几个方面的工作。

一是强化了对国家扶贫开发工作重点县的领导和管理。国务院扶贫办制定实施了《国家扶贫开发工作重点县管理办法》，引进激励机制，建立严格的、经常性的管理监督制度和科学的准入、退出制度，并建立了重点县联系人制度，加强管理和监督。

二是把扶贫开发与西部大开发有机结合起来。国家相关政策明确要求，西部大开发安排的水利、退耕还林、资源开发等项目，优先布局到贫困地区；公路建设项目向贫困地区延伸，把贫困地区的县城与国道、省道干线连接起来；西部地区基础设施建设项目，尽量使用贫困地区的劳动力。

三是切实落实扶贫开发工作责任制。坚持"省负总责，县抓落实，工作到村，扶贫到户"的工作机制，除继续实行扶贫开发工作责任到省、任务到省、资金到省、权力到省的原则外，要求把农村扶贫开发工作作为地方党委和政府的中心任务，以扶贫开发总揽全局，负责把扶贫开发的政策措施真正落实到贫困村、贫困户，同时把制定和实施参与式扶贫开发规划作为重要手段。

四是进一步加大农村扶贫开发投入力度。对比 1986~2000 年，国家每年对贫困地区的扶贫开发投入由 100 多亿元增加到 300 多亿元，且呈现持续加大趋势，仅中央投入的扶贫开发资金就从 2001 年的 207.9 亿元增加到 2010 年的 489.6 亿元，10 年累计投入 3091.8 亿元，是 1986~2000 年 1511.58 亿元的两倍多，其中中央财政扶贫资金（扣除中央扶贫专项贷款和利用外资）由 668.96 亿元增加到 1987.0 亿元，增加了近两倍（见表 1-3 和表 1-4）。

表 1-4 2001~2010 年国家扶贫开发工作重点县中央扶贫投入情况

单位：亿元

年份	扶贫投资总额	中央扶贫专项贷款	中央财政扶贫资金	国家以工代赈资金	中央退耕还林补助	利用外资	其他资金
2001	207.9	105.9	32.4	39.7	—	18.3	11.6
2002	240.4	102.5	35.8	39.9	22.6	17.6	22.0
2003	267.0	87.5	39.6	41.6	37.4	31.5	29.4
2004	280.3	79.2	45.9	47.5	45.2	34.5	28.0
2005	254.4	58.4	47.9	43.3	44.0	29.0	31.8
2006	267.6	55.6	54.0	38.5	46.1	30.9	42.5
2007	302.5	70.5	60.3	35.4	63.2	19.1	54.0
2008	348.8	84.0	78.5	39.3	51.5	14.1	81.4
2009	433.3	108.7	99.5	39.4	64.2	21.3	100.2
2010	489.6	116.1	119.9	40.4	52.1	20.1	141.0
合计	3091.8	868.4	613.8	405.0	426.3	236.4	541.9

资料来源：根据国家统计局住户调查办公室编《2011 中国农村贫困监测报告》（中国统计出版社，2011）第 132 页附表 1-17 整理。表中扣除了"省级财政安排的扶贫资金"，因此资金合计不同于原表中的数据，2001 年数据根据《2002 中国农村贫困监测报告》第 96 页附表 1-3 整理。为了统一计算口径，2001 年的"接受各种捐款"计入"其他资金"，该年的"中央退耕还林补助"因缺乏资料而空缺。

但需要强调的是，针对当时我国的农村贫困面貌，扶贫投入水平总体偏低。1986～2010年，中央政府对全国农村的扶贫开发投入总共才4600多亿元，其中财政投入才2656亿元，全部中央扶贫投入仅占国家财政一般公共预算支出[①]的0.85%，财政投入仅占0.49%。2001年，国家统计局农村社会经济调查总队在《2001中国农村贫困监测报告》中就强调："如果从中央的扶贫投入占中央财政支出的比例来看，确是很低的。"[②] 当然，如果与当前的财政扶贫投入相比，前面两个阶段的投入就更低了。2020年，仅中央下达的财政专项扶贫资金就达1396.36亿元，[③] 不考虑物价因素，是1986～2000年总计的两倍多。从这个意义上讲，习近平总书记2018年2月12日在打好精准脱贫攻坚座谈会上的讲话，把"坚持加大投入，强化资金支持"[④] 作为我国脱贫攻坚取得的弥足珍贵的经验，就非常有现实意义了。而更重要的是，在这两个阶段，国家的大扶贫格局还没有完全形成，扶贫资金的投入主体主要是中央政府。

第三节　显著成效

随着扶贫开发体制机制的不断完善，尤其是各种责任制的落实，以及国家扶贫开发投入力度的持续加大和各种扶贫开发项目的持续推进，我国农村贫困地区的面貌发生了明显变化，扶贫开发收到了明显成效，不仅贫困人口数量快速下降，粮食安全水平显著提高，而且贫困地区农村居民的收入水平持续快速提高，生产生活条件持续改善。

一　贫困人口数量快速下降

贫困人口数量快速下降是我国农村扶贫开发工作最显著的成效之一。

---

① 1986～2010年全国一般公共预算支出合计为541290.27亿元，数据来源于《辉煌70年》编写组编《辉煌70年：新中国经济社会发展成就（1949－2019）》，中国统计出版社，2019，第382页表12续表。扶贫投入数据来源于表1－3和表1－4。

② 国家统计局农村社会经济调查总队编《2001中国农村贫困监测报告》，中国统计出版社，2001，第107页。

③ 曾金华：《2020中央扶贫资金已下达1396.36亿元，投入力度持续加大》，《经济日报》2020年4月9日，https://economy.gmw.cn/2020－04/09/content_33726187.htm。

④ 习近平：《在打好精准脱贫攻坚座谈会上的讲话》，《求是》2020年第9期。

按照 1978 年贫困标准，全国农村贫困人口从 1985 年的 1. 25 亿人减少到 2007 年的 1479 万人，减贫率高达 88. 17%，年均减少农村贫困人口 479. 19 万人；贫困发生率由 14. 8% 下降到 1. 6%，下降了 13. 2 个百分点，年均下降 0. 57 个百分点。按照 2008 年贫困标准，全国农村贫困人口从 2000 年的 9422 万人减少到 2010 年的 2688 万人，减贫率为 71. 47%，年均减少农村贫困人口 612. 18 万人；贫困发生率由 10. 2% 下降到 2. 8%，下降了 7. 4 个百分点，年均下降 0. 67 个百分点。按照 2010 年贫困标准，我国的农村贫困人口由 1985 年的 66101 万人下降到 2010 年的 16567 万人，减贫率为 74. 94%，但年均减少农村贫困人口高达 1905. 15 万人；贫困发生率由 78. 3% 下降到 17. 2%，下降了 61. 1 个百分点，年均下降 2. 35 个百分点。归纳起来，我国 1985 ~ 2010 年的 26 年间，每年减少的农村贫困人口在 500 万人以上，累计减少农村贫困人口 1. 3 亿人以上（见表 1 - 5）。

表 1 - 5　1985 ~ 2010 年主要年份我国农村贫困人口变动情况

单位：万人，%

年份	1978 年贫困标准		2008 年贫困标准		2010 年贫困标准	
	贫困人口	贫困发生率	贫困人口	贫困发生率	贫困人口	贫困发生率
1985	12500	14. 8			66101	78. 3
1990	8500	9. 4			65849	73. 5
1995	6540	7. 1			55463	60. 5
2000	3209	3. 5	9422	10. 2	46224	49. 8
2005	2365	2. 5	6432	6. 8	28662	30. 2
2010			2688	2. 8	16567	17. 2

资料来源：根据《辉煌 70 年》编写组编《辉煌 70 年：新中国经济社会发展成就（1949 - 2019）》（中国统计出版社，2019）第 383 页表 13 整理。

同时还需要注意的是扶贫开发效率。按照 1978 年贫困标准，1986 ~ 2000 年中央政府每投入 1 亿元的扶贫开发资金，可以让全国农村 1528 个贫困人口脱贫，即每个脱贫人口花的中央投入是 65445 元；按照 2008 年贫困标准，2001 ~ 2010 年中央政府每投入 1 亿元的扶贫开发资金，可以让 487. 6 个农村贫困人口脱贫，即每个脱贫人口花的中央投入是 205086 元；而如果按 2010 年贫困标准，1986 ~ 2010 年中央政府每投入 1 亿元，可以让 929 个农村贫困人口脱贫，即每个脱贫人口花的中央投入是 107643 元。这说明三个方面的问题：一是第一阶段的脱贫难度总体不大，需要的投入不大；二是贫困标准越高，需要的投入越大；三是这两个阶段的扶贫开发主要针对的是解决贫困人口的温饱问题，标准很低，需要的投入也较低。

二 贫困地区粮食安全得到较好保障

针对最初一部分贫困人口连吃饭问题都没有解决的客观现实，一些地方不仅把扶贫开发工作的重点放到了粮食生产和保障供给上，有的甚至把人均占有粮食作为贫困标准，如云南省 1986 年就规定，把稻谷主产区人均口粮 200 公斤以下、稻杂参半区人均口粮 175 公斤以下、杂粮主产区人均口粮 150 公斤以下作为贫困标准。[①] 这有效提高了贫困地区和贫困农户粮食生产的积极性，使贫困地区的粮食安全得到较好保障。1993 年《国家八七扶贫攻坚计划》执行之前，全国 592 个国定贫困县的粮食总产量为 6420.0 万吨，到 2000 年该计划执行结束，592 个国定贫困县的粮食总产量达到了 8122.9 万吨，增长了 26.52%，年均增速高达 3.42%，远快于同期全国 0.18%[②]的平均增速。《01 纲要》执行期间，全国贫困地区的粮食生产得到进一步发展，2010 年总产量达到了 11788.5 万吨，比 2001 年的 8025.5 万吨增加了 46.89%，年均增速高达 3.92%，也快于同期全国 2.14%[③]的平均增速。

贫困地区粮食生产加快发展，不仅使贫困地区自身的粮食安全得到了充分保障，而且为国家的粮食安全做出了重大贡献。1993 年，全国 592 个国定贫困县人均占有粮食只有 302.40 公斤，不仅远低于全国平均水平

[①] 郭正秉等主编《云南省 41 个贫困县脱贫致富战略研究》，云南人民出版社，1990，第 43 页。
[②] 1993 年全国粮食总产量为 45648.8 万吨，2000 年为 46217.52 万吨，见《辉煌 70 年》编写组编《辉煌 70 年：新中国经济社会发展成就（1949－2019）》，中国统计出版社，2019，第 402 页表 25 续表。
[③] 2001 年全国粮食总产量为 45263.67 万吨，2010 年为 55911.31 万吨，见《辉煌 70 年》编写组编《辉煌 70 年：新中国经济社会发展成就（1949－2019）》，中国统计出版社，2019，第 402 页表 25 续表。

（385.17 公斤），而且离粮食安全线有不小的距离。2000 年，592 个国定贫困县的人均占有粮食水平达到 366.56 公斤，不仅基本实现了粮食安全①，而且人均占有水平略高于全国平均水平。2000 年后，贫困地区的人均占有粮食水平始终高于全国平均水平，并于 2004 年超过了世界粮食安全标准（快于全国 5 年，全国 2008 年才达到 402.36 公斤），2010 年人均占有粮食达到 486.34 公斤，不仅高出世界粮食安全标准 21.59%，而且高出全国平均水平 16.64%（见表 1-6）。

表 1-6　贫困地区与全国比较的粮食生产情况

年份	贫困地区粮食总产量（万吨）	贫困地区人均占有粮食（公斤）	全国人均占有粮食（公斤）	贫困地区人均占有粮食占全国平均水平的比例（%）
1993	6420.0	302.40	385.17	78.51
2000	8122.9	366.56	364.66	100.52
2001	8025.5	357.10	354.66	100.69
2002	8497.0	375.89	355.82	105.64
2003	7893.7	346.99	333.29	104.11
2004	9231.5	403.16	361.16	111.63
2005	9482.2	411.06	370.17	111.05
2006	9922.2	426.04	378.89	112.44
2007	10045.2	426.58	381.55	111.80
2008	10814.1	453.80	402.36	112.78
2009	10885.0	458.44	404.20	113.42
2010	11788.5	486.34	416.97	116.64

资料来源：592 个贫困县 1993 年和 2000 年的人口数据来源于《2001 中国农村贫困监测报告》第 113 页表 1-1，粮食总产量数据来源于第 113 页表 1-2；2001 年人口数据来源于《2002 中国农村贫困监测报告》第 94 页表 1-1，粮食总产量数据来源于第 95 页表 1-2；2002～2010 年人口数据来源于《2011 中国农村贫困监测报告》第 124 页表 1-2，粮食总产量数据来源于第 152 页表 1-42。全国人口数据来源于《辉煌 70 年：新中国经济社会发展成就（1949-2019）》第 355 页表 2 续表，粮食总产量数据来源于第 402 页表 25 续表。人均占有粮食简单按当年的粮食总产量除以总人口。

① 按 400 公斤/人的世界粮食安全标准，见国家发展改革委宏观经济研究院"宏观经济政策动态跟踪"课题组《粮食安全评估指标与方法研究综述》，《经济研究参考》2007 年第 13 期。

三 贫困地区农村居民收入水平快速提高

扶贫开发不仅带来贫困人口的快速减少，粮食安全水平的快速提升，而且使贫困地区农村居民的收入水平快速提高。1993 年，全国 592 个国家扶贫开发工作重点县的农村居民人均纯收入只有 488 元[1]，只相当于全国农村居民人均纯收入 921.6 元[2]的 52.95%；2000 年全国 592 个国家扶贫开发工作重点县的农村居民人均纯收入增加到 1338 元[3]，而全国农村居民人均纯收入的平均水平提高到 2253.42 元[4]，592 个国家扶贫开发工作重点县是全国平均水平的 59.38%，差距缩小了 6.43 个百分点。换句话说，贫困地区的农民收入增长速度快于全国平均水平。在这 7 年间，592 个国家扶贫开发工作重点县的农民人均纯收入增速是 1.74 倍，年均增速为 15.50%；而全国平均水平的增速是 1.45 倍，年均增速为 13.62%，即 592 个国家扶贫开发工作重点县的年均增速比全国平均水平高了 1.88 个百分点。随着贫困地区农民收入的快速增长，城乡居民储蓄存款余额也快速增长，592 个国家扶贫开发工作重点县由 1993 年的 841.55 亿元增加到 2000 年的 3243.63 亿元[5]，增速达 2.85 倍，年均增速高达 21.26%，与全国平均水平的 22.88%[6]差距不大。

2001～2010 年，贫困地区农民收入仍然保持了较快增长，由 2001 年的 1277.0 元[7]增加到 2010 年的 3272.8 元，[8] 10 年增长了 1.56 倍，年均名

---

[1] 国家统计局住户调查办公室编《2011 中国农村贫困监测报告》，中国统计出版社，2011，第 113 页表 1 - 2。

[2] 《辉煌 70 年》编写组编《辉煌 70 年：新中国经济社会发展成就（1949 - 2019）》，中国统计出版社，2019，第 382 页表 12 续表。

[3] 国家统计局住户调查办公室编《2011 中国农村贫困监测报告》，中国统计出版社，2011，第 113 页表 1 - 2。

[4] 国家统计局编《2001 中国统计年鉴》，中国统计出版社，2001，第 304 页表 10 - 3。

[5] 国家统计局农村社会经济调查总队编《2001 中国农村贫困监测报告》，中国统计出版社，2001，第 113 页表 1 - 2。

[6] 全国 1993 年为 15203.5 亿元，2000 年增加到 64332.4 亿元，增加了 3.23 倍，见国家统计局编《2001 中国统计年鉴》，中国统计出版社，2001，第 304 页表 10 - 2。

[7] 国家统计局农村社会经济调查总队编《2002 中国农村贫困监测报告》，中国统计出版社，2002，第 103 页表 3 - 3。此数据与前面引用的 2000 年 592 个国家扶贫开发工作重点县农民人均纯收入 1338 元不是同一个口径，原因是贫困县发生了变动，尽管数量没有变化。

[8] 国家统计局住户调查办公室编《2011 中国农村贫困监测报告》，中国统计出版社，2011，第 145 页表 1 - 31。

义增速为 9.87%，同期全国农民人均纯收入年均增速为 9.60%，592 个国家扶贫开发工作重点县比全国平均水平稍高，由此导致与全国平均水平的差距由 46.04 个百分点下降为 44.71 个百分点。同期，592 个国家扶贫开发工作重点县城乡居民储蓄存款余额由 3540.91 亿元[①]增加到 25698.8 亿元[②]，增长了 6.26 倍，年均增速高达 21.92%，比 1993~2000 年的增速还略快，且远快于同期全国城乡居民储蓄存款余额的年均增速（15.19%[③]），由此导致与全国平均水平的差距由 72.74 个百分点下降到 53.13 个百分点（见表 1-7）。

表 1-7　2001~2010 年 592 个国家扶贫开发工作重点县农民人均纯收入
及城乡居民人均储蓄存款余额与全国平均水平的比较

单位：元，%

年份	农民人均纯收入			城乡居民人均储蓄存款余额		
	贫困县	全国	贫困县占全国的比例	贫困县	全国	贫困县占全国的比例
2001	1277.0	2366.4	53.96	1575.56	5779.53	27.26
2002	1305.2	2475.6	52.72	2443.28	6765.95	36.11
2003	1406.3	2622.2	53.63	2823.53	8018.27	35.21
2004	1585.3	2936.4	53.99	3319.74	9197.42	36.09
2005	1725.6	3254.9	53.02	3972.83	10787.34	36.83
2006	1928.0	3587.0	53.75	4802.51	12292.87	39.07
2007	2278.0	4140.4	55.02	5665.23	13058.01	43.39
2008	2610.8	4760.6	54.84	7073.52	16406.79	43.11
2009	2842.1	5153.2	55.15	8627.49	19539.36	44.15

① 国家统计局农村社会经济调查总队编《2002 中国农村贫困监测报告》，中国统计出版社，2002，第 95 页表 1-2。
② 国家统计局住户调查办公室编《2011 中国农村贫困监测报告》，中国统计出版社，2011，第 131 页表 1-5。
③ 同期全国城乡居民储蓄存款余额由 73762.4 亿元增加到 303302.5 亿元，年均增速为 15.19%，见国家统计局编《2018 中国统计年鉴》，中国统计出版社，2018，第 601 页表 18-1。

续表

年份	农民人均纯收入			城乡居民人均储蓄存款余额		
	贫困县	全国	贫困县占全国的比例	贫困县	全国	贫困县占全国的比例
2010	3272.8	5919.0	55.29	10602.08	22619.15	46.87

资料来源：2001 年 592 个国家扶贫开发工作重点县农民人均纯收入数据来源于《2002 中国农村贫困监测报告》第 103 页表 3－3，2002～2010 年农民人均纯收入数据来源于《2011 中国农村贫困监测报告》第 145 页表 1－31；城乡居民人均储蓄存款余额是各年份的城乡居民储蓄存款余额除以当年总人口的结果。全国 2001～2010 年的城乡居民储蓄存款余额数据来源于国家统计局编《2018 中国统计年鉴》（中国统计出版社，2018）第 601 页表 18－1，总人口数据来源于第 31 页表 2－1。2001 年 592 个国家扶贫开发工作重点县城乡居民储蓄存款余额数据来源于《2002 中国农村贫困监测报告》第 95 页表 1－2，总人口数据来源于第 94 页表 1－1；2002～2010 年城乡居民储蓄存款余额数据来源于《2011 中国农村贫困监测报告》第 131 页表 1－5，总人口数据来源于第 124 页表 1－2。

　　贫困地区广大人民群众收入水平的快速提高，带来的最显著变化是消费水平的快速提高和消费结构的变化。2001～2010 年的 10 年间，592 个国家扶贫开发工作重点县的人均生活消费支出从 1018.0 元增加到 2662.0 元，增加了 1.61 倍，年均增速为 10.09%，高于收入增速（9.87%）0.22 个百分点，与同期全国农村居民的年均增速（10.61%[①]）差距不是很大，且结构上有几个显著变化。一是食品消费支出快速下降，1998 年高达 61.6%，如果用联合国粮农组织的标准，意味着 592 个国家扶贫开发工作重点县整体尚处于赤贫状态；2010 年下降到 49.1%，整体初步进入小康状态。1998～2010 年的 13 年间，食品消费支出累计下降了 12.5 个百分点，几乎每年下降 1 个百分点。二是居住消费支出快速提高，占比从 1998 年的 10.7% 提高到 2010 年的 16.5%，提高了 5.8 个百分点，每年几乎提高 0.5 个百分点。三是交通通信支出增速较快，从 1998 年的 2.3% 提高到 2010 年的 8.5%，提高了 6.2 个百分点，这说明扶贫开发不仅带来贫困地区广大人民群众生活水平的提高，而且使人口流动加速。四是医疗保健支出占比也有

①　2001 年全国农村居民人均生活消费支出为 1803.2 元，2010 年为 4944.8 元，见《辉煌 70 年》编写组编《辉煌 70 年：新中国经济社会发展成就（1949－2019）》，中国统计出版社，2019，第 382 页表 12 续表。

所提高，从 1998 年的 4.1% 提高到 2010 年的 6.7%，提高了 2.6 个百分点。五是文化教育、娱乐用品及服务支出占比先升后降，从 1998 年的 9.0% 提高到 2004 年的 12.7%，随后逐年下降，2010 年下降到 6.7%，比 1998 年的占比还低。这说明，一方面，国家对教育的帮扶力度较大，减少了家庭的教育支出；另一方面，贫困地区的生活消费支出还处于刚性阶段，贫困家庭还不可能在文化教育、娱乐用品及服务上有更多开支（见表 1-8）。

表 1-8　贫困地区农民生活消费水平及结构变化

单位：元，%

年份	人均生活消费支出	消费结构占比							
		食品	衣着	居住	家用	医疗保健	交通通信	文化教育、娱乐用品及服务	其他
1998	1029.4	61.6	6.5	10.7	4.0	4.1	2.3	9.0	1.8
1999	1044.6	59.9	6.1	11.4	4.1	4.2	2.6	9.9	1.8
2000	1040.7	58.1	5.9	12.1	3.8	4.6	3.2	9.9	2.6
2001	1018.0	57.3	5.8	11.8	4.0	4.6	3.5	10.4	2.7
2002	1131.4	57.4	6.1	11.2	3.0	5.8	4.0	10.7	1.8
2003	1220.1	53.7	5.7	12.7	3.7	5.7	5.5	11.3	1.7
2004	1394.4	53.2	5.3	11.8	3.5	5.6	6.1	12.7	1.7
2005	1528.5	51.9	5.6	12.6	3.7	5.7	6.9	11.9	1.7
2006	1679.6	50.0	5.7	14.4	4.0	6.0	8.1	10.0	1.8
2007	1931.3	50.8	5.8	15.0	4.1	5.9	8.4	8.3	1.7
2008	2200.3	51.7	5.6	15.6	4.2	6.1	8.0	7.2	1.6
2009	2367.4	48.8	5.7	17.5	4.6	6.6	8.2	7.1	1.6
2010	2662.0	49.1	5.8	16.5	5.0	6.7	8.5	6.7	1.7

资料来源：1998~2000 年数据来源于《2001 中国农村贫困监测报告》第 119 页表 3-5；2001 年数据来源于《2002 中国农村贫困监测报告》第 105 页表 3-5；2002~2010 年数据来源于《2011 中国农村贫困监测报告》第 146 页表 1-33、第 147 页表 1-34 及第 148 页表 1-34 续表。

四　贫困地区生产生活条件持续改善

伴随着国家扶贫开发力度的持续加大和贫困地区自身发展能力的不断增强，特别是贫困农户收入水平的快速提高，贫困地区的生产生活条件也得到持续改善,不仅到贫困村的道路、通信条件明显改善,而且就学、就医条件等明显改善,贫困农户的住房条件也得到较大改善。

(1)道路、通信条件明显改善。随着《01纲要》对贫困村投入力度的加大,贫困地区的道路、通信条件得到了明显改善。1997年,通公路的行政村占贫困地区行政村总数的88.2%,2000年提高到91.9%,2010年继续提高到99.5%;1997年,贫困地区通电的行政村占其全部行政村的比例为92.9%,2000年提高到95.4%,2010年再度提高到98.8%;1997年,贫困地区通电话的行政村仅占其行政村总数的49.4%,2000年提高到72.2%,4年时间提高了22.8个百分点,2010年继续提高到98.4%,又提高了26.2个百分点;1997年,贫困地区能接收电视节目的行政村占其行政村总数的91.9%,2000年提高到94.9%,2010年提高到98.3%(见表1-9)。道路、通信条件的显著改善,不仅提高了贫困群众的生活水平,而且强化了他们与外界,尤其是市场的联系,促进了经济发展。

表 1-9 1997~2010 年全国贫困地区道路、通信条件改善情况

单位:%

年份	通公路的行政村占比	通电的行政村占比	通电话的行政村占比	能接收电视节目的行政村占比
1997	88.2	92.9	49.4	91.9
1998	89.4	93.2	59.8	92.5
1999	91.4	94.5	66.7	94.3
2000	91.9	95.4	72.2	94.9
2001	92.2	95.8	76.9	95.4
2002	95.4	96.8	83.8	95.8
2003	96.6	97.7	88.4	96.2
2004	97.5	97.8	90.5	96.5
2005	97.8	98.0	93.7	96.4
2006	99.1	98.3	97.2	97.9
2007	98.7	98.3	97.3	97.8
2008	99.0	98.7	98.0	98.0

年份	通公路的行政村占比	通电的行政村占比	通电话的行政村占比	能接收电视节目的行政村占比
2009	99.2	98.6	98.2	98.0
2010	99.5	98.8	98.4	98.3

注：2001 年后的数据与 2000 年及以前的数据不一定有可比性，原因是尽管贫困县数量一样，但 2001 年后有进有出，贫困县发生了变化。

资料来源：1997 ~ 2000 年数据来源于《2001 中国农村贫困监测报告》第 116 页表 2 - 3 和表 2 - 4；2001 年数据来源于《2002 中国农村贫困监测报告》第 3 页图 6；2002 ~ 2010 年数据来源于《2011 中国农村贫困监测报告》第 12 页表 1 - 3。

（2）就学就医条件明显改善。为了切实提高贫困地区和贫困人口的整体素质，国家持续加大了贫困地区就学就医等公共服务设施的建设投入力度，尽管有小学的行政村占贫困地区行政村总数的比重由 2001 年的 87.0% 下降到 2010 年的 56.9%，但主要是响应国家撤并校点提高办学质量的号召。从实际效果来看，至少适龄儿童接受义务教育的比例以及儿童在校率提高了。2010 年，全国贫困农户 7 ~ 15 岁儿童在校率为 96.7%[1]，不仅比 2000 年的 88.7%[2]提高了 8.0 个百分点，而且与全国农村农户 7 ~ 15 岁儿童在校率 98.0% 的差距明显缩小，仅低了 1.3 个百分点，而 2000 年低了 6.3 个百分点（2000 年全国农户的平均水平为 95.0%[3]）。同时，贫困地区的就医条件也明显改善，2001 年，全国贫困地区只有 19.9% 的行政村有卫生室，[4] 2002 年，全国贫困地区有卫生室的行政村占 69.0%，到了 2010 年，这一比例上升到 81.5%。另外，还有 80.4%[5]的行政村有合格乡村医生或卫生员，有 77.0% 的行政村有合格接生员（见表 1 - 10）。

---

[1] 国家统计局住户调查办公室编《2011 中国农村贫困监测报告》，中国统计出版社，2011，第 17 页。

[2] 国家统计局农村社会经济调查总队编《2001 中国农村贫困监测报告》，中国统计出版社，2001，第 11 页。

[3] 国家统计局农村社会经济调查总队编《2001 中国农村贫困监测报告》，中国统计出版社，2001，第 11 页。

[4] 国家统计局农村社会经济调查总队编《2002 中国农村贫困监测报告》，中国统计出版社，2002，第 3 页。

[5] 国家统计局住户调查办公室编《2011 中国农村贫困监测报告》，中国统计出版社，2011，第 36 页。

表 1－10　2001～2010 年贫困地区就学就医条件改善情况

单位：%

年份	有小学的行政村占比	有卫生室的行政村占比	有合格乡村医生/卫生员的行政村占比	有合格接生员的行政村占比
2001	87.0	19.9	66.4	50.3
2002	85.5	69.0	71.0	67.0
2003	83.6	70.6	72.5	69.9
2004	83.0	72.9	74.5	71.9
2005	76.4	73.5	74.8	71.5
2006	81.3	74.0	74.9	71.1
2007	70.3	75.6	76.5	72.9
2008	66.7	77.4	77.4	73.7
2009	61.0	79.6	79.0	75.0
2010	56.9	81.5	80.4	77.0

资料来源：有小学的行政村占比，2001 年数据来源于《2002 中国农村贫困监测报告》第 99 页表 2－3，2002～2010 年数据根据《2011 中国农村贫困监测报告》第 124 页表 1－2 和第 155 页表 1－47 计算；有卫生室、有合格乡村医生/卫生员和有合格接生员的行政村占比，2001 年数据来源于《2002 中国农村贫困监测报告》第 99 页表 2－3，2002～2010 年数据来源于《2011 中国农村贫困监测报告》第 36 页表 3－24。

（3）贫困农户的住房条件也得到较大改善。改善贫困农户的住房条件，是扶贫开发的重要任务之一，尤其是自《01 纲要》实施以来，中央政府和地方政府都加大了对改善住房条件的投资力度，特别是随着贫困农户自身经济条件的改善，住房建设投资持续加大，带动了贫困农户住房条件的持续改善。2001～2010 年，贫困农户的住房消费由人均 119.8 元增加到 438.9 元，增长了 2.66 倍，年均增速高达 13.87%，明显高于其收入的增速（9.87%，见表 1－8），也高于其整个生活消费支出的年均增速（由 2001 年的 1018.0 元[1]增加到 2010 年的 2662.0 元[2]，年均增速为 10.09%），住房消费占比由 2001 年的 11.77% 上升到 2010 年的 16.49%；人均住房面积由 19.8 平方米增加到 24.9 平方米，增加了 5.1 平方米；住房价值由 103.2

---

[1]　国家统计局农村社会经济调查总队编《2002 中国农村贫困监测报告》，中国统计出版社，2002，第 105 页表 3－5。

[2]　国家统计局住户调查办公室编《2011 中国农村贫困监测报告》，中国统计出版社，2011，第 146 页表 1－33。

元/平方米提高到 237.2 元/平方米，提高了 1.30 倍。伴随着住房投资的增加，贫困农户的住房结构也发生了显著变化，砖木结构占比提高了 4.9 个百分点，钢混结构占比提高了 9.6 个百分点，竹草房占比降低了 0.7 个百分点，土坯房占比降低了 15.7 个百分点（见表 1 - 11）。

表 1 - 11　2001 ~ 2010 年贫困农户住房消费及住房条件变化情况

年份	住房消费（元/人）	住房面积（平方米/人）	住房价值（元/平方米）	住房结构占比（％）				
				砖木	钢混	竹草	土坯	其他
2001	119.8	19.8	103.2	39.8	9.8	1.2	35.0	14.3
2002	126.8	20.1	119.5	38.2	11.1	0.9	31.2	18.6
2003	154.5	20.5	127.7	39.7	11.3	0.7	28.6	19.7
2004	165.0	21.1	134.1	40.0	12.5	0.5	27.1	19.9
2005	192.5	22.0	152.8	40.7	14.2	0.5	25.1	19.5
2006	242.1	22.5	167.5	42.7	14.8	0.7	23.8	18.0
2007	289.3	23.1	180.5	43.2	15.7	0.7	22.5	17.9
2008	343.7	23.6	195.3	46.5	15.9	0.7	20.6	16.3
2009	413.3	24.4	217.4	45.2	18.3	0.7	19.9	16.0
2010	438.9	24.9	237.2	44.7	19.4	0.5	19.3	16.0

资料来源：2001 年住房消费数据来源于《2002 中国农村贫困监测报告》第 105 页表 3 - 5，2002 ~ 2010 年来源于《2011 中国农村贫困监测报告》第 146 页表 1 - 33；2001 年住房条件数据来源于《2002 中国农村贫困监测报告》第 101 页表 3 - 1，2002 ~ 2010 年来源于《2011 中国农村贫困监测报告》第 48 页表 3 - 42。

　　总之，我国前面两个阶段以区域为重点的农村扶贫开发实践取得了显著成效，一是贫困人口显著下降，20 多年的时间使中国的农村贫困人口减少了 1 亿多人，这本身就是一个了不起的成绩，如果考虑到投入产出，其扶贫开发绩效更为显著；二是贫困地区的经济发展水平明显加快，农民收入增速始终高于全国平均水平，从而为缓解贫困地区的发展不平衡和不充分问题做出了重要贡献；三是贫困地区的粮食生产能力得到显著提升，不仅为保障贫困地区的粮食安全做出了贡献，也为保障全国的粮食安全做出了重要贡献；四是极大地改善了贫困地区的发展条件，尤其是边远山区和少数民族地区；五是为推动实施以精准扶贫精准脱贫为基本方略的脱贫攻坚提供了实践基础。从这个意义上讲，前面两个阶段的扶贫开发也是精准扶贫中国实践和中国方案的重要组成部分。

| 第二章 |

贫困和扶贫情况

我国以《国家八七扶贫攻坚计划》和《01纲要》为基本方向的农村扶贫开发取得了显著成效，但也面临不少新问题和新挑战，贫困人口更加向生态脆弱地区集中，并表现出"大分散、小集中"的特点，加之剩下的贫困人口的社会发育程度低等原因，扶贫难度越来越大。在这种情况下，传统的以贫困县和贫困村为单元的扶贫面临"手榴弹炸跳蚤"的困惑，需要在进一步加大投入的前提下，更加瞄准真正的贫困家庭和贫困人口，靶向瞄准，精准施策，集中攻坚。

第一节　扶贫开发情况

在《01纲要》的推动下，我国农村扶贫开发工作取得显著成效，2010年，按照2008年贫困标准的农村贫困人口减少到2688万人，贫困发生率降低到2.8%，① 但这是一个标准很低，甚至连温饱水平都达不到的标准。为此，国家在深入调查研究的基础上，制定实施了第二个农村扶贫开发纲要，即《11纲要》。《11纲要》对全国农村扶贫开发的成效进行了简单总结，就扶贫开发所具有的长期性、艰巨性做了概括，在此基础上提出了新的10年农村扶贫开发的指导思想、基本目标、主要举措等内容。为了强化对《11纲要》重要性的认识，并对习近平总书记为什么在这样一个关键时

---

① 国家统计局编《2020中国统计年鉴》，中国统计出版社，2020，第204页表6-35。

间节点上提出精准扶贫精准脱贫方略有更清晰的认识，需要对《01 纲要》实施后全国农村贫困和扶贫开发面临的新形势做更深入系统的分析。

一 贫困人口更加聚集

经过 2001～2010 年的艰苦努力，我国农村贫困人口呈现"大分散、小集中"的特点，不仅进一步向国家扶贫开发工作重点县集中，而且持续向西部地区、边缘山区、生态脆弱地区和少数民族地区集中。

1. 向国家扶贫开发工作重点县集中

2002 年，全国按 2008 年贫困标准有农村贫困人口 8645 万人，其中 592 个国家扶贫开发工作重点县有 4828 万人，占全国农村贫困人口总数的 55.85%；2010 年，592 个国家扶贫开发工作重点县聚集了农村贫困人口 1693 万人，占当年全国农村贫困人口总数 2688 万人的 62.98%，8 年间提高了 7.13 个百分点。同期，全国农村贫困发生率由 9.2% 下降到 2.8%，下降了 6.4 个百分点，下降幅度为 69.57%；而 592 个国家扶贫开发工作重点县的贫困发生率则由 24.3% 下降到 8.3%，尽管下降了 16.0 个百分点①，但下降幅度只为 65.84%，比全国平均水平低了 3.73 个百分点。

2. 向西部地区集中

在农村贫困人口向国家扶贫开发工作重点县集中的同时，贫困人口进一步向西部地区集中。2000 年，西部 12 个省（自治区、直辖市）有农村贫困人口 5731 万人，占全国农村贫困人口总数的 60.83%；中东部地区有 3691 万人，占 39.17%。2010 年，西部地区还有农村贫困人口 1751 万人，占全国农村贫困人口总数的 65.14%，比 2000 年上升了 4.31 个百分点；而中东部地区下降到 937 万人，占全国农村贫困人口总数的 34.86%，比 2000 年下降了 4.31 个百分点。2000 年，西部地区的贫困发生率为 20.6%，2010 年下降到 6.1%，下降了 14.5 个百分点，年均下降 1.32 个百分点；

---

① 国家统计局住户调查办公室编《2011 中国农村贫困监测报告》，中国统计出版社，2011，第 124 页表 1－1。

而中东部地区由 5.75% 下降到 1.48%，下降了 4.27 个百分点。[①] 但需要注意的是，西部地区的降幅为 70.39%，而中东部地区则为 74.26%。换句话说，2000～2010 年，西部地区的减贫率为 69.45%，而中东部地区达到了 74.61%。

3. 向山区集中

西部地区总体来说以山区为主，因此，在农村贫困人口逐步向西部地区集中的同时，也在向山区集中。2000 年，山区贫困人口占全国的 48.7%，2010 年上升到 52.7%，上升了 4.0 个百分点。2000 年，山区的贫困发生率高达 23.2%，是全国平均水平 10.2% 的 2.27 倍；2010 年仍高达 4.9%，是全国平均水平 2.8% 的 1.75 倍。同期，全国平原和丘陵地区的贫困发生率由 17.4% 下降到 1.6%，[②] 下降了 15.8 个百分点，降幅为 90.80%；而山区下降了 18.3 个百分点，降幅仅为 78.88%。

4. 向少数民族地区集中

山区在一定意义上是少数民族地区的代名词。当贫困人口向山区集中的时候，实际上也是向少数民族地区集中。按照 2010 年贫困标准，全国当年有农村贫困人口 16567 万人，贫困发生率为 17.2%，其中民族八省（区）[③] 多达 5040 万人，占全国农村贫困人口总数的 30.42%，贫困发生率高达 34.52%，是全国平均水平的两倍多。这 8 个省（区）2010 年的贫困发生率在全国 31 个省（自治区、直辖市）中的排位分别是：西藏第一（49.2%），贵州第二（45.1%），新疆第三（44.6%），云南第五（40.0%），青海第六（31.5%），广西第七（24.3%），内蒙古第十一（19.1%），宁夏第十二（18.3%）。[④] 这 8 个省（区）不仅是集中连片特困地区的聚集地，而且是直过民族和人口较少民族的主要分布地。在全国新划定的 14 个集中

---

① 国家统计局住户调查办公室编《2011 中国农村贫困监测报告》，中国统计出版社，2011，第 13 页表 2-3。

② 国家统计局住户调查办公室编《2011 中国农村贫困监测报告》，中国统计出版社，2011，第 13～14 页。

③ 即全国 5 个民族自治区和民族人口占比比较高的云南、贵州和青海 3 个省。

④ 国家统计局住户调查办公室编《2015 中国农村贫困监测报告》，中国统计出版社，2015，第 113 页表 1-1-2 和第 114 页表 1-1-3。

连片特困地区[①]中，有 11 个是少数民族集中地区。[②]

正是认识到了我国农村贫困人口分布所呈现的新趋势和新特点，《11纲要》才强调："我国仍处于并将长期处于社会主义初级阶段。经济社会发展总体水平不高，区域发展不平衡问题突出，制约贫困地区发展的深层次矛盾依然存在。扶贫对象规模大，相对贫困问题凸显，返贫现象时有发生，贫困地区特别是集中连片特殊困难地区（以下简称连片特困地区）发展相对滞后，扶贫开发任务仍十分艰巨。"[③]

二 贫困标准相对滞后

上一章已经提到，我国长期以来重视的是收入贫困，测度贫困的主要指标就是农民人均纯收入（2013 年后改为农村常住居民人均可支配收入）。尽管有关政府职能部门也一直在探索收入贫困以外的许多因素，如《01 纲要》明确将"坚持综合开发、全面发展"作为一个基本方针，强调要"把扶贫开发纳入国民经济和社会发展计划，要加强水利、交通、电力、通讯等基础设施建设，重视科技、教育、卫生、文化事业的发展，改善社区环境，提高生活质量，促进贫困地区经济、社会的协调发展和全面进步"。再比如，由前国务院扶贫办主任高鸿宾主编的《扶贫开发规划研究》一书，明确将"人均年粮食产量""人均年现金收入""土坯房农户比重""人畜饮水条件""通电率""通路率""女性长期患病率""中小学女生辍学率"等作为识别贫困村和贫困农户的指标，但长期以来并没有成为正式制度安排，一直使用的是农民收入指标。而就农民收入指标本身来讲，也存在几个问题。

1. "农民收入"本身含义模糊

不论是"农民人均纯收入"还是"农村常住居民人均可支配收入"，

---

① 《11 纲要》第十条强调：国家将六盘山区、秦巴山区、武陵山区、乌蒙山区、滇桂黔石漠化区、滇西边境山区、大兴安岭南麓山区、燕山 - 太行山区、吕梁山区、大别山区、罗霄山区等区域的连片特困地区和已明确实施特殊政策的西藏、四省藏区、新疆南疆三地州作为扶贫攻坚主战场。

② 除吕梁山区、大别山区、罗霄山区以外的 11 个片区。

③ 国家统计局住户调查办公室编《2011 中国农村贫困监测报告》，中国统计出版社，2011，第 101 页。

测度的都是农村居民当年从各个来源渠道得到的总收入，相应地扣除获得收入所发生的用货币支付的费用后的收入总和。"农民人均纯收入"指的是按农村人口平均的"农民纯收入"，反映的是全国或某个地区乃至某个村庄农村居民收入的平均水平。其计算公式是：农民人均纯收入 =（农村经济总收入 − 总费用 − 国家税金 − 上缴有关部门的利润 − 企业各项基金 − 乡村提留统筹等）÷ 汇总人口。这里的农村经济总收入，指农民当年从各种生产经营项目中取得的生产经营性收入及利息、租金、国家补贴、亲友赠予等非生产性收入，但不包括属于借贷性质或暂收性质的收入，如贷款收入、预购定金等。"农村常住居民人均可支配收入"是调查户家庭及常住人口在调查期内取得的可自由支配用于生产投入和生活消费支出以及储蓄的收入总和，除以家庭常住人口得到的人均收入。按收入形态分为现金可支配收入和实物可支配收入，按收入来源包括工资性收入、经营性净收入、财产性净收入、转移性净收入和自有住房折算净租金。计算公式为：农村常住居民人均可支配收入 =（工资性收入 + 经营性净收入 + 财产性净收入 + 转移性净收入 + 自有住房折算净租金）÷ 调查户常住人口数。

由此可见，在农民人均纯收入中，财产性净收入没有扣除为获得此项收入而发生的费用，转移性净收入只扣除了部分转移性支出，这就是"纯收入"与"可支配收入"的区别。而在实际操作中，农村居民的转移性净收入主要是国家的各种政策性补贴，扣除部分很少；而财产性净收入占比较小，对农民收入影响不大。这使得两者之间的差别不是很大，有的时候以及许多地方干脆就只是换了个名称。如《辉煌 70 年》也只是换了个名称，把新中国成立以来的农民收入笼统称为"农村常住居民人均可支配收入"。

还需要强调的是，不论是农民人均纯收入还是农村常住居民人均可支配收入，费用的计算都主要是指农村居民用货币支付的部分。因此具有不完全成本性质，农户购买的生产资料越多，其费用越高，纯收入或可支配收入就会越低。这对于贫困地区的农户来说，明显处于不利地位，因为这些地区的商品经济本来就很不发达，加之"仅足生存"的经济条件，使他们从市场上购买的生产资料明显少于非贫困农户。而且，各地生产资料的价格差别很大，许多贫困地区的生产资料的运输成本比购买成本还要高。

另外，"平均数"也使贫困地区的农户处于不利地位，因为越贫困的村庄，农户之间的收入差距越大。而从收入项来说，不论是实物收入还是货币收入，都可能是一笔糊涂账。一个极端的例子是，有的地方甚至将农户采集的薪柴也算作收入，这样一来，薪柴消耗越大的地方，农户的收入就越高。还需要注意的是，农户的货币收入比较零碎，且分散在不同的家庭成员中，当家的父母亲很难知道子女的实际收入。加之，转移性收入大多是通过"一卡通"直接发到农户的银行卡或者存折上的，许多农户连国家实际给了多少补贴都不清楚。

国际上反映家庭收入水平大多使用货币收入，一般是人均货币收入，很少用纯收入来表示。我国"农民人均纯收入"和"农村常住居民人均可支配收入"的概念不完全是货币收入，也不是经济学意义上的净收益，更不是城镇居民人均可支配收入的概念，很难在国际上找到一个相对应的指标。有时对国外同行专家解释这个概念时，不仅我们自己很难自圆其说，而且会让国外专家感到一头雾水，没有办法理解。

当然，更重要的是，由于家庭收入来源的多样性，以及中国人"怕显富"的文化心理，要测量一个家庭的收入不仅面临诸多技术困难，而且会受到文化因素的影响。从技术上说，中国的农村家庭大多还是小农，一个家庭一年的收入来源很分散，也很零碎，加之家庭成员的流动性很大，很难准确记录家庭的每笔收入和开支。而对于一个地区来说，由于农户生产和收入来源的多样性，仅靠抽样调查样本农户的记录和调查统计来反映全国的情况也很难真实体现，且抽样调查本身就可能存在较大误差。在某实地调查中发现，西南地区的某个州，通过建档立卡贫困农户跟踪记录得到的农村常住居民人均可支配收入达到了12955元，但统计部门提供的该州整体的农村常住居民人均可支配收入才9446元，比贫困农户的人均收入水平还低了3500多元。

2. 贫困线确定的依据和程序有偏差

仔细观察，我国早期确定贫困线的几个主要步骤都是用消费作为测量指标的，不仅以最低营养需求为基础的食物消费是以支出水平为主计算的，而且非食物消费也是总的家庭消费中的一部分，但不知为什么在计算贫困线时就变成了农民人均纯收入，或者农村常住居民人均可支配收入，中间没有做任何换算说明。实际上，从实践的角度来看，用人均消费水平作为贫困线去测量贫困也许对中国有更实际的指导意义。

一是反映消费的数据较反映收入的数据敏感性低，通过调查所获取的数据的真实性和可靠性也更高一些，因为从心理学的角度来讲，至少被调查者不会像理解他们的收入那样敏感和神经紧张。

二是从目前我国的统计实践来看，我们不仅有整个消费水平的数据，还有较详细的消费结构方面的数据，尤其是食物消费支出方面的数据，这样就很容易获得各地用于满足基本生存需要的食物开支数据，且水分和差别不会像收入水平那样大。

三是便于与国际接轨。国际上也有许多国家使用消费水平作为贫困线的主要指标，且从研究的角度来讲，恩格尔系数本身就是一个可以做国际比较的成熟指标，其内涵能够较准确地说明"仅足生存"的必要家庭支出，以及各个地方因物价水平的差别可能存在的差异。

四是从我国的具体实践来看，人均收入和人均消费水平呈现的是相关关系，但不是绝对的正相关关系。1978～2019 年的 41 年间，全国农民人均纯收入或农村常住居民人均可支配收入从 133.6 元[1]增加到 16020.7 元[2]，增加了 118.92 倍，年均名义增长速度为 12.38%；而农村居民人均生活消费支出从 116.1 元[3]提高到 13327.7 元[4]，提高了 113.80 倍，年均名义增长速度为 12.26%。

值得强调的是，我国的贫困线以及贫困人口的确定，多数情况下是由各级地方政府完成的，在 2014 年完成扶贫对象建档立卡工作之前，标准和

---

[1] 《辉煌 70 年》编写组编《辉煌 70 年：新中国经济社会发展成就（1949－2019）》，中国统计出版社，2019，第 381 页表 12 使用的就是"农村常住居民人均可支配收入"，但其他统计年鉴上 2013 年以前都是"农村人均纯收入"。同一个数字，有两个不同的身份。

[2] 国家统计局编《2020 中国统计年鉴》，中国统计出版社，2020，第 176 页表 6－11。

[3] 《辉煌 70 年》编写组编《辉煌 70 年：新中国经济社会发展成就（1949－2019）》，中国统计出版社，2019，第 381 页表 12。

[4] 国家统计局编《2020 中国统计年鉴》，中国统计出版社，2020，第 176 页表 6－11。

程序是由国家制定的，具体的贫困人口数量也是由有关部门从上到下逐级分解的，各省（自治区、直辖市）贫困县和贫困人口的数量难以真实反映当地贫困的实际状况，贫困人口数量在一定意义上只具有象征意义，不具有实际操作意义，各个地方"要问有多少贫困户，还可以回答个大概其；要问谁是贫困户，则大多是说不准"①。因为某个地方的贫困人口数量只是说明这个地方的贫困面，收入水平与贫困线的差距只说明这个地方的贫困程度。至于贫困人口到底是哪些家庭、哪些人口，他们的具体贫困程度如何，则大多情况下是个未知数。

3. 国家贫困线调整没有完全反映贫困的实际状况

中国自改革开放以来，公布过三个收入贫困线标准，即前面我们提到过的 1978 年标准（农民人均纯收入 100 元以下）、2008 年标准（农民人均纯收入 625 元以下）和 2010 年标准（农民人均纯收入 2300 元以下）。用 1978 年标准，我国当年的收入贫困线相当于同年农民人均纯收入的 74.85%，相当于同年农民人均生活消费支出的 86.13%，是农村常住居民当年人均食品消费支出（恩格尔系数为 67.7%，测算得到食品消费支出为 78.60元②）的 1.27 倍。这意味着绝大多数农村人口还生活在连温饱问题都没有解决的赤贫状态。1986 年国家正式开始项目扶贫时，全国的收入贫困线为 213 元③，是当年农民人均纯收入 423.8 元的 50.26%，是农民人均生活消费支出 357.0 元的 59.66%，是人均食品消费支出 201.71 元的 1.06 倍。④ 1988 年，全国的收入贫困线开始低于农民的人均食品消费支出水平。

2000 年，按照 1978 年收入贫困线标准，全国收入贫困线为 625 元（绝对贫困收入标准），仅相当于当年农民人均纯收入 2282.1 元的 27.39%，相当于当年农民人均生活消费支出 1714.3 元的 36.46%，相当于农民人均

① 中共中央党史和文献研究院编《习近平扶贫论述摘编》，中央文献出版社，2018，第 61 页。
② 1978 年农村居民人均生活消费支出是 116.1 元，恩格尔系数是 67.7%（《辉煌 70 年：新中国经济社会发展成就（1949－2019）》第 381 页表 12），以此计算出农民的食品消费支出是 78.60 元。
③ 杨立雄、胡姝：《中国农村贫困线研究》，中国经济出版社，2013，第 166 页附表 2。
④ 《辉煌 70 年》编写组编《辉煌 70 年：新中国经济社会发展成就（1949－2019）》，中国统计出版社，2019，第 382 页表 12 续表。

食品消费支出 828.01 元①的 75.48%；而即使使用当时被称作低收入线的
865 元，也仅相当于当年农民人均纯收入的 37.90%，相当于当年农民人均
生活消费支出的 50.46%，仅比农民人均食品消费支出高出 4.47%。2010
年，如果按照 2008 年的收入贫困线标准，全国的收入贫困线仅相当于当年
农民人均纯收入 6272.4 元的 20.31%，仅是当年全国农民人均生活消费支
出 4944.8 元的 25.76%，仅为农民人均食品消费支出 1874.08 元的
67.98%；而如果按照 2010 年的收入贫困线标准，也只是当年农民人均纯
收入的 36.67%，是农民人均生活消费支出的 46.51%，是农民人均食品消
费支出的 1.23 倍（见表 2 - 1）。

表 2 - 1　主要年份农村居民收入贫困线占农民人均纯收入、农民人均生活消费支出
和农民人均食品消费支出的比重

单位：元，%

年份	收入贫困线	农民人均纯收入		农民人均生活消费支出		农民人均食品消费支出	
		金额	贫困线占比	金额	贫困线占比	金额	贫困线占比
1978	100	133.6	74.85	116.1	86.13	78.60	127.23
1985	206	397.6	51.81	317.4	64.90	183.46	112.29
1986	213	423.8	50.26	357.0	59.66	201.71	105.60
1987	227	462.6	49.07	398.3	56.99	222.25	102.14
1988	236	544.9	43.31	476.7	49.51	257.42	91.68
1989	259	601.5	43.06	535.4	48.38	293.40	88.28
1990	300	686.3	43.71	584.6	51.32	343.74	87.27
1995	530	1577.7	33.59	1310.4	40.45	767.89	69.02
2000	625	2282.1	27.39	1714.3	36.46	828.01	75.48
	865		37.90		50.46		104.47
2001	872	2406.9	36.23	1803.2	48.36	842.09	103.55
2005	944	3370.2	28.01	2748.8	34.34	1190.23	79.31
2010	1274	6272.4	20.31	4944.8	25.76	1874.08	67.98
	2300		36.67		46.51		122.73

① 《辉煌 70 年》编写组编《辉煌 70 年：新中国经济社会发展成就（1949 - 2019）》，中国统
计出版社，2019，第 382 页表 12 续表。

年份	收入贫困线	农民人均纯收入		农民人均生活消费支出		农民人均食品消费支出	
		金额	贫困线占比	金额	贫困线占比	金额	贫困线占比
2011	2536	7393.9	34.30	5892.0	43.04	2185.93	116.01
2015	2855	11421.7	25.00	9222.6	30.96	3043.46	93.81
2019	3737①	16020.7	23.33	13327.7	28.04	3998.31	93.46

资料来源：收入贫困线数据：1978～2010年来源于杨立雄、胡姝《中国农村贫困线研究》（中国经济出版社，2013）第166页附表2；2010年以后来源于网络资料，其中2019年来源于新浪财经网。农民人均纯收入、农民人均生活消费支出数据：1978～2018年来源于《辉煌70年》编写组编《辉煌70年：新中国经济社会发展成就（1949－2019）》（中国统计出版社，2019）第381～382页表12；2019年来源于《2020中国统计年鉴》第176页表6－11。农民人均食品消费支出数据：根据农民人均生活消费支出与恩格尔系数计算，各年度的农村居民恩格尔系数来源同农民人均生活消费支出。

综观三个时期的收入贫困线标准调整情况，总体呈现下降态势。这说明我国长期以来农村扶贫坚持消除绝对贫困的现实要求有一定的合理性。但需要指出的是，当收入贫困线低于农民人均食品消费支出时，就值得引起高度关注和深思。按照1978年的收入贫困线计算，收入贫困线与农民人均食品消费支出的比例由1978年的127.23%下降到2000年的75.48%，贫困农户的生活整体处于节衣缩食、勉强维持温饱阶段，当采用2008年收入贫困线标准时，收入贫困线也仅仅高出农民人均食品消费支出4.47%，而这一标准沿用到2010年时，收入贫困线就仅相当于农民人均食品消费支出的67.98%，比2000年使用1978年标准时还低。当使用2010年收入贫困线标准后，到了2019年，收入贫困线标准又比农民人均食品消费支出低了6.54个百分点（见表2－1）。这值得引起政策制定者和决策者的高度关注。

值得进一步思考的是，我国的收入贫困线也没有充分考虑物价变动因素。如果按照1978年的收入贫困线标准，并把当年作为农村居民消费物价指数的基期，以1985年农民人均纯收入200元作为收入贫困线，1978年的收入贫困线应该是155元，2000年按1978年标准应该为647元，2010

---

① 《1985～2019：中国贫困标准翻9倍》，新浪财经网，https://finance.sina.com.cn/jjxw/2020－10－17/doc－iiznezxr6500579.shtml，最后访问日期：2020年12月21日。

年应为 831 元。① 如果按 2008 年标准，2010 年应为 1434 元。② 而如果按照
2010 年标准，反推回去 2000 年应为 1790 元。这都说明，我国的收入贫困
线既没有客观反映贫困人口消费的刚性支出，尤其是食品消费支出占总消
费支出比重（恩格尔系数）的水平，也没有充分反映物价变动的真实水
平，尤其是 2008 年标准。而如果考虑到地区物价变动的不一致性，同样的
收入贫困线标准，对于各地有着不同的含义，如 1978～2019 年，云南农村
居民的消费物价指数（700.3%③）比全国农村居民的平均消费物价指数
（651.1%④）高出了 49.2 个百分点。也就是说，即使按照 2019 年全国
3737 元的收入贫困线，云南农村居民的收入贫困线也应该在 4020 元
以上。⑤

以上分析表明，我国扶贫开发工作的目标与贫困识别指标还不尽统
一。而正是基于这样的看法，随后国家提出实现贫困人口"两不愁三保
障"的扶贫目标，这既是一个创举，也是对世界反贫困事业的一个贡献。
但遗憾的是，评价贫困农户和贫困人口的标准或者指标体系并没有与这一
目标进行很好的对接。习近平总书记 2015 年 6 月 18 日在部分省区市扶贫
攻坚与"十三五"时期经济社会发展座谈会上的讲话，充分肯定了贵州省
威宁县迤那镇在实践中总结的"四看法"⑥，但其并没有得到广泛推广，更

---

① 因为以 1978 年为农民消费价格指数的基期，1985 年的物价指数为 129.04%，200÷
129.04%＝154.99 元；2000 年应为 646.85 元（见《2001 中国统计年鉴》表 5-1）；2010
年应为 831.22 元（见《2020 中国统计年鉴》第 140 页表 5-2）。

② 以 2000 年农民消费物价指数为 100%，2010 年物价指数为 128.50%，见《2020 中国统计
年鉴》第 140 页表 5-2。

③ 国家统计局云南调查总队编《2020 云南调查年鉴》，中国统计出版社，2020，表 2-2。

④ 根据国家统计局编《2020 中国统计年鉴》（中国统计出版社，2020）第 140 页表 5-2 和
《2001 中国统计年鉴》（中国统计出版社，2001）表 5-2 整理。

⑤ 云南农村居民的消费物价指数比全国平均水平高出了 7.56%。

⑥ "一看房、二看粮、三看劳动力强不强、四看家里有没有读书郎。看房，就是通过看农户
的居住条件和生活环境，估算其贫困程度；看粮，就是通过看农户的土地情况和生产条
件，估算其农业收入和食品支出；看劳动力强不强，就是通过看农户的劳动力状况和有
无病疾人口，估算其务工收入和医疗支出；看家中有没有读书郎，就是通过看农户受教
育程度和在校生现状等，估算其发展潜力和教育支出。"（见《习近平扶贫论述摘编》第
59 页）

没有形成指标体系，实践中我们仍然把敏感度很高，也很难搞准确的农民收入作为重要标准，如云南省，即使到了 2016 年 "回头看" 以及 2017 年动态管理的时候，还是要求 "1 + N"，这里的 "1" 就是农民收入水平这个硬指标，"N" 才是农户家庭在住房、教育、卫生等方面没有达标的情况。许多地方在实践中严把收入关，即使 N 达不到，但收入超过了，也不能纳入，这给随后的帮扶工作带来了诸多麻烦。有的地方创造性地执行 "1 + N"，如采取 "N + 1"，相反还起到了较好效果，即首先把农户 "N" 的方面列举出来，然后再让农户或者通过贫情分析会看看这些家庭的生活水平在全部农户中的位置，靠后的优先列入识别对象，而不是把主要精力放在调查核实农户的收入上。

三　扶贫举措需要创新

2011 年 12 月 1 日发布的《11 纲要》，作为全国扶贫开发工作的又一个纲领性文件，从总体要求、目标任务、对象范围、专项扶贫、行业扶贫、社会扶贫、国际合作、政策保障、组织领导等方面进行了详细规定。对比《01 纲要》有许多亮点，如目标上强调 "两不愁三保障"，重点上强调 14 个集中连片特困地区，方针上把扶贫开发与最低生活保障有机联系起来，措施上强调提高贫困者的发展能力和缩小发展差距，等等。但几个关键问题还是 "涛声依旧"。

1. 扶持谁的问题即将破题

对比《01 纲要》，《11 纲要》的一个亮点就是提出了以 "两不愁三保障" 为核心的总体扶贫目标，即为了扭转发展差距扩大趋势，要求 "到 2020 年，稳定实现扶贫对象不愁吃、不愁穿，保障其义务教育、基本医疗和住房。贫困地区农民人均纯收入增长幅度高于全国平均水平，基本公共服务主要领域指标接近全国平均水平"。但在表述对象范围时，说了三个重点对象。

一是扶贫对象以具备劳动能力的农村人口为主。"在扶贫标准以下具备劳动能力的农村人口为扶贫工作主要对象。建立健全扶贫对象识别机制，做好建档立卡工作，实行动态管理，确保扶贫对象得到有效扶持。逐步提高国家扶贫标准。各省（自治区、直辖市）可根据当地实际制定高于国家扶贫标准的地区扶贫标准。"

二是连片特困地区由原来的 18 个片区收缩为 14 个片区，即"六盘山区、秦巴山区、武陵山区、乌蒙山区、滇桂黔石漠化区、滇西边境山区、大兴安岭南麓山区、燕山－太行山区、吕梁山区、大别山区、罗霄山区等区域的连片特困地区和已明确实施特殊政策的西藏、四省藏区、新疆南疆三地州是扶贫攻坚主战场"。

三是重点县和贫困村。强调"要做好连片特困地区以外重点县和贫困村的扶贫工作。原定重点县支持政策不变。各省（自治区、直辖市）要制定办法，采取措施，根据实际情况进行调整，实现重点县数量逐步减少。重点县减少的省份，国家的支持力度不减"。

但问题是纲要并没有明确这三个重点对象之间的关系，更没有明确界定"具备劳动能力的农村人口"的具体条件是什么，是以家庭为主还是以个人为主；今年是具备劳动能力的，明年甚至明天不是了怎么办。更重要的是，只提出要"建立健全扶贫对象识别机制，做好建档立卡工作"，但没有就具体措施加以细化和明确。同时，尽管也强调要逐步减少重点县的数量，但没有具体措施，而为了消除地方政府与中央政府的博弈心理，还明确强调："重点县减少的省份，国家的支持力度不减。"但实际结果是，国家集中连片特困县不是减少了，而是增加到 832 个。

2. 扶什么的问题还没有明确

尽管《11 纲要》围绕基本农田和农田水利、特色优势产业、饮水安全、生产生活用电、交通、农村危房改造、教育、医疗卫生、公共文化、社会保障、人口和计划生育以及林业和生态等十多个方面提出了具体任务，但这些任务没有与扶贫对象的具体需求有效对接，更没有充分考虑到扶贫对象在"两不愁三保障"方面所面临的具体困难和问题，与《01 纲要》的差别在于提出了要做什么的具体内容和主要目标。

但这种事无巨细的规定，不仅与贫困农户的具体情况难以有效对接，而且与贫困村的情况也可能出入很大，表面上系统全面，但可操作性较差。比如围绕基本农田和水利建设提出了"到 2015 年，贫困地区基本农田和农田水利设施有较大改善，保障人均基本口粮田。到2020年，农田基础设施建设水平明显提高"。但对于像云南省怒江州那样一些缺乏生存条件的地方，怎样能够"保障人均基本口粮田"呢？再比如，教育方面要求："到2015年，贫困地区学前三年教育毛入园率有较大提高；巩固提高九年义务教育水平；高中阶段教育毛入学率达到80%；保持普通高中和中等职业学校招生规模大体相当；提高农村实用技术和劳动力转移培训水平；扫除青壮年文盲。到2020年，基本普及学前教育，义务教育水平进一步提高，普及高中阶段教育，加快发展远程继续教育和社区教育。"这主要针对的是贫困地区，而就贫困农户如何解决因贫失学、因贫辍学、因学返贫等贫困农户关心的问题却很少提及。

3. 怎么扶的问题缺乏系统集成

《11纲要》从专项扶贫、行业扶贫、社会扶贫和国际合作四个方面就怎么扶进行了制度安排。但这四种扶贫措施如何能够落地生根是关键，却没有较为系统的设计。比如围绕产业扶贫，专项扶贫要求："充分发挥贫困地区生态环境和自然资源优势，推广先进实用技术，培植壮大特色支柱产业，大力推进旅游扶贫。促进产业结构调整，通过扶贫龙头企业、农民专业合作社和互助资金组织，带动和帮助贫困农户发展生产。引导和支持企业到贫困地区投资兴业，带动贫困农户增收。"

行业扶贫要求行业部门围绕发展特色产业，"加强农、林、牧、渔产业指导，发展各类专业合作组织，完善农村社会化服务体系。围绕主导产品、名牌产品、优势产品，大力扶持建设各类批发市场和边贸市场。按照全国主体功能区规划，合理开发当地资源，积极发展新兴产业，承接产业转移，调整产业结构，增强贫困地区发展内生动力"。但实际操作时缺乏主导部门，容易做、见效快的大家都争着去做，难度大的就相互推诿。再比如以工代赈、就业促进等，本应该属于行业扶贫的内容，专项扶贫提出要去做。更重要的是，所有这些措施如何通过系统集成，使之能够在贫困村、贫困农户那里得到实施却很少被谈及。

4. 谁来扶的问题缺乏制度保障

《11纲要》在《01纲要》基础上，强调了"坚持中央统筹、省负总责、县抓落实的管理体制，建立片为重点、工作到村、扶贫到户的工作机制"。其显著特点是把中央统筹作为重要的管理体制，并明确提出"工作到村、扶贫到户"。这是重大创新。但是，如何围绕"工作到村、扶贫到户"建立起强大的工作体系没有较好的制度保障，只是针对贫困程度深的乡（镇），要求"有专门干部负责扶贫开发工作"。同时要求："充分发挥贫困地区基层党组织的战斗堡垒作用，把扶贫开发与基层组织建设有机结合起来。选好配强村级领导班子，以强村富民为目标，以强基固本为保证，积极探索发展壮大集体经济、增加村级集体积累的有效途径，拓宽群众增收致富渠道。鼓励和选派思想好、作风正、能力强、愿意为群众服务的优秀年轻干部、退伍军人、高校毕业生到贫困村工作，帮助建班子、带队伍、抓发展。带领贫困群众脱贫致富有突出成绩的村干部，可按有关规定和条件优先考录为公务员。"

这些措施，对于解决扶贫工作"最后一公里"有较大帮助，但还远远不够，因为再好的顶层制度设计，都需要有基层较好的执行力来保证。过去扶贫开发工作的一个深刻教训，正是没有在基层的村一级构建好帮扶体系，导致许多工作浮在面上，没有得到真正落实。

第二节　初期建档立卡后贫困人口特征

为了把《11纲要》所要求的"建立健全扶贫对象识别机制，做好建档立卡工作"落到实处，2013年12月18日，中共中央办公厅和国务院办公厅联合印发了《关于创新机制扎实推进农村扶贫开发工作的意见》，首次提出建立精准扶贫工作机制，"国家制定统一的扶贫对象识别办法。各省（自治区、直辖市）在已有工作基础上，坚持扶贫开发和农村最低生活保障制度有效衔接，按照县为单位、规模控制、分级负责、精准识别、动态管理的原则，对每个贫困村、贫困户建档立卡，建设全国扶贫信息网络系统。专项扶贫措施要与贫困识别结果相衔接，深入分析致贫原因，逐村逐户制定帮扶措施，集中力量予以扶持，切实做到扶真贫、真扶贫，确保在规定时间内达到稳定脱贫目标"。随后，国务院扶贫办制定了《扶贫开发建档立卡工作方案》等指导性文件，正式启动了全国的建档立卡工作。通过整整一年的工作，覆盖贫困户、贫困村、贫困县和连片特困地区的建档立卡工作顺利完成，初步实现了扶贫到村到户对象的基本精准。由此也让我们对贫困人口的基本特征有了较准确的认识。为了深化分析，本节以云南省的初期建档立卡成果为基础，分析建档立卡贫困农户和贫困人口的显著特征。

一　工作主要特点

遵照国家的统一部署，2014年初，云南省便开始了建档立卡工作。为了做好这项工作，中共云南省委、云南省人民政府以省委办公厅、省人民政府办公厅的名义印发了《关于创新机制扎实推进农村扶贫开发工作的实施意见》，明确要求高度重视云南扶贫对象的建档立卡工作，结合国家《扶贫开发建档立卡工作方案》和国务院扶贫办《建立精准扶贫工作机制实施方案》等文件精神，出台了《关于做好全省扶贫对象建档立卡工作的通知》、《云南省扶贫开发建档立卡工作方案》和《云南省扶贫开发建档立卡指标体系》等规范性文件，抓紧完成全省贫困对象的建档立卡工作，其工作有以下主要特点。

（1）严格控制规模。除贫困户和贫困人口按国家《扶贫开发建档立卡工作方案》所要求的"原则上以国家统计局发布的2013年底全国农村贫困人口规模8249万人为基数。省级统计数大于国家发布数的，可在国家发布数基础上上浮10%左右；个别省级统计数与国家发布数差距较大的，上浮比例可适当提高；具体识别规模经省级扶贫开发领导小组研究确定后，由省扶贫办报国务院扶贫办核定"外，还遵循了贫困村"原则上控制在30%左右"的规定。云南省经过努力争取，贫困人口数在2013年底的基础上上调了6%，按照700万人的规模进行贫困人口的识别，共识别出建档立卡贫困户196.2万户、贫困人口700.2万人、贫困村4277个（占当年全省建制村数量14173个的30.18%），贫困乡（镇）476个，占全省当年乡（镇、街道办事处）总数 1371 个①的 34.72%，贫困县 93 个，含片区县 88 个、国家扶贫开发工作重点县 3 个和插花县 2 个。

（2）严格执行标准。贫困户和贫困人口"以 2013 年农民人均纯收入 2736 元（相当于 2010 年 2300 元不变价）的国家农村扶贫标准为识别标准"，贫困村"按照'一高一低一无'的标准进行。即行政村贫困发生率比全省贫困发生率高一倍以上，行政村 2013 年全村农民人均纯收入低于全省平均水平 60%，行政村无集体经济收入"的国家标准，把贫困发生率高于全省 2013 年平均水平（17.8%）一倍以上（35.6%）、农民人均纯收入低于全省 2013 年平均水平（6141 元）60% 以下（3684.6 元）作为贫困村和贫困乡（镇）的识别标准，规模控制在全省行政村和乡（镇）总数的 35% 以内。

（3）严格做法和流程。贫困户和贫困人口按照国家规定的"规模控制，将贫困人口识别规模逐级分解到行政村。贫困户识别要以农户收入为基本依据，综合考虑住房、教育、健康等情况，通过农户申请、民主评议、公示公告和逐级审核的方式，整户识别"。贫困村按照"规模控制，将贫困村识别规模逐级分解到乡镇。按照贫困村识别标准，符合条件的行政村采取'村委会自愿申请、乡镇人民政府审核、县扶贫开发领导小组审定'的流程进行"。贫困户识别基本做到了"两公示、一公告"②，贫困村识别基本做到了"一公示、一公告"③，基本保证了结果公正。

（4）严格落实责任。一是按照国务院扶贫办和中共云南省委、云南省人民政府的统一部署，明确了县（市、区）对建档立卡工作的主体责任；二是各级扶贫部门加强向当地党委、政府的汇报、请示，加强与财政、统计、调查等部门协调、沟通，争取对建档立卡工作的支持，保障经费、人员等需要；三是准确把握工作要求，严格执行工作方案，严格

---

① 云南省统计局编《2014 云南统计年鉴》，中国统计出版社，2014，第 4 页表 1-2 续表。
② 初选对象由村委会和驻村工作队核实后进行第一次公示，由乡（镇）确定的贫困户名单在各行政村进行第二次公示，经公示无异议后报县扶贫办复审，复审结束后在各行政村公告。
③ 乡（镇）政府对贫困村初选名单进行公示，公示无异议后报县扶贫办，经县扶贫开发领导小组审定后进行公告。

把好每道关口，加大基础数据审核力度，加强建档立卡重要阶段的督查检查和跟踪监测。

二 重要工作成果

经过近一年的艰苦努力，云南省同全国多数省份一道，顺利完成了扶贫对象的初期建档立卡工作，通过精准调查、精准识别、精准建档立卡和精准数据录入，不仅使全省的贫困人口、贫困农户、贫困村、贫困县和连片特困地区的贫困状况基本清楚，而且识别出了贫困乡镇（街道），初步建立了省级贫困数据库，为精准帮扶提供了重要依据。

（1）贫困农户的分布情况基本清晰。全省识别出的196.2万贫困农户、700.2万贫困人口，分布在全省129个县（市、区）的1316个乡镇（街道）（占96.13%，其中贫困乡476个），覆盖了11641个建制村（占82.74%，其中贫困村4277个）的119038个自然村（占83.89%），尽管分布面很广，但集中度不同（见表2-2）。全省贫困农户的覆盖面为20.24%；乡镇（街道）覆盖面为96.13%；自然村覆盖面为83.89%。这样的特点还表现在民族自治地方、边境地区和革命老区之间。

表2-2 2014年云南省建档立卡后贫困农户分布情况

区域	贫困农户		分布自然村		分布建制村		分布乡镇（街道）	
	数量（万户）	覆盖面（%）	数量（个）	覆盖面（%）	数量（个）	覆盖面（%）	数量（个）	覆盖面（%）
云南省	196.2	20.24	119038	83.89	11641	82.74	1316	96.13
集中连片特困地区	180.9	24.24	105831	87.61	9713	89.66	1056	99.15
民族自治地方	96.5	20.00	68155	81.66	6523	84.16	792	97.66
革命老区	90.6	20.21	56281	82.31	5204	87.64	545	96.46
边境地区	33.4	25.55	20253	84.68	1945	89.02	252	99.21

资料来源：分别根据云南省人民政府扶贫开发办公室编《云南省农村扶贫对象建档立卡数据分析报告》第9页表1、第11页表4和第10页表3和表2整理。

（2）贫困农户的结构基本清晰。按照当初的分类，云南196.2万建档立卡贫困农户中，主体是扶贫户，数量为147.5万户，占75.18%，其次是扶贫低保户，数量为43.6万户，占22.22%，再次为低保户，数量为

4.9 万户，占 2.50%，另外还有 0.3 万户五保户，仅占 0.15%。也就是说，需要通过干预措施进行帮扶的农户为 191.1 万户，占建档立卡贫困农户的 97.40%；而属于兜底保障的低保户和五保户合计为 5.2 万户，仅占 2.65%[①]。整个集中连片特困地区需要帮扶的为 176.5 万户，占 97.57%，比全省整体略高。而在三种特殊贫困类型区域中，最高的是革命老区，占比为 97.90%，其他两个片区分别为 96.79%（民族自治地方）和 96.11%（边境地区），都低于全省的整体水平（见表 2-3）。

表 2-3   2014 年云南省建档立卡后贫困农户类型的区域分布结构

单位：万户，%

区域	扶贫户		低保户		五保户		扶贫低保户	
	户数	占比	户数	占比	户数	占比	户数	占比
云南省	147.5	75.18	4.9	2.50	0.3	0.15	43.6	22.22
集中连片特困地区	134.4	74.30	4.2	2.32	0.2	0.11	42.1	23.27
民族自治地方	66.0	68.39	3.0	3.11	0.1	0.10	27.4	28.39
革命老区	67.5	74.50	1.8	1.99	0.1	0.11	21.2	23.40
边境地区	14.5	43.41	1.3	3.89	0.0	0.00	17.6	52.69

资料来源：根据云南省人民政府扶贫开发办公室编《云南省农村扶贫对象建档立卡数据分析报告》第 12 页表 5、表 6 整理。

（3）贫困农户的贫困程度不尽相同。分析发现，建档立卡贫困农户之间的人均纯收入差别较大，全省贫困农户年人均纯收入低于 1000 元的占比为 5.6%；全省占比较高的收入群体是 1500~2000 元以及 2000~2500 元两个组，分别为 26.5% 和 38.8%，合计达 65.3%，将近 2/3。集中连片特困地区这两个组的合计为 65.6%，比全省整体水平略高。在三个特殊贫困类型区域中，这两项的占比高于全省整体水平的是革命老区，为 65.5%，其他两个都略低于全省整体水平，分别为 62.8%（民族自治地方）和 61.9%（边境地区）（见表 2-4）。

---

① 建档立卡贫困农户总数加总超过 196.2（196.3）万户、占比合计超过 100.00%（100.05%）是因为原统计数据使用的小数点位数仅一位。

表 2 - 4　2014 年云南省建档立卡后贫困农户收入分组

单位：%

区域	500 元以下	500 ~ 1000 元	1000 ~ 1500 元	1500 ~ 2000 元	2000 ~ 2500 元	2500 ~ 2736 元	2736 元及以上
云南省	1.0	4.6	12.4	26.5	38.8	16.3	0.4
集中连片特困地区	1.0	4.6	12.3	26.9	38.7	16.2	0.4
民族自治地方	1.3	6.1	15.7	28.2	34.6	13.8	0.4
革命老区	0.8	4.5	12.6	26.4	39.1	16.2	0.4
边境地区	1.5	6.8	17.9	29.5	32.4	11.8	0.1

资料来源：根据云南省人民政府扶贫开发办公室编《云南省农村扶贫对象建档立卡数据分析报告》第 13 页表 7 整理。

（4）贫困农户拥有的农地资源差别较大。土地是农户家庭最重要的生产资料，尤其是贫困农户。分析发现，全省建档立卡贫困农户人均拥有耕地资源 1.77 亩，比全省按农业人口计算的平均水平 2.39 亩[1]低了 25.94%。在三个特殊贫困类型区域中，边境地区也远高于全省平均水平（高出 92.05%）。但总体而言，贫困农户的耕地质量较差，全省贫困农户人均拥有有效灌溉面积仅 0.35 亩，低于全省 0.64 亩[2]的平均水平。边境地区人均拥有的有效灌溉面积多达 1.11 亩，远高于全省建档立卡贫困农户的总体水平以及全省的平均水平（见表 2 - 5）。

全省建档立卡贫困农户人均拥有林地面积 3.94 亩，远低于全省按农业人口计算的平均水平（7.35 亩[3]），其中边境地区人均高达 8.20 亩。另外，人均拥有牧草地面积 1.52 亩，高于全省 0.30 亩[4]的平均水平（见表 2 - 5）。

---

[1]　2013 年云南省的农业人口数为 3909.0 万人（云南省统计局编《2014 云南统计年鉴》，中国统计出版社，2014，第 343 页表 15 - 1）。

[2]　2013 年云南省的有效灌溉面积为 166.03 万公顷（《云南省统计局编《2014 云南统计年鉴》，中国统计出版社，2014，第 101 页表 7 - 4），按当年农业人口计算，人均 0.64 亩。

[3]　2013 年全省森林面积为 1914.19 万公顷（《云南省统计局编《2014 云南统计年鉴》，中国统计出版社，2014，第 17 页表 1 - 1）。

[4]　2013 年全省牧草地面积仅为 78.19 万公顷（《云南省统计局编《2014 云南统计年鉴》，中国统计出版社，2014，第 17 页表 1 - 1）。

表 2-5　2014 年云南省建档立卡贫困农户人均拥有农地资源情况

单位：亩

区域	耕地面积	有效灌溉面积	林地面积	退耕还林面积	林果面积	牧草地面积	水域面积
云南省	1.77	0.35	3.94	0.20	0.45	1.52	0.02
集中连片特困地区	1.78	0.35	4.01	0.20	0.45	1.57	0.02
民族自治地方	2.27	0.52	5.78	0.28	0.73	2.08	0.03
革命老区	1.74	0.28	3.38	0.16	0.37	1.02	0.02
边境地区	4.59	1.11	8.20	0.49	1.41	2.52	0.05

资料来源：根据云南省人民政府扶贫开发办公室编《云南省农村扶贫对象建档立卡数据分析报告》第 13 页表 8 整理。

（5）贫困人口的片区结构发生了变化。2013 年的统计结果显示，云南省的农村贫困人口为 6610153 人，其中 88 个片区县和重点县合计为 6013350 人，占 90.97%。建档立卡工作完成后，全省贫困人口增加到 700.2 万人，集中连片特困地区为 646.8 万人，占 92.37%，比统计数据占比高出了 1.40 个百分点（见表 2-6）。

表 2-6　2014 年建档立卡后云南省 2013 年贫困人口变化比较

单位：万人，%

区域	2013 年统计数据			2014 年建档立卡数据			后者比前者增减		
	人口数	占比	贫困发生率	人口数	占比	贫困发生率	人口数	占比	贫困发生率
云南省	661.02	100.00	17.74	700.2	100.00	18.8	+39.18	0.00	+1.06
集中连片特困地区	601.34	90.97	21.20	646.8	92.37	22.0	+45.46	+1.40	+0.80

资料来源：统计数据来源于云南省人民政府办公厅、云南省统计局、国家统计局云南调查总队编《2015 云南领导干部手册》（云南出版集团、云南人民出版社，2015）第 199~203 页表 6-13；建档立卡数据来源于云南省人民政府扶贫开发办公室编《云南省农村扶贫对象建档立卡数据分析报告》第 16 页表 11。

以上分析表明，建档立卡开了中国农村扶贫瞄准贫困人口的先河。2014 年的建档立卡工作尽管来得晚了一些，但却使中国的农村扶贫工作开始瞄准最贫困的家庭和人口。从当时国家有关部门出台的方案不难看出，一是控制规模，不仅控制贫困人口的规模，而且控制贫困村的规模；二是贫困农户和贫困人口"以 2013 年农民人均纯收入 2736 元（相当于 2010 年 2300 元不变价）的国家农村扶贫标准为识别标准"；三是贫困农户识别要求按照"农户申请、民主评议、公示公告和逐级审核的方式，整户识别"的程序进行。从实际效果来看，控制贫困人口规模是国家扶贫投入有限的要求，但也与贫困标准难以操作有直接关系，特别是过度依赖农民收入这个含义不甚清晰且很难测度的指标，而控制贫困村的数量就让人不得其解了，因为任何一个村，农户之间的贫富差别都是客观存在的，而且以一个村的平均水平作为主要指标更成问题，农户常说："我们村因为有个张百万，大家都别想成为贫困户了。"也就是说，这个"张百万"把全村的收入水平拉高了。这样的"双控"，也使得云南省只有不到 60% 的贫困农户和贫困人口能够进入建档立卡名单中。用习近平总书记的话说就是："扶贫对象识别存在层层分解指标的做法，造成一些贫困户被屏蔽在扶贫对象之外。"① 而从程序上看，许多地方就是村干部按照上面分给的数量，列个名单出来，公示几天就上报了，"优亲厚友"就是这样产生的。少数地方开了民主评议会，也是把过去得到过扶持的农户排除，数量超了甚至通过抓阄的方式产生，离真正的民主评议差距较大。这也就是建档立卡总体上只实现了扶持对象基本精准的原因所在。

三 贫困人口显著特征

2014 年贫困人口按户识别和建档立卡工作的完成，不仅使贫困农户的基本结构及其拥有的农地资源、得到的帮扶等基本情况更加清晰，而且也使贫困家庭和贫困人口的致贫原因等显著特征能够较为客观地表征出来，为精准施策提供了较好基础。

（1）少数民族贫困面更广。作为民族众多、少数民族人口占比较高的云南省，由于历史等多种因素，少数民族总体来讲贫困面要更广一些，贫困程度要更深一些。建档立卡工作进一步支持了这一基本结论。在全省的 700.2 万建档立卡贫困人口中，汉族为 399.2 万人，占比为 57.01%，少

---

① 中共中央党史和文献研究院编《习近平扶贫论述摘编》，中央文献出版社，2018，第 61 页。

数民族为 301.0 万人，占比为 42.99%，但少数民族的贫困发生率高达 24.2%，比汉族的 16.1% 高出了 8.1 个百分点，即少数民族的贫困发生率大概是汉族的 1.5 倍。其中，集中连片特困地区少数民族的贫困发生率为 25.5%，比汉族的 21.0% 高出了 4.5 个百分点，也暗示非特困地区的汉族的贫困面更小一些。值得注意的是，民族自治地方的少数民族贫困发生率并不高，为 24.5%，仅比全省平均水平略高，而边境地区的少数民族贫困发生率相对较高，为 27.9%，这说明少数民族地区内部的发展差距也很明显（见表 2 - 7）。

表 2 - 7　2014 年云南省建档立卡后贫困人口的民族分布情况

单位：万人，%

区域	汉族			少数民族		
	人口	占比	贫困发生率	人口	占比	贫困发生率
云南省	399.2	57.01	16.1	301.0	42.99	24.2
集中连片特困地区	376.0	58.13	21.0	270.8	41.87	25.5
民族自治地方	102.6	28.85	12.0	253.0	71.15	24.5
革命老区	201.7	62.23	18.8	122.4	37.77	22.3
边境地区	33.3	27.01	14.4	90.0	72.99	27.9

资料来源：根据云南省人民政府扶贫开发办公室编《云南省农村扶贫对象建档立卡数据分析报告》第 17 页表 13 整理。

（2）贫困人口受教育程度整体较低。通过分析发现，云南省的建档立卡贫困人口的受教育程度整体偏低。在 700.2 万贫困人口中，文盲或半文盲人口占 15.5%，而云南省第六次全国人口普查的文盲、半文盲率仅为 6.0%[①]，即贫困人口的文盲、半文盲率是全省平均水平的 2.58 倍；同时，贫困人口小学受教育程度的占比为 54.8%，高于第六次全国人口普查云南省小学受教育程度占比 11.4 个百分点。而相反，贫困人口中高中及中专和大专及以上受教育程度的占比较低，合计仅为 4.9%，而第六次全国人口普查云南省的总体水平为 14.2%，即贫困人口仅相当于全省平均水平的 34.51%。同时，还需要注意到片区和特殊贫困类型区域之间的差别。在三

---

① 云南省统计局编《2011 云南统计年鉴》，中国统计出版社，2011，第 47 页表 3 - 7。

个特殊贫困类型区域中，边境地区的文盲、半文盲率高达 21.6%，革命老区较低，为 15.2%，比全省贫困人口的平均水平略低（见表 2 – 8）。

表 2 – 8　2014 年云南省建档立卡贫困人口的受教育程度

单位：%

	文盲、半文盲	小学	初中	高中及中专	大专及以上
第六次全国人口普查云南省整体情况	6.0	43.4	27.5	8.4	5.8
云南省贫困人口	15.5	54.8	24.2	3.5	1.4
集中连片特困地区	15.3	53.5	23.5	3.3	1.3
民族自治地方	18.3	53.2	22.9	3.2	1.3
革命老区	15.2	55.3	24.6	3.7	1.5
边境地区	21.6	48.6	20.8	2.7	1.0

　　资料来源：第六次全国人口普查云南省整体情况数据来源于《2011 云南统计年鉴》第 47 页表 3 –7；建档立卡贫困人口资料来源于云南省人民政府扶贫开发办公室编《云南省农村扶贫对象建档立卡数据分析报告》第 19 页表 16。

　　（3）贫困人口健康状况不算很差。在 2014 年云南省建档立卡贫困人口中，健康的占 89.7%，患长期慢性病的为 7.7%，患有大病的占 2.1%，残疾的占 0.4%。在三个特殊贫困类型区域中，患长期慢性病占比最高的是革命老区，为 8.4%，最低的是边境地区，为 5.1%（见表 2 – 9）。但值得注意的是，建档立卡贫困家庭劳动年龄人口中，技能劳动力占比较低，全省仅为 0.3%，普通劳动力占比高达 67.7%，另外还有 4.5% 的人口丧失劳动力，有 27.5% 的人口无劳动能力，这种分布状况不论是在集中连片特困地区还是三个特殊贫困类型区域中都具有普遍性，普通劳动力占比分布在 66.5% ~68.7%（见表 2 – 9）。

表 2 – 9　2014 年云南省建档立卡贫困人口健康状况和劳动能力状况

单位：%

区域	健康状况				劳动能力状况			
	健康	患长期慢性病	患有大病	残疾	普通劳动力	技能劳动力	丧失劳动力	无劳动能力
云南省	89.7	7.7	2.1	0.4	67.7	0.3	4.5	27.5

续表

区域	健康状况				劳动能力状况			
	健康	患长期慢性病	患有大病	残疾	普通劳动力	技能劳动力	丧失劳动力	无劳动能力
集中连片特困地区	89.9	7.6	2.1	0.4	67.6	0.3	4.5	27.6
民族自治地方	91.0	6.5	1.9	0.5	68.7	0.2	4.6	26.5
革命老区	88.8	8.4	2.4	0.4	66.5	0.3	4.6	28.7
边境地区	92.8	5.1	1.5	0.5	68.6	0.2	4.0	27.2

资料来源：云南省人民政府扶贫开发办公室编《云南省农村扶贫对象建档立卡数据分析报告》，第19页表17、第20页表18。

（4）劳动年龄段贫困人口比例不低。在初期的建档立卡贫困人口中，年龄段分布较为均匀，属于劳动年龄段（全部按18岁及以上以及60岁及以下）的占比达66.2%。而在三个特殊贫困类型区域中，最低的革命老区占65.7%。比较贫困农户所占有的农地资源情况，更多劳动力（全省贫困农户劳动力的84.5%）在本地务农而不从事非农就业却是值得关注的。民族自治地方有86.2%的贫困家庭劳动力在本地务农就更值得关注了（见表2-10）。

表2-10　2014年云南省建档立卡贫困人口年龄分布和劳动力本地务农情况

单位：%

区域	18岁以下	18~30岁	31~40岁	41~50岁	51~60岁	60岁以上	有劳动能力占比	本地务农占比
云南省	21.6	19.9	16.3	18.5	11.5	12.3	68.0	84.5
集中连片特困地区	21.7	20.0	16.3	18.3	11.5	12.2	67.9	84.2
民族自治地方	20.9	19.6	17.2	18.3	11.3	12.7	68.9	86.2
革命老区	22.2	19.9	16.2	18.2	11.4	12.2	66.8	83.9
边境地区	21.9	20.2	17.7	17.2	10.9	11.9	68.8	87.9

资料来源：贫困人口年龄构成见云南省人民政府扶贫开发办公室编《云南省农村扶贫对象建档立卡数据分析报告》第18页表15；有劳动能力占比见第20页表18；本地务农占比见第21页表19。

（5）致贫原因错综复杂。就云南省建档立卡贫困农户致贫原因的总体情况而言，第一位的主要致贫原因是缺资金，占比高达22.59%，在三个特殊贫困类型区域中，边境地区缺资金的农户达到了 26.02%，民族自治地方达到了 23.90%，革命老区达到了 23.02%，都高于全省贫困农户选择此项的平均水平。第二位的主要致贫原因是因病，全省建档立卡贫困农户平均占比为 16.21%，在三个特殊贫困类型区域中，最高的革命老区为 17.46%，最低的边境地区为 8.88%。第三位的主要致贫原因是缺技术，全省贫困农户有 15.58% 首选此选项，在三个特殊贫困类型区域中，边境地区高达 19.57%，最低的革命老区也达到了 15.34%（见表2-11）。

表 2-11 2014 年云南省建档立卡贫困农户主要致贫原因

单位：%

区域	因病	因残	因学	因灾	缺土地	缺水
云南省	16.21	2.23	5.05	5.00	5.32	3.03
集中连片特困地区	15.17	1.96	5.09	5.25	5.20	2.97
民族自治地方	13.56	1.89	4.69	4.28	5.76	3.26
革命老区	17.46	2.22	5.56	4.71	4.92	2.86
边境地区	8.88	1.51	4.39	3.58	7.26	1.46

区域	缺技术	缺劳力	缺资金	交通限制	自身能力不足	其他
云南省	15.58	9.68	22.59	6.70	5.26	3.35
集中连片特困地区	15.70	9.28	23.50	7.37	5.15	3.34
民族自治地方	17.18	9.28	23.90	7.29	5.86	3.06
革命老区	15.34	9.37	23.02	6.03	5.45	3.07
边境地区	19.57	10.24	26.02	8.47	5.40	3.23

资料来源：根据云南省人民政府扶贫开发办公室编《云南省农村扶贫对象建档立卡数据分析报告》第 14 页表 9，把结果转化为按 100.00% 计算，即把每个地区 12 种致贫原因的百分比合计加总后，返回去除以原表中的占比。

第三节 更加精准的贫困人口特征

正当国家要开展贫困农户和贫困人口建档立卡之时，习近平总书记于 2013 年 11 月 3 日在考察湘西花垣县十八洞村时正式提出了"精准扶贫"这一推动中国农村扶贫开发走向精准扶贫精准脱贫的英明论断。2014 年 3

月 7 日，他在参加十二届全国人大二次会议贵州代表团审议政府工作报告时指出："精准扶贫，就是要对扶贫对象实行精细化管理，对扶贫资源实行精确化配置，对扶贫对象实行精准化扶持。"① 2015 年 6 月 18 日在部分省区市扶贫攻坚与"十三五"时期经济社会发展座谈会上的讲话进一步强调："精准扶贫，关键的关键是要把扶贫对象摸清搞准，把家底盘清，这是前提。"② 同年 11 月 27 日在中央扶贫开发工作会议上的讲话再次强调："扶贫必先识贫。建档立卡在一定程度上摸清了贫困人口底数，但这项工作要进一步做实做细，确保把真正的贫困人口弄清楚。"③ 正是在习近平总书记这一系列重要讲话精神指引下，尤其是当脱贫攻坚成为首要政治任务和第一民生工程后，在精准扶贫精准脱贫成为基本方略之后，国务院扶贫办反复要求通过"回头看"，切实解决贫困对象识别精准的问题。对此，云南省通过 2017 年的动态管理，使贫困识别从基本精准到更加精准。这是一个很大的进步，值得在对相关的做法及取得的成效进行总结的同时，对动态管理后贫困农户和贫困人口的新特征进行深入分析和讨论。

一　动态管理的创新做法

建档立卡第一次把云南省的农村贫困人口底数大概摸清楚了，但由于受到指标的制约，各地实际纳入建档立卡贫困农户和贫困人口管理的数量不一，也引起了不少矛盾。为此，中共云南省委、云南省人民政府积极向国务院扶贫办反映情况，获得了国家"应纳尽纳、应退尽退、应扶尽扶"的政策支持。在此基础上，云南省扶贫开发领导小组于 2017 年 6 月 23 日印发了《云南省贫困对象动态管理工作方案》，提出在全省进一步完善贫困对象动态管理工作，目的是"实现贫困对象应纳尽纳、应退尽退、应扶尽扶，为精准扶贫精准脱贫打牢坚实基础"。具体工作目标是：对现有建档立卡贫困户进行甄别，对违规纳入、识别不精准的建档立卡贫困户坚决剔除，做到应退尽退，确保无错评人口；将非建档立卡农业户籍农村常住

① 中共中央党史和文献研究院编《习近平扶贫论述摘编》，中央文献出版社，2018，第 58 页。
② 中共中央党史和文献研究院编《习近平扶贫论述摘编》，中央文献出版社，2018，第 59 页。
③ 中共中央党史和文献研究院编《习近平扶贫论述摘编》，中央文献出版社，2018，第 63 页。

人口中，符合国家扶贫标准的纳入建档立卡贫困人口管理，做到应纳尽纳，确保无漏评人口；对 2014～2016 年认定脱贫的建档立卡贫困人口再次进行核实，凡未实现"两不愁三保障"的，标注为脱贫返贫人口，做到应扶尽扶，确保无错退人口。围绕此明确目标，云南创新性地开展了以下工作。

（1）明确具体任务。首先，纠正识别不精准的贫困对象。对现有建档立卡贫困户中，已经实现"两不愁三保障"的正常退出，有下列情形的按程序剔除。一是有家庭成员或户主的父母、配偶、子女为国家公职人员的（贫困户建档立卡后有家庭成员或户主的父母、配偶、子女成为国家公职人员的，不认定为错评，按正常脱贫程序退出）；二是有家庭成员任村"两委"干部的（贫困户建档立卡后有家庭成员成为现任村"两委"干部的，不认定为错评，按正常脱贫程序退出）；三是拥有购买价格在 3 万元以上机动车的（贫困户建档立卡后购买此类机动车并作为脱贫措施的，不认定为错评，按正常脱贫程序退出）；四是在城镇拥有自建房或购买商品房、门面房以及其他经营用房的（易地扶贫搬迁进城安置户，在综合考虑是否达到"两不愁三保障"标准后，确定是否正常退出）；五是在工商部门注册登记公司、企业并实际开展经营活动的（建档立卡贫困户以土地和各类生产资料以及产业扶持资金、小额贷款入股相关经营活动作为脱贫措施的，不认定为错评，达到脱贫标准时，按正常脱贫程序退出）；六是种植、养殖大户或雇用他人从事生产经营活动的；七是为享受扶贫支持，故意分户、并户，不符合贫困对象识别条件的；八是空挂户或为套取扶贫支持将户口迁入村组的空挂人口；九是死亡人员、服刑人员、失踪人员、与户主不共享开支或收入的人员；十是优亲厚友、弄虚作假、徇私舞弊、信息失真以及其他不符合贫困对象识别条件的人员。存在上述 1～5 项括号内情形，按正常脱贫程序退出的建档立卡人口，列为 2017 年脱贫人口。

其次，将符合国家扶贫标准的非建档立卡农业户籍农村常住人口纳入建档立卡贫困对象管理。对于非建档立卡农业户籍农村常住人口，2016 年家庭年人均纯收入低于 2952 元（相当于 2010 年 2300 元不变价），且满足以下任一条件的，按程序纳入建档立卡贫困对象管理：一是实际居住 C

级、D 级危房且自身无力改造；二是家庭因病致贫，且成员未参加城乡居民基本医疗保险；三是家庭适龄成员因贫辍学，或家庭因学致贫。符合低保条件并享受低保政策，但仍符合国家扶贫标准的，也应纳入建档立卡贫困对象管理。在这个过程中，云南省把前面探索出的"1＋N"方法正式用于分析评判农户是否应纳入建档立卡管理对象，"1"就是农户的人均纯收入水平，"N"就是与"三保障"紧密相关的一些显性因素，特别是上面列举的几个方面。有的地方还在乡（镇）和县级层面成立了仲裁委员会，对农户提出自己应作为建档立卡贫困户的进行仲裁。

最后，核查核实脱贫返贫人口。对 2014～2016 年认定的脱贫户进行核查核实，凡是尚未完全解决"两不愁三保障"的，标注为脱贫返贫人口，落实帮扶责任，继续采取帮扶措施，实现稳定脱贫。

（2）制定详细方法步骤。贫困对象动态管理工作坚持实事求是，严格按照国家扶贫标准和应纳尽纳、应退尽退、应扶尽扶的原则，按下列程序进行。

第一，贫情分析。各乡（镇）负责组建由县乡干部和驻村扶贫工作队队员、村（组）干部、党员和村民代表共同参加的动态管理工作队，以村民小组或自然村为单元开展贫情分析，对建档立卡贫困户、非建档立卡农户、2014～2016 年脱贫户进行综合分析、研判，衡量本村贫困识别是否精准，是否公平，是否存在"富户戴穷帽""穷户只戴帽没得到扶持"等不公平现象，是否做到应进皆进、应退皆退，从而确定重点核查范围，制订工作方案，明确工作责任。整个动态管理期间特别是贫情分析阶段，乡、村两级同时设置举报箱和举报电话，接受群众举报、投诉，发挥群众监督作用，确保识别精准和公平透明。

第二，实地调查。一是查现有建档立卡贫困户中是否有已达到"两不愁三保障"标准但尚未正常退出的，重点查是否存在上述 10 种应剔除的情形。二是查非建档立卡农户（主要是贫情分析中确定的重点核查户）的人口、收入、住房、其他财产以及家庭成员从业、健康、就学等情况，重点查清 2016 年家庭年人均纯收入是否达到 2952 元，住房是否为 C 级、D 级危房，家庭成员是否参加城乡居民基本医疗保险，是否存在家庭适龄成员因贫辍学、家庭因学致贫的情况。三是查 2014～2016 年的脱贫户是否真正实现"两不愁三保障"目标。动态管理工作队要对信息数据的真实性、准确性负全责，并对信息数据进行认真整理，形成详备可靠的基础档案。凡拟纳入建档立卡管理的农户，同时注意对其主要致贫原因做出准确判定，为制定有针对性的帮扶措施提供条件。

第三，信息数据复核。以县为单位，组织公安、教育、民政、财政、人社、国土、住建、农业、林业、卫健、统计（调查）、工商（市场监管）、残联、人民银行等部门对动态管理工作队入户采集的信息数据进行筛查、比对，尤其加强对户口、房产、车辆、国家公职人员、经营实体、健康状况、就学情况、外出务工、家庭成员关系等重点数据信息的核实工作，形成完整准确的信息数据资料。要求各行业部门对本部门职责范围内的信息数据的真实性、准确性负责。

第四，提出拟退出、拟纳入建档立卡管理以及拟认定为脱贫返贫农户和人口的初步方案。县（市、区）、乡（镇）两级严格标准，加强指导，在调查复核的基础上，以行政村为单元提出初步方案，列出拟予剔除的错评农户和人口名单、应正常退出的脱贫家庭和人口名单、符合国家扶贫标准拟纳入建档立卡管理的漏评家庭和人口名单、拟认定为脱贫返贫家庭和人口名单。随后由动态管理工作队主持召集由村里的党员和户主参加的会议，把初步方案向群众公布，广泛听取群众意见，让群众进行比评。对群众提出的意见、建议和反映的问题进行进一步核实，并及时向群众反馈。

第五，逐级审定。公开评议后，召开村"两委"会就上述方案形成村"两委"决定，并在村民小组内公开场所公示 5 天，若有举报，则由动态管理工作队组织调查核实并及时处理；若没有举报，则提交村民代表会做出决议，上报乡（镇）审定并公示 5 天。若有举报，则由乡（镇）组织核实并及时处理；若没有举报，报县（市、区）确定并将结果公告。对应当从建档立卡管理中剔除的错评农户和人口而本人不愿退出的，除启动相关程序追究错评、违规纳入责任人相关责任外，同时追回错评人员已经享受的扶持资金和物资。

（3）有详尽的工作要求和基础保障。围绕压实责任、精心组织、严明奖惩等具体工作要求，尤其强调从贫情分析、实地调查、信息数据复核、初步方案提出、公开评议到逐级审定各个环节都应做到程序到位、过程完整、信息资料真实可靠、可追溯可查询。为保证动态管理专项行动实现目标，云南省人民政府还安排了 9670 万元专项工作经费，组建动态管理工作队 2.6 万支 32.3 万人，累计走访调查农户 573.7 万户 1857.8 万人，采集、核查、比对、录入到村信息 67.96 万条，到户信息 4812.4 万条。通过分析比对核实，明确了 22 个行业部门数据核查、比对分析任务，先后在县（市、区）、州（市）、省三个层面再次进行数据比对筛查。通过普查式走访、信息采集、核查、比对、录入到村信息和到户信息，确保不漏一户一人。

二　动态管理取得的重要成果

通过 2017 年下半年的动态管理，云南省录入全国扶贫信息系统建档立卡的贫困户数净增了 13.4 万户，贫困人口净增了 85.1 万人，从而使全省 2016 年底的剩余贫困人口总量达到 118.1 万户 447.6 万人。① 此次动态管理，全程保障群众的知情权、参与权、表达权和监督权，先后在县（市、区）、州（市）、省三个层面进行数据比对筛查，做到谁进谁不进都有依据、可查询、能追溯，彻底改变了以往以县为单位、规模控制、层层分解指标的做法，真正回归到实事求是、精准识别的根本要求上来，建档立卡贫困农户和贫困人口数据由"比较精准"到"更加精准"，扣好了脱贫攻坚"第一粒纽扣"。

通过动态管理，云南省净增了 85.1 万人，但州（市）之间和县域之间都不平衡，从县域来看，2016 年贫困人口净增加的有 39 个县（市、区），其中增加最多的是昭通市的镇雄县，净增了 49011 人，但贫困发生率仅提高了 3.66 个百分点；贫困人口净增量排第二位的是昆明市的禄劝县，净增了 44137 人，但贫困发生率提高了 9.84 个百分点；贫困人口净减

---

① 此次动态管理新识别的 850561 名贫困人口被计入 2016 年底的贫困人口数中，这就是 2016 年全省脱贫了 1084402 人，但年底的贫困人口总数仍为 4476159 人，仅比 2015 年的 4710000 人减少了 233841 人的缘故。

少最多的是曲靖市的会泽县，减少了 90497 人，贫困发生率也降低了 9.84 个百分点；贫困发生率提高幅度最大的是怒江州的福贡县，尽管贫困人口只净增了 9886 人，但贫困发生率提高了 11.40 个百分点。另外有 5 个市（区）的贫困人口没有变化，主要是昆明市的几个区和安宁市，本来贫困人口就为零。这样计算下来，云南省动态管理后有 85 个县的贫困人口还是减少了，① 这当然也有 2014～2016 年扶贫工作的贡献。

从州（市）来看，2016 年比 2015 年贫困人口净增加的有怒江州、文山州、昆明市②等 6 个州（市），其中贫困人口净增数量最多的是文山州，增加了 49127 人，但贫困发生率只提高了 1.58 个百分点；而怒江州仅净增了 30626 人，但贫困发生率提高了 7.13 个百分点。曲靖市是贫困人口数量净减少最多的，减少了 127614 人，但贫困发生率只下降了 2.32 个百分点；迪庆州净减少贫困人口 35480 人，但贫困发生率下降了 10.94 个百分点（见表 2－12）。

表 2－12　云南省 16 个州（市）2016 年与 2015 年相比贫困人口变化

单位：人，%

州（市）	2015 年			2016 年		
	贫困人口	占全省比重	贫困发生率	贫困人口	占全省比重	贫困发生率
全省合计	4710000	100.00	12.71	4476159	100.00	12.01
昆明市	171447	3.64	5.73	185758	4.15	6.19
曲靖市	666391	14.15	12.31	538777	12.04	9.99
玉溪市	73751	1.57	4.01	53444	1.19	2.92
保山市	213973	4.54	9.58	210166	4.70	9.28
昭通市	1119488	23.77	21.53	1133919	25.33	21.82
丽江市	95456	2.03	9.30	99119	2.21	9.70

---

① 2015 年数据来源于云南省人民政府办公厅、云南省统计局、国家统计局云南调查总队编《2016 云南领导干部手册》第 207～211 页表 6－13；2016 年数据来源于云南省人民政府扶贫开发办公室编《云南省脱贫攻坚数据报告（2017 年）》第 114～120 页附件 1。

② 主要是因为禄劝县大幅度增加。禄劝县申请 2017 年脱贫摘帽没有通过，主要就是因为漏评率过高。这也折射出建档立卡工作的质量存在不少问题，包括指标层层分解，导致指标不够用的问题。昆明市贫困人口的建档率只有 48.12%。

续表

州（市）	2015 年			2016 年		
	贫困人口	占全省比重	贫困发生率	贫困人口	占全省比重	贫困发生率
普洱市	382968	8.13	18.26	358449	8.01	16.78
临沧市	201292	4.27	9.85	172891	3.86	8.46
楚雄州	209356	4.44	9.93	192991	4.31	8.60
红河州	589697	12.52	16.22	557647	12.46	15.47
文山州	370059	7.86	11.33	419186	9.36	12.91
西双版纳州	38504	0.82	5.80	26868	0.60	4.11
大理州	254099	5.39	9.23	198830	4.44	6.95
德宏州	78697	1.67	7.76	88320	1.97	8.82
怒江州	148397	3.15	33.10	179023	4.00	40.23
迪庆州	96451	2.05	30.31	60971	1.36	19.37
集中连片特困地区	4283853	90.95	15.34	4085943	91.28	14.40
民族自治地方	891896	18.94	17.05	881776	19.70	16.85
革命老区	607592	12.90	17.19	691574	15.45	19.56
边境地区	829407	17.61	15.16	844886	18.88	15.44

资料来源：2015 年数据来源于云南省人民政府办公厅、云南省统计局、国家统计局云南调查总队《2016 云南领导干部手册》第 207~211 页表 6-13；2016 年数据来源于云南省人民政府扶贫开发办公室编《云南省脱贫攻坚数据报告（2017 年）》第 114~120 页附件 1。

云南省集中连片特困地区最终核实的是 88 个县。这 88 个县 2015 年的贫困人口为 4283853 人，占全省贫困人口总数的 90.95%，贫困发生率为 15.34%，比全省平均水平的 12.71% 高出了 2.63 个百分点；2016 年，这 88 个贫困县的贫困人口总数为 4085943 人，占全省的 91.28%，比 2015 年仅提高了 0.33 个百分点，贫困发生率为 14.40%，比全省平均水平的 12.01% 高出了 2.39 个百分点（见表 2-12）。在三个特殊类型贫困区域中，民族自治地方的贫困人口净减少了 10120 人，但贫困发生率只降低了 0.20 个百分点；革命老区的贫困人口净增加了 83982 人，贫困发生率也提高了 2.37 个百分点；边境地区的贫困人口净增加了 15479 人，贫困发生率只提高了 0.28 个百分点（见表 2-12）。

一些贫困县贫困人口的大幅度增加或减少，有 2014~2016 年扶贫成效不同的原因，但主要还是 2014 年建档立卡时工作存在一定问题的原因。这实际上不是个别县（市、区）的特殊性问题，而是具有一定普遍性的问题，且原因非常复杂，既有国家分解指标带来的后遗症，也有经验不足和政策措施考虑不周全的问题，还有程序上过度依赖村组干部且没有严格要求等方面的因素，并且老百姓可能也不是很在意。反过来，此次动态管理之所以成效明显，最重要的也是上述问题得到了较好解决。

三 动态管理后贫困人口的新特征

云南省动态管理核实的贫困农户数和贫困人口数被纳入 2016 年的统计报告中，但基本上是 2017 年底才完成录入等工作的，因此新核实的贫困农户和贫困人口 2017 年并没有得到扶持，构成了 2017 年底贫困农户和贫困人口的基本概貌，加之 2017 年的《云南省脱贫攻坚数据报告》内容较为全面，因此用其分析动态管理后贫困人口的新特征。对比 2014 年完成的建档立卡数据，以下几个新特征值得高度关注。

（1）贫困人口中少数民族人口更多。2014 年建档立卡工作完成后，云南省的 700.2 万农村贫困人口中，少数民族的占比高达 42.99%；2017 年，云南省的少数民族贫困人口还多达 1542608 人，占当年全省农村贫困人口总数的 46.45%，比 2014 年建档立卡工作完成后提高了 3.46 个百分点。这表明少数民族贫困程度更为突出、更加集中。三个特殊贫困类型区域前后的统计口径不一致，2017 年仅是贫困县的，两者没有实质上的可比性，占比的变化只具有某种程度上的参考价值，民族自治县中的贫困县和边境地区贫困县的占比也有显著提高（见表 2 - 13）。而在 1542608 人的少数民族贫困人口中，云南省 15 个特有少数民族贫困人口达到了 743390 人，占少数民族贫困人口的 48.19%；"直过民族"贫困人口为 370344 人，占 24.01%；人口较少民族贫困人口为 40317 人，占 2.61%。[①] 在 2017 年云南省 41 个贫困发生率高于 10% 的贫困县（市、区）中，有 26 个来自民族

[①] 云南省人民政府扶贫开发办公室编《云南省脱贫攻坚数据报告（2017 年）》，第 55 页表 38。

自治地方。①

表 2 - 13　2017 年与 2014 年相比少数民族贫困人口构成变化

单位：万人，%

区域	2014 年		2017 年		2017 年比 2014 年占比增减
	人口	比例	人口	比例	
云南省	301.0	42.99	154.26	46.45	+ 3.46
集中连片特困地区	270.8	41.87	139.90	45.67	+ 3.80
民族自治县中的贫困县	253.0	71.15	50.55	80.12	+ 8.97
革命老区贫困县	122.4	37.77	15.87	26.68	- 11.09
边境地区贫困县	90.0	72.99	50.13	79.34	+ 6.35

资料来源：2014 年数据参见表 2 - 7，2017 年数据见云南省人民政府扶贫开发办公室编《云南省脱贫攻坚数据报告（2017 年）》第 134 ~ 140 页附件 3。

（2）贫困人口受教育程度更低。对比 2017 年与 2014 年，云南省贫困人口的受教育程度进一步低端化。文盲、半文盲率由 2014 年的 15.5% 提高到 2017 年的 15.7%，小幅提高了 0.2 个百分点；小学受教育程度者占比由 54.8% 提高到 57.7%，提高了 2.9 个百分点。受教育程度为高中及以上的占比从 4.9% 下降到 2.3%，下降了 2.6 个百分点。革命老区贫困县的文盲、半文盲率下降了 5.6 个百分点，高中及以上受教育程度的也下降了 2.6 个百分点。需要注意的是，由于样本不同，这只具有参考意义，本身没有可比性（见表 2 - 14）。

表 2 - 14　2017 年与 2014 年相比云南省贫困人口受教育程度变化

单位：%

区域	文盲、半文盲		小学		初中		高中及以上	
	2014 年	2017 年	2014 年	2017 年	2014 年	2017 年	2014 年	2017 年
云南省	15.5	15.7	54.8	57.7	24.2	23.4	4.9	2.3
集中连片特困地区	15.3	15.9	53.3	57.7	23.5	23.3	4.6	3.2

---

① 云南省人民政府扶贫开发办公室编《云南省脱贫攻坚数据报告（2017 年）》，第 26 ~ 28 页表 15。

区域	文盲、半文盲		小学		初中		高中及以上	
	2014 年	2017 年	2014 年	2017 年	2014 年	2017 年	2014 年	2017 年
民族自治县中的贫困县	18.3	22.9	53.2	54.1	22.9	20.2	4.5	2.9
革命老区贫困县	15.2	9.6	55.3	63.4	24.6	24.4	5.2	2.6
边境地区贫困县	21.6	20.8	48.6	55.5	20.8	21.4	3.7	2.4

资料来源：2014 年数据参见表 2-8，2017 年数据根据云南省人民政府扶贫开发办公室编《云南省脱贫攻坚数据报告（2017 年）》第 198~203 页附件 14 计算整理。

（3）残疾贫困人口占比显著上升。在 2014 年云南省建档立卡所确定的贫困人口中，健康的占 89.7%，患长期慢性病的占 7.7%，患有大病的占 2.1%，残疾的仅占 0.4%。但到了 2017 年，健康人口占比下降到 85.7%，下降了 4.0 个百分点；患长期慢性病的比例下降到 6.7%，下降了 1.0 个百分点；患有大病的占比上升到 2.6%，上升了 0.5 个百分点；残疾的占比上升到 5.0%，上升了 4.6 个百分点。还需要注意的是，残疾人口占比明显上升在三种特殊贫困类型区域中表现出相同的特点，都上升了 4 个百分点左右（见表 2-15）。

表 2-15　2017 年与 2014 年相比云南省贫困人口身体健康状况

单位：%

区域	健康		患长期慢性病		患有大病		残疾	
	2014 年	2017 年	2014 年	2017 年	2014 年	2017 年	2014 年	2017 年
云南省	89.7	85.7	7.7	6.7	2.1	2.6	0.4	5.0
集中连片特困地区	89.9	85.9	7.6	6.7	2.1	2.6	0.4	4.8
民族自治县中的贫困县	91.0	87.9	6.5	5.6	1.9	2.1	0.5	4.4
革命老区贫困县	88.8	85.2	8.4	7.1	2.4	3.2	0.4	4.5
边境地区贫困县	92.8	89.0	5.1	4.9	1.5	2.1	0.5	4.0

资料来源：2014 年数据参见表 2-9，2017 年数据根据云南省人民政府扶贫开发办公室编《云南省脱贫攻坚数据报告（2017 年）》第 192~197 页附件 13 计算整理。

（4）无劳动能力的贫困人口占比显著提高。2014 年，云南省贫困人口具有劳动能力的人口中，普通劳动力占 67.7%，尽管技能劳动力占比较低，但丧失劳动力和无劳动能力的占比较低，说明贫困人口至少还有较充分的劳动力资源作为脱贫攻坚的基础。但 2017 年，贫困人口中普通劳动力占比显著下降，全省贫困人口中普通劳动力下降到 55.1%，下降了 12.6个百分点，技能劳动力的占比略有提高，丧失劳动力的占比略有下降，但无劳动能力的占比显著提高，由 27.5% 提高到 40.9%，提高了 13.4 个百分点，说明贫困农户面临严重的有效劳动力资源不足的难题，且这种趋势在三种特殊贫困类型区域表现出相同的特点（见表 2 - 16）。

表 2 - 16   2017 年与 2014 年相比云南省贫困劳动力构成

单位：%

区域	普通劳动力		技能劳动力		丧失劳动力		无劳动能力	
	2014 年	2017 年	2014 年	2017 年	2014 年	2017 年	2014 年	2017 年
云南省	67.7	55.1	0.3	0.4	4.5	3.6	27.5	40.9
集中连片特困地区	67.6	55.0	0.3	0.4	4.5	3.5	27.6	41.2
民族自治县中的贫困县	68.7	58.7	0.2	0.4	4.6	3.4	26.5	37.5
革命老区贫困县	66.5	50.9	0.3	0.4	4.6	3.1	28.7	45.6
边境地区贫困县	68.6	58.3	0.2	0.3	4.0	2.9	27.2	38.4

资料来源：2014 年数据参见表 2 - 10，2017 年数据根据云南省人民政府扶贫开发办公室编《云南省脱贫攻坚数据报告（2017 年）》第 204 ~ 209 页附件 15 计算整理。

（5）贫困人口面临更大的农地资源约束。作为贫困农户最主要的生产资料，2017 年贫困人口人均占有的农地资源整体下降。人均耕地面积只有1.41 亩，比 2014 年的 1.77 亩减少了 20.34%；其中人均有效灌溉耕地面积只有 0.23 亩，比 2014 年减少了 34.29%；人均林地面积为 3.43 亩，也明显减少；人均退耕还林面积为 0.17 亩[①]，比 2014 年的 0.20 亩也有所减少；人均林果面积为 0.24 亩，比 2014 年的 0.45 亩减少了 46.67%；人均牧草地面积为 1.52 亩，与 2014 年相当；人均水域面积只有 0.006 亩[②]，比

[①] 云南省人民政府扶贫开发办公室编《云南省脱贫攻坚数据报告（2017 年）》，第 252 页附件 19。

[②] 人均林果面积、人均牧草地面积和人均水域面积见云南省人民政府扶贫开发办公室编《云南省脱贫攻坚数据报告（2017 年）》第 258 页附件 19。

2014 年的 0.02 亩明显减少。而对于三个特殊贫困类型区域来说，不仅人均耕地面积大幅度减少，而且人均有效灌溉耕地面积减少更多，革命老区贫困县从人均 0.28 亩减少到人均 0.06 亩，边境地区贫困县从人均 1.11 亩减少到人均 0.50 亩（见表 2 – 17）。

表 2 – 17　2017 年与 2014 年相比云南省贫困人口人均耕地和林地变化

单位：亩

州（市）	人均耕地面积		人均有效灌溉耕地面积		人均林地面积	
	2014 年	2017 年	2014 年	2017 年	2014 年	2017 年
云南省	1.77	1.41	0.35	0.23	3.94	3.43
集中连片特困地区	1.78	1.37	0.35	0.21	4.01	3.38
民族自治县中的贫困县	2.27	2.03	0.52	0.38	5.78	4.81
革命老区贫困县	1.74	0.88	0.28	0.06	3.38	1.21
边境地区贫困县	4.59	2.08	1.11	0.50	8.20	4.12

资料来源：2014 年数据参见表 2 – 5，2017 年数据根据云南省人民政府扶贫开发办公室编《云南省脱贫攻坚数据报告（2017 年）》第 252～257 页附件 19 计算整理。

2017 年贫困人口人均农地资源大幅度下降可能有多方面的原因，但与贫困农户的结构有直接关系。人均耕地面积的减少，特别是人均有效灌溉耕地面积的减少，意味着贫困农户的生产条件更差，暗示更多贫困人口居住在深山区、石山区。而人均林地面积减少则可能说明贫困农户更多居住在生态脆弱地区。这种贫困人口人均占有耕地和林地资源的特征说明，扶贫攻坚越往后，越是资源条件差的农户；动态管理使那些真正贫困的农户被纳入扶持范围，并剔除了一些农业生产条件较好的农户。

（6）致贫原因更加错综复杂。2017 年动态管理完成后，云南省结合实际，进一步细化了贫困农户的致贫原因，除了主要致贫原因以外，还增加了次要致贫原因。也就是说，贫困农户除陈述一个主要致贫原因外，还可以陈述一个次要致贫原因。从主要致贫原因来看，与 2014 年相比，占比显著下降的是缺资金，由 22.59% 下降到 13.90%，下降了 8.69 个百分点。三个特殊贫困类型区域都下降了，革命老区贫困县平均下降了 16.38 个百分点，边境地区贫困县下降了 11.76 个百分点，民族自治县中的贫困县下降了 6.47 个百分点。缺资金原因大幅下降可能是因为两个方面：一是贫困农户的结构发生了变化；二是贫困农户对致贫原因的选择更理性了。在下降的主要致贫原因中，还有因灾、缺土地、缺水、交通条件限制等。这既是扶贫带来的变化，如缺水和交通条件限制，也可能是贫困农户结构造成的，如缺土地（见表 2 – 18 和表 2 – 19）。

表 2 – 18　2017 年云南省贫困农户主要致贫原因

单位：%

区域	因病	因残	因学	因灾	缺土地	缺水
云南省	18.60	7.49	5.24	1.43	2.32	0.67
集中连片特困地区	18.43	7.12	5.32	1.42	2.25	0.70
民族自治县中的贫困县	15.81	5.42	3.43	1.30	2.69	0.79
革命老区贫困县	21.51	7.99	9.26	1.04	0.53	0.17
边境地区贫困县	14.77	4.86	2.59	0.81	3.84	0.26
区域	缺技术	缺劳力	缺资金	交通条件限制	自身能力不足	
云南省	28.97	9.29	13.90	4.94	7.16	
集中连片特困地区	29.67	9.19	13.90	5.07	6.91	
民族自治县中的贫困县	31.51	9.90	17.43	5.24	6.49	
革命老区贫困县	32.75	7.01	6.64	5.02	8.09	
边境地区贫困县	36.58	9.27	14.26	7.27	5.49	

资料来源：根据云南省人民政府扶贫开发办公室编《云南省脱贫攻坚数据报告（2017 年）》第 216 ~ 233 页附件 17 整理计算。

相比之下，上升较显著的因素是缺技术，全省由 15.58% 上升到 28.97%，上升了 13.39 个百分点。而在三个特殊贫困类型区域中，革命老区贫困县上升了 17.41 个百分点，边境地区贫困县上升了 17.01 个百分点，民族自治县中的贫困县上升了 14.33 个百分点。其他总体上升的因素还有因病、因残和自身能力不足等（见表 2 – 18 和表 2 – 19）。

表 2 - 19 2017 年与 2014 年相比贫困农户主要致贫原因变化

单位：%

区域	因病	因残	因学	因灾	缺土地	缺水
云南省	2.39	5.26	0.19	- 3.57	- 3.00	- 2.36
集中连片特困地区	3.26	5.16	0.23	- 3.38	- 2.95	- 2.27
民族自治县中的贫困县	2.25	3.53	- 1.26	- 2.98	- 3.07	- 2.47
革命老区贫困县	1.05	5.77	3.70	- 3.67	- 4.39	- 2.69
边境地区贫困县	5.89	3.35	- 1.80	- 2.77	- 3.42	- 1.20

区域	缺技术	缺劳力	缺资金	交通条件限制	自身能力不足
云南省	13.39	- 0.39	- 8.69	- 1.76	1.90
集中连片特困地区	13.97	- 0.09	- 9.60	- 2.30	1.76
民族自治县中的贫困县	14.33	0.62	- 6.47	- 2.05	0.63
革命老区贫困县	17.41	- 2.36	- 16.38	- 1.01	2.64
边境地区贫困县	17.01	- 0.97	- 11.76	- 1.20	0.09

资料来源：根据云南省人民政府扶贫开发办公室编《云南省脱贫攻坚数据报告（2017 年）》中表 2 - 11 和表 2 - 19 计算。

这进一步说明，通过建档立卡，尤其是几轮"回头看"和动态管理，不仅摸清了贫困农户的底数，解决了"多年来，我国贫困人口总数是国家统计局在抽样调查基础上推算出来的，没有具体落实到人头上。也就是说，这么多贫困人口究竟是谁、具体分布在什么地方，说不大清楚"[1] 的老大难问题，而且使贫困农户和贫困人口的底色更加清晰，大到民族构成、性别构成、年龄结构、地域分布，小到家庭成员结构、具体贫困原因和可能的帮扶举措等，这不仅让帮扶者明白无误，而且让周边群众甚至贫困农户自己明白自己的问题和出路。这为绘就具体的帮扶路线图提供了较为准确和真实的资料。

对比云南建档立卡初期贫困农户的主要致贫原因和动态管理后的主要致贫原因会发现，"缺资金"的比例明显下降，从占贫困农户总数的 22.59% 下降到 13.90%，下降了 8.69 个百分点；而"缺技术"的比例显著上升，从

---

① 中共中央党史和文献研究院编《习近平扶贫论述摘编》，中央文献出版社，2018，第 61 页。

15.58%上升到28.97%，上升了13.39个百分点。这背后有其深刻含义：一是贫困农户对贫困原因的陈述更理性了，最初"缺资金"占比如此高，不排除部分农户想要得到国家更多救助的心理；二是标志着帮扶工作更细致入微了；三是成为评价动态管理实现了更加精准的一个基本依据。

|第三章|
精准扶贫推进机制

精准扶贫精准脱贫是新时代中国贫困治理机制的创新,核心是围绕"扶真贫""真扶贫""脱真贫""真脱贫"的要求,紧扣"扶持谁""谁来扶""怎么扶""如何退"四个环节,真正做到扶贫对象、项目安排、资金使用、措施到位、因村派人、脱贫成效"六个精准",创新精准识别、精准帮扶,严格精准退出,完善精准管理体制机制。这一创新机制为打赢打好脱贫攻坚战提供了重要制度保障。对此,习近平总书记亲自部署、亲自安排,不仅对完善精准扶贫政策举措提出了许多具有原创性、独特性和针对性的思想,而且就精准扶贫精准脱贫机制做了全面系统研究,因此,在讨论我国的精准扶贫推进机制之前,有必要对习近平总书记关于扶贫开发重要论述进行简要归纳概括。

第一节　习近平总书记关于扶贫开发的重要论述

习近平总书记关于扶贫开发的重要论述,是中国共产党领导中国人民立足中国国情的反贫困实践的经验总结和理论深化,是新时期中国反贫困事业必须牢牢坚持的重要理论和行动指南。各级党委和政府把习近平总书记关于扶贫工作的重要论述作为全面打赢脱贫攻坚战、决胜全面小康的根本遵循和行动指南,学深悟透其丰富思想内涵,深刻领会其重大意义,准确把握其精神实质,为科学谋划精准扶贫基本方略和推进机制,全面打好脱贫攻坚战,奠定了坚实的思想、理论、办法和行动基础,是精准扶贫精准脱贫推进机制之魂，必须在学深悟透基础上认真加以践行。

一 把脱贫攻坚战作为最重要的政治任务和第一民生工程

20世纪80年代中期刚开始农村专项扶贫开发之初，我们党就把扶贫作为"重要议事日程"，《国家八七扶贫攻坚计划》和《01纲要》将其作为"中心任务"，《11纲要》将其作为"事关巩固党的执政基础，事关国家长治久安，事关社会主义现代化大局"的大事。而以习近平同志为核心的党中央，进一步提高对扶贫开发重要性的认识，把脱贫攻坚作为最重要的政治任务和第一民生工程。习近平总书记多次强调，"消除贫困、改善民生、逐步实现共同富裕，是社会主义的本质要求，是我们党的重要使命"。[1]"贫穷不是社会主义。如果贫困地区长期贫困，面貌长期得不到改变，群众生活长期得不到明显提高，那就没有体现我国社会主义制度的优越性，那也不是社会主义。"[2]"做好扶贫开发工作……是我们党坚持全心全意为人民服务根本宗旨的重要体现，也是党和政府的重大职责。"[3]"得民心者得天下。从政治上说，我们党领导人民开展了大规模的反贫困工作，巩固了我们党的执政基础，巩固了中国特色社会主义制度。"[4]

习近平总书记的这些重要论述，把脱贫攻坚作为中国共产党的政党性质、各级政府的执政基础及坚持和巩固社会主义制度的基本要求，要求全党全社会从思想上和行动上，把扶贫工作，尤其是打好脱贫攻坚战作为首要政治任务。

为了进一步加强全党全社会对脱贫攻坚的思想认识和行动自觉，习近平总书记还要求把打好脱贫攻坚战作为第一民生工程。习近平总书记指出："人民对美好生活的向往，就是我们的奋斗目标。"[5]"让老百姓过上好

---

① 中共中央党史和文献研究院编《习近平扶贫论述摘编》，中央文献出版社，2018，第13页。
② 中共中央党史和文献研究院编《习近平扶贫论述摘编》，中央文献出版社，2018，第5页。
③ 李军：《打赢脱贫攻坚战的强大思想武器》，《人民日报》2018年9月17日，第7版。
④ 习近平：《在中央扶贫开发工作会议上的讲话》，载《十八大以来重要文献选编》（下），中央文献出版社，2018，第31~32页。
⑤ 中共中央党史和文献研究院编《习近平扶贫论述摘编》，中央文献出版社，2018，第3页。

日子是我们一切工作的出发点和落脚点。"① "增进民生福祉是发展的根本目的。必须多谋民生之利、多解民生之忧，在发展中补齐民生短板、促进社会公平正义，在幼有所育、学有所教、劳有所得、病有所医、老有所养、住有所居、弱有所扶上不断取得新进展，深入开展脱贫攻坚，保证全体人民在共建共享发展中有更多获得感，不断促进人的全面发展、全体人民共同富裕。"② "不了解农村，不了解贫困地区，不了解农民尤其是贫困农民，就不会真正了解中国，就不能真正懂得中国，更不可能治理好中国。各级领导干部一定要多到农村去，多到贫困地区去，了解真实情况，带着深厚感情做好扶贫开发工作，把扶贫开发工作抓紧抓紧再抓紧、做实做实再做实，真正使贫困地区群众不断得到真实惠。"③

习近平总书记的这些重要论述，坚持人民主体的思想和以人为本、人民至上的价值观，坚持把打赢脱贫攻坚战作为保障和改善民生的第一工程，坚定不移地置于一切工作的中心。这正是中国共产党人全心全意为人民服务的初心和使命。

而为了强化打好脱贫攻坚战与全面建成小康社会的内在紧密联系，以习近平同志为核心的党中央还把打赢打好脱贫攻坚战作为全面建成小康社会的底线任务加以部署和安排。习近平总书记反复指出："小康不小康，关键看老乡，关键看贫困老乡能不能脱贫。"④"全面建成小康社会、实现第一个百年奋斗目标，农村贫困人口全部脱贫是一个标志性指标。"⑤ "农村贫困人口如期脱贫、贫困县全部摘帽、解决区域性整体贫困，是全面建成小康社会的底线任务。"⑥ "这个底线任务不能打任何折扣，我们党向人民作出的承诺不能打任何折扣。"⑦

习近平总书记的这些重要论述，在加深我们对脱贫攻坚任务的艰巨

① 中共中央党史和文献研究院编《习近平扶贫论述摘编》，中央文献出版社，2018，第11页。
② 中共中央党史和文献研究院编《习近平扶贫论述摘编》，中央文献出版社，2018，第22页。
③ 中共中央党史和文献研究院编《习近平扶贫论述摘编》，中央文献出版社，2018，第5~6页。
④ 中共中央党史和文献研究院编《习近平扶贫论述摘编》，中央文献出版社，2018，第12页。
⑤ 中共中央党史和文献研究院编《习近平扶贫论述摘编》，中央文献出版社，2018，第12页。
⑥ 中共中央党史和文献研究院编《习近平扶贫论述摘编》，中央文献出版社，2018，第19页。
⑦ 中共中央党史和文献研究院编《习近平扶贫论述摘编》，中央文献出版社，2018，第25页。

性、复杂性和紧迫性认识的同时，把脱贫攻坚作为全面建成小康社会的重点、难点和着力点，摆到了全面建成小康社会的重要位置，让全党和全社会从思想上和行动上对脱贫攻坚有了更清醒的认识和更充分的准备，迎难而上，坚持不懈，争创奇迹。

二 把党对脱贫攻坚工作的全面领导作为根本保证

坚持中国共产党的领导是中国特色社会主义制度最本质的特征。加强党对脱贫攻坚工作的全面领导，不仅是打赢打好脱贫攻坚战的根本保证，而且是充分发挥基层党组织战斗堡垒作用和党员先锋模范作用的内在要求。习近平总书记反复强调："我们中国共产党人从党成立之日起就确立了为天下劳苦人民谋幸福的目标。这就是我们的初心。"[1] "中国共产党在中国执政就是要为民造福，而只有做到为民造福，我们党的执政基础才能坚如磐石。"[2] "想不想抓落实、敢不敢抓落实、会不会抓落实，检验我们的行动、考验我们的能力……凡是有脱贫攻坚任务的党委和政府，都必须倒排工期、落实责任，抓紧施工、强力推进。特别是脱贫攻坚任务重的地区党委和政府要把脱贫攻坚作为'十三五'期间头等大事和第一民生工程来抓，坚持以脱贫攻坚统揽经济社会发展全局。"[3] "对贫困县党政负责同志的考核，要提高减贫、民生、生态方面指标的权重，把党政领导班子和领导干部的主要精力聚焦到脱贫攻坚上来。要把脱贫攻坚实绩作为选拔任用干部的重要依据……要把贫困地区作为锻炼培养干部的重要基地。"[4]

习近平总书记的这些重要论述，从强调中国共产党与广大人民群众的血肉联系出发，暗示了做好脱贫攻坚工作就是守初心、担使命，就是造民福、担民责，尤其是对脱贫攻坚任务重的地区。这是最大的政治任务，是坚持党的领导的最核心标准。

同时，习近平总书记还把加强党对脱贫攻坚工作的领导同加强党的基

---

[1] 中共中央党史和文献研究院编《习近平扶贫论述摘编》，中央文献出版社，2018，第20页。
[2] 中共中央党史和文献研究院编《习近平扶贫论述摘编》，中央文献出版社，2018，第14页。
[3] 中共中央党史和文献研究院编《习近平扶贫论述摘编》，中央文献出版社，2018，第40页。
[4] 中共中央党史和文献研究院编《习近平扶贫论述摘编》，中央文献出版社，2018，第41页。

层组织建设紧密联系起来。习近平总书记反复强调："农村基层党组织是党在农村全部工作和战斗力的基础，是贯彻落实党的扶贫开发工作部署的战斗堡垒。抓好党建促扶贫，是贫困地区脱贫致富的重要经验。"① "农村要发展，农民要致富，关键靠支部。"② "帮钱帮物，不如帮助建个好支部。"③ "在乡镇层面，要着力选好贫困乡镇一把手、配强领导班子，使整个班子和干部队伍具有较强的带领群众脱贫致富能力。在村级层面，要注重选派一批思想好、作风正、能力强的优秀年轻干部和高校毕业生到贫困村工作，根据贫困村的实际需求精准选配第一书记、精准选派驻村工作队。"④

习近平总书记的这些重要论述，既看到了基层党组织，尤其是村级党组织对做好扶贫开发工作的重要作用，也表明党的领导与做好基层工作，特别是群众工作之间可以形成相互促进关系，既使脱贫攻坚有较好的组织载体，又让基层党组织在脱贫攻坚中不断发展壮大，夯实党在农村的执政基础。

三 把精准扶贫精准脱贫作为根本遵循和行动指南

针对农村扶贫开发呈现的新情况、新特点，并如期打赢打好脱贫攻坚战，习近平总书记在充分调研和深入思考的基础上，原创性地提出了精准扶贫精准脱贫思想，并要求作为基本方略、根本遵循和行动指南。习近平总书记强调："扶贫开发推进到今天这样的程度，贵在精准，重在精准，成败之举在于精准。搞大水漫灌、走马观花、大而化之、手榴弹炸跳蚤不行。"⑤ "扶贫开发成败系于精准，要找准'穷根'、明确靶向，量身定做、对症下药，真正扶到点上、扶到根上。"⑥ "总结各地实践和探索，好路子好机制的核心就是精准扶贫、精准脱贫，做到扶持对象精准、项目安排精

① 中共中央党史和文献研究院编《习近平扶贫论述摘编》，中央文献出版社，2018，第32页。
② 中共中央党史和文献研究院编《习近平扶贫论述摘编》，中央文献出版社，2018，第31页。
③ 中共中央党史和文献研究院编《习近平扶贫论述摘编》，中央文献出版社，2018，第45页。
④ 中共中央党史和文献研究院编《习近平扶贫论述摘编》，中央文献出版社，2018，第42页。
⑤ 中共中央党史和文献研究院编《习近平扶贫论述摘编》，中央文献出版社，2018，第58页。
⑥ 中共中央党史和文献研究院编《习近平扶贫论述摘编》，中央文献出版社，2018，第72页。

准、资金使用精准、措施到户精准、因村派人精准、脱贫成效精准。这是贯彻实事求是思想路线的必然要求。"① 关键是"坚持分类施策，因人因地施策，因贫困原因施策，因贫困类型施策，通过扶持生产和就业发展一批，通过易地搬迁安置一批，通过生态保护脱贫一批，通过教育扶贫脱贫一批，通过低保政策兜底一批"②。

习近平总书记的这些重要论述，不仅要求把精准作为做好扶贫工作的基本原则和工作要求，突出精准性、实效性和有效性，而且要求注意精准扶贫精准脱贫的系统性、整体性，体现的是实事求是的思想路线和群众路线。

而为了做好精准扶贫精准脱贫工作，习近平总书记还特别强调精准管理和有效监督，尤其是对扶贫资金的有效使用和监督管理。习近平总书记强调："扶贫资金是贫困群众的'救命钱'，一分一厘都不能乱花，更容不得动手脚、玩猫腻！要加强扶贫资金阳光化管理，加强审计监管，集中整治和查处扶贫领域的职务犯罪，对挤占挪用、层层截留、虚报冒领、挥霍浪费扶贫资金的，要从严惩处。"③"我不满意，甚至愤怒的是，一些扶贫款项被各级截留，移作他用……还有骗取扶贫款的问题。对这些乱象，要及时发现、及时纠正，坚决反对、坚决杜绝。"④"要实施最严格的考核评估，坚持年度脱贫攻坚报告和督查制度，加强督查问责，对不严不实、弄虚作假的严肃问责。要加强扶贫资金管理使用，对挪用乃至贪污扶贫款项的行为必须坚决纠正、严肃处理。"⑤

习近平总书记的这些重要论述，要求把纪律和规矩摆在前面，不断完善各项规章制度，强化执纪问责，坚决惩治和防止扶贫领域的违纪违规违法行为，确保扶贫工作在阳光下运行。这不仅关乎精准扶贫精准脱贫的成

---

① 中共中央党史和文献研究院编《习近平扶贫论述摘编》，中央文献出版社，2018，第59页。
② 中共中央党史和文献研究院编《习近平扶贫论述摘编》，中央文献出版社，2018，第58~61页。
③ 中共中央党史和文献研究院编《习近平扶贫论述摘编》，中央文献出版社，2018，第92页。
④ 习近平：《在中央扶贫开发工作会议上的讲话》，载《十八大以来重要文献选编》（下），中央文献出版社，2018，第50~51页。
⑤ 中共中央党史和文献研究院编《习近平扶贫论述摘编》，中央文献出版社，2018，第121页。

效，更关乎人民的利益和党的形象。

四 把大扶贫格局和内生动力放在首要位置

扶贫最重要的是解决好谁来扶和怎么扶的问题。为此，习近平总书记要求充分发挥中国特色社会主义制度的优越性，把构建和强化大扶贫格局作为重要途径。习近平总书记多次强调，"'人心齐，泰山移。'脱贫致富不仅仅是贫困地区的事，也是全社会的事"，① "必须坚持充分发挥政府和社会两方面力量作用"②。"扶贫开发是全党全社会的共同责任，要动员和凝聚全社会力量广泛参与。要坚持专项扶贫、行业扶贫、社会扶贫等多方力量、多种举措有机结合和互为支撑的'三位一体'大扶贫格局。"③ "要健全东西部协作、党政机关定点扶贫机制……国有企业要承担更多扶贫开发任务。要广泛调动社会各界参与扶贫开发积极性，鼓励、支持、帮助各类非公有制企业、社会组织、个人自愿采取包干方式参与扶贫。"④ "要引导社会扶贫重心下沉，促进帮扶资源向贫困村和贫困农户流动，实现同精准扶贫有效对接。"⑤

习近平总书记的这些重要论述，不仅要求各级党委、政府发挥好各自的职能作用，把更多扶贫资源动员起来，优先用于农村扶贫开发，而且要求广泛动员企业和社会力量参与扶贫开发，并采取有效措施，构建大扶贫格局，形成帮扶合力，提高帮扶成效。

与此同时，习近平总书记还高度重视发挥贫困地区和贫困农户的积极性和主动性，充分强调培养其内生动力的重要性。习近平总书记反复指出："贫困群众既是扶贫攻坚的对象，更是脱贫致富的主体。"⑥ "脱贫致富贵在立志，只要有志气、有信心，就没有迈不过去的坎。贫困地区发展要

① 中共中央党史和文献研究院编《习近平扶贫论述摘编》，中央文献出版社，2018，第100页。
② 中共中央党史和文献研究院编《习近平扶贫论述摘编》，中央文献出版社，2018，第107页。
③ 中共中央党史和文献研究院编《习近平扶贫论述摘编》，中央文献出版社，2018，第99页。
④ 中共中央党史和文献研究院编《习近平扶贫论述摘编》，中央文献出版社，2018，第99~100页。
⑤ 中共中央党史和文献研究院编《习近平扶贫论述摘编》，中央文献出版社，2018，第101页。
⑥ 中共中央党史和文献研究院编《习近平扶贫论述摘编》，中央文献出版社，2018，第134页。

靠内生动力，如果凭空救济出一个新村，简单改变村容村貌，内在活力不行……这个地方下一步发展还是有问题。"① "扶贫既要富口袋，也要富脑袋。"② "扶贫不是慈善救济，而是要引导和支持所有有劳动能力的人，依靠自己的双手开创美好明天。"③"群众参与是基础，脱贫攻坚必须依靠人民群众，组织和支持贫困群众自力更生，发挥人民群众主动性。"④ 要鼓励他们"树立'宁愿苦干、不愿苦熬'的观念，自力更生、艰苦奋斗，靠辛勤劳动改变贫困落后面貌"⑤。

习近平总书记的这些重要论述，不仅充分强调发动贫困群体积极主动参与扶贫开发工作的极端重要性，而且要求各种政策和帮扶举措，都要把激发扶贫对象的内生动力摆在突出位置，把扶贫与扶志扶智结合起来，充分调动贫困地区和贫困群众的积极性和主动性，增强他们战胜困难的自信心和自觉性，激发他们的自力更生、艰苦奋斗精神，同时把加强贫困村基层组织建设、发展村级集体经济、推进贫困群众的组织化作为扶贫开发的重要内容，持续提高贫困地区和贫困群众的自我发展动力和能力。

第二节　强化精准识别

精准识别是打赢脱贫攻坚战的前提和基础。针对切实解决好"扶持谁"的问题，国家有关部门牢记习近平总书记嘱托："扶贫必先识贫。"⑥"关键的关键是要把扶贫对象摸清搞准，把家底盘清，这是前提。"⑦ 通过贫困人口建档立卡、连续"回头看"和动态管理等多项工作，实现了扶贫对象从基本精准到比较精准再到更加精准，不仅为精准扶贫精准脱贫扣好了"第一粒纽扣"，而且通过精准识别，掌握了贫困村、贫困农户的主要

① 李军：《打赢脱贫攻坚战的强大思想武器》，《人民日报》2018 年 9 月 17 日，第 7 版。
② 中共中央党史和文献研究院编《习近平扶贫论述摘编》，中央文献出版社，2018，第 137 页。
③ 中共中央党史和文献研究院编《习近平扶贫论述摘编》，中央文献出版社，2018，第 65 页。
④ 中共中央党史和文献研究院编《习近平扶贫论述摘编》，中央文献出版社，2018，第 140 页。
⑤ 习近平：《在中央扶贫开发工作会议上的讲话》，载《十八大以来重要文献选编》（下），中央文献出版社，2018，第 31~32 页。
⑥ 中共中央党史和文献研究院编《习近平扶贫论述摘编》，中央文献出版社，2018，第 63 页。
⑦ 中共中央党史和文献研究院编《习近平扶贫论述摘编》，中央文献出版社，2018，第 59 页。

致贫原因和脱贫需求，为精准帮扶奠定了良好基础。同时，各地也创造了许多有效方法和手段，为丰富贫困对象的精准识别贡献了智慧。

一 建档立卡

对象识别严格意义上讲是精准扶贫的重要举措之一，而不应该是精准扶贫精准脱贫机制。考虑到中国农村扶贫开发走过的历程所留下的制度效率，仅仅通过一次建档立卡就把贫困对象精准识别出来的可能性不大，需要在过程中不断加以完善，甚至纠偏。这就是一个机制化的过程。实践证明，反复几轮"回头看"和动态管理就是这个过程的几项重要工作，在此过程中，确实也积累了不少具有机制化特点的工作重点和程序。

上文提到，《11纲要》强调：为确保扶贫对象得到有效扶持，必须"建立健全扶贫对象识别机制，做好建档立卡工作，实行动态管理"。这项工作尽管没有在《11纲要》发布后很快付诸实施，但随着扶贫工作的持续推进，这项工作的开展已经到了迫在眉睫的地步。基于此，2013年12月18日，中共中央办公厅和国务院办公厅联合印发了《关于创新机制扎实推进农村扶贫开发工作的意见》，明确要求"国家制定统一的扶贫对象识别办法。各省（自治区、直辖市）在已有工作基础上，坚持扶贫开发和农村最低生活保障制度有效衔接，按照县为单位、规模控制、分级负责、精准识别、动态管理的原则，对每个贫困村、贫困户建档立卡，建设全国扶贫信息网络系统。专项扶贫措施要与贫困识别结果相衔接，深入分析致贫原因，逐村逐户制定帮扶措施，集中力量予以扶持，切实做到扶真贫、真扶贫，确保在规定时间内达到稳定脱贫目标"。这个文件的下发执行已经是习近平总书记2013年11月3~5日到湖南武陵山区十八洞村考察正式提出精准扶贫一个半月之后的事了。

经过近5个月的准备，2014年4月2日，国务院扶贫办下发了《扶贫开发建档立卡工作方案》。对工作目标、贫困户建档立卡方法和步骤、贫困村建档立卡方法和步骤、贫困县和连片特困地区建档立卡方法和步骤、工作要求等内容做出了明确安排。建档立卡工作的目标是通过建档立卡，对贫困户和贫困村进行精准识别，了解贫困状况，分析致贫原因，摸清帮扶需求，明确帮扶主体，落实帮扶措施，开展考核问效，实施动态管理。在此基础上，对贫困县和连片特困地区进行动态监测和评估，分析掌握扶贫开发工作情况，为扶贫开发考核和决策提供依据。由此可见，精准识别的对象是贫困户和贫困村，贫困县和连片特困地区只是监测和评估的对象。

针对贫困户的精准识别和建档立卡工作，原则是"以农户收入为基本依据，综合考虑住房、教育、健康等情况"，收入以2013年农民人均纯收入2736元（相当于2010年2300元不变价）的国家农村扶贫线为标准。各省（自治区、直辖市）在确保完成国家农村扶贫标准识别任务的基础上，可结合本地实际，按本省标准开展贫困户识别工作，纳入全国扶贫信息网络系统统一管理。但规模原则上以国家统计局发布的2013年底全国农村贫困人口8249万人为基数。省级统计数大于国家发布数的，可在国家发布数基础上上浮10%左右；个别省级统计数与国家发布数差距较大的，上浮比例可适当提高；具体识别规模经省级扶贫开发领导小组研究确定后，由省扶贫办报国务院扶贫办核定。各省将贫困人口识别规模逐级分解到行政村。在此基础上，在县扶贫办和乡（镇）人民政府指导下，按照分解到村的贫困人口规模，农户自愿申请，各行政村召开村民代表大会进行民主评议，形成初选名单，由村委会和驻村工作队核实后进行第一次公示，经公示无异议后报乡（镇）人民政府审核。乡（镇）人民政府对各村上报的初选名单进行审核，确定全乡（镇）贫困户名单，在各行政村进行第二次公示，经公示无异议后报县扶贫办复审，复审结束后在各行政村公告。以上工作在2014年5月底前完成。

贫困村建档立卡按照"一高一低一无"的标准进行。也就是说，行政村贫困发生率比全省贫困发生率高一倍以上，行政村2013年全村农民人均纯收入低于全省平均水平60%，行政村无集体经济收入。实行规模控制，按照"省负总责"的要求，由省级扶贫开发领导小组研究确定本省贫困村规模，并由省扶贫办报国务院扶贫办核定。北京、天津、辽宁、上海、江苏、浙江、福建、山东、广东等东部9省（直辖市）贫困村识别规模原则上控制在行政村总数的15%左右；河北、山西、吉林、黑龙江、安徽、江西、河南、湖北、湖南、海南等中部 10 省原则上控制在 20% 左右；内蒙古、广西、重庆、四川、贵州、云南、西藏、陕西、甘肃、青海、宁夏、新疆等西部 12 省（自治区、直辖市）原则上控制在 30% 左右。在此基础上，各省（自治区、直辖市）将贫困村识别规模逐级分解到乡（镇）。按照贫困村识别标准，符合条件的行政村采取"村委会自愿申请、乡（镇）人民政府审核、县扶贫开发领导小组审定"的流程进行。乡（镇）人民政府向各村宣传贫困村申请条件和工作流程。各村在广泛征求群众意见和村级组织充分讨论的基础上，自愿提出申请，报乡（镇）人民政府审核，形成贫困村初选名单。乡（镇）人民政府对贫困村初选名单进行公示，经公示无异议后报县扶贫办，经县扶贫开发领导小组审定后进行公告。以上工作在 2014 年 6 月底前完成。整个建档立卡工作要求在 2014 年底前全面完成，全国扶贫开发信息网络系统于 2014 年底开始运行。

随后，2014 年 5 月 12 日，国务院扶贫办下发了《建立精准扶贫工作机制实施方案》（以下简称《方案》）。《方案》包括目标任务、重点工作和保障措施三个方面。其中目标任务要求："通过对贫困户和贫困村精准识别、精准帮扶、精准管理和精准考核，引导各类扶贫资源优化配置，实现扶贫到村到户，逐步构建精准扶贫工作长效机制，为科学扶贫奠定坚实基础。"精准识别要求通过申请评议、公示公告、抽检核查、信息录入等步骤，将贫困户和贫困村有效识别出来，并建档立卡；精准帮扶要求对识别出来的贫困户和贫困村，深入分析致贫原因，落实帮扶责任人，逐村逐户制订帮扶计划，集中力量予以扶持；精准管理要求对扶贫对象进行全方位、全过程的监测，建立全国扶贫信息网络系统，实时反映帮扶情况，实现扶贫对象的有进有出、动态管理，为扶贫开发工作提供决策支持；精准考核要求对贫困户和贫困村识别、帮扶、管理的成效，以及对贫困县开展扶贫工作的情况进行量化考核，奖优罚劣，保证各项扶贫政策落到实处。

重点工作之一是建档立卡与信息化建设。关于建档立卡，要求各省（自治区、直辖市）根据国务院扶贫办制定的《扶贫开发建档立卡工作方案》，明确贫困户、贫困村的识别标准、方法和程序，负责省级相关人员培训、督促检查、考核评估等工作；各省（自治区、直辖市）根据国家统计局确定的分省（自治区、直辖市）和分片区贫困人口规模，按照《扶贫开发建档立卡工作方案》中确定的贫困人口、贫困村规模分解和控制办法，负责将贫困人口、贫困村规模逐级向下分解到村到户，并负责市、县两级相关人员培训、专项督查等工作；县负责贫困户、贫困村确定，并组织乡（镇）、村两级做好建档立卡工作。而且，规定2014年10月底前完成建档立卡工作，相关数据录入电脑，联网运行，并实现动态管理，每年更新。

建档立卡第一次把各地的农村贫困人口底数大概摸清楚了。停止了三年的《中国农村贫困监测报告》也于2015年重新发布。根据《2015中国农村贫困监测报告》发布的数据，2014年全国的农村贫困人口为7017万人，贫困发生率为7.2%，与2013年相比减少了1232万人，减速有所放缓（2013年比2012年减少了1650万人，2012年比2011年减少了2339万人，2011年比2010年减少了4329万人[①]）。但不知道国家统计局发布的以上数据是否为建档立卡的贫困人口数据，同时，《2015中国农村贫困监测报告》也没有公布贫困村的数量。

值得注意的是，国家不仅对建档立卡贫困户和贫困人口有指标限制，并且是层层分解到行政村的，而且对建档立卡贫困村也有指标限制。而正是因为受到指标的制约，各地实际纳入建档立卡贫困农户和贫困人口管理的数量不一，引起了不少矛盾。以云南省为例，全省建档立卡贫困户数与识别出来的贫困户数之比（笔者称之为贫困户数建档率）的平均水平为55.73%，最高的迪庆州为96.30%，最低的大理州只有34.22%；而云南全省建档立卡贫困人数与识别出来的贫困人数之比（贫困人口建档率）的平均水平为53.23%，最高的迪庆州为80.27%，最低的大理州只有35.24%。这给各地的"回头看"和动态管理带来较大困难。有的扶贫干部把这种情况形象地描述为"一三一四，不三不四；一五一六，乱五乱六"。意思就是从2013年到2016年这几年，大家都在忙精准，花的精力不少，但成效不大。

[①] 国家统计局住户调查办公室：《2015中国农村贫困监测报告》，中国统计出版社，2015，第14页表2-1。

二 "回头看"

随着精准扶贫开发工作向纵深推进，贫困对象识别不精准的问题不断暴露出来，不仅影响到精准扶贫精准脱贫工作的有效开展，而且影响到退出机制的建立和完善，特别是 2015 年 6 月 19 日习近平总书记在贵阳主持召开的部分省区党委主要负责人座谈会上的讲话，要求"切实做到精准扶贫"，强调"要在扶持对象精准、项目安排精准、资金使用精准、措施到户精准、因村派人（第一书记）精准、脱贫成效精准上想办法、出实招、见真效。要坚持因人因地施策，因贫困原因施策，因贫困类型施策，区别不同情况，做到对症下药、精准滴灌、靶向治疗，不搞大水漫灌、走马观花、大而化之。要因地制宜研究实施'四个一批'的扶贫攻坚行动计划，即通过扶持生产和就业发展一批，通过移民搬迁安置一批，通过低保政策兜底一批，通过医疗救助扶持一批，实现贫困人口精准脱贫"。为此，2015 年 9 月 21～22 日，全国扶贫办主任座谈会暨建档立卡"回头看"培训班在北京举行，在总结湖北、湖南、广西、重庆、四川、贵州、云南等 7 个省（自治区、直辖市）"回头看"工作情况的基础上，专题研究部署建档立卡"回头看"工作，并要求各省（自治区、直辖市）马上展开工作。

所谓扶贫对象建档立卡"回头看"，是在打赢脱贫攻坚战、全面建成小康社会的大背景下，为做到真扶贫、扶真贫、脱真贫、真脱贫，努力提高精准扶贫效果，而对之前认定的建档立卡贫困户的再识别、再核实工作。由此不难看出，建档立卡是脱贫攻坚的基础，所有扶贫工作是基于该内容开展的，建档立卡是否清楚、是否精准将直接影响后期精准扶贫精准脱贫工作的成色和质量，是真正的基础性工作或者叫作扣好"第一粒纽扣"的工作。

"回头看"的主要范围是各地乡村所有农业户籍人口，有的地方也把名义上转变为城镇居民户口，但仍然居住在农村，且还依靠农业为主要收入来源的家庭和人口作为"回头看"的对象。其中关注以下重点人群，一是建档立卡信息系统内 2014～2016 年的脱贫户和 2016 年底的未脱贫户；

二是低保户；三是建档立卡信息系统外新申请的农户；四是农户虽未提出申请，但村民小组认为其处于贫困标准以下及接近贫困边缘的对象，视为由村民小组代为申请的农户。所有农户申请必须坚持整户申请的原则。"回头看"要坚持的标准严格按照"两不愁三保障"标准和2016年农民人均纯收入2952元（相当于2010年2300元不变价）的国家现行农村扶贫标准。但同时明确，凡是未实现"两不愁三保障"的农户，都要纳入建档立卡范围；凡是实现"两不愁三保障"的，都要按照规定退出。其中集中供养的特困人员（五保户）不纳入建档立卡范围；中央确定的农村居民基本养老保险基础养老金不计入家庭收入。

各地在"回头看"过程中创造了许多好的做法和经验，如一些地方提出并实行了"六不评"识别红线：家庭成员中有在国家机关或企事业单位工作且有稳定工资收入的；家庭成员中有任村支部书记或村委会主任的；家庭有在城镇购买商品房、门市房的（不含因灾重建、易地扶贫搬迁和拆迁建房）；家庭成员中拥有小轿车（含面包车）、工程机械、大型农机具的；家庭成员有作为企业法人或股东在工商部门注册有企业且有年审记录的，或长期雇用他人从事生产经营活动的；举家长年在外（1年以上）并且失联的。申请贫困户原则上有以上情形中任意一项的不纳入建档立卡贫困户范围，如因患重大疾病等特殊情况造成生活确有困难的，经评议确认后纳入识别对象。①

有的地方通过"五类问题""八种情形"②等限制农户成为建档立卡贫困户，即农户在建档立卡贫困户精准识别收入衡量标准下，家庭成员中有一人涉及"五类问题"或"八种情形"其中一类问题或一种情形者，则整户退出建档立卡贫困户行列。

"五类问题"是：家庭户口中有人属于财政供养人员（包括领取财政补贴工资的村干部）的农户；无论是否负债，拥有汽车（享受型或经营型

---

① 邯郸市冀南新区管理委员会：《农村贫困人口建档立卡回头看，具体我们要这样干》，https://baijiahao.baidu.com/s? id=1577790504017905176。

② 云南省普洱市澜沧县扶贫办李进发：《关于建档立卡"回头看"您知多少》，http://www.pelcxxw.cn/xw/7410137685904965946。

汽车）的农户；在其他区域购买商品房或在乡（镇）集镇、县城等有自建住房的农户；开展个体工商经营或者经营实体（公司、农场、养殖场、基地）的农户；家庭住房及生产生活条件明显好于当地其他农户的农户。

"八种情形"是：有两层以上（含两层）砖混结构精装住房或两层纯木结构住房且人均居住面积在 50 平方米以上的农户；在闹市区或集镇、城市买有住房（含自建房）、商铺、地皮的农户（移民搬迁户除外）；家庭成员有经营公司或其他实体经济的农户；现有价值在 3 万元以上（含 3 万元）且能正常使用的农用拖拉机、大型收割机、轿车、越野车、重型货车、微型车等之一的农户；有家庭成员在国家机关、事业单位工作且有编制（含离退休），或在国企和大型民营企业工作相对稳定的农户；全家外出务工 3 年以上，且家中长期无人回来居住的农户；家庭成员具有健康劳动能力和一定生产资料，无正当理由不愿从事劳动，且有吸毒、赌博等不良习性导致生活困难的农户；为了成为贫困户，把户口迁入农村，但实际不在落户地生产生活的空挂户，或明显为争贫困户而进行拆户、分户的农户。

而在具体方法和程序上，也有许多好的做法，如有的地方在评议中探索出"五必看""六优先"① 原则。"五必看"就是一看房、二看粮、三看劳动力强不强、四看有没有读书郎、五看有无病人躺在床。"六优先"是有重病病人的、有重度残疾的、有因贫辍学的、无劳动能力的、无赡养（抚养）义务人的、无安全住房的优先纳入。

有的地方还总结推广了"五查五看三评四定"工作法。"五查五看"是：查收入，看家庭收入的稳定性，把农户的经营性收入、财产性收入、工资性收入、补贴性收入搞清楚，详细记录；查住房，看居住房屋的安全稳固性，对于住房面积、结构、安全情况全面掌握；查财产，看贫富程度，农户有没有经营设施、经营实体、外购住房、经营车辆、参与他人经营实体等；查家庭成员结构，看家庭负担，看赡养人口、读书人口，看劳动人口从业状况，基本查清家庭的支出结构及常年支出水平；查生产生活

---

① 《沧州日报》：《脱贫攻坚 他们在行动》，http：//www.cangzhou.gov.cn/zwbz/jrcz/478208.shtml，2017 年 10 月 17 日。

条件，看基本生产生活状况，查农户的耕畜、耕地及地力状况，摸清种植、养殖规模、品种、水平以及生活用车、家电设备和吃穿用情况。"三评"是：申请农户村民小组内部评议、提交村（组）党员会评议、提交村（组）民会评议。"四定"就是：村委会初定、村民代表议定、乡（镇、街道）审定、县（市、区）确定。

除此以外，各地在如何处理与子女分户老人的贫困认定和家庭人口认定等方面有更加符合农村实际的做法。如一些地方规定：原则上老人和子女均符合贫困识别标准的，分户老人可以认定为贫困户；如果老人符合贫困识别标准，但子女属于"六不评"前五项情况以及"五类问题"和"八种类型"的，一般不予认定为贫困户。但老人患大病或法定赡养人有特殊困难的，可根据实际情况进行评议，符合标准的可纳入识别对象。"回头看"过程中，会遇到一些特殊情况，如女儿出嫁户口未迁出、儿子娶妻户口未迁入、超生孩子未入户、老人死亡未消户等情况，仅以户口本为参考，重点以家庭共同生活人口为准。遗憾的是，一些靠近边境的地方，跨国婚姻非中国籍人口没有被列为识别对象，实践中给精准脱贫带来不小困难，特别是少数外籍人员较多的家庭。

以上这些规定，尽管没有成为国家的指导性规范文件，但对于完善贫困农户和贫困人口的建档立卡工作，进一步提高识别精准度起到了很好的引导作用，也是实践中总结出来的来自人民群众的创造，不仅让工作队有了较客观的标尺，而且较容易操作，更重要的是能够得到多数群众的认可。而现在看来，许多内容已经具有机制化的明确内涵。更重要的是，"回头看"作为一项完善建档立卡贫困农户和贫困人口识别的重要工作，并没有终点，一些地方经历过"两次""三次"，多的地方经历过"五次""六次"。而且直到 2019 年，国务院扶贫办还要求各地组织开展脱贫人口"回头看"工作，并强调"回头看""要与提升建档立卡数据质量结合起来，通过入户核查核实，进一步提高建档立卡数据的真实性和完整性"①。

---

① 2019 年 7 月 3 日，国务院扶贫办发布的《关于组织开展脱贫人口"回头看"工作的通知》。

三 动态管理

在实现扶贫对象建档立卡和识别更加精准的基础上，国家还要求对扶贫对象实行动态管理。2015年11月29日，中共中央、国务院颁布实施《关于打赢脱贫攻坚战的决定》，在"必须在现有基础上不断创新扶贫开发思路和办法""把精准扶贫、精准脱贫作为基本方略"的基础上，把"坚持精准扶贫，提高扶贫成效。扶贫开发贵在精准，重在精准，必须解决好扶持谁、谁来扶、怎么扶的问题，做到扶真贫、真扶贫、真脱贫，切实提高扶贫成果可持续性，让贫困人口有更多的获得感"作为基本原则之一，要求"抓好精准识别、建档立卡这个关键环节，为打赢脱贫攻坚战打好基础"的同时，提出"对建档立卡贫困村、贫困户和贫困人口定期进行全面核查，建立精准扶贫台账，实行有进有出的动态管理"。

2017年2月21日，习近平总书记在中央政治局就我国脱贫攻坚形势和更好实施精准扶贫进行第39次集体学习时再次强调，"要坚持精准扶贫、精准脱贫。要打牢精准扶贫基础，通过建档立卡，摸清贫困人口底数，做实做细，实现动态调整"。2017年10月24日，国务院扶贫办规划财务司发出了《关于做好2017年度扶贫对象动态管理工作的通知》（以下简称《通知》）。《通知》除明确了贫困农户、贫困村和贫困县退出的有关要求外，明确提出了新增贫困人口、返贫人口的识别纳入问题，要求"各地要将所有符合现行国家扶贫标准，但仍'应纳未纳'和以前年度标注脱贫又返贫的贫困人口，经农户申请、村民民主评议、'两公示、一比对、一公告'等识别程序核查核实后，全部纳入建档立卡管理，做到'应纳尽纳、应扶尽扶'"。同时，要求"进一步提高政治站位，把全面从严治党的要求贯彻落实到此次动态管理工作的全过程，坚持较真碰硬，坚持'扶真贫、脱真贫'。各级扶贫部门主要领导要亲自抓，组织制定工作计划，及时调度工作进度，保障好工作经费，组织培训好工作队伍。广泛动员群众参与，主动接受社会监督"。2019年7月8日，国务院扶贫办还下发了《关于进一步完善贫困人口动态管理工作的通知》，进一步强调了动态管理作为完善建档立卡贫困人口精准识别工作的重要性。

　　由此可见，动态管理作为一项基础性工作，被国家作为精准扶贫精准脱贫的重要工作，不仅如此，许多地方还把动态管理作为完善精准识别，做到贫困对象更加精准的重要工作来对待，尤其是在"应纳尽纳、应扶尽扶、应退尽退"原则下，使过去因为指标限制无法被纳入扶持对象的贫困农户甚至贫困村被纳入扶贫对象，为实现精准扶贫精准脱贫奠定了坚实基础。上文讨论过的云南省就是一个典型。动态管理与"回头看"最大的区别也在于前者在"应纳尽纳、应扶尽扶"上有了明显进步，实际上是对当时国家下达指标的做法的一个修正，重点解决的是"应纳尽纳"的问题。而"回头看"重点解决的是"应退尽退"的问题，实际上是识别不精准的问题。

　　除云南省以外，许多省（自治区、直辖市）也出台了有关实施动态管理的意见和方案。重庆市扶贫办 2018 年出台了《重庆市扶贫对象动态管理办法》，明确把"贫困户的识别与退出，漏评、错评、错退对象纠正，返贫和自然变更处理；贫困村识别与脱贫退出"作为扶贫对象调整的主要内容。贫困户和贫困人口的识别必须坚持实事求是、客观公正、程序规范、标准严格、评定准确、社会认可、群众满意的原则；采取政策宣传、业务培训、自愿申请、整户识别、进村入户、信息采集、民主评议、公示公告、比对核实、全程监督的识别方法；以实际共同居住的整户为单位进行识别，识别出家庭年人均纯收入低于当年国家扶贫标准，没有实现"两不愁三保障"的农户。具体采用"四进七不进"的方法进行识别。

　　"四进"是具备下列条件之一的，必须作为新增或返贫对象评定为贫困户：家庭年人均纯收入低于国家当年扶贫标准的农户；因缺资金有子女无法完成九年制义务教育的农户；无房户或唯一住房是危房，且自己无经济能力修建或改造的农户；因家庭成员患重大疾病或长期慢性病等，扣除各类政策救助后，自付医疗费用负担较重，家庭年人均纯收入处于国家扶贫标准以下的农户。

　　"七不进"是具备下列条件之一的，不能评定为贫困户：当年家庭年人均纯收入高于全市平均水平的农户；2014 年以来购房或修建新房，或高标准装修现有住房（不含因灾重建、易地扶贫搬迁和国家统征拆迁房屋）的农户；家庭拥有或使用轿车、船舶、工程机械及大型农机具的农户；家庭办有或投资企业，长期雇用他人从事生产经营活动，并在正常经营、正常纳税的农户；家庭成员中有正式编制的财政供养人员（贫困大学生毕业参加工作一年内除外）、村四职干部（有重大致贫原因除外）的农户；举家外出一年及一年以上，无法识别认定，且农户自愿放弃参加贫困户评定的农户；"农转城"人员不再进入全国扶贫开发信息系统，对于符合"整户转、原地住、没有享受城镇居民任何政策、三保障问题没有全面解决"的对象，可以参照识别流程和方法，建立属地管理台账，只享受当地帮扶政策。

重庆市的贫困户识别还必须遵循"八步、两评议两公示一比对一公告"的基本流程。新增贫困户、返贫户的识别流程是：农户申请、村民小组评议并进行第一次公示、入户调查、村级民主评议并进行第二次公示、乡（镇）审核、县级行业部门数据比对、县级确认公告、数据录入和清洗。漏评和错评对象采取以下办法处理：将上年度符合贫困户标准，但未识别进入全国扶贫开发信息系统的贫困户定义为漏评对象，经过重新评定后及时补录到全国扶贫开发信息系统；在评定贫困户时，将明显高于贫困户识别标准的对象纳入全国扶贫开发信息系统，定义为错评对象，经过评定后，逐级汇总上报国扶办，申请软件后台进行整户清除或个人清除。在此基础上，本着"脱贫即出、返贫即入"的原则，实现扶贫对象"有进有出"动态调整。

2019 年，重庆市扶贫办出台了经过进一步完善的《扶贫对象动态管理办法》。新的办法首先对动态管理的对象进行了进一步明确，即"贫困户的识别与脱贫退出，返贫和自然变更处理；贫困村识别与脱贫退出"。对于"'户在人不在''人在户不在'的情况，按照居住在同一住宅内，常住或者与户主共同生活的成员为准"。在进一步完善"四进七不进"和"八步、两评议两公示一比对一公告"等具体内容的基础上，对返贫和自然变更做了明确说明。返贫是指建档立卡贫困户脱贫后，因灾、因病、因产业失败等重新陷入贫困，且在年内无法解决的，按照贫困户新识别的标准和程序，重新识别为贫困户。新识别程序完成前，乡（镇）和村级应建立线下台账，及时跟踪关注，酌情超前帮扶。自然变更是指贫困人口的自然变更，即贫困户（含脱贫户）家庭成员的自然变更，包括贫困户家庭成员的新增和减少。其中，新增包括新生儿、嫁人、户口迁入、补办户籍、刑满释放等；减少包括出嫁、死亡、判刑收监、出国定居、农转非、户口迁出等。贫困户家庭成员自然变更由村级公示、乡（镇）审核、区（县）数据比对后，及时纳入"全国扶贫开发信息系统"。

第三节　夯实精准帮扶

精准帮扶是精准扶贫精准脱贫的核心和关键环节。为了强化对贫困对象，尤其是贫困农户和贫困人口的精准帮扶，切实做到"因人因地施策，因贫困原因施策，因贫困类型施策"，国家构建完善并落实了较为完备的责任体系，广泛发动全社会力量，构建了能够发挥中国特色社会主义制度优势、具有中国特色的大扶贫格局，并充分发挥帮扶对象的主体作用，使精准脱贫合力得到不断增强。

一　构建和落实责任体系

打赢脱贫攻坚战是特定时期的特定任务，必须完善领导机制、工作机制等相关制度。在总结过去三十年农村扶贫开发经验的基础上，中央把构建完善和落实责任体系作为打赢脱贫攻坚战的重要制度安排，提前谋划，提前部署，精准到位，统筹协调。这一责任体系的核心是强化党的领导，落实各级政府的责任，发挥基层党组织的战斗堡垒作用。

（1）全面加强党对扶贫工作的领导。加强和改善中国共产党对农村扶贫开发工作的领导，是以习近平同志为核心的党中央做出的一项重大战略部署，体现的正是中国共产党人守初心、担使命的思想。习近平总书记早在2012年在河北省阜平县考察扶贫开发工作时的讲话就强调："各级党委和政府要高度重视扶贫开发工作，把扶贫开发列入重要议事日程，把帮助困难群众特别是革命老区、贫困地区的困难群众脱贫致富列入重要议事日程，摆在更加突出的位置。"[①] 2015年11月29日，中共中央、国务院发布

---

① 中共中央党史和文献研究院编《习近平扶贫论述摘编》，中央文献出版社，2018，第31页。

的《关于打赢脱贫攻坚战的决定》开宗明义地强调："各级党委和政府必须把扶贫开发工作作为重大政治任务来抓，切实增强责任感、使命感和紧迫感，切实解决好思想认识不到位、体制机制不健全、工作措施不落实等突出问题。"而在六条原则中，第一条就是坚持党的领导，夯实组织基础，强调要"充分发挥各级党委总揽全局、协调各方的领导核心作用，严格执行脱贫攻坚一把手负责制，省市县乡村五级书记一起抓"。由此，五级书记抓脱贫攻坚正式成为国家的制度安排，意味着"实现贫困人口如期脱贫，是我们党向全国人民作出的郑重承诺"[1] 不仅是一个政治宣言，而且成为重要制度安排。

不仅如此，还把"党政一把手负总责"作为扶贫开发工作责任制，要求真正落到实处。而为了强化贫困县党委、政府的责任制，2016 年 4 月 25 日，中共中央组织部、国务院扶贫办联合下发了《关于脱贫攻坚期内保持贫困县党政正职稳定的通知》，要求"贫困县党政正职在完成脱贫任务前原则上不得调离。脱贫摘帽后，仍要保持稳定一段时间。所辖贫困县较多的市（地、州、盟）和贫困乡镇的党政正职，也要保持相对稳定"。还把"不脱贫不调整、不摘帽不调离作为一条纪律"。这都是全面加强党对脱贫攻坚工作领导的有力举措。

（2）落实各级党委、政府责任。加强党对扶贫开发工作的全面领导，最重要的是落实各级党委、政府的责任，让各级党委、政府把脱贫攻坚的责任记在心上、扛在肩上、抓在手上。早在 2015 年 6 月 18 日，习近平总书记在部分省区市扶贫攻坚与"十三五"时期经济社会发展座谈会上的讲话就强调："责任重于泰山，各级党委和政府一定要不辱使命。要强化扶贫开发工作领导责任制，把中央统筹、省负总责、市（地）县抓落实的管理机制，片为重点、工作到村、扶贫到户的工作机制，党政一把手负总责的扶贫开发工作责任制，真正落到实处。"[2] "中央要抓好统筹，做好政策制定、项目规划、资金筹措、考核评价、总体运筹等工作。省级要负起总责，做好目标确定、项目下达、资金投放、组织动员、检查指导等工作。

---

① 中共中央党史和文献研究院编《习近平扶贫论述摘编》，中央文献出版社，2018，第 35 页。
② 中共中央党史和文献研究院编《习近平扶贫论述摘编》，中央文献出版社，2018，第 35 页。

市（地）县要抓好落实，做好进度安排、项目落地、资金使用、人力调配、推进实施等工作。"①

中共中央、国务院发布的《关于打赢脱贫攻坚战的决定》，则把强化脱贫攻坚领导责任制作为单独一个方面加以强调。核心就是"实行中央统筹、省（自治区、直辖市）负总责、市（地）县抓落实的工作机制"。"党中央、国务院主要负责统筹制定扶贫开发大政方针，出台重大政策举措，规划重大工程项目。省（自治区、直辖市）党委和政府对扶贫开发工作负总责，抓好目标确定、项目下达、资金投放、组织动员、监督考核等工作。市（地）党委和政府要做好上下衔接、域内协调、督促检查工作，把精力集中在贫困县如期摘帽上。县级党委和政府承担主体责任，书记和县长是第一责任人，做好进度安排、项目落地、资金使用、人力调配、推进实施等工作。"

同时，还要求各级政府"层层签订脱贫攻坚责任书，扶贫开发任务重的省（自治区、直辖市）党政主要领导要向中央签署脱贫责任书，每年要向中央作扶贫脱贫进展情况的报告。省（自治区、直辖市）党委和政府要向市（地）、县（市）、乡镇提出要求，层层落实责任制。中央和国家机关各部门要按照部门职责落实扶贫开发责任，实现部门专项规划与脱贫攻坚规划有效衔接，充分运用行业资源做好扶贫开发工作。军队和武警部队要发挥优势，积极参与地方扶贫开发。改进县级干部选拔任用机制，统筹省（自治区、直辖市）内优秀干部，选好配强扶贫任务重的县党政主要领导，把扶贫开发工作实绩作为选拔使用干部的重要依据。脱贫攻坚期内贫困县县级领导班子要保持稳定，对表现优秀、符合条件的可以就地提级。加大选派优秀年轻干部特别是后备干部到贫困地区工作的力度，有计划地安排省部级后备干部到贫困县挂职任职，各省（自治区、直辖市）党委和政府也要选派厅局级后备干部到贫困县挂职任职。各级领导干部要自觉践行党的群众路线，切实转变作风，把严的要求、实的作风贯穿于脱贫攻坚始终"。

---

① 中共中央党史和文献研究院编《习近平扶贫论述摘编》，中央文献出版社，2018，第36页。

2016 年 10 月 11 日，中共中央办公厅、国务院办公厅印发了《脱贫攻坚责任制实施办法》，核心是按照中央统筹、省负总责、市县抓落实的工作机制，构建责任清晰、各负其责、合力攻坚的责任体系。

中央统筹除明确"党中央、国务院主要负责统筹制定脱贫攻坚大政方针，出台重大政策举措，完善体制机制，规划重大工程项目，协调全局性重大问题、全国性共性问题"外，还要求"国务院扶贫开发领导小组负责全国脱贫攻坚的综合协调，建立健全扶贫成效考核、贫困县约束、督查巡查、贫困退出等工作机制，组织实施对省级党委和政府扶贫开发工作成效考核，组织开展脱贫攻坚督查巡查和第三方评估，有关情况向党中央、国务院报告……建设精准扶贫精准脱贫大数据平台，建立部门间信息互联共享机制，完善农村贫困统计监测体系"，"有关中央和国家机关按照工作职责，运用行业资源落实脱贫攻坚责任，按照《贯彻实施〈中共中央、国务院关于打赢脱贫攻坚战的决定〉重要政策措施分工方案》要求制定配套政策并组织实施"，"中央纪委机关对脱贫攻坚进行监督执纪问责，最高人民检察院对扶贫领域职务犯罪进行集中整治和预防，审计署对脱贫攻坚政策落实和资金重点项目进行跟踪审计"。

省负总责要求："省级党委和政府对本地区脱贫攻坚工作负总责，并确保责任制层层落实；全面贯彻党中央、国务院关于脱贫攻坚的大政方针和决策部署，结合本地区实际制定政策措施，根据脱贫目标任务制定省级脱贫攻坚滚动规划和年度计划并组织实施。省级党委和政府主要负责人向中央签署脱贫责任书，每年向中央报告扶贫脱贫进展情况……调整财政支出结构，建立扶贫资金增长机制，明确省级扶贫开发投融资主体，确保扶贫投入力度与脱贫攻坚任务相适应；统筹使用扶贫协作、对口支援、定点扶贫等资源，广泛动员社会力量参与脱贫攻坚……加强对扶贫资金分配使用、项目实施管理的检查监督和审计，及时纠正和处理扶贫领域违纪违规问题……加强对贫困县的管理，组织落实贫困县考核机制、约束机制、退出机制；保持贫困县党政正职稳定，做到不脱贫不调整、不摘帽不调离。"

市县落实要求："市级党委和政府负责协调域内跨县扶贫项目，对项目实施、资金使用和管理、脱贫目标任务完成等工作进行督促、检查和监督……承担脱贫攻坚主体责任，负责制定脱贫攻坚实施规划，优化配置各类资源要素，组织落实各项政策措施，县级党委和政府主要负责人是第一责任人……指导乡、村组织实施贫困村、贫困人口建档立卡和退出工作，对贫困村、贫困人口精准识别和精准退出情况进行检查考核……制定乡、村落实精准扶贫精准脱贫的指导意见并监督实施，因地制宜，分类指导，保证贫困退出的真实性、有效性……指导乡、村加强政策宣传，充分调动贫困群众的主动性和创造性，把脱贫攻坚政策措施落实到村到户到人……坚持抓党建促脱贫攻坚，强化贫困村基层党组织建设，选优配强和稳定基层干部队伍……建立扶贫项目库，整合财政涉农资金，建立健全扶贫资金项目信息公开制度，对扶贫资金管理监督负首要责任。"

（3）充分发挥农村基层党组织的坚强战斗堡垒作用。对于农村扶贫开发来说，各级党委和政府的责任，在一定意义上还是"外界"的帮扶责任，而以村级党组织为核心的基层组织，承担的是内在组织和领导责任。帮扶责任能否真正落到实处，离不开基层组织的"转化酶解"作用。习近平总书记 2012 年在河北省阜平县考察扶贫开发工作时的讲话强调："农村基层党组织是党在农村全部工作和战斗力的基础，是贯彻落实党的扶贫开发工作部署的战斗堡垒。抓好党建促扶贫，是贫困地区脱贫致富的重要经验。要把扶贫开发同基层组织建设有机结合起来，抓好村党组织为核心的村级组织配套建设，把基层党组织建设成为带领乡亲们脱贫致富、维护农村稳定的坚强领导核心，发展经济、改善民生，建设服务型党支部，寓管理于服务之中，真正发挥战斗堡垒作用。"①

中共中央、国务院《关于打赢脱贫攻坚战的决定》也明确要求："切实加强贫困地区农村基层党组织建设，使其成为带领群众脱贫致富的坚强战斗堡垒。"为了落实中央的部署，各地因地制宜，采取各种有效措施来推动贫困地区基层党组织建设，使基层党组织真正成为坚强领导核心，发挥战斗堡垒作用。

---

① 中共中央党史和文献研究院编《习近平扶贫论述摘编》，中央文献出版社，2018，第32～33页。

专栏 3 - 1：加强基层党组织建设的曲靖实践

云南省曲靖市在加强农村基层党组织建设方面，采取了以下举措，并取得了明显成效。

一是推进农村党支部规范化建设。全市贯彻落实农村基层党建"双整百千"四级联创要求，按照"整县提升、整乡推进、百村示范、千组晋位"的思路，深入开展农村党支部规范化建设达标创建工作。积极推进村（居）民小组党支部设置和活动方式创新，做到小组事务党员先知、先议、先行，提高党员的民主决策参与度和知晓度。

二是集中整顿软弱涣散村党组织。全市压实县级党委的主体责任，严格落实县级领导"村村到"要求和"四个一"①整顿措施，仅2019 年就排查整顿软弱涣散村（社区）党组织 142 个，约占全市村（社区）党组织总数的 10%，其中贫困村党组织 92 个。2020 年以来，全市 323 名县级领导干部深入 1679 个村（社区），拉网式排查出软弱涣散村（社区）党组织 82 个，约占村（社区）党组织的 5%，确保应整尽整。②

三是强化村组活动场所建管用。全市紧扣贫困村公共服务和活动场所达标任务，强化任务落实和资金保障，实现全部贫困村村组活动场所达标。同时，把管护作为工作重点，尤其是 2020 年以来，结合疫情防控工作走访慰问，对部分脱贫出列村活动场所建管用情况进行实地查看，在建好的同时，在管和用上下功夫，制定下发了《曲靖市村级组织活动场所建设使用管理办法》，提出 28 条管理使用措施，确保年内实现所有贫困村公共服务和活动场所全面达标，让小阵地发挥大作用。

四是选优配强农村带头人队伍。全市扎实开展选优配强村（社区）党组织书记专项行动，县级领导班子成员每人包 1 至 2 个乡（镇、

---

① 即一个执政本质（领导、支持和保证人民当家做主）、一个根本要求（坚持党的领导、人民当家做主和依法治国的有机统一）、一个重要途径（坚定不移地走中国共产党和中国人民自己选择的政治发展道路）和一个执政方式（坚持依法执政）。

② 曲靖市委组织部：《抓党建促脱贫攻坚专项述职报告》，2020 年 1 月。

街道）开展全覆盖分析研判，深入实施农村优秀人才回引计划，建立乡（镇、街道）青年人才党支部 137 个，准确掌握 4584 名农村优秀人才信息，确定了 843 名政治意识强、能力素质优、群众基础好、有回村意愿的农村优秀人才作为回引对象，组织 465 名村组干部参加学历水平和能力素质"双提升"行动。全面深化扫黑除恶专项斗争，边扫边治边建，对全市 7653 名村（社区）"两委"干部及 2.28 万名村（居）民小组干部逐一"过筛子"研判，清理受过刑事处罚，存在"村霸"、涉黑涉恶等问题的村组干部 739 名，并同步补齐配强。

五是大力扶持发展村级集体经济。全市深入开展村级集体经济"脱壳消薄"三年行动，市级财政给予每个"空壳村"10 万元补助资金，各县（市、区）给予每个"空壳村""薄弱村"配套扶持资金或可发展项目资金不少于 20 万元，给予每个贫困村不少于 50 万元的产业扶贫资金，用于扶持发展壮大集体经济。争取中央财政和省级财政扶持资金 10250 万元，扶持发展壮大村级集体经济项目 205 个，到 2020 年底，全面消除 657 个集体经济收入"空壳村"、688 个集体经济年收入不足 5 万元的"薄弱村"。

六是推行三联三争激发动力。全面推行平台联建、资源联合、利益联结，基层支部争红旗、党员干部争标兵、农民群众争积分的"三联三争"机制建设，着力提升基层组织的发展动力和创新活力。通过平台联建育主体，资源联合优配置，利益联结促发展，鼓励基层组织带领群众脱贫致富。2019 年，全市村级党组织领办创办合作社 1502 个，入社群众 4.5 万户 16.6 万人。全市全面开展基层支部争红旗、党员干部争标兵、农民群众争积分的"三争"活动。"基层支部争红旗"工作每半年评选一次，实行定期复审、动态管理，每获得 1 面红旗，按建制村正职 500 元、副职 300 元、其他干部 200 元的标准上调每月工作报酬，市级财政按照每年每个村（社区）1.5 万元的标准给予定补。对获得全部 5 面红旗的，一次性给予村集体不低于 5 万元的补助资金。2019 年，全市累计推选"红旗"3649 面，累计投入 1.17 亿元财政资金用于提高村组干部报酬，让村组干部既有面子，又得到实实在在的利益；评选党员干部扶贫标兵 1013 名，投入建设资金 9960 万元，建成"绿币爱心超市"及服务网点 1032 个，兑换积分 3200 余万分，服务群众 185 万人次。[①] 2019 年 12 月，云南省抓党建促脱贫攻坚暨产业扶贫就业扶贫易地扶贫搬迁组织化现场会在曲靖市会泽县召开。会议认为，曲靖市"三联三争"的做法为云南省提供了经验、做出了示范，走出了一条党建引领促脱贫、集中力量抓脱贫、党员群众争脱贫的新路子。

二 构建和强化大扶贫格局

"坚持政府主导，增强社会合力"既是中国打赢脱贫攻坚战的重要原则之一，也是中国扶贫开发逐步积累起来、具有原创性和独特性的宝贵经验之一。核心是在强化各级政府责任的同时，引领市场、社会协同发力，鼓励先富帮后富，构建和完善专项扶贫、行业扶贫、社会扶贫互为补充的大扶贫格局。

（1）强化政府专项扶贫和行业扶贫的主体责任。推动政府帮扶是缓解贫困的重要手段，中国自 20 世纪 80 年代中期推动扶贫开发工作以来，专项扶贫就是最重要的方式，特别是在《国家八七扶贫攻坚计划》实施之前。随后，越来越强调政府各职能部门的积极配合，因此有了行业扶贫。这也是中国扶贫开发实践的一大创举。早在 2013 年 12 月 18 日，中共中央办公厅、国务院办公厅印发的《关于创新机制扎实推进农村扶贫开发工作的意见》就明确要求，"中央和国家机关要发挥引领示范作用，认真贯彻扶贫开发政策，落实分工任务，积极选派优秀干部到贫困地区帮扶。国务院有关部门负责统筹协调、分类指导，以连片特困地区为重点，组织编制规划，加强政策指导，强化对跨区域重大基础设施建设、生产力布局、经济协作等事项的督促、衔接和协调，公共投资要向贫困地区倾斜。各省（自治区、直辖市）党委和政府要对本区域内贫困地区的扶贫脱贫负总责，

---

① 曲靖市委组织部：《中共曲靖市委组织部 2019 年抓党建促脱贫攻坚工作情况报告》，内部报告，2019 年 12 月。

逐级建立扶贫开发目标责任制，组织制定贫困县、村脱贫规划和产业发展规划，整合省内资源予以支持。各县（市、区、旗）党委和政府要采取措施，帮扶到村到户到人，把扶贫开发任务和政策逐项落到实处"。围绕村级道路畅通、饮水安全、农村电力保障、危房改造、特色产业增收、乡村旅游扶贫、教育扶贫、卫生和计划生育、文化建设和贫困村信息化等 10 个方面，明确了具体的任务目标和责任单位。目标就是在继续做好专项扶贫工作的同时，明确各部门对农村扶贫所必须承担的主体责任，把扶贫开发作为各级政府职能部门的重要任务。

脱贫攻坚战打响以后，强化政府职能部门的主体责任被提到了新的高度。中共中央、国务院《关于打赢脱贫攻坚战的决定》，进一步在发展特色产业脱贫、引导劳务输出脱贫、实施易地搬迁脱贫、结合生态保护脱贫、着力加强教育脱贫、开展医疗保险和医疗救助脱贫、实行农村最低生活保障制度兜底脱贫、探索资产收益扶贫、健全留守儿童留守妇女留守老人和残疾人关爱服务体系、加快交通水利电力建设、加大"互联网＋"扶贫力度、加快农村危房改造和人居环境整治、重点支持革命老区民族地区边疆地区和连片特困地区脱贫攻坚等方面做了更加具体的部署。随后，国家许多部委出台了具体的帮扶政策，如国家发展改革委 2016 年 3 月 11 日印发了《关于支持贫困地区农林水利基础设施建设推进脱贫攻坚的指导意见》，国家发展改革委等五部门 2016 年 3 月 23 日印发了《关于实施光伏发电扶贫工作的意见》，农业部等九部门 2016 年 4 月 19 日印发了《贫困地区发展特色产业促进精准脱贫指导意见》，中共中央组织部等九部门 2016 年 4 月 20 日印发了《关于实施第三轮高校毕业生"三支一扶"计划的通知》，人力资源和社会保障部、国务院扶贫办 2016 年 7 月 26 日印发了《关于开展技能脱贫千校行动的通知》等。

不仅如此，许多地方还把压实政府职能部门的责任作为重要经验，并以此作为整合项目资金和资源的重要途径，尤其是围绕"两不愁三保障"和饮水安全保障等脱贫主要目标，对标对表落实到相关职能部门，以落实部门责任带动资源整合。这对于强化部门职责具有重要作用，但也面临诸多困难和挑战，尤其是政府各职能部门整合资源能力的不同以及部门偏见。如解决住房安全问题，如果单靠城乡建设部门就很难完成任务，尤其是针对易地扶贫搬迁，但从职能上又需要他们的大力支持；再如农业农村产业扶贫，分散在多个职能部门，农业部门无法协调，更无法从长远谋划帮扶产业，自身也只能从养殖猪、羊、鸡等"短、平、快"产业出发，难免得不到群众的欢迎和支持。再如控辍保学，单靠教育部门就很难完成，甚至连失学孩子的线索都不一定能够掌握。

（2）大力拓展社会扶贫。消除绝对贫困，是实现共同富裕的根本要求，因此是全社会的共同责任，也是中华民族的光荣传统和美德，更体现的是社会主义制度的无比优越性和巨大制度优势。随着扶贫开发引向深入，社会扶贫成为越来越重要的力量。有学者认为，我国的社会扶贫包括定点扶贫、对口扶贫、企业扶贫、社会组织扶贫、国际机构扶贫和个人扶贫。① 这实际上是广义社会扶贫②的概念。笔者把定点扶贫作为单独的一个扶贫主体。因此，社会扶贫从主体上讲，主要是对口扶贫、企业扶贫、社会组织扶贫、国际机构扶贫和个人扶贫。从中国的具体实践来讲，东部地区各省（直辖市）政府对西部欠发达地区的扶贫协作和对口支援以及企业扶贫是社会扶贫的主要力量，且越来越带有政治动员性质。换句话说，过去的东西部扶贫协作和对口支援更多的是经济上的互惠共赢，主要体现的是对口支援性质。但随着脱贫攻坚战的启动，帮扶性质越来越重。

《关于打赢脱贫攻坚战的决定》对健全东西部扶贫协作机制做了专门部署。要求"加大东西部扶贫协作力度，建立精准对接机制，使帮扶资金主要用于贫困村、贫困户。东部地区要根据财力增长情况，逐步增加对口帮扶财政投入，并列入年度预算。强化以企业合作为载体的扶贫协作，鼓励东西部按照当地主体功能定位共建产业园区，推动东部人才、资金、技

---

① 李周：《社会扶贫的经验、问题与进路》，《求索》2016 年第 11 期。

② 见苏海、向德平《社会扶贫的行动特点与路径创新》，《中南民族大学学报》（人文社会科学版）2015 年第 35 卷第 3 期。"社会扶贫有广义和狭义之分，广义上的社会扶贫泛指政府专职扶贫开发机构（扶贫办）以外的所有扶贫主体从事的扶贫开发工作。狭义上讲，社会扶贫就是指民间组织、企业和社会公众在中国境内针对穷人和社会弱势群体所提供的各种救助、开发以及社会服务活动，它可以弥补政府扶贫工作的不足，满足贫困群体合理需求，优化已有的贫困治理结构，统合各种扶贫资源，最大限度地发挥各扶贫主体的综合优势，推进贫困治理体制的创新。"

术向贫困地区流动。启动实施经济强县（市）与国家扶贫开发工作重点县
'携手奔小康'行动，东部各省（直辖市）在努力做好本区域内扶贫开发
工作的同时，更多发挥县（市）作用，与扶贫协作省份的国家扶贫开发工
作重点县开展结对帮扶。建立东西部扶贫协作考核评价机制"。

2016 年 7 月 20 日，国家专门召开了"东西部扶贫协作座谈会"，习近
平总书记出席并发表重要讲话："东西部扶贫协作和对口支援，是推动区
域协调发展、协同发展、共同发展的大战略，是加强区域合作、优化产业
布局、拓展对内对外开放新空间的大布局，是实现先富帮后富、最终实现
共同富裕目标的大举措，必须长期坚持下去。"① "东部地区要根据财力增
长情况，逐步增加对口帮扶财政投入，并列入年度预算；西部地区要整合
用好扶贫协作和对口支援等各类资源，聚焦脱贫攻坚，形成脱贫合力。"②

除了加强东西部扶贫协作外，《关于打赢脱贫攻坚战的决定》还对健
全社会力量参与脱贫攻坚的机制做了强调："鼓励支持民营企业、社会组
织、个人参与扶贫开发，实现社会帮扶资源和精准扶贫有效对接。引导社
会扶贫重心下移，自愿包村包户，做到贫困户都有党员干部或爱心人士结
对帮扶。吸纳农村贫困人口就业的企业，按规定享受税收优惠、职业培训
补贴等就业支持政策。落实企业和个人公益扶贫捐赠所得税税前扣除政
策。充分发挥各民主党派、无党派人士在人才和智力扶贫上的优势和作
用。工商联系统组织民营企业开展'万企帮万村'精准扶贫行动。通过政
府购买服务等方式，鼓励各类社会组织开展到村到户精准扶贫。完善扶贫
龙头企业认定制度，增强企业辐射带动贫困户增收的能力。鼓励有条件的
企业设立扶贫公益基金和开展扶贫公益信托。发挥好'10·17'全国扶贫
日社会动员作用。实施扶贫志愿者行动计划和社会工作专业人才服务贫困
地区计划。着力打造扶贫公益品牌，全面及时公开扶贫捐赠信息，提高社
会扶贫公信力和美誉度。构建社会扶贫信息服务网络，探索发展公益众筹
扶贫。"2016 年 1 月 18 日，全国工商联还联合中国光彩事业促进会和国务

---

① 中共中央党史和文献研究院编《习近平扶贫论述摘编》，中央文献出版社，2018，第 101～
102 页。
② 中共中央党史和文献研究院编《习近平扶贫论述摘编》，中央文献出版社，2018，第 102 页。

院扶贫办印发了《关于推进"万企帮万村"精准扶贫行动的实施意见》，对基本要求、帮扶方式、工作措施和组织领导等做出了具体部署。

（3）加强定点帮扶。从某种意义上讲，专项扶贫、行业扶贫和社会扶贫都只是扶贫资源动员，而要使扶贫资源得到有效使用，尤其是让扶贫资源投入与贫困村和贫困家庭的需求有效衔接，需要强化资源的精准使用与措施的精准对接，为此，习近平总书记把因村派人精准作为"六个精准"之一。而在这之前，中国已经有了定点帮扶实践，包括一些地方下派了驻村工作队和大学生村官。今天的定点帮扶，实际上也不完全是政府部门下派干部到农村驻村帮扶那么简单。除了驻村工作人员外，还有到贫困地区工作的挂职干部。这些人员不仅来自各级党委和政府部门，还来自企事业单位、大专院校，甚至军队。他们所动员的资源也不仅是单位和企业筹措的，还包括个人捐赠的。带给贫困地区的不仅是物质方面的，还有思想、技术、观念、理念等方面的。由于有不脱贫、不脱钩，甚至脱贫了也还暂时不能脱钩的政策要求，定点帮扶切实各显神通，拿出了各种各样的招式去帮助贫困村、贫困农户脱贫，并取得了显著成效。

早在 2014 年 1 月，中共中央办公厅和国务院办公厅印发的《关于创新机制扎实推进农村扶贫开发工作的意见》就提出"健全干部驻村帮扶机制"，要求"在各省（自治区、直辖市）现有工作基础上，普遍建立驻村工作队（组）制度。可分期分批安排，确保每个贫困村都有驻村工作队（组），每个贫困户都有帮扶责任人。把驻村入户扶贫作为培养锻炼干部特别是青年干部的重要渠道。驻村工作队（组）要协助基层组织贯彻落实党和政府各项强农惠农富农政策，积极参与扶贫开发各项工作，帮助贫困村、贫困户脱贫致富。落实保障措施，建立激励机制，实现驻村帮扶长期化、制度化"。

2015 年 12 月 8 日，习近平总书记对中央单位定点扶贫工作做出重要批示，"党政军机关、企事业单位开展定点扶贫，是中国特色扶贫开发事业的重要组成部分，也是我国政治优势和制度优势的重要体现。多年来，各有关单位围绕定点扶贫做了不少工作，取得了积极成效。做好新形势下的定点扶贫工作，要深入贯彻中央扶贫开发工作会议精神，切实增强责任感、使命感、紧迫感，坚持精准扶贫、精准脱贫，坚持发挥单位、行业优势与立足贫困地区实际相结合，健全工作机制，创新帮扶举措，提高扶贫成效，为坚决打赢脱贫攻坚战作出新的更大贡献"①。《关于打赢脱贫攻坚战的决定》也要求进一步加强和改进定点扶贫工作，重点是"建立考核评价机制，确保各单位落实扶贫责任。深入推进中央企业定点帮扶贫困革命老区县'百县万村'活动。完善定点扶贫牵头联系机制，各牵头部门要按照分工督促指导各单位做好定点扶贫工作"。

三　发挥扶贫对象的主体作用

"贫困群众是扶贫攻坚的对象，更是脱贫致富的主体。"② "脱贫攻坚，群众动力是基础。必须坚持依靠人民群众，充分调动贫困群众积极性、主动性、创造性，坚持扶贫和扶志、扶智相结合，正确处理外部帮扶和贫困群众自身努力关系，培育贫困群众依靠自力更生实现脱贫致富意识。"③ 国家一直都很重视如何发挥扶贫对象的主体作用，《关于打赢脱贫攻坚战的决定》专门把"坚持群众主体，激发内生动力"作为六个需要坚持的原则之一，强调"继续推进开发式扶贫，处理好国家、社会帮扶和自身努力的关系，发扬自力更生、艰苦奋斗、勤劳致富精神，充分调动贫困地区干部群众积极性和创造性，注重扶贫先扶智，增强贫困人口自我发展能力"。

但值得注意的是，早在 20 世纪 80 年代后期，就已经提出"治贫先治愚，扶贫先扶志"的论断；2016 年 1 月，习近平总书记又提出了"扶贫先扶志，扶贫必扶智"的新论断。而在 2015 年 11 月 27 日的中央扶贫开发工作会议上，习近平总书记的讲话就把"贫困地区和贫困人口主观能动性还有待提高"作为打赢脱贫攻坚战面临的问题之一，强调"贫困群众是扶贫攻坚的对象，更是脱贫致富的主体。党和政府有责任帮助贫困群众致富，但不能大包大揽。不然，就是花了很多精力和投入暂时搞上去了，也不能持久。有的地方不注重调动群众积极性、主动性、创造性，反而助长了等

---

①　中共中央党史和文献研究院编《习近平扶贫论述摘编》，中央文献出版社，2018，第 101 页。
②　中共中央党史和文献研究院编《习近平扶贫论述摘编》，中央文献出版社，2018，第 134 页。
③　中共中央党史和文献研究院编《习近平扶贫论述摘编》，中央文献出版社，2018，第 143 页。

靠要思想，'靠着墙根晒太阳，等着别人送小康'。有的贫困户，国家给其修建了大棚，还等着政府买种子买机械、供肥料供技术，连换个草帘都指望政府干。有的地方低保补助水平较高，低保户什么都不用干，躺着吃低保；而一些扶贫对象辛苦发展生产，一年收入还不见得达到这个水平。有的人发展产业不积极，争当低保户倒是很积极，党和政府的好政策变成了养懒人的政策，完全变了味。俗话说，救穷不救懒，穷固然可怕，但靠穷吃穷更可怕。没有脱贫志向，再多扶贫资金也只能管一时、不能管长久"。

2018 年 2 月 14 日，习近平总书记在成都市主持召开打好精准脱贫攻坚战座谈会上的讲话再次强调，"贫困群众既是脱贫攻坚的对象，更是脱贫致富的主体"。要"注重激发内生动力"，"要加强扶贫同扶志、扶智相结合，激发贫困群众积极性和主动性，激励和引导他们靠自己的努力改变命运"，"要改进帮扶方式"，"提倡多劳多得"，"营造勤劳致富、光荣脱贫氛围"。2020 年 3 月 6 日，习近平总书记在北京出席决战决胜脱贫攻坚座谈会上的讲话还在强调："部分贫困群众发展的内生动力不足。"这说明贫困群众的内生动力不足已经是一个顽症。彻底治愈这一顽症还需要更加有效的举措，最后一章将重点讨论。

第四节　强化精准管理

精准管理是精准扶贫精准脱贫的"最后一公里"，是确保精准扶贫质量和精准脱贫成色的底线，对于确保"扶真贫""真扶贫""脱真贫""真脱贫"具有重要作用。精准管理贯穿于整个扶贫过程。为了确保管理精准到位，国家除了借助扶贫对象建档立卡，创新性地建立了扶贫大数据平台外，还强化了扶贫过程的督查巡查，并引入第三方机构对扶贫结果进行独立和公正公平评估。

一　建立大数据平台

《关于打赢脱贫攻坚战的决定》明确把"建设精准扶贫精准脱贫大数据平台，建立部门间信息互联共享机制，完善农村贫困统计监测体系"作为国务院扶贫开发领导小组的重要职责。该大数据平台是在移动互联大数据的时代背景下，为响应国家政策而建立的一站式管理服务平台。该平台的建立，打破了地区、部门之间的"信息孤岛"，实现精准扶贫精准脱贫省、市、县、乡（镇）、村、户六级联动，让分散的碎片化信息"牵手互联"，并利用大数据技术，实现数据比对分析与综合评估，为提高扶贫工作效率提供了坚实基础。该大数据平台于 2014 年底正式开始上线运行。

对于贫困农户一级，大数据平台除了列出农户的基本信息，如家庭所在省（自治区、直辖市）、市（地、州、盟）、县（市、区）、乡（镇、街道）、行政村和村民小组，农户的家庭成员构成及特征等基础信息外，还涵盖了农户拥有的资源情况、致贫的主要原因、需要采取的帮扶措施，另外还包括贫困农户脱贫退出的信息等。这不仅对于掌握贫困农户的基本情况、鉴别建档立卡贫困农户的真伪等具有基础性作用，而且对研究分析我国农村贫困对象的诸多共性特征，进行国际比较具有重要参考价值。同时，后台数据还可以汇总到全国、各个省（自治区、直辖市）、州（市、盟）、县（市、区）、乡（镇、街道）和村，并进行比较分析。这不仅对国家及时掌握扶贫动态具有重要价值，而且为未来的乡村数据库建设提供了重要参考，是真正意义上的原创。

二　完善扶贫开发管理

为了强化对整个扶贫开发过程的有效管理，《关于打赢脱贫攻坚战的决定》要求国务院扶贫开发领导小组负责全国脱贫攻坚的综合协调，建立健全扶贫成效考核、贫困县约束、督查巡查、贫困退出等工作机制，组织实施对省级党委和政府扶贫开发工作成效考核，组织开展脱贫攻坚督查巡查和第三方评估，并将有关情况向党中央、国务院报告。而且，授权中央纪委机关对脱贫攻坚进行监督执纪问责，授权最高人民检察院对扶贫领域职务犯罪进行集中整治和预防，授权国家审计署对脱贫攻坚政策落实和资金重点项目进行跟踪审计。为了加强贫困退出管理，2016 年 4 月 28 日，中共中央办公厅、国务院办公厅还印发了《关于建立贫困退出机制的意见》，本着实事求是、分级负责、规范操作、正向激励等原则，对贫困人口、贫困村、贫困县退出标准和程序等做了清晰界定，要求"国务院扶贫开发领导小组组织中央和国家机关有关部门及相关力量对地方退出情况进行专项评估检查。对不符合条件或未完整履行退出程序的，责成相关地方进行核查处理"，"对贫困退出工作中发生重大失误、造成严重后果的，对存在弄虚作假、违规操作等问题的，要依纪依法追究相关部门和人员责任"。

对于严格扶贫考核督查问责，《关于打赢脱贫攻坚战的决定》明确要求"抓紧出台中央对省（自治区、直辖市）党委和政府扶贫开发工作成效考核办法。建立年度扶贫开发工作逐级督查制度，选择重点部门、重点地区进行联合督查，对落实不力的部门和地区，国务院扶贫开发领导小组要向党中央、国务院报告并提出责任追究建议，对未完成年度减贫任务的省份要对党政主要领导进行约谈。各省（自治区、直辖市）党委和政府要加快出台对贫困县扶贫绩效考核办法，大幅度提高减贫指标在贫困县经济社会发展实绩考核指标中的权重，建立扶贫工作责任清单。加快落实对限制开发区域和生态脆弱的贫困县取消地区生产总值考核的要求。落实贫困县约束机制，严禁铺张浪费，厉行勤俭节约，严格控制'三公'经费，坚决刹住穷县'富衙''戴帽'炫富之风，杜绝不切实际的形象工程。建立重大涉贫事件的处置、反馈机制，在处置典型事件中发现问题，不断提高扶贫工作水平。加强农村贫困统计监测体系建设，提高监测能力和数据质量，实现数据共享"。随后，2016年7月17日，中共中央办公厅和国务院办公厅印发了《脱贫攻坚督查巡查工作办法》，对督查巡查的重要意义，督查巡查小组的组成，督查巡查的重点内容、程序和结果运用等都做了明确规定，使督查巡查在脱贫攻坚中发挥了重要作用，确保了脱贫攻坚质量和成色。

三 实施第三方评估制度

强化考核是精准扶贫精准脱贫管理的重要环节。2016年2月9日，中共中央办公厅、国务院办公厅印发了《省级党委和政府扶贫开发工作成效考核办法》（以下简称《考核办法》），要求对中西部22个省（自治区、直辖市）党委和政府的扶贫开发工作成效每年进行一次考核。考核工作按以下步骤进行。

首先是省级总结。各省（自治区、直辖市）党委和政府，对照各省（自治区、直辖市）向中央签订的脱贫攻坚责任书，及国务院扶贫开发领导小组审定的年度减贫计划，就工作进展情况和取得成效形成总结报告，报送国务院扶贫开发领导小组。

其次是第三方评估。国务院扶贫开发领导小组委托有关科研机构和社会组织，采取专项调查、抽样调查和实地核查等方式，对相关考核指标进行评估。

再次是数据汇总。国务院扶贫办会同有关部门对建档立卡动态监测数据、国家农村贫困监测调查数据、第三方评估报告和财政专项扶贫资金绩效考评情况等进行汇总整理，形成统一的数据系统。

最后是综合评价。国务院扶贫办会同有关部门对汇总整理的数据和各省（自治区、直辖市）的总结报告进行综合分析，形成考核报告。考核报告必须反映基本情况、指标分析、存在问题等，并做出综合评价，提出处理建议，经国务院扶贫开发领导小组审议后，报送党中央、国务院审定。在此基础上进行沟通反馈。国务院扶贫开发领导小组向各省（自治区、直辖市）专题反馈考核结果，并提出改进工作的意见和建议。

为了提高考核的科学性、权威性和公平性，《考核办法》要求"国务院扶贫开发领导小组委托有关科研机构和社会组织，采取专项调查、抽样调查和实地核查等方式，对相关考核指标进行评估"。第三方评估的主要内容是精准识别、精准帮扶两个部分。精准识别的考核指标包括贫困人口识别和退出的准确率；精准帮扶的考核则引入了帮扶工作的群众满意度指标，即所谓的错评率、错退率和满意度的"两率一度"。对于以下六种情况，由国务院扶贫开发领导小组对省级党委、政府主要负责人进行约谈，提出限期整改要求；情节严重、造成不良影响的，实行责任追究：未完成年度减贫计划任务的；违反扶贫资金管理使用规定的；违反贫困县约束规定，发生禁止作为事项的；违反贫困退出规定，弄虚作假，搞"数字脱贫"的；贫困人口识别和退出准确率、帮扶工作群众满意度较低的；纪检、监察、审计和社会监督发现违纪违规问题的。

　　笔者认为，第三方评估是一把双刃剑，可以提高考核的科学性、权威性和公平性，但也可能误伤基层干部和驻村工作人员。一方面，评估内容和方法的设计需要不断完善，如把 2019 年的评估调查的抽样对象界定为 2019 年剩余贫困户、2014～2019 年脱贫户、非建档立卡户，并采取随机分层抽样方法，在满足全国 95% 置信区间和 3% 抽样误差的统计要求下，第三方评估调查总抽样规模为 2 万户左右。在分层分类抽样方面，按省、县、村、户进行分层随机抽样。每省抽取 4～5 个县，各县抽取 8～10 个行政村，兼顾深度贫困、贫困、摘帽（退出）和非贫困等不同类型。这对完善贫困对象识别、推动精准扶贫具有很大的推动作用，但也需要从技术和方法上不断总结完善，如县和村的抽样本身就值得推敲，因为要兼顾这些不同类型，县和村的代表性本身就是一个问题。另一方面，尽管 2019 年对从事第三方评估的一线调查人员采取了考试认证上岗制度，但多数调查员是高等院校的学生，他们本身对贫困问题没有太多认识，调查办法甚至提问方式等都可能影响到评估结果的质量，甚至可能误伤基层干部和驻村工作人员。

第四章

精准扶贫重大举措

围绕"两不愁三保障"脱贫攻坚主要目标,各级党委和政府坚定不移贯彻落实习近平总书记关于扶贫工作的重要论述,切实把脱贫攻坚作为重大政治任务和第一民生工程,既不拔高标准,也不降低标准,紧紧围绕发展生产脱贫一批、易地搬迁脱贫一批、生态补偿脱贫一批、发展教育脱贫一批、社会保障兜底一批"五个一批",着力提高"不愁吃不愁穿"水平,着力解决安全住房、义务教育、基本医疗方面的重点和难点问题,着力提升交通等基础设施和生态环境的基础支撑水平,强化投入保障,以解决突出问题为突破口,以补短板为着力点,以重大扶贫工程建设和到村到户帮扶措施为抓手,制定实施了一系列科学精准、行之有效的帮扶政策措施。

第一节　提高"两不愁"发展水平

不愁吃、不愁穿的"两不愁"和饮水安全保障,是贫困人口维持生存的基本需求,因此成为消除绝对贫困的根本目标。从中央到地方,都把持续提高"两不愁"水平和保障饮水安全作为核心工作目标,聚焦发展特色产业、促进劳动力转移就业、提高饮水安全保障水平等方面,采取了一系列重大政策举措。

一　发展特色产业

产业扶贫不仅是解决"两不愁"的核心,而且是提高扶贫质量和可持续性的重要保障。"发展产业是实现脱贫的根本之策。要因地制宜，把培育产业作为推动脱贫攻坚的根本出路。"① 中国的农村扶贫开发一直高度重视特色产业培育和扶持的基础性作用，从政策举措上给予高度重视。《11纲要》把发展"特色优势产业"作为主要任务之一。要求"到 2015 年，力争实现 1 户 1 项增收项目。到 2020 年，初步构建特色支柱产业体系"。在专项扶贫中，强调要充分发挥贫困地区生态环境和自然资源优势，推广先进实用技术，培植壮大特色支柱产业，大力推进旅游扶贫。促进产业结构调整，通过扶贫龙头企业、农民专业合作社和互助资金组织，带动和帮助贫困农户发展生产。引导和支持企业到贫困地区投资兴业，带动贫困农户增收。在行业扶贫中也做了专门部署，要求加强农、林、牧、渔产业指导，发展各类专业合作组织，完善农村社会化服务体系。围绕主导产品、名牌产品、优势产品，大力扶持建设各类批发市场和边贸市场。按照全国主体功能区规划，合理开发当地资源，积极发展新兴产业，承接产业转移，调整产业结构，增强贫困地区发展内生动力。《11 纲要》还就此制定了相关政策："落实国家西部大开发各项产业政策。国家大型项目、重点工程和新兴产业要优先向符合条件的贫困地区安排。引导劳动密集型产业向贫困地区转移。加强贫困地区市场建设。支持贫困地区资源合理开发利用，完善特色优势产业支持政策。"

中共中央办公厅、国务院办公厅印发的《关于创新机制扎实推进农村扶贫开发工作的意见》明确要求，加强规划项目进村到户机制建设，切实提高贫困户的参与度、受益度。积极培育贫困地区农民合作组织，提高贫困户在产业发展中的组织化程度。鼓励企业从事农业产业化经营，发挥龙头企业带动作用，探索企业与贫困农户建立利益联结机制，促进贫困农户稳步增收。深入推进科技特派员农村科技创业行动，加快现代农业科技在贫困地区的推广应用。到 2015 年，力争每个有条件的贫困农户掌握 1～2 项实用技术，至少参与 1 项养殖、种植、林下经济、花卉苗木培育、设施农业等增收项目。到 2020 年，初步构建特色支柱产业体系。不断提高贫困

---

① 宋圭武：《脱贫攻坚要以产业扶贫为抓手》，《光明日报》2019 年 9 月 3 日。

地区防灾避灾能力和农业现代化水平。畅通农产品流通渠道，完善流通网络。推动县域经济发展。要求农业部、国家林业局、国务院扶贫办、商务部、国家发展改革委、科技部、全国供销合作总社等部委落实。

同时专门强调了乡村旅游扶贫，要求统筹考虑贫困地区旅游资源情况，在研究编制全国重点旅游区生态旅游发展规划时，对贫困乡村旅游发展给予重点支持。结合交通基础设施建设、农村危房改造、农村环境综合整治、生态搬迁、游牧民定居、特色景观旅游村镇、历史文化名村名镇和传统村落及民居保护等项目建设，加大政策、资金扶持力度，促进休闲农业和乡村旅游业发展。到 2015 年，扶持约 2000 个贫困村开展乡村旅游。到 2020 年，扶持约 6000 个贫困村开展乡村旅游，带动农村劳动力就业。指定国家发展改革委、国家旅游局、环境保护部、住房和城乡建设部、农业部、国家林业局等部委落实。

中共中央、国务院发布的《关于打赢脱贫攻坚战的决定》，尽管没有就产业扶贫进行专门论述，但许多方面做了具体安排，如在强调金融扶持力度时，要求"设立扶贫再贷款，实行比支农再贷款更优惠的利率，重点支持贫困地区发展特色产业"。再如，在部署健全东西部扶贫协作机制时，要求"强化以企业合作为载体的扶贫协作，鼓励东西部按照当地主体功能定位共建产业园区，推动东部人才、资金、技术向西部贫困地区流动"。

更值得强调的是，相关部门高度重视贫困地区特色产业的培育和发展工作。早在 2014 年，农业部编制的《特色农产品区域布局规划（2013—2020 年）》中，就将贫困地区的 96 个特色农产品品种纳入规划范围。2016年 4 月 19 日，农业部、国家发展改革委、财政部、中国人民银行、国家林业局、国家旅游局、中国银监会、中国保监会、国务院扶贫办九部门联合印发了《贫困地区发展特色产业促进精准脱贫的指导意见》，要求并指导 22 个扶贫任务重的省（自治区、直辖市），综合考虑资源禀赋、产业现状、市场空间、环境容量以及产业覆盖面等因素，编制省、县两级产业扶贫规划，推动各地科学确定扶贫产业，精准设计扶贫产业项目，确保产业对人、人对产业。

2017 年，农业部会同国家发展改革委、国家林业局印发了《特色农产品优势区建设规划纲要》，明确国家、省两级特色农产品优势区架构，围绕 5 大类 29 个重点品种（类型）创建特色农产品优势区，认定国家级特优区，加快培育贫困地区特色产业，促进农民增收，推动地区经济发展。2019 年，农业农村部把贫困地区特色产业优先纳入《全国乡村特色产业目录》，加强宣传推介，助推脱贫攻坚。在已经创建的 146 个国家级特优区中，贫困地区占 46 个。

同时，农业农村部等职能部门还不断优化政策供给，推动政策落地，统筹各方资源要素，努力提升产业扶贫质量，指导地方优先支持贫困地区建设高标准农田，开展农民合作社质量提升试点，开展农产品产销对接等工作。通过组织项目洽谈会、工作推进会等，激励龙头企业到贫困地区以共建合作基地等方式支持特色产业发展。支持有条件的贫困地区开展美丽休闲乡村创建、农村创业创新示范园区和基地创建、绿色食品原料标准化生产基地和有机农业生产基地创建等。对贫困地区绿色食品、有机食品认证实行费用减免等优惠政策。将农村实用人才带头人和大学生村官示范培训项目全部调整为面向贫困地区实施，培训对象覆盖所有片区贫困县和国家扶贫开发工作重点县。同时，国家西部大开发政策除覆盖西部所有的 13 个省（自治区、直辖市）和新疆生产建设兵团外，还把湖南省的湘西自治州、湖北省的恩施自治州、吉林省的延边自治州和江西省的赣州市纳入政策覆盖范围。

另外，有关部门还制定实施了许多促进特色产业发展的政策举措，如《关于推进"万企帮万村"精准扶贫行动的实施意见》（2016 年）、《关于实施水利扶贫开发行动的指导意见》（2016 年）、《关于做好财政支农资金支持资产收益扶贫工作的通知》（2017 年）、《扶贫龙头企业认定和管理制度》（2017 年）、《关于促进扶贫小额信贷健康发展的通知》（2017 年）、《电子商务助残扶贫行动实施方案》（2017 年）、《关于培育贫困村创业致富带头人的指导意见》（2018 年）、《关于建立贫困户产业发展指导员制度的通知》（2018 年）、《实施产业扶贫三年攻坚行动意见》（2018 年）、《推进"万企帮万村"精准扶贫行动向深度贫困地区倾斜的落实方案（2018—2020 年）》（2018 年）、《多渠道拓宽贫困地区农产品营销渠道实施方案》

（2019 年）、《开展农民专业合作社"空壳社"专项清理工作方案》（2019 年）等。

同时，本着"解决好吃饭问题，始终是治国理政的头等大事"① 的基本要求和"不愁吃"的基本前提，始终高度重视贫困地区的粮食生产。《11 纲要》把"保障人均基本口粮田"作为第一个扶贫目标，要求通过"推进贫困地区土地整治，加快中低产田改造，开展土地平整，提高耕地质量。推进大中型灌区续建配套与节水改造和小型农田水利建设，发展高效节水灌溉，扶持修建小微型水利设施，抓好病险水库（闸）除险加固工程和灌溉排水泵站更新改造"，以及积极推广良种良法等途径，切实提高贫困地区和贫困农户的粮食生产能力和安全保障水平。

二 促进转移就业

针对贫困地区和贫困农户在本地难以获得充分和高效就业的实际，中国的农村扶贫开发始终把促进贫困地区剩余劳动力转移就业作为中心工作加以推进，制定实施了一系列政策措施来提高贫困劳动者的素质，改善他们的转移就业环境，提高转移就业的可持续性和转移就业收入水平。《11 纲要》在专项扶贫方面把"就业促进"作为重点工作安排部署，要求完善"雨露计划"。以促进扶贫对象稳定就业为核心，对农村贫困家庭未继续升学的应届初、高中毕业生参加劳动预备制培训给予一定的生活费补贴；对农村贫困家庭新成长劳动力接受中等职业教育给予生活费、交通费等特殊补贴。对农村贫困劳动力开展实用技术培训。加大对农村贫困残疾人就业的扶持力度。在推进东西部扶贫协作的政策部署中，要求东西部对口扶贫

---

① 这是习近平总书记 2013 年 12 月 10 日在中央经济工作会议上讲话时重点强调的。同年 12 月 23 日在中央农村工作会议上讲话时强调："粮食问题不能只从经济上看，必须从政治上看，保障国家粮食安全是实现经济发展、社会稳定、国家安全的重要基础。"2016 年 5 月 23～25 日在黑龙江考察调研时强调："粮食安全是国家安全的重要基础。"2017 年 4 月 19～21 日在广西考察工作时指出："解决十几亿人口的吃饭问题，始终是我们治国理政的头等大事。"2019 年 3 月 8 日在参加十三届全国人大二次会议河南代表团审议政府工作报告时强调："要扛稳粮食安全这个重任。确保重要农产品特别是粮食供给，是实施乡村振兴战略的首要任务。"以上引文出自中共中央党史和文献研究室编《习近平关于"三农"工作论述摘编》（中央文献出版社，2019）第 67、73、86、86～87、88 页。

协作双方在"人员培训以及劳动力转移就业等方面积极配合,发挥贫困地区自然资源和劳动力资源优势,做好对口帮扶工作"。

2014年5月12日,国务院扶贫开发领导小组办公室发布的《建立精准扶贫工作机制实施方案》,把"雨露计划"作为培育扶贫开发品牌项目之一重点安排,要求各省(自治区、直辖市)扶贫和财政部门会同教育、人社等部门,完善"雨露计划"实施政策和规划,给参加中、高职教育或两年及以上职业技能培训的建档立卡贫困学生家庭发放生活补助,提供扶贫贴息贷款支持,提升贫困户新成长劳动力就业技能和创业能力,稳就业、拔穷根,阻断贫困代际传递。继续做好劳动力转移就业培训、农村适用技能培训和贫困村致富带头人培训工作。

在培育贫困村创业致富带头人方面,2018年1月17日,国务院扶贫办、科技部、财政部、人力资源和社会保障部、农业部、中国人民银行、中国银监会、中国保监会等部门联合下发了《关于培育贫困村创业致富带头人的指导意见》,从选好选准致富带头人、加大致富带头人培训力度、建立致富带头人创业项目减贫带贫机制、强化以减贫带贫实效为导向的激励措施、落实致富带头人工作要求等方面做了具体部署。强调每个贫困村要选择3~5名致富带头人,重点对象从已经在贫困村创业人员中遴选,主要是村"两委"成员、村级后备干部、农村党员、小微企业主、农民专业合作社负责人、家庭农场主、种养业大户和农业产业化企业负责人,以及在外创办企业、务工有意愿回村创业的本土人才,和企事业单位意愿到贫困村创业的人员等。国家将根据带贫减贫情况,给予重点扶持。同时,在对口帮扶单位、驻村工作队等的协助下,许多贫困村以及易地搬迁扶贫集中安置点还创造性地开办了扶贫车间,以便让离不开或者不愿意离开家乡的贫困劳动者就近就地转移就业。

专栏4-1:既能就业又能顾家的扶贫车间

顾名思义,"扶贫车间"就是指以扶贫为目的,设在乡村的加工车间,因此也有人称之为"社区工厂"或"卫星工厂"。它以带动脱贫为根本宗旨,以解决农户尤其是贫困户就近就地就业问题为主要目标。扶贫车间既可以建在产业链上，也可以建在产品端上，但必须建在产业链或产品端中的富民环节（区段、工序）上。这是由扶贫车间的固有属性决定的。严格意义上讲，扶贫车间不局限于工业产品或手工艺品加工车间一种方式，还包括种植基地、养殖场等多种方式。扶贫车间是近10年来首先出现在河南、山东等中东部省份的一种带动就业扶贫的新方式，只要符合当地产业基础，企业有吸纳农村劳动力的意向，群众能就近就地就业，均可通过扶贫车间方式加以引导。核心是充分考虑到贫困劳动者受教育程度低、家庭负担重等因素，不能或不愿意外出打工，而企业为了挖掘农村留守人员的人口红利，以产业发展倒逼技术、资本下乡，实现外来资本、技术和产品市场与当地劳动力的有效结合，进而带动扶贫开发。因此可以说，扶贫车间是贫困地区贯彻落实"非产业链招商"理念的重要载体与有效实现形式。这是扶贫车间得以快速发展的理论和实践基础。同时，国家政策的大力支持，也为扶贫车间的发展创造了现实条件。由此，国家需要进一步总结扶贫车间的实践成效和面对的困难及存在的问题，采取有效政策措施引导其向社会企业发展，为巩固拓展脱贫攻坚成果、全面推进乡村振兴、实现农业农村现代化做出更大贡献。

同时，有关政府部门也制定实施了许多相关政策举措，如《关于切实做好就业扶贫工作的指导意见》（2016年）、《关于进一步做好就业扶贫工作有关事项的通知》（2017年）、《关于公布全国就业扶贫基地名单的通知》（2017年）、《进一步加大对外劳务扶贫力度工作方案》（2017年）、《发展手工制作促进贫困残疾妇女就业脱贫行动实施方案》（2017年）、《关于做好2018年就业扶贫工作的通知》（2018年）、《关于下达2018—2020年就业扶贫目标任务的通知》（2018年）、《关于开展深度贫困地区技能扶贫行动的通知》（2018年）、《关于支持设立非遗扶贫就业工坊的通知》（2018年）、《关于扶持残疾人自主就业创业的意见》（2018年）、《助盲就业脱贫行动实施方案》（2018年）、《关于开展2019年春风行动的通知》（2019年）、《关于深入推进技能脱贫千校行动的实施意见》（2019年）、《关于做好易地扶贫搬迁就业帮扶工作的通知》（2019 年）、《关于实施支持和促进重点群体创业就业有关税收政策具体操作问题的公告》（2019 年）、《关于进一步做好就业扶贫工作的通知》（2020 年）等。

三 保障饮水安全

水是包括人类在内所有生命生存的重要资源，也是生物体最重要的组成部分。保障饮水安全，是贫困人口实现"两不愁"的应有之义。2019 年 4 月 16 日，习近平总书记在重庆考察并主持召开解决"两不愁三保障"突出问题座谈会上的讲话，把保障饮水安全作为一个重要方面加以强调，他指出："'三保障'工作不扎实，义务教育、基本医疗、住房安全和饮水安全等方面还存在薄弱环节。""还有大约 104 万贫困人口饮水安全问题没有解决，全国农村有 6000 万人饮水安全需要巩固提升。"而实际上，饮水安全一直都是扶贫开发的重点任务，受到中央及地方政府的高度重视。《11 纲要》把"饮水安全"作为主要目标任务之一，要求"到 2015 年，贫困地区农村饮水安全问题基本得到解决。到 2020 年，农村饮水安全保障程度和自来水普及率进一步提高"。"饮水安全"排在"水、电、路、气、房和环境改善'六到农家'工程"之首，要求积极实施农村饮水安全工程。

《关于创新机制扎实推进农村扶贫开发工作的意见》把"饮水安全"作为需要扎实解决的突出问题之一，要求继续全力推进《全国农村饮水安全工程"十二五"规划》实施，优先安排贫困地区农村饮水安全工程建设，确保到 2015 年解决规划内贫困地区剩余的农村居民和学校师生的饮水安全问题。到 2020 年，农村饮水安全保障程度和自来水普及率进一步提高。要求国家发展改革委、水利部、国家卫生计生委、环境保护部等部委落实。《关于打赢脱贫攻坚战的决定》则把"实施农村饮水安全巩固提升工程，全面解决贫困人口饮水安全问题"作为加快贫困地区基础设施建设、破除发展瓶颈制约的重要方面加以强调。

为了贯彻落实中央的决策部署，国家有关部委积极行动起来，制定实施了许多有针对性的政策举措。2016 年 7 月 27 日，住房和城乡建设部、全国爱卫办、环境保护部、农业部、水利部、国务院扶贫办和中国农业发展银行联合印发了《关于改善贫困村人居卫生条件的指导意见》，把"居民饮用水基本安全"作为基本目标，把"改善农村饮用水条件"作为重要任务之一，要求深入实施贫困村饮水安全巩固提升工程，以设施改造配套为主，以新建、扩建为辅，进一步提高贫困村集中供水率、自来水普及率、供水保证率和水质达标率。分类开展贫困地区水源保护区或保护范围划定，加强饮用水水源规范化建设。推进现有城镇饮用水水质检测服务向农村延伸，定期开展贫困村饮用水水质卫生监测评价。

2018 年 4 月 16 日，国务院扶贫办、教育部、民政部、财政部、自然资源部、住房和城乡建设部、交通运输部、水利部、农业农村部、国家卫健委联合印发了《关于加快推进贫困村提升工程的指导意见》，要求持续实施农村饮水安全巩固提升工程，建设一批适度规模的集中供水工程，综合采取改造、配套、升级、联网等方式，不断提升贫困村供水保障能力和水平。

2018 年 7 月 27 日，水利部、国务院扶贫办和国家卫健委联合印发了《关于坚决打赢农村饮水安全脱贫攻坚战的通知》，从精准识别贫困人口饮水安全问题、切实保障工程建设资金、强化工程建设质量控制、强化工程管理管护和长效运行等方面，对农村饮水安全建设工作做出了部署。

2019 年 6 月 23 日，国务院扶贫开发领导小组印发的《关于解决"两不愁三保障"突出问题的指导意见》强调：目前，农村贫困人口不愁吃、不愁穿问题基本得到解决，但有的贫困人口饮水安全问题没有解决，要求水利部等部门"优先安排项目、优先保障资金、优先落实措施"。加快深度贫困地区、改水任务较重地区和边境地区农村饮水工程建设，保障贫困人口喝上安全水、放心水。

第二节　提高"三保障"水平

"三保障"就是义务教育、基本医疗、住房安全有保障，目标直指人的全面发展。但对于贫困地区，尤其是建档立卡贫困农户来讲，"三保障"还是改善其基本生存环境和发展条件、阻断贫困代际传递的根本措施。中国政府始终高度重视贫困农户的"三保障"工作，采取了许多有效政策举措，全力攻克"三保障"突出问题，通过改善贫困群众的住房条件、教育扶贫、健康扶贫、兜底保障等有力举措，促进贫困群众的全面发展。

一 改善居住条件

安居才能乐业。改善贫困农户的住房条件，实现"危房不住人，住人无危房"是"住房安全有保障"的基本目标。长期以来，尤其是脱贫攻坚战打响以来，中国以易地扶贫搬迁和农村危房改造为主要抓手，采取有效政策举措，努力实现"让贫困人口不住危房"，并配套改善其居住环境。

《11 纲要》把"农村危房改造"作为扶贫开发的主要目标任务，要求"到 2015 年，完成农村困难家庭危房改造 800 万户。到 2020 年，贫困地区群众的居住条件得到显著改善"。为了达至这一目标，除了把易地扶贫搬迁作为专项扶贫的第一任务外，还在整村推进举措上要求实施"水、电、路、气、房和环境改善'六到农家'工程"。针对易地扶贫搬迁，强调要坚持自愿原则，对生存条件恶劣地区扶贫对象实行易地扶贫搬迁。引导其他移民搬迁项目优先在符合条件的贫困地区实施，加强与易地扶贫搬迁项目的衔接，共同促进改善贫困群众的生产生活环境。充分考虑资源条件，因地制宜，有序搬迁，改善生存与发展条件，着力培育和发展后续产业。有条件的地方引导向中小城镇、工业园区移民，创造就业机会，提高就业能力。加强统筹协调，切实解决搬迁群众在生产生活等方面的困难和问题，确保搬得出、稳得住、逐步能致富。

《关于创新机制扎实推进农村扶贫开发工作的意见》把"危房改造工作"作为需要扎实解决的突出问题之一，要求制订贫困地区危房改造计划，继续加大对贫困地区和贫困人口的倾斜力度。明确建设标准，确保改造户住房达到最低建设要求。完善现有危房改造信息系统，并逐步向社会公开。加强对农村危房改造的管理和监督检查。到 2020 年，完成贫困地区存量农村危房改造任务，解决贫困农户住房安全问题。明确由住房和城乡建设部、国家发展改革委、财政部等部委落实。

《关于打赢脱贫攻坚战的决定》也把易地扶贫搬迁作为精准扶贫的重

要内容之一，以搬得出、稳得住、逐步能致富为基本目标，强调对居住在生存条件恶劣、生态环境脆弱、自然灾害频发等地区的农村贫困人口，加快实施易地扶贫搬迁工程。坚持群众自愿、积极稳妥的原则，因地制宜选择搬迁安置方式，合理确定住房建设标准，完善搬迁后续扶持政策，确保搬迁对象有业可就、稳定脱贫，做到搬得出、稳得住、逐步能致富。要紧密结合推进新型城镇化，编制实施易地扶贫搬迁规划，支持有条件的地方依托小城镇、工业园区安置搬迁群众，帮助其尽快实现转移就业，享有与当地群众同等的基本公共服务。加大中央预算内投资和地方各级政府投入力度，创新投融资机制，拓宽资金来源渠道，提高补助标准。积极整合交通建设、农田水利、土地整治、地质灾害防治、林业生态等支农资金和社会资金，支持安置区配套公共设施建设和迁出区生态修复。利用城乡建设用地增减挂钩政策支持易地扶贫搬迁。为符合条件的搬迁户提供建房、生产、创业贴息贷款支持。支持搬迁安置点发展物业经济，增加搬迁户财产性收入。探索利用农民进城落户后自愿有偿退出的农村空置房屋和土地，安置易地搬迁农户。

为了推动易地扶贫搬迁工作的顺利开展，国家出台了《"十三五"时期易地扶贫搬迁工作方案》（2015年）、《全国"十三五"易地扶贫搬迁规划》（2016年）、《关于用好用活增减挂钩政策积极支持扶贫开发及易地扶贫搬迁工作的通知》（2016年）、《易地扶贫搬迁专项建设基金监督管理暂行办法》（2016年）、《关于严格控制易地扶贫搬迁住房建设面积的通知》（2016年）、《易地扶贫搬迁工作成效考核暂行办法》（2016年）、《关于做好易地扶贫搬迁贷款财政贴息工作的通知》（2016年）、《易地扶贫搬迁中央预算内投资管理办法》（2016年）、《关于城乡建设用地增减挂钩支持易地扶贫搬迁有关财政政策问题的通知》（2016年）、《关于调整规范易地扶贫搬迁融资方式的通知》（2018年）、《关于进一步做好调整规范易地扶贫搬迁融资方式有关工作的通知》（2018年）、《关于调整后"十三五"易地扶贫搬迁建档立卡贫困人口分省规模的通知》（2018）、《易地扶贫搬迁事中事后监管巡查工作方案》（2018年）、《关于进一步加强易地扶贫搬迁工程质量安全管理的通知》（2018年）、《关于易地扶贫搬迁税收优惠政策的通知》（2018 年）、《关于切实减轻基层考核负担改进易地扶贫搬迁工作成效综合评价方式的通知》（2018 年）、《关于确认"十三五"易地扶贫搬迁规模的通知》（2019 年）、《2019 年易地扶贫搬迁监管巡查工作方案》（2019 年）、《关于上下联动进一步加强易地扶贫搬迁监管巡查工作的通知》（2019 年）、《关于做好易地扶贫搬迁就业帮扶工作的通知》（2019 年）、《新时期易地扶贫搬迁工作百问百答》（2019 年）等。

配合以上易地扶贫搬迁相关政策的有效实施，2016 年，住房和城乡建设部等部门印发了《关于加强建档立卡贫困户等重点对象危房改造工作的指导意见》，2017 年印发了《关于加强和完善建档立卡贫困户等重点对象农村危房改造若干问题的通知》，2019 年又印发了《关于决战决胜脱贫攻坚 进一步做好农村危房改造工作的通知》等文件。

随着这些政策举措的深入实施，贫困农户的住房条件得到显著改善，但正如国务院扶贫开发领导小组印发的《关于解决"两不愁三保障"突出问题的指导意见》所强调的，"有的贫困户仍住危房，有的住房没有进行危房鉴定。同时，一些地方和部门盲目拔高标准……危房改造变成拆旧房盖大房住好房"。为此，中央进一步明确："贫困人口住房安全有保障，主要是指对于现居住在 C 级和 D 级危房的贫困户等重点对象，通过进行危房改造或其他有效措施，保障其不住危房。"重点是"加强对深度贫困地区的倾斜支持和技术帮扶，采取多种措施保障贫困人口基本住房安全"。

二 阻击因贫失学

接受义务教育是每个公民的基本权利和义务。但对于贫困农户家庭的子女来说，过去很长一段时期，要获得这种权利并不是一件容易的事，而其父母要履行让子女接受义务教育的义务也不是一件容易的事。说到底主要是经济问题。因为家庭经济困难导致部分贫困农户的子女无法获得充分教育，甚至连义务教育都得不到满足，在一些贫困地区不是个别情况。习近平总书记 2019 年 4 月 16 日在重庆考察并主持召开解决"两不愁三保障"突出问题座谈会上的讲话指出："全国有 60 多万义务教育阶段孩子辍学。乡镇寄宿制学校建设薄弱，一部分留守儿童上学困难。"同时，因为家庭有子女读书很成器而使家庭陷入贫困的情况也不在少数。这是中国提出保障贫困家庭子女获得义务教育的基本逻辑。为此，中央政府及各级地方政府采取诸多有效措施，确保贫困家庭子女不因家庭贫困而失去获得义务教育的权利和机会，并通过各种帮扶措施的有效组合，阻击贫困家庭子女各学龄段都不会因贫困而失学，更不能因上学而使家庭陷入贫困。

《11纲要》对贫困地区和贫困家庭的教育帮扶做了很详细的目标任务定位："到2015年，贫困地区学前三年教育毛入园率有较大提高；巩固提高九年义务教育水平；高中阶段教育毛入学率达到80%；保持普通高中和中等职业学校招生规模大体相当；提高农村实用技术和劳动力转移培训水平；扫除青壮年文盲。到2020年，基本普及学前教育，义务教育水平进一步提高，普及高中阶段教育，加快发展远程继续教育和社区教育。"在行业扶贫中就"发展教育事业"进行了专门论述，要求推进边远贫困地区适当集中办学，加快寄宿制学校建设，加大对边远贫困地区学前教育的扶持力度，逐步提高农村义务教育家庭经济困难寄宿生生活补助标准。免除中等职业教育学校家庭经济困难学生和涉农专业学生学费，继续落实国家助学金政策。在民族地区全面推广国家通用语言文字。推动农村中小学生营养改善工作。关心特殊教育，加大对各级各类残疾学生扶助力度。继续实施东部地区对口支援中西部地区高等学校计划和招生协作计划。

《关于创新机制扎实推进农村扶贫开发工作的意见》把"教育扶贫工作"作为需要扎实解决的突出问题之一，要求全面实施教育扶贫工程。重点是科学布局农村义务教育学校，保障学生就近上学。大力发展现代职业教育，办好一批中、高等职业学校，支持一批特色优势专业，培育当地产业发展需要的技术技能人才。完善职业教育对口支援机制，鼓励东部地区职业院校（集团）对口支援贫困地区职业院校。国家制定奖补政策，实施中等职业教育协作计划，支持贫困地区初中毕业生到省内外经济较发达地区中等职业学校接受教育。广泛开展职业技能培训，使未继续升学的初、高中毕业生等新成长劳动力都能接受适应就业需求的职业培训。继续推进面向贫困地区定向招生专项计划和支援中西部地区招生协作计划的实施，不断增加贫困地区学生接受优质高等教育机会。到2015年，贫困地区义务教育巩固率达到90%以上,学前三年教育毛入园率达到55%以上,高中阶段毛入学率达到80%以上。到2020年,贫困地区基本普及学前教育,义务教育水平进一步提高,普及高中阶段教育,基础教育办学质量有较大提升,职业教育体系更加完善,教育培训就业衔接更加紧密,高等教育服务区域经济社会发展能力和继续教育服务劳动者就业创业能力持续提高。要求教育部、国家发展改革委、财政部、国务院扶贫办、人力资源和社会保障部、公安部、农业农村部等部门抓好落实工作。

《关于打赢脱贫攻坚战的决定》则把着力加强教育扶贫作为精准扶贫精准脱贫的重要内容之一,要求加快实施教育扶贫工程,让贫困家庭子女都能接受公平有质量的教育,阻断贫困代际传递。国家教育经费向贫困地区、基础教育倾斜。健全学前教育资助制度,帮助农村贫困家庭幼儿接受学前教育。稳步推进贫困地区农村义务教育阶段学生营养改善计划。加大对乡村教师队伍建设的支持力度,特岗计划、国培计划向贫困地区基层倾斜,为贫困地区乡村学校定向培养留得下、稳得住的一专多能教师,制定符合基层实际的教师招聘引进办法,建立省级统筹乡村教师补充机制,推动城乡教师合理流动和对口支援。全面落实连片特困地区乡村教师生活补助政策,建立乡村教师荣誉制度。合理布局贫困地区农村中小学校,改善基本办学条件,加快标准化建设,加强寄宿制学校建设,提高义务教育巩固率。普及高中阶段教育,率先对建档立卡的家庭经济困难学生实施普通高中免除学杂费、中等职业教育免除学杂费,让未升入普通高中的初中毕业生都能接受中等职业教育。加强有专业特色并适应市场需求的中等职业学校建设,提高中等职业教育国家助学金资助标准。努力办好贫困地区特殊教育和远程教育。建立保障农村和贫困地区学生上重点高校的长效机制,加大对贫困家庭大学生的救助力度。对贫困家庭离校未就业的高校毕业生提供就业支持。实施教育扶贫结对帮扶行动计划。

为了把这些政策举措落实落细,有关部门还制定实施了具体的政策举措,如《教育脱贫攻坚"十三五"规划》(2016年)、《职业教育东西协作行动计划(2016—2020年)》(2016年)、《普通高中建档立卡家庭经济困难学生免除学杂费政策对象的认定及学费减免工作暂行办法》(2016年)、

《职业教育东西协作行动计划（2016—2020 年）实施方案》（2017 年）、《深度贫困地区教育脱贫攻坚实施方案（2018—2020 年）》（2018 年）、《关于做好家庭经济困难学生认定工作的指导意见》（2018 年）、《关于开展"学前学会普通话"行动的通知》（2018 年）等。这些政策举措，除了对教育扶贫攻坚做了总体规划和行动计划外，还对贫困家庭学生的认定及资助政策做了明确规定，对职业教育及其东西部协作做了具体安排，甚至对学前学会普通话等都有了具体部署。这不仅保证贫困家庭子女不会因家庭经济困难而失学，而且通过国家助学金、奖学金、社会关爱行动等，让贫困家庭的子女能够继续接受高中、大学教育。这对于阻断贫困的代际传递起到了重要作用。

三　改善健康状况

个人健康是立身之本，人民健康是立国之基。让每个人都有良好的身体，是立身之本和立国之基的基础。而人不可能不生病，生病就要就医。当下，医疗费用已经成为家庭开支的重要组成部分，对于贫困家庭来说，因病致贫、因病返贫和因贫致病相互掣肘，成为他们摆脱贫困的一大障碍。为此，中国把保障"基本医疗"作为"三保障"之一，目标就是使"所有贫困人口都参加医疗保险制度，常见病、慢性病有地方看、看得起，得了大病、重病后基本生活过得去"①。重点是将贫困人口全部纳入城乡居民基本医疗保险、大病保险和医疗救助保障范围，推进县、乡、村三级卫生服务标准化建设，全面落实农村贫困人口县域内定点医疗机构住院治疗先诊疗后付费，加强对贫困地区慢性病、常见病的防治，开展地方病和重大传染病攻坚行动，开展和规范家庭医生签约服务，推进一站式结算服务，实施"三个一批"行动计划，切实将健康扶贫政策及措施落到实处，惠及广大贫困人群，筑牢立身之本和立国之基。

《11 纲要》把"医疗卫生"作为重要目标任务之一，要求"到 2015 年，贫困地区县、乡、村三级医疗卫生服务网基本健全，县级医院的能力

---

① 习近平：《在解决"两不愁三保障"突出问题座谈会上的讲话（2019 年 4 月 16 日）》，《求是》2019 年第 16 期。

和水平明显提高，每个乡镇有 1 所政府举办的卫生院，每个行政村有卫生室；新型农村合作医疗参合率稳定在 90% 以上，门诊统筹全覆盖基本实现；逐步提高儿童重大疾病的保障水平，重大传染病和地方病得到有效控制；每个乡镇卫生院有 1 名全科医生。到 2020 年，贫困地区群众获得公共卫生和基本医疗服务更加均等"。要求行业扶贫围绕"改善公共卫生和人口服务管理"来开展工作，其中改善公共卫生强调要提高新型农村合作医疗和医疗救助保障水平。进一步健全贫困地区基层医疗卫生服务体系，改善医疗与康复服务设施条件。加强妇幼保健机构能力建设。加大重大疾病和地方病防控力度。继续实施万名医师支援农村卫生工程，组织城市医务人员在农村开展诊疗服务、临床教学、技术培训等多种形式的帮扶活动，提高县医院和乡镇卫生院的技术水平和服务能力。

《关于创新机制扎实推进农村扶贫开发工作的意见》则要求，进一步健全贫困地区基层卫生计生服务体系，加强妇幼保健机构能力建设，加大重大疾病和地方病防控力度，采取有效措施逐步解决因病致贫、因病返贫问题。加强贫困地区计划生育工作，加大对计划生育扶贫对象的扶持力度。到 2015 年，贫困地区县、乡、村三级卫生计生服务网基本健全，县级医院的能力和水平明显提高，每个乡镇有 1 所政府举办的卫生院，每个行政村有卫生室；新型农村合作医疗参合率稳定在 90% 以上；逐步提高儿童医疗卫生保障水平，重大传染病和地方病得到有效控制。到 2020 年，贫困地区群众获得的公共卫生和基本医疗服务更加均等，服务水平进一步提高。授权国家卫生计生委、国家发展改革委、财政部等落实。

而《关于打赢脱贫攻坚战的决定》则围绕开展医疗保险和医疗救助脱贫做了更具体的政策安排。核心是实施健康扶贫工程，保障贫困人口享有基本医疗卫生服务，努力防止因病致贫、因病返贫。对贫困人口参加新型农村合作医疗个人缴费部分由财政给予补贴。新型农村合作医疗和大病保险制度对贫困人口实行政策倾斜，门诊统筹率先覆盖所有贫困地区，降低贫困人口大病费用实际支出，对新型农村合作医疗和大病保险支付后自负费用仍有困难的，加大医疗救助、临时救助、慈善救助等帮扶力度，将贫困人口全部纳入重特大疾病救助范围，使贫困人口大病医治得到有效保障。加大农村贫困残疾人康复服务和医疗救助力度，增加纳入基本医疗保险范围的残疾人医疗康复项目。建立贫困人口健康卡。对贫困人口大病实行分类救治和先诊疗后付费的结算机制。建立全国三级医院（含军队和武警部队医院）与连片特困地区县和国家扶贫开发工作重点县县级医院稳定持续的一对一帮扶关系。完成贫困地区县、乡、村三级医疗卫生服务网络标准化建设，积极促进远程医疗诊治和保健咨询服务向贫困地区延伸。为贫困地区县、乡医疗卫生机构订单定向免费培养医学类本专科学生，支持贫困地区实施全科医生和专科医生特设岗位计划，制定符合基层实际的人才招聘引进办法。支持和引导符合条件的贫困地区乡村医生按规定参加城镇职工基本养老保险。采取针对性措施，加强贫困地区传染病、地方病、慢性病等防治工作。全面实施贫困地区儿童营养改善、新生儿疾病免费筛查、妇女"两癌"免费筛查、孕前优生健康免费检查等重大公共卫生项目。加强贫困地区计划生育服务管理工作。

在此基础上，国家有关部门对进一步做好健康扶贫工作制定实施了更周密的政策举措。如《关于实施健康扶贫工程的指导意见》（2016年）、《健康扶贫工作考核办法》（2016年）、《加强三级医院对口帮扶贫困县县级医院工作方案》（2016年）、《关于开展健康扶贫工程示范县建设的通知》（2017年）、《农村贫困人口大病专项救治工作方案》（2017年）、《健康扶贫工程"三个一批"行动计划》（2017年）、《"光明扶贫工程"工作方案》（2017年）、《关于成立"光明扶贫工程"工作协调小组的通知》（2018年）、《"光明扶贫工程"资金管理办法》（2018年）、《健康扶贫三年攻坚行动实施方案》（2018年）、《关于进一步加强农村贫困人口大病专项救治工作的通知》（2018年）、《贫困地区健康促进三年攻坚行动方案》（2018年）、《解决贫困人口基本医疗有保障突出问题工作方案》（2019年）、《尘肺病防治攻坚行动方案》（2019年）、《关于做好2019年农村贫困人口大病专项救治工作的通知》（2019年）、《关于再次调整部分三级医院帮扶贫困县县级医院对口关系的通知》（2019年）、《加强三级中医医院对口帮扶贫困县县级中医医院工作方案》（2019年）等。

专栏 4 - 2：云南省曲靖市"三个一批"织牢贫困人口健康网

为了有效解决贫困人口因病致贫、因病返贫难题，曲靖市积极响应国家和省委、省人民政府的号召，于 2017 年启动了"三个一批"行动计划，对核实核准患有大病和长期慢性病的农村贫困人口，根据患病情况，实施分类分批救治。

（1）大病集中救治一批。通过整合城乡医保、大病保险、医疗救助等保障制度，实施按病种、分批次对罹患大病的农村贫困人口进行集中救治，切实减轻农村贫困大病患者的病痛疾苦及其家庭经济负担，力争将符合条件的救治对象的医疗费用自付比例降至 10% 以内。首批实施救治的病种为食管癌、胃癌、结肠癌、直肠癌、肺癌、终末期肾病、重性精神病、儿童白血病（含急性淋巴细胞白血病、急性早幼粒细胞白血病）和儿童先天性心脏病（含房间隔缺损、室间隔缺损、动脉导管未闭、肺动脉瓣狭窄、法式四联症以及合并两种或以上的复杂性先天性心脏病）、耐多药结核病等 10 类 16 个病种。实行"六定"（定对象、定病种、定机构、定费用、定方案、定专家）诊疗，实现 100% 基层首诊和县域内分级诊疗，确保实际报销比例达到 85% 以上。

（2）慢病预约服务管理一批。开展慢病患者健康管理，对患有慢性疾病的农村贫困人口实行签约健康管理。优先覆盖老年人、孕产妇、儿童、残疾人等人群，以及高血压、糖尿病、结核病等慢性疾病，以及严重精神障碍患者、计划生育特殊家庭、建档立卡贫困人口等重点人群。对建档立卡贫困人口个人承担的签约服务费 12 元，由各县（市、区）从财政专项扶贫基金中列支。2017 年末，家庭医生签约服务覆盖率达到 30% 以上，重点人群签约服务覆盖率达到 60% 以上，建档立卡贫困人口和计划生育特殊家庭签约服务覆盖率达到 100%。2020 年，将签约服务扩大到全部人群，形成长期稳定的契约服务关系，基本实现家庭医生签约服务制度的全覆盖。

（3）重病兜底保障一批。加快落实《曲靖市建档立卡贫困户人身意外及大病救助保险试点方案》，由省、市、县三级参与"挂包帮"

的帮扶单位为挂钩帮扶贫困村的贫困户家庭成员每人投保一份"曲靖市建档立卡贫困户人身意外及大病救助保险",第一年保费每人65元。被保险人经城乡居民基本医疗保险、大病补充保险报销后,剩余符合《曲靖市城乡居民基本医疗保险报销目录》的个人自付部分纳入大病救助医疗补充费用保险,在扣除500元免赔额后按分段累进制给予赔付,500元（含）以上至10000元以下按70%比例赔付,10000元（含）以上至20000元（含）按75%比例赔付。确保建档立卡贫困人口年度个人支付的医疗费用不超过曲靖市农村常住居民人均可支配收入的平均水平。

四 筑牢兜底保障

为了强化对建档立卡贫困人口的社会安全保障,在做实做细"三保障"的基础上,还为贫困人口加了最后一道"安全阀",即社会兜底保障,重点是建立和完善以社会保险、社会救助、社会福利制度为主体,以社会帮扶、社工服务为辅助的综合社会保障体系,不断健全社会救助体系,推进农村低保制度与扶贫开发制度的有效衔接,加强基层社会救助经办服务能力建设,为完全丧失劳动能力和部分丧失劳动能力且无法依靠产业就业帮扶的贫困人口提供兜底保障。

《11纲要》要求把社会保障作为解决温饱问题的基本手段,并明确了具体的目标任务,即到2015年,农村最低生活保障制度、五保供养制度和临时救助制度进一步完善,实现新型农村社会养老保险制度全覆盖。到2020年,农村社会保障和服务水平进一步提升。在政策体系上明确要求实现扶贫开发与社会保障的有机结合。在此基础上,把完善社会保障制度作为行业扶贫的主要任务,要求逐步提高农村最低生活保障和五保供养水平,切实保障没有劳动能力和生活常年困难的农村人口的基本生活。健全自然灾害应急救助体系,完善受灾群众生活救助政策。加快新型农村社会养老保险制度覆盖进度,支持贫困地区加强社会保障服务体系建设。加快农村养老机构和服务设施建设,支持贫困地区建立健全养老服务体系,解决广大老年人养老问题。加快贫困地区社区建设。做好村庄规划，扩大农村危房改造试点，帮助贫困户解决基本住房安全问题。完善农民工就业、社会保障和户籍制度改革等政策。《关于创新机制扎实推进农村扶贫开发工作的意见》也要求"坚持扶贫开发和农村最低生活保障制度有效衔接"。

《关于打赢脱贫攻坚战的决定》在指导思想上明确要求"坚持扶贫开发与社会保障有效衔接"。在此基础上要求实行农村最低生活保障制度兜底脱贫。重点是完善农村最低生活保障制度，对无法依靠产业扶持和就业帮助脱贫的家庭实行政策性保障兜底。加大农村低保省级统筹力度，低保标准较低的地区要逐步达到国家扶贫标准。尽快制定农村最低生活保障制度与扶贫开发政策有效衔接的实施方案。进一步加强农村低保申请家庭经济状况核查工作，将所有符合条件的贫困家庭纳入低保范围，做到应保尽保。加大临时救助制度在贫困地区的落实力度。提高农村特困人员供养水平，改善供养条件。抓紧建立农村低保和扶贫开发的数据互通、资源共享信息平台，实现动态监测管理、工作机制有效衔接。加快完善城乡居民基本养老保险制度，适时提高基础养老金标准，引导农村贫困人口积极参保续保，逐步提高保障水平。有条件、有需求的地区可以实施"以粮济贫"。

为了使以上中央政策产生实效，国家有关部门还制定实施了许多有针对性的政策举措，如《贫困残疾人脱贫攻坚行动计划（2016—2020 年）》（2016 年）、《关于切实做好社会保险扶贫工作的意见》（2017 年）、《关于进一步加强农村最低生活保障制度与扶贫开发政策有效衔接的通知》（2017 年）、《关于加强农村留守老年人关爱服务工作的意见》（2017 年）、《关于在脱贫攻坚三年行动中切实做好社会救助兜底保障工作的实施意见》（2018 年）、《着力解决因残致贫家庭突出困难的实施方案》（2018 年）、《深度贫困地区特困人员供养服务设施（敬老院）建设改造行动计划》（2018 年）、《关于检察机关国家司法救助工作支持脱贫攻坚的实施意见》（2019 年）等。

第三节　强化基础支撑

针对贫困地区发展基础差、发展条件严重滞后的现实，脱贫攻坚把强化贫困地区的基础支撑作为工作重点，牢固树立脱贫攻坚，交通先行的理念，加大力度补齐以交通为主的基础设施短板。将生态建设与脱贫攻坚有机结合，既发挥贫困农户在生态建设中的主体作用，又让贫困人群和贫困地区在保护生态中实现脱贫增收。同时，加大财政金融支持力度，为贫困地区和贫困农户发展提供强大投入保障。

一　强化交通支撑

交通是制约贫困地区发展的短板之一，更是贫困农户脱贫致富的最大瓶颈。党中央和各级地方政府本着交通是大民生、大硬件的理念，系统谋划贫困地区的交通建设，在抓好高速公路、高速铁路、民用航空建设的同时，以"农村四好路"和"美丽公路"等为抓手，进行科学谋划、完善设计、强化资金保障、明确建设标准、严格项目监管，加快推进农村公路建设，全力提升农村公路建设、运营、管理和养护水平。

《11 纲要》把农村交通建设作为主要目标任务之一，要求"到 2015年，提高贫困地区县城通二级及以上高等级公路比例，除西藏外，西部地区 80％的建制村通沥青（水泥）路，稳步提高贫困地区农村客运班车通达率。到 2020 年，实现具备条件的建制村通沥青（水泥）路，推进村庄内道路硬化，实现村村通班车，全面提高农村公路服务水平和防灾抗火能力"。把道路建设作为水、电、路、气、房和环境改善"六到农家"工程的重要组成部分，明确必须加快贫困地区通乡、通村道路建设，加快农村物流基础设施建设，积极发展农村物流配送。

《关于创新机制扎实推进农村扶贫开发工作的意见》把"村级道路畅通工作"作为需要扎实解决的突出问题之一，提出要按照《全国农村公路建设规划》确定的目标任务，结合村镇行政区划调整、易地扶贫搬迁、特色产业发展和农村物流等工作，加大对贫困地区农村公路建设支持力度。加强安全防护设施建设和中小危桥改造，提高农村公路的服务水平和防灾抗灾能力。到 2015 年，提高贫困地区县城通二级及以上高等级公路比例，除西藏外，西部地区 80％的建制村通沥青（水泥）路，稳步提高贫困地区农村客运班车通达率，解决溜索等特殊问题。到 2020 年，实现具备条件的建制村通沥青、水泥路和通班车。授权交通运输部、国家发展改革委、财政部等部委落实。

《关于打赢脱贫攻坚战的决定》把交通作为需要加快破除的瓶颈之一，强调要推动国家铁路网、国家高速公路网连接贫困地区的重大交通项目建设，提高国道省道技术标准，构建贫困地区外通内联的交通运输通道。大幅度增加中央投资投入中西部地区和贫困地区的铁路、公路建设，继续实施车购税对农村公路建设的专项转移政策，提高贫困地区农村公路建设补助标准，加快完成具备条件的乡镇和建制村通硬化路的建设任务，加强农村公路安全防护和危桥改造，推动一定人口规模的自然村通公路。同时，还把加大"互联网＋"扶贫力度单独作为一个需要破除的瓶颈。要求完善电信普遍服务补偿机制，加快推进宽带网络覆盖贫困村。实施电商扶贫工程。加快贫困地区物流配送体系建设，支持邮政、供销合作等系统在贫困乡村建立服务网点。支持电商企业拓展农村业务，加强贫困地区农产品网上销售平台建设。加强贫困地区农村电商人才培训。对贫困家庭开设网店给予网络资费补助、小额信贷等支持。开展互联网为农便民服务，提升贫困地区农村互联网金融服务水平，扩大信息进村入户覆盖面。

除交通基础设施外，国家也非常重视贫困地区的农田水利和电力基础设施建设工作。对于农田水利基础设施来说，《11纲要》也作为主要目标任务来部署，要求"到2015年，贫困地区基本农田和农田水利设施有较大改善，保障人均基本口粮田。到2020年，农田基础设施建设水平明显提高"。主要工作是推进贫困地区土地整治，加快中低产田改造，开展土地平整，提高耕地质量。推进大中型灌区续建配套与节水改造和小型农田水利建设，发展高效节水灌溉，扶持修建小微型水利设施，抓好病险水库（闸）除险加固工程和灌溉排水泵站更新改造，加强中小河流治理、山洪地质灾害防治及水土流失综合治理。而《关于打赢脱贫攻坚战的决定》则强调要加强贫困地区重大水利工程、病险水库水闸除险加固、灌区续建配套与节水改造等水利项目建设。小型农田水利、"五小水利"工程等建设向贫困村倾斜。加大对贫困地区抗旱水源建设、中小河流治理、水土流失综合治理力度。加强山洪和地质灾害防治体系建设。此外，2016年8月5

日，水利部和国务院扶贫办联合印发了《关于实施水利扶贫开发行动的指导意见》，对实施水利扶贫开发行动的总体要求、加强贫困地区水利基础设施建设、提升贫困地区水利管理服务水平、健全水利精准扶贫工作机制、完善水利扶贫开发保障措施等做了具体部署。

就电力基础设施建设来说，《11 纲要》除了作为主要目标外，也作为行业扶贫的主要任务。目标是"到 2015 年，全面解决贫困地区无电行政村用电问题，大幅度减少西部偏远地区和民族地区无电人口数量。到 2020 年，全面解决无电人口用电问题"。要求继续推进新农村电气化、小水电代燃料工程建设和农村电网改造升级，实现城乡用电同网同价。《关于创新机制扎实推进农村扶贫开发工作的意见》也把农村电力保障工作作为需要扎实解决的突出问题之一，强调要与易地扶贫搬迁规划相衔接，加大农村电网升级改造工作力度。落实《全面解决无电人口用电问题三年行动计划（2013—2015 年）》，因地制宜采取大电网延伸以及光伏、风电光电互补、小水电等可再生能源分散供电方式。到 2015 年，全面解决无电人口用电问题。而《关于打赢脱贫攻坚战的决定》则把大力扶持贫困地区农村水电开发作为贫困地区需要加强的基础设施建设内容之一，强调要加快推进贫困地区农网改造升级，全面提升农网供电能力和供电质量，制定贫困村通动力电规划，提升贫困地区电力普遍服务水平。增加贫困地区年度发电指标。提高贫困地区水电工程留存电量比例。加快推进光伏扶贫工程，支持光伏发电设施接入电网运行，发展光伏农业。

二 夯实生态基础

"良好生态环境是农村最大优势和宝贵财富。"[1] 生态环境对于贫困地区和贫困农户来说，有的可能是重要致贫原因，即生态环境破坏导致生存发展条件恶化；有的可能是重要发展条件，即过去由于封闭，生态环境较为良好，现在可以成为脱贫致富的重要资源。中国政府坚持扶贫开发与生态保护并重，通过实施退耕还林还草、森林管护、陡坡地治理、生态效益

---

[1] 中共中央党史和文献研究院编《习近平关于"三农"工作论述摘编》，中央文献出版社，2019，第 111 页。

补偿等生态扶贫工程，推动贫困地区扶贫开发与生态环境建设和生态保护相协调、脱贫致富与可持续发展相促进，使贫困人口从生态环境建设和生态保护与修复中得到越来越多的实惠，甚至成为最重要的脱贫致富举措。

《11 纲要》把"林业和生态"作为主要目标任务之一，要求"到 2015年，贫困地区森林覆盖率比 2010 年底增加 1.5 个百分点。到 2020 年，森林覆盖率比 2010 年底增加 3.5 个百分点"。在易地扶贫搬迁专项扶贫工作中，强调要对生存条件恶劣地区扶贫对象实行易地扶贫搬迁。引导其他移民搬迁项目优先在符合条件的贫困地区实施，加强与易地扶贫搬迁项目的衔接，共同促进改善贫困群众的生产生活环境。充分考虑资源条件，因地制宜，有序搬迁，改善生存与发展条件，着力培育和发展后续产业。而在行业扶贫工作中，把"生态建设"作为重要内容之一，强调加强草原保护和建设，加强自然保护区建设和管理，大力支持退牧还草工程。采取禁牧、休牧、轮牧等措施，恢复天然草原植被和生态功能。加大泥石流、山体滑坡、崩塌等地质灾害防治力度，重点抓好灾害易发区内的监测预警、搬迁避让、工程治理等综合防治措施。

《关于创新机制扎实推进农村扶贫开发工作的意见》要求对限制开发区域和生态脆弱的国家扶贫开发工作重点县取消地区生产总值考核，转而把提高贫困人口生活水平和减少贫困人口数量作为主要指标，引导贫困地区党政领导班子和领导干部把工作重点放在扶贫开发上，并把"生态建设"作为需要扎实解决的十大重点工作之一。

而《关于打赢脱贫攻坚战的决定》则把"坚持扶贫开发与生态保护并重"作为指导思想，把"坚持保护生态，实现绿色发展"作为需要坚持的基本原则之一，要求"牢固树立绿水青山就是金山银山的理念，把生态保护放在优先位置，扶贫开发不能以牺牲生态为代价，探索生态脱贫新路子，让贫困人口从生态建设与修复中得到更多实惠"，并将"结合生态保护脱贫"作为精准扶贫重要举措之一。重点是实施退耕还林还草、天然林保护、防护林建设、石漠化治理、防沙治沙、湿地保护与恢复、坡耕地综合整治、退牧还草、水生态治理等重大生态工程，在项目和资金安排上进一步向贫困地区倾斜，提高贫困人口的参与度和受益水平。加大贫困地区生态保护修复力度，增加重点生态功能区转移支付。结合建立国家公园体制，创新生态资金使用方式，利用生态补偿和生态保护工程资金使当地有劳动能力的部分贫困人口转为护林员等生态保护人员。合理调整贫困地区基本农田保有指标，加大贫困地区新一轮退耕还林还草力度。开展贫困地区生态综合补偿试点，健全公益林补偿标准动态调整机制，完善草原生态保护补助奖励政策，推动地区间建立横向生态补偿制度。同时，在易地扶贫搬迁方面，除强调"对居住在生存条件恶劣、生态环境脆弱、自然灾害频发等地区的农村贫困人口，加快实施易地扶贫搬迁工程"外，还要求积极整合交通建设、农田水利、土地整治、地质灾害防治、林业生态等支农资金和社会资金，支持安置区配套公共设施建设和迁出区生态修复。

为了使上述政策落到实处，2018年1月18日，国家发展改革委会同国家林业局、财政部、水利部、农业部和国务院扶贫办，联合印发了《生态扶贫工作方案》，从总体要求、工作目标、帮扶途径、主要任务和保障措施等方面做了详细部署。指导思想明确要求："坚持扶贫开发与生态保护并重，采取超常规举措，通过实施重大生态工程建设、加大生态补偿力度、大力发展生态产业、创新生态扶贫方式等，切实加大对贫困地区、贫困人口的支持力度，推动贫困地区扶贫开发与生态保护相协调、脱贫致富与可持续发展相促进，使贫困人口从生态保护与修复中得到更多实惠，实现脱贫攻坚与生态文明建设'双赢'。"贫困人口参与生态扶贫的具体途径包括：通过参与工程建设获取劳务报酬，通过生态公益性岗位得到稳定的工资性收入，通过生态产业发展增加经营性收入和财产性收入，通过生态保护补偿等政策增加转移性收入。

三　强化投入保障

扶贫的实质就是外界对贫困地区和贫困人口提供物质和精神帮助。而中国所坚持的开发式扶贫，核心是通过外界的帮扶，带动贫困地区和贫困人口积极行动起来，在不断改善生产生活条件的同时，努力发展生产，增加收入，提高生活水平，最终实现脱贫致富。从这个意义上讲，必要的国家投入不仅是重要保障，而且是基础性支撑。中央政府及各级地方政府持

续加大专项扶贫资金投入、整合各项财政涉农资金；不断创新和完善金融
扶贫政策，拓宽金融扶贫路径；充分调动全社会力量支援贫困地区、帮扶
贫困群众；鼓励贫困群众积极投工投劳，自筹发展资金。在多方力量的共
同参与下，形成了以财政专项扶贫资金、财政涉农整合资金、行业部门扶
贫资金、对口帮扶资金和金融扶贫资金为主的扶贫投入体系，为打赢脱贫
攻坚战奠定了坚实的物质基础。

《11纲要》把"中央和地方财政逐步增加扶贫开发投入"、"金融服
务"和"加强扶贫资金使用管理"作为三个重要政策保障。财政投入要求
中央财政扶贫资金的新增部分主要用于连片特困地区。加大中央和省级财
政对贫困地区的一般性转移支付力度。加大中央集中彩票公益金支持扶贫
开发事业的力度。金融服务强调继续完善国家扶贫贴息贷款政策。积极推
动贫困地区金融产品和服务方式创新，鼓励开展小额信用贷款，努力满足
扶贫对象发展生产的资金需求。继续实施残疾人康复扶贫贷款项目。尽快
实现贫困地区金融机构空白乡镇的金融服务全覆盖。引导民间借贷规范发
展，多方面拓宽贫困地区融资渠道。鼓励和支持贫困地区县域法人金融机
构将新增可贷资金70%以上留在当地使用。积极发展农村保险事业，鼓励
保险机构在贫困地区建立基层服务网点。完善中央财政农业保险保费补贴
政策。针对贫困地区特色主导产业，鼓励地方发展特色农业保险。加强贫
困地区农村信用体系建设。加强资金管理，要求财政扶贫资金主要投向连
片特困地区、重点县和贫困村，集中用于培育特色优势产业、提高扶贫对
象发展能力和改善扶贫对象基本生产生活条件，逐步扩大直接扶持到户资
金规模。创新扶贫资金到户扶持机制，采取多种方式，使扶贫对象得到直
接有效扶持。使用扶贫资金的基础设施建设项目，要确保扶贫对象优先受
益，产业扶贫项目要建立健全带动贫困户脱贫增收的利益联结机制。完善
扶贫资金和项目管理办法，开展绩效考评。建立健全协调统一的扶贫资金
管理机制。全面推行扶贫资金项目公告公示制，强化审计监督，拓宽监管
渠道，坚决查处挤占挪用、截留和贪污扶贫资金的行为。

《关于创新机制扎实推进农村扶贫开发工作的意见》把"改革财政专
项扶贫资金管理机制"和"完善金融服务机制"作为重点机制。财政资金

管理要求各级政府逐步增加财政专项扶贫资金投入，加大资金管理改革力度，增强资金使用的针对性和实效性，项目资金要到村到户，切实使资金直接用于扶贫对象。把资金分配与工作考核、资金使用绩效结果评价相结合，探索以奖代补等竞争性分配办法。简化资金拨付流程，项目审批权限原则上下放到县。以扶贫攻坚规划和重大扶贫项目为平台，整合扶贫和相关涉农资金，集中解决突出贫困问题。积极探索政府购买公共服务等有效做法。加强资金监管，强化地方责任，省、市两级政府主要负责资金和项目监管，县级政府负责组织实施好扶贫项目，各级人大常委会要加强对资金审计结果的监督，管好用好扶贫资金。坚持和完善资金项目公告公示制度，积极发挥审计、纪检、监察等部门作用，加大对违纪违法行为的惩处力度。逐步引入社会力量，发挥社会监督作用。

金融服务则强调充分发挥政策性金融的导向作用，支持贫困地区基础设施建设和主导产业发展。引导和鼓励商业性金融机构创新金融产品和服务，增加贫困地区信贷投放。在防范风险前提下，加快推动农村合作金融发展，增强农村信用社支农服务功能，规范发展村镇银行、小额贷款公司和贫困村资金互助组织。完善扶贫贴息贷款政策，增加财政贴息资金，扩大扶贫贴息贷款规模。进一步推广小额信用贷款，推进农村青年创业小额贷款和妇女小额担保贷款工作。推动金融机构网点向贫困乡镇和社区延伸，改善农村支付环境，加快信用户、信用村、信用乡（镇）建设，发展农业担保机构，扩大农业保险覆盖面。改善对农业产业化龙头企业、家庭农场、农民合作社、农村残疾人扶贫基地等经营组织的金融服务。全面落实企业扶贫捐赠税前扣除、各类市场主体到贫困地区投资兴业等相关支持政策。

《关于打赢脱贫攻坚战的决定》的指导思想明确要"举全党全社会之力，坚决打赢脱贫攻坚战"，并把"坚持政府主导，增强社会合力"作为一条基本原则，要求"强化政府责任，引领市场、社会协同发力，鼓励先富帮后富，构建专项扶贫、行业扶贫、社会扶贫互为补充的大扶贫格局"。在此基础上，把"加大财政扶贫投入力度"和"加大金融扶贫力度"作为两个重要政策保障支撑体系。

　　加大财政扶贫投入力度要求发挥政府投入在扶贫开发中的主体和主导作用，积极开辟扶贫开发新的资金渠道，确保政府扶贫投入力度与脱贫攻坚任务相适应。中央财政继续加大对贫困地区的转移支付力度，中央财政专项扶贫资金规模实现较大幅度增长，一般性转移支付资金、各类涉及民生的专项转移支付资金和中央预算内投资进一步向贫困地区和贫困人口倾斜。2016 年中央财政扶贫专项投入达到了 660.95 亿元，不仅比 2015 年的467.45 亿元[①]增加了 193.50 亿元，且几乎相当于 1986～2000 年全国全部财政扶贫投入（见表 1－3）。随后每年增加 200 亿元，2017 年为 860.95 亿元，几乎相当于 2001～2010 年全国财政扶贫专项投入（见表 1－4）。2020年达到了 1460.95 亿元，5 年累计投入 5304.75 亿元[②]，是 1986～2015 年中央财政扶贫专项投入的 1.54 倍[③]。

　　同时，还不断加大中央集中彩票公益金对农村扶贫的支持力度，且明确农业综合开发、农村综合改革转移支付等涉农资金要将一定比例用于贫困村。各部门安排的各项惠民政策、项目和工程，要最大限度地向贫困地区、贫困村、贫困人口倾斜。各省（自治区、直辖市）要根据本地脱贫攻坚需要，积极调整省级财政支出结构，切实加大扶贫资金投入。从 2016 年起，通过扩大中央和地方财政支出规模，增加对贫困地区水、电、路、气、网等基础设施建设和提高基本公共服务水平的投入。建立健全脱贫攻坚多规衔接、多部门协调长效机制，整合目标相近、方向类同的涉农资金。按照权责一致原则，支持连片特困地区县和国家扶贫开发工作重点县围绕本县突出问题，以扶贫规划为引领，以重点扶贫项目为平台，把专项扶贫资金、相关涉农资金和社会帮扶资金捆绑集中使用。严格落实国家在贫困地区安排的公益性建设项目取消县级和西部连片特困地区市级配套资

---

① 汪三贵：《脱贫攻坚与精准扶贫：理论与实践》，中国财经出版传媒集团、经济科学出版社，2020，第 285～286 页表 7－1。

② 都来源于中央人民政府门户网，http://www.gov.cn/。

③ 1986～2000 年中央财政累计扶贫投入为 668.96 亿元（见表 1－3），2001～2010 年中央财政扶贫专项投入累计为 868.40 亿元（见表 1－4），2011～2015 年中央财政扶贫专项投入累计为 1898.37 亿元（汪三贵：《脱贫攻坚与精准扶贫：理论与实践》，第 285～286 页表 7－1）。这意味着 1986～2015 年中央财政扶贫专项投入（1986～2000 年为全部财政扶贫投入）累计达到了 3435.73 亿元，只相当于 2016～2020 年的 64.77%。

金的政策，并加大中央和省级财政投资补助比重。在扶贫开发中推广政府与社会资本合作、政府购买服务等模式。加强财政监督检查和审计、稽查等工作，建立扶贫资金违规使用责任追究制度。纪检监察机关对扶贫领域虚报冒领、截留私分、贪污挪用、挥霍浪费等违法违规问题，坚决从严惩处。贫困地区要建立扶贫项目资金公告公示制度，强化社会监督，保障资金在阳光下运行。

加大金融扶贫力度，鼓励和引导商业性、政策性、开发性、合作性等各类金融机构加大对扶贫开发的金融支持力度。运用多种货币政策工具，向金融机构提供长期、低成本的资金，用于支持扶贫开发。设立扶贫再贷款，实行比支农再贷款更优惠的利率，重点支持贫困地区发展特色产业和贫困人口就业创业。运用适当的政策安排，动用财政贴息资金及部分金融机构的富余资金，对接政策性、开发性金融机构的资金需求，拓宽扶贫资金来源渠道。由国家开发银行和中国农业发展银行发行政策性金融债，按照微利或保本的原则发放长期贷款，中央财政给予90%的贷款贴息，专项用于易地扶贫搬迁。国家开发银行、中国农业发展银行分别设立"扶贫金融事业部"，依法享受税收优惠。中国农业银行、邮政储蓄银行、农村信用社等金融机构要延伸服务网络，创新金融产品，增加贫困地区信贷投放。对有稳定还款来源的扶贫项目，允许采用过桥贷款方式，撬动信贷资金投入。按照省负总责的要求，建立和完善省级扶贫开发投融资主体。支持农村信用社、村镇银行等金融机构为贫困户提供免抵押、免担保扶贫小额信贷，由财政按基础利率贴息。加大创业担保贷款、助学贷款、妇女小额贷款、康复扶贫贷款实施力度。优先支持在贫困地区设立村镇银行、小额贷款公司等机构。支持贫困地区培育发展农民资金互助组织，开展农民合作社信用合作试点。支持贫困地区设立扶贫贷款风险补偿基金。支持贫困地区设立政府出资的融资担保机构，重点开展扶贫担保业务。积极发展扶贫小额贷款保证保险，对贫困户保证保险保费予以补助。扩大农业保险覆盖面，通过中央财政以奖代补等支持贫困地区开展特色农产品保险。加强贫困地区金融服务基础设施建设，优化金融生态环境。支持贫困地区开展特色农产品价格保险，有条件的地方可给予一定保费补贴。有效拓展贫困地区抵押物担保范围。

同时，还强调了对口帮扶、定点扶贫以及社会力量的扶贫参与。对口帮扶要求东部地区根据财力增长情况，逐步增加对口帮扶财政投入，并列入年度预算。强化以企业合作为载体的扶贫协作，鼓励东西部按照当地主体功能定位共建产业园区，推动东部人才、资金、技术向贫困地区流动。启动实施经济强县（市）与国家扶贫开发工作重点县"携手奔小康"行动，东部各省（直辖市）在努力做好本区域内扶贫开发工作的同时，更多发挥县（市）作用，与扶贫协作省份的国家扶贫开发工作重点县开展结对帮扶。定点扶贫要求深入推进中央企业定点帮扶贫困革命老区县"百县万村"活动。社会力量参与强调鼓励支持民营企业、社会组织、个人参与扶贫开发，实现社会帮扶资源和精准扶贫有效对接。引导社会扶贫重心下移，自愿包村包户。吸纳农村贫困人口就业的企业，按规定享受税收优惠、职业培训补贴等就业支持政策。落实企业和个人公益扶贫捐赠所得税税前扣除政策。工商联系统组织民营企业开展"万企帮万村"精准扶贫行动。通过政府购买服务等方式，鼓励各类社会组织开展到村到户精准扶贫。完善扶贫龙头企业认定制度，增强企业辐射带动贫困户增收的能力。鼓励有条件的企业设立扶贫公益基金和开展扶贫公益信托。构建社会扶贫信息服务网络，探索发展公益众筹扶贫。

为了推动上述资金投入政策的落实落地，国务院办公厅2016年印发了《关于支持贫困县开展统筹整合使用财政涉农资金试点的意见》，中共中央办公厅和国务院办公厅2016年联合印发了《关于进一步加强东西部扶贫协作工作的指导意见》，国务院办公厅2019年印发了《关于有效发挥政府性融资担保基金作用切实支持小微企业和"三农"发展的指导意见》。中央有关部门也制定实施了许多具体政策举措，如《关于贫困革命老区金融扶贫贷款项目合作实施方案（试行）》（2016年）、《关于推进"万企帮万村"精准扶贫行动的实施意见》（2016年）、《中央财政专项扶贫资金管理办法》（2017年）、《关于做好财政支农资金支持资产收益扶贫工作的通知》（2017年）、《关于用好债务资金支持脱贫攻坚的通知》（2017年）、《东西部扶贫协作考核办法（试行）》（2017年）、《中央单位定点扶贫工作考核办法（试行）》（2017 年）、《关于促进扶贫小额信贷健康发展的通知》（2017 年）、《关于做好 2018 年贫困县涉农资金整合试点工作的通知》（2018 年）、《中央专项彩票公益金支持贫困革命老区脱贫攻坚资金管理办法》（2018 年）、《关于调整规范易地扶贫搬迁融资方式的通知》（2018 年）、《关于完善扶贫资金项目公告公示制度的指导意见》（2018 年）、《关于全面加强脱贫攻坚期内各级各类扶贫资金管理的意见》（2018 年）、《推进"万企帮万村"精准扶贫行动向深度贫困地区倾斜的落实方案（2018—2020 年）》（2018 年）、《东西部扶贫协作成效评价办法》（2019 年）、《中央单位定点扶贫工作成效评价办法》（2019 年）、《关于运用政府采购政策支持脱贫攻坚的通知》（2019 年）、《关于进一步规范和完善扶贫小额信贷管理的通知》（2019 年）等。

第五章

精准扶贫成效

随着精准扶贫精准脱贫体制机制的建立和不断完善,以及各项扶贫政策举措的全面落实和持续强化,中国的农村扶贫事业取得了历史性胜利。农村居民收入水平快速提高,生产生活条件显著改善,基本公共服务水平明显提高,贫困人口"两不愁三保障"问题全面解决,现行标准下的农村贫困人口全部脱贫,绝对贫困问题基本消除,区域性整体贫困问题基本解决,延续了30多年的贫困县、贫困村全部脱贫摘帽,这不仅为全面建成小康社会做出了重大历史贡献,而且为开启中国特色社会主义全面现代化新征程奠定了坚实基础。

第一节 整体贫困得到历史性解决

按照全国2010年扶贫标准(当年农民人均纯收入为2300元),全国农村贫困人口实现全面脱贫、贫困村全部出列、贫困县全部摘帽,农村绝对困难、区域性整体贫困问题得到了历史性解决。同时,贫困群众生活水平和生活质量明显提升,区域发展不平衡的趋势得到遏制,县域经济相对差距有所缩小。

一 绝对贫困人口基本清零

在党中央的坚强领导下,经过全国人民的共同努力,我国的农村贫困问题取得了历史性突破，"贫困人口减到 3000 万左右就减不动"[①] 的魔咒被打破了，我国现行标准下的农村绝对贫困人口几乎全部清零。2010 年贫困标准下的全国农村贫困人口从 2010 年的 16567 万人[②]减少到 2019 年的551 万人，2019 年比 2010 年减少了 16016 万人，平均每年减少 1601.6 万人。其中 2010~2015 年的 6 年间，全国农村贫困人口从 16567 万人减少到5575 万人[③]，减少了 10992 万人，年均减少 1832 万人。这既是扶贫工作本身的成绩，也因为当时贫困人口不够精准，没有把贫困人口落实到户到人，所以只是一个统计调查数据。2015 年脱贫攻坚战打响以来，全国农村贫困人口的减少速度也都保持在每年 1000 万人以上，2015~2019 年累计减少 5024 万人，年均减少 1004.8 万人。其中，贫困地区[④]的贫困人口从2012 年的 6039 万人减少到 2015 年的 3490 万人，再减少到 2019 年的 362万人。占全国农村贫困人口的比例由 2012 年的 61.01% 提高到 2015 年的62.60%，2019 年进一步提高到 65.70%，这也说明贫困地区，尤其是深度贫困地区的脱贫攻坚成效更加显著（见表 5-1）。

表 5-1　2010~2019 年全国农村贫困人口减少情况

单位：万人，%

年份	贫困人口			贫困发生率		
	全国	贫困地区	占全国比例	全国	贫困地区	高于全国
2010	16567	—	—	17.2	—	—
2011	12238	—	—	12.7	—	—
2012	9899	6039	61.01	10.2	23.2	13.0
2013	8249	5070	61.46	8.5	19.3	10.8
2014	7017	4317	61.52	7.2	16.6	9.4

① 习近平：《在解决"两不愁三保障"突出问题座谈会上的讲话（2019 年 4 月 16 日）》，《求是》2019 年第 16 期。
② 国家统计局住户调查办公室编《2015 中国农村贫困监测报告》，中国统计出版社，2015，第 14 页。
③ 国家统计局住户调查办公室编《2016 中国农村贫困监测报告》，中国统计出版社，2016，第 11 页。
④ 贫困地区包括 14 个集中连片特困地区和片区外的国家扶贫开发工作重点县。2017 年，还将享受片区政策的新疆阿克苏地区的 7 个县（市）也纳入监测范围。

续表

年份	贫困人口			贫困发生率		
	全国	贫困地区	占全国比例	全国	贫困地区	高于全国
2015	5575	3490	62.60	5.7	13.3	7.6
2016	4335	2654	61.22	4.5	10.1	5.6
2017	3046	1900	62.38	3.1	7.2	4.1
2018	1660	1115	67.17	1.7	4.2	2.5
2019	551	362	65.70	0.6	1.4	0.8

资料来源：2010~2018年全国农村贫困人口及贫困发生率数据来源于《2019中国农村贫困监测报告》第296页表1-1；2012~2018年贫困地区农村贫困人口及贫困发生率数据来源于《2019中国农村贫困监测报告》第323页表2-18；2019年全国农村贫困人口及贫困发生率数据来源于汪三贵《脱贫攻坚与精准扶贫：理论与实践》第195~196页；2019年贫困地区农村贫困人口及贫困发生率数据来源于汪三贵《脱贫攻坚与精准扶贫：理论与实践》第199页表5-1。

随着农村贫困人口数量的快速下降，贫困发生率也呈快速下降趋势。从全国整体情况来看，2010年，按2010年贫困线标准计算的农村贫困发生率高达17.2%，即6个农村人口中就有1个贫困人口；2015年快速下降到5.7%，5年下降了11.5个百分点，年均下降2.3个百分点；2015~2019年也下降了5.1个百分点，年均下降1.28个百分点。从全国贫困地区来看，2012年的农村贫困发生率还高达23.2%，即4个农村人口中就有1个贫困人口，大概是每个家庭有1个贫困人口，比全国平均水平高出了13.0个百分点；2015年，贫困地区的贫困发生率下降到了13.3%，3年下降了9.9个百分点，年均下降3.3个百分点，每年比全国平均水平高了1.0个百分点，与全国平均水平的差距从13.0个百分点下降到7.6个百分点；2019年，贫困地区的农村贫困发生率下降到了1.4%，比2015年又下降了9.9个百分点，年均下降幅度为2.48个百分点，每年比全国平均水平高了1.20个百分点，与全国平均水平的差距下降到0.8个百分点（见表5-1、图5-1）。

在农村贫困人口快速减少和贫困发生率快速下降的同时，贫困县的数量也快速减少，2011年确定的832个贫困县，分布在全国22个省（自治区、直辖市），2016年首次有28个贫困县实现脱贫摘帽，至2019年底，累计有780个贫困县脱贫摘帽。2020年只剩下52个县（市），分布于宁夏回族自治区（1个）、四川省（7个）、广西壮族自治区（8个）、甘肃省

图 5 - 1　2012～2019 年中国农村贫困发生率变化趋势

（8 个）、贵州省（9 个）、云南省（9 个）和新疆维吾尔自治区（10 个）。
到 2020 年 11 月 23 日，随着贵州省宣布 9 个贫困县脱贫摘帽，全国 832 个
贫困县全部脱贫摘帽。贫困县的概念也就此退出历史舞台。

专栏 5 - 1：中国的贫困县

　　中国的贫困县是一个不断演进的概念。1985 年，国家划定了 300
个①由中央财政重点扶持的贫困县。1986 年，中央政府第一次确定了
国定贫困县标准：以县为单位，1985 年年人均纯收入低于 150 元的县和
年人均纯收入低于 200 元的少数民族自治县及 300 元以下的革命老区县。
1988 年，增加了 37 个牧区县，同时各省（自治区、直辖市）还划定了
一些省级财政重点扶持的县，约 370 个。当时笼统地称为贫困县。

　　1994 年制定《国家八七扶贫攻坚计划》时，使用了统一标准，即
1992 年年人均纯收入低于 400 元的县全部纳入国定贫困县扶持，当年
农民人均纯收入高于 700 元的原贫困县全部退出，共划定 592 个国定
贫困县，分布在除北京、天津、上海和江苏以外的 27 个省（自治区、
直辖市），最多的云南省有 73 个，最少的西藏自治区有 5 个。

① 此数据有不同的表述，2018 年 8 月 25 日，人民网图解新闻认为当时是 331 个，见《832
个贫困县中 68 个已摘帽，一图看各省进度》，http://www.chinatibetnews. com/xw/201808/
t20180825_2342561. html）；汪三贵使用了 332 个国家级贫困县和 370 个省级贫困县（《脱
贫攻坚与精准扶贫：理论与实践》，第 266 页）。

2001 年国家制定实施的《01 纲要》，给贫困县取了一个很准确的名称，叫作"国家扶贫开发工作重点县"，在维持 592 个贫困县总数不变的前提下，按"631 指数法"（贫困人口占 60% 的权重、农民人均纯收入较低的县占 30% 的权重、人均 GDP 和人均财政收入低的县占 10% 的权重）重新调整了贫困县名单，新调入 89 个县，贫困县分布在除北京、天津、上海、江苏、浙江、广东、山东、辽宁和福建以外的 21 个省（自治区、直辖市），西藏自治区作为特殊贫困区域，其全部 74 个县（区）都是重点扶持县，其他省份最多的是云南省，为 73 个，最少的是海南省，只有 5 个。

2011 年国家制定实施《11 纲要》时，将扶持重点放在 14 个连片特困地区［西藏专门作为一个连片特困地区，其所包含的 74 个县（区）全部纳入］，包括 680 个县（市、区），加上没有列入连片特困地区的原国家扶贫开发工作重点县，共计 832 个，分布在包括西藏自治区在内的 22 个省（自治区、直辖市），最多的仍然是云南省，为 88 个县（市、区），最少的还是海南省，为 5 个。

二 贫困群众生活质量持续提高

脱贫攻坚不仅使绝对贫困人口基本清零，而且使广大贫困群众的收入水平快速提高。而贫困群众收入的快速增加及乡村生活环境的改善，带动了贫困地区广大农民生活质量的提高。全国贫困地区农村常住居民人均消费支出①从 2013 年的 5404 元快速增加到 2019 年的 10011 元，年均名义增速达到了 10.82%。同期，全国农村常住居民人均消费支出从 7485.1 元增加到 2019 年的 13327.7 元，年均名义增速为 10.09%。这意味着贫困地区常住居民人均消费支出水平每年比全国农村常住居民的平均水平高了 0.73 个百分

① 2012 年国家统计局实施了城乡调查住户一体化改革，贫困地区开始使用农村常住居民人均消费支出代替原来的农民人均消费支出。2012~2014 年全国贫困地区农村常住居民人均消费支出分别为 4058 元、4665 元和 5185 元，而 2013~2014 年对应的贫困地区农村常住居民人均消费支出分别为 5404 元和 6007 元（《2015 中国农村贫困监测报告》第 143 页表 2-4-3），两者有所差别，为了保持可比性，统一使用 2013 年以来的数据。

点，相对差距从 2013 年的 27.80% 下降到 2019 年的 24.89%（见表 5 - 2）。

表 5 - 2　2013 ~ 2019 年贫困地区农村常住居民人均消费收支增长
与全国平均水平的比较

单位：元，%

年份	全国		贫困地区		消费剩余	
	收入	支出	收入	支出	全国	贫困地区
2013	9429.6	7485.1	6079	5404	20.62	11.10
2014	10488.9	8382.6	6852	6007	20.08	12.33
2015	11421.7	9222.6	7653	6656	19.25	13.03
2016	12363.4	10129.8	8452	7331	18.07	13.26
2017	13432.4	10954.5	9377	7998	18.45	14.71
2018	14617.0	12124.3	10371	8956	17.05	13.64
2019	16020.7	13327.7	11567	10011	16.81	13.45

资料来源：全国农村常住居民数据来源于《2020 中国统计年鉴》第 176 页表 6 - 11，贫困地区农村常住居民数据来源于汪三贵《脱贫攻坚与精准扶贫：理论与实践》第 199 页表 5 - 2。

从表 5 - 2 可以看出，不仅贫困地区农村常住居民人均消费支出与全国农村常住居民人均消费支出的差距在缩小，而且消费剩余在稳步上升。2013 年，全国贫困地区农村常住居民人均消费支出占全国农村常住居民平均消费水平的 72.20%，2019 年上升到 75.11%，提高了 2.91 个百分点。2013 年，全国农村常住居民的消费剩余为 20.62%，贫困地区为 11.10%，比全国平均水平低了 9.52 个百分点；2019 年，全国农村常住居民的消费剩余下降到 16.81%，而贫困地区上升到 13.45%，不仅比 2013 年提高了 2.35 个百分点，而且与全国农村常住居民平均水平的差距缩小到了 3.36 个百分点。

而随着消费水平和消费剩余水平的提高，贫困地区农村常住居民的消费结构也发生了明显变化。2018 年与 2014 年相比，贫困地区农村常住居民人均消费支出增长了 49.09%，比全国平均水平的 44.64% 高了 4.45 个百分点。而且结构发生了明显变化，食品消费支出只增长了 27.81%，比全国平均水平的 29.55% 还低了 1.74 个百分点，恩格尔系数由 36.57% 下降到 31.31%，下降了 5.26 个百分点，比全国平均水平的 3.50 个百分点高了 1.76 个百分点，且与全国农村常住居民平均水平的差距由 3.00 个百分点下降到 1.24 个百分点；衣着消费支出增长了 31.89%，比全国平均水平的 26.90% 高了 4.99 个百分点；医疗保健消费支出增速最快，达到了 79.84%，且比全国平均水平的 64.49% 高了 15.35 个百分点；教育文化消费支出增速列第二位，为 72.37%，比全国平均水平的 51.44% 高了 20.93 个百分点；交通通信消费支出增速列第三位，为 69.92%，比全国平均水平的 66.90% 高了 3.02 个百分点；居住消费支出增速列第四位，为 60.37%，比全国平均水平的 50.94% 高了 9.43 个百分点（见表 5-3）。

表 5-3　2014 年和 2018 年贫困地区农村常住居民人均消费支出结构与全国平均水平的比较

单位：元，%

	2014 年		2018 年		变化（2014＝100）	
	全国	贫困地区	全国	贫困地区	全国	贫困地区
消费支出合计	8382.6	6007	12124.3	8956	144.64	149.09
食品	2814.0	2197	3645.6	2808	129.55	127.81
衣着	510.4	370	647.7	488	126.90	131.89
居住	1762.7	1244	2660.6	1995	150.94	160.37
生活及服务	506.5	382	720.5	537	142.25	140.58
交通通信	1012.6	615	1690.0	1045	166.90	169.92
教育文化	859.5	590	1301.6	1017	151.44	172.37
医疗保健	753.9	511	1240.1	919	164.49	179.84
其他	163.0	99	218.3	147	133.93	148.48
恩格尔系数	33.57	36.57	30.07	31.31	89.57	85.62

资料来源：全国数据来源于《2020 中国统计年鉴》第 176 页表 6-11，2014 年贫困地区数据来源于《2015 中国农村贫困监测报告》第 141～142 页表 2-3-8，2018 年贫困地区数据来源于《2019 中国农村贫困监测报告》第 29 页表 3。

三　区域发展不平衡趋势得到遏制

党的十八大以来，特别是"十三五"时期，通过国家对贫困地区的倾心倾力帮扶，区域发展不平衡的趋势得到遏制，为贫困地区在新起点上推进区域协调发展、共享发展奠定了基础。2011 年，贫困地区①地区生产总

---

① 2011～2015 年包括全国 812 个县（旗、县级市），不包括 21 个县改区；由于河北省宣化县被分割合并到不同区，2016 年后只包括 811 个县（旗、县级市）。

值仅为 36637 亿元①，仅相当于全国总量 487940.2 亿元②的 7.51%；2017
年，贫困地区的地区生产总值增加到 64605 亿元③，占全国总量（832035.9
亿元④）的 7.76%，尽管占比仅增加了 0.25 个百分点，但增速明显加快，
贫困地区的地区生产总值的名义年均增速为 9.92%，每年比全国平均水平
的 9.46% 高了 0.46 个百分点。与此同时，贫困地区的产业结构得到较好
调整，三次产业结构由 2011 年的 24.51：43.72：31.77 调整为 2017 年的
20.82：39.09：40.09（见表 5－4）。

表 5－4　2011～2017 年贫困地区财政经济发展情况

单位：亿元

年份	地区生产总值				公共财政收入	公共财政支出
	总额	第一产业	第二产业	第三产业		
2011	36637	8979	16019	11641	1833	10427
2012	42491	10197	18804	13490	2345	13023
2013	47773	11108	21082	15583	2987	14612
2014	52357	11910	22560	17887	3348	16172
2015	55607	12668	22463	20477	3561	18811
2016	60214	13347	23776	23091	3897	20529
2017	64605	13451	25256	25897	4083	22616

资料来源：《2019 中国农村贫困监测报告》第 303 页表 2－1。

　　值得强调的是，贫困地区的公共财政收入增速较快，但财政自给率增
速较慢。2017 年，贫困地区的公共财政收入为 4083 亿元，比 2011 年的
1833 亿元增加了 1.17 倍，年均名义增速达到了 14.28%，不仅高于地区生
产总值的增速，而且远高于同期全国一般公共预算收入的年均增速
（8.83%⑤）。由于国家扶持力度的持续加大，贫困地区的公共财政支出也

---

① 国家统计局住户调查办公室编《2019 中国农村贫困监测报告》，中国统计出版社，2019，
第 303 页表 2－1。
② 国家统计局编《2020 中国统计年鉴》，中国统计出版社，2020，第 56 页表 3－1。
③ 国家统计局住户调查办公室编《2019 中国农村贫困监测报告》，中国统计出版社，2019，
第 303 页表 2－1。
④ 国家统计局编《2020 中国统计年鉴》，中国统计出版社，2020，第 56 页表 3－1。
⑤ 根据《2020 中国统计年鉴》第 209 页表 7－1 计算。

保持了较快增长，由 2011 年的 10427 亿元增加到 2017 年的 22616 亿元，年均增速达到了 13.77%，也高于全国一般公共预算支出的年均增速（10.89%[①]）。然而，由于贫困地区产业结构偏向农业，财源较为单一，财政自给率不仅较低，而且增速缓慢，由 2011 年的 17.58% 提高到 2017 年的 18.05%，仅提高了 0.47 个百分点（见表 5-4）。

贫困地区财政经济的这种趋势可以从云南省改革开放以来的经济社会发展态势得到进一步说明。改革开放 40 多年，云南省同全国多数省份一样，县域经济发展呈现差距不断拉大的趋势。1978 年，全省人均地区生产总值[②]为 223.36 元，在 129 个县（市、区）中，最高的是昭通市的水富县（非贫困县），为 947.61 元，为全省平均水平的 4.24 倍，最低的是文山州的砚山县（贫困县），仅为 80.89 元，相当于全省平均水平的 36.22%，最高县是最低县的 11.71 倍；随后县域经济差距呈扩大趋势，1995 年全省人均地区生产总值为 3063.34 元，最高的玉溪市红塔区（非贫困县）为 55703.41 元，是全省平均水平的 18.18 倍，最低的是红河州的绿春县（贫困县），仅为 643.96 元，为全省平均水平的 21.02%，仅为红塔区的 1.16%，最高县是最低县的 86.50 倍。随后相对差距呈逐步下降趋势，2019 年全省平均为 47802.21 元，最高的红塔区达到了 162895.60 元，是全省平均水平的 3.41 倍，最低的是昭通市的盐津县（贫困县），为 13326.60 元，为全省平均水平的 27.88%，仅为红塔区的 8.18%，最高县是最低县的 12.22 倍（见表 5-5）。

表 5-5　云南省改革开放以来主要年份人均地区生产总值的县域差距

单位：元，%

年份	全省平均	最高县	最低县	最高县占全省的比例	最低县占全省的比例	最高县与最低县的相对差距	最高县与最低县的绝对差距
1978	223.36	947.61	80.89	424.25	36.22	11.71	866.72
1985	482.61	2319.28	122.57	480.57	25.40	18.92	2196.71

---

① 根据《2020 中国统计年鉴》第 209 页表 7-1 计算。

② 用当年地区生产总值除以年末总人口，与统计数据有一定出入，所有资料来源于各年度《云南统计年鉴》。

续表

年份	全省平均	最高县	最低县	最高县占全省的比例	最低县占全省的比例	最高县与最低县的相对差距	最高县与最低县的绝对差距
1990	1210.72	7816.45	270.11	645.60	22.31	28.94	7546.34
1995	3063.34	55703.41	643.96	1818.39	21.02	86.50	55059.45
2000	4742.48	55829.60	977.56	1177.22	20.61	57.11	54852.04
2005	7781.42	48392.02	1997.23	621.89	25.67	24.23	46394.79
2010	15699.28	86713.73	4007.29	552.34	25.53	21.64	82706.44
2015	28721.52	121286.19	6606.69	422.28	23.00	18.36	114679.50
2016	30856.20	119794.32	7325.59	388.23	23.74	16.35	112468.73
2017	34113.82	123764.13	8040.13	362.80	23.57	15.39	115724.00
2018	43236.36	156211.65	11921.02	361.30	27.57	13.10	144290.63
2019	47802.21	162895.60	13326.60	340.77	27.88	12.22	149569.00

资料来源：根据历年《云南统计年鉴》计算整理。

云南省早年有 26 个县被纳入国定贫困县帮扶，省里确定了 15 个省定贫困县；《国家八七扶贫攻坚计划》和《01 纲要》时期增加到 73 个县（市、区）；《11 纲要》增加到 88 个。贫困面为全国较高的省份之一。上述县域经济的差异，在一定程度上就是贫困地区与非贫困地区的差异。20 世纪 90 年代以前，云南 88 个贫困县（市、区）的经济总量占全省县域经济加总的比例保持在 50% 左右，90 年代到 21 世纪初下降到 40% 左右，随后还在下降，2006 年降到最低，仅为 36.74%，多数年份没有超过 40%，2015 年保持在 40% 左右，2015 年为 40.07%，2019 年恢复到 40.68%。这意味着脱贫攻坚对遏制县域经济差距扩大起到了一定作用。

但需要强调的是，尽管云南省 88 个贫困县（市、区）的县域经济总量（地区生产总值）呈现从下降到慢慢恢复态势，但还没有恢复到改革开放之初的水平。其中第一产业增加值波动不大，基本保持在 65% 左右，与其人口占比基本相当，说明第一产业对于贫困地区仍起着重要作用，但 2015 年以后呈现停滞态势，与全省县域经济整体态势基本一致；第二产业下降趋势较为明显，但 2015 年以来呈现较好恢复态势；第三产业占比由 50% 多下降到 40% 多，2015 年以来也呈现缓慢恢复态势（见图 5-2）。由此说明，贫困地区第二产业、第三产业对于遏制县域经济下滑起到了越来越重要的作用，整体呈现向好发展态势。

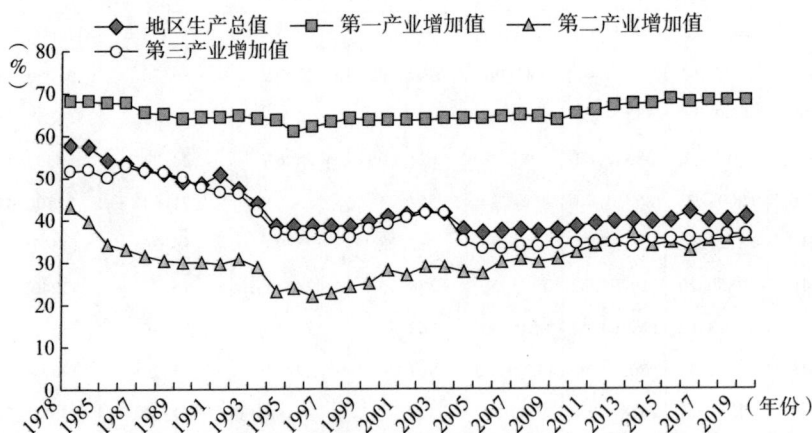

图 5 - 2　云南省 88 个贫困县（市、区）地区生产总值
及结构占全省县域经济加总比例

这种趋势同样可以从公共财政收支、社会消费品零售总额等得到证明。改革开放以来，云南省 88 个贫困县（市、区）的总人口占比呈现稳中小幅下降态势，大概从 1978 年的 69.23% 下降到 2019 年的 65.04%。公共财政支出呈现恢复增长态势，从 1978 年的 66.16% 增加到 69.16%，中间也有少数年份降到了 55% 以下，1993 年最低，为 53.06%；而公共财政收入占比变化不大，从 1980 年最高的 49.48% 降到了 1993 年最低的 36.14%，2019 年恢复到 41.62%，整体财力仍然较弱。社会消费品零售总额一路下滑，从 1978 年的 58.09% 下滑到 2003 年的 33.28%，2019 年恢复到 35.50%，但后劲较弱，说明贫困地区总体经济实力较弱，老百姓，尤其是贫困群众的购买力仍然较弱（见图 5 - 3）。

第二节　"两不愁三保障"目标全面实现

"两不愁三保障"是脱贫攻坚的重要目标，各地坚持目标导向和问题导向，加大产业和就业帮扶力度，由此带来了贫困地区农民收入的快速增长和粮食安全水平的显著提高，为提高"两不愁"水平夯实了基础。同

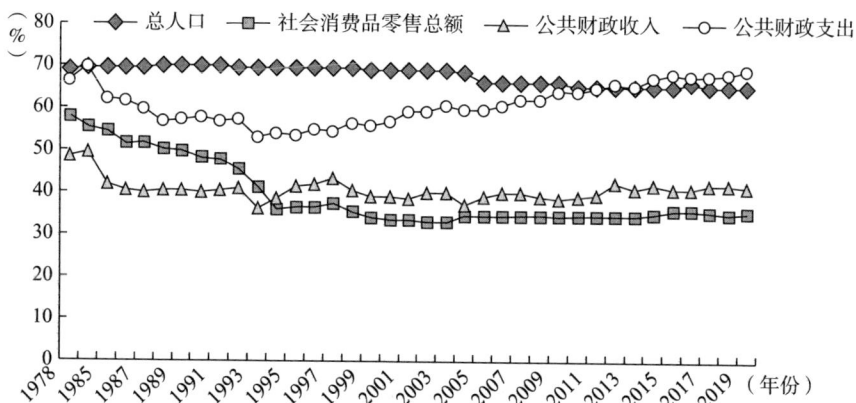

图5-3 云南省88个贫困县（市、区）公共财政收支、社会消费品零售总额及人口占全省县域比例

时，义务教育均衡发展和医疗卫生体系建设快速推进，易地扶贫搬迁和危房改造圆满收尾，使得基础教育、基本医疗、住房安全、饮水安全等突出问题得到有效解决，"两不愁三保障"目标全面实现。

一 贫困地区收入水平快速提高

党的十八大以来，尤其是2015年脱贫攻坚战打响以来，在就业扶贫、产业扶贫等政策的综合作用下，我国贫困地区农村常住居民人均可支配收入水平快速提高，不仅率先实现了"翻番"，而且增速明显高于全国农村常住居民人均可支配收入的平均增速。2013年，全国贫困地区农村常住居民人均可支配收入为6079元，2019年提高到11567元，是2013年的1.90倍①，年均名义增速为11.32%，而同期全国农村常住居民的人均可支配收入从9429.6元增加到16020.7元②，增加了69.90%，年均名义增速为9.24%，即贫困地区农村常住居民人均可支配收入每年比全国农村常住居民人均可支配收入的平均增速高了2.08个百分点（见表5-6）。

---

① 汪三贵：《脱贫攻坚与精准扶贫：理论与实践》，中国财经出版传媒集团、经济科学出版社，2020，第199页。

② 国家统计局编《2020中国统计年鉴》，中国统计出版社，2020，第176页表6-11。

表 5 - 6   2013～2019 年贫困地区农村常住居民收入增长与全国平均水平的比较

单位：元，%

年份	贫困地区		全国		贫困地区与全国平均水平的差距	
	收入	名义增速	收入	名义增速	相对差距（全国 = 100）	绝对差距
2013	6079	16.6	9429.6	12.4	64.47	3350.6
2014	6852	12.7	10488.9	11.2	65.33	3636.9
2015	7653	11.7	11421.7	8.9	67.00	3768.7
2016	8452	10.4	12363.4	8.2	68.36	3911.4
2017	9377	10.5	13432.4	8.6	69.81	4055.4
2018	10371	10.6	14617.0	8.8	70.95	4246.0
2019	11567	11.5	16020.7	9.6	72.20	4453.7

资料来源：贫困地区农村常住居民数据来源于汪三贵《脱贫攻坚与精准扶贫：理论与实践》第 199 页表 5 - 2；全国农村常住居民数据来源于《2020 中国统计年鉴》第 176 页表 6 - 11；2013 年的名义增速根据《辉煌 70 年》第 382 页表 12 有关数据计算。

值得强调的是，2013 年以来，贫困地区农村常住居民收入名义增速每年都高于全国农村常住居民的增速，最快的 2013 年高了 4.2 个百分点，最慢的 2014 年也高了 1.5 个百分点。而随着贫困地区农村常住居民人均可支配收入的快速增长，贫困地区农民收入水平与全国农民收入平均水平的相对差距在缩小，2013 年贫困地区只相当于全国平均水平的 64.47%，2019 年提高到 72.20%，每年大概提高 1 个百分点（差距缩小 1 个百分点），这是非常难得的成绩，尽管绝对差距还在不断扩大，由 2013 年的 3350.6 元扩大到 2019 年的 4453.7 元（见表 5 - 6）。

还需要指出的是，贫困地区农村常住居民的收入增长在 14 个连片特困地区（以下简称片区）中较为均衡。14 个片区整体的年均增速为 11.59%，比全国贫困地区的平均水平高了 0.27 个百分点，其中有 6 个片区略低于全国贫困地区的年均增速，另外 8 个片区高于全国贫困地区的年均增速，最慢的大别山区为 10.82%，比全国贫困地区的年均增速低了 0.50 个百分点，但也快于全国农村居民的年均增速。另外还有 6 个片区的年均增速高于 14 个片区的平均水平（见表 5 - 7）。正是因为增长较为均衡，才使得 14 个片区之间的收入差距也在缩小。2013 年，14 个片区中最高的大别山区（7201 元）是最低的六盘山区（4930 元）的 1.46 倍；2019 年，最高的还是大别山区，为 13341 元，最低的也仍然是六盘山区，为 9370 元，但前者是后者的 1.42 倍，差距略有缩小（见表 5-7）。

表 5-7　全国 14 个连片特困地区 2013～2019 年农村常住居民收入增长态势

单位：元，%

连片特困地区	2013 年	2014 年	2015 年	2016 年	2017 年	2018 年	2019 年	年均增速
六盘山区	4930	5616	6371	6915	7593	8429	9370	11.30
秦巴山区	6219	7055	7967	8769	9721	10751	11934	11.48
武陵山区	6084	6743	7579	8504	9384	10397	11544	11.27
乌蒙山区	5238	6114	6992	7994	8776	9650	10684	12.61
滇黔桂石漠化区	5907	6640	7485	8212	9109	10073	11262	11.35
滇西边境山区	5775	6471	6943	7754	8629	9560	10931	11.22
大兴安岭南麓山区	6244	6801	7484	8399	9346	10721	11876	11.31
燕山－太行山区	5680	6260	7164	7906	8593	9701	10797	11.30
吕梁山区	5259	5589	6317	6884	7782	8890	10229	11.73
大别山区	7201	8241	9029	9804	10776	11974	13341	10.82
罗霄山区	5987	6776	7700	8579	9598	10637	11746	11.89
西藏自治区	6553	7359	8244	9094	10330	11450	12951	12.02
四省藏区	4962	5726	6457	7288	8018	9160	10458	13.23
新疆南疆四地州	5692	6403	7053	7868	9845	10762	12009	13.25
片区合计	5926	6724	7525	8348	9264	10260	11443	11.59
全国贫困地区	6079	6852	7653	8452	9377	10371	11567	11.32

资料来源：根据汪三贵《脱贫攻坚与精准扶贫：理论与实践》第 199 页表 5-2 和第 207 页表 5-10 整理。

伴随着贫困地区农村常住居民收入水平的快速提高，其收入结构也发生了明显变化，呈现以下显著特点。

一是转移性收入大幅增加，人均从 2013 年的 589 元增加到 2019 年的 3163 元，增加了 4.37 倍，从比全国农村常住居民平均水平低 1058.5 元减少到只低 134.8 元；占比从 9.69% 提高到 27.35%，提高了 17.66 个百分点，且从低于全国农村常住居民平均水平 7.78 个百分点提高到高出全国平均水平 6.77 个百分点。说明贫困地区获得的国家扶持越来越多。这是脱贫攻坚的直接效应。

二是经营性收入增速较快，由 2013 年的 2904 元增加到 2019 年的 4163 元，增加了 1259 元，年均增速为 6.19%，每年比全国农村常住居民平均水平的 6.56% 低了 0.37 个百分点，且占比从 47.77% 下降到 35.99%，下降了 11.78 个百分点，而全国仅下降了 5.76 个百分点，说明贫困地区的产业稳定性和整体效益还有待提高，产业扶贫以及巩固拓展脱贫攻坚成果依然任重道远。

三是工资性收入由 2013 年的 2499 元增加到 2019 年的 4082 元，增加了 1583 元，年均增速为 8.52%，而全国则增加了 2931 元，年均增速也高达 10.32%，即贫困地区每年比全国农村常住居民的平均水平低了 1.80 个百分点，且占比也从 41.11% 下降到 35.29%，下降了 5.82 个百分点，而全国则提高了 2.36 个百分点。由此说明，贫困地区转移就业劳动者的收入水平乃至就业稳定性都需要进一步提高，提升贫困地区转移就业劳动者的素质还是一个较为艰巨的工作。

四是产业就业增收后劲不足。2013 年，贫困地区人均收入的 88.88% 来源于工资性收入和经营性收入，而 2019 年降到了 71.28%，下降了 17.60 个百分点，尽管同期全国农村常住居民也从 80.46% 下降到 77.06%，但仅下降了 3.40 个百分点。说明贫困地区农村常住居民的产业就业收入贡献在快速下降。而背后的原因就是转移性收入的快速增加，以及产业就业增收的难度越来越大。从长远来看，这不利于贫困地区的可持续发展，需要引起高度重视。

五是财产性收入占比有限且增长缓慢。2013 年，贫困地区农村常住居民的人均财产性收入仅为 87 元，仅占 1.43%，同期全国农村常住居民人均为 194.7 元，占比为 2.06%。贫困地区人均财产性收入不到全国平均水平的一半（44.68%），占比比全国平均水平低了 0.63 个百分点。2019 年，贫困地区农村常住居民人均财产性收入增加到了 159 元，年均增速为 10.57%，不仅慢于贫困地区农村常住居民人均可支配收入的年均增速（11.32%），而且慢于全国农村常住居民人均财产性收入的年均增速

（11.66%），且占比下降到 1.37%，比全国平均水平低了近 1 个百分点（0.99 个百分点），而同期全国农村常住居民人均财产性收入达到了 377.3 元，贫困地区只相当于全国平均水平的 42.14%，比 2013 年还下降了 2.54 个百分点。这说明贫困地区的财产性收入还有较大提升空间，需要进一步挖掘（见表 5 - 8）。

表 5 - 8　2019 年与 2013 年贫困地区农村常住居民收入结构变化及与全国的比较

单位：元，%

	2013 年				2019 年			
	全国		贫困地区		全国		贫困地区	
	收入	占比	收入	占比	收入	占比	收入	占比
合计	9429.6	100.00	6079	100.00	16020.7	100.00	11567	100.00
工资性收入	3652.5	38.73	2499	41.11	6583.5	41.09	4082	35.29
经营性收入	3934.9	41.73	2904	47.77	5762.2	35.97	4163	35.99
财产性收入	194.7	2.06	87	1.43	377.3	2.36	159	1.37
转移性收入	1647.5	17.47	589	9.69	3297.8	20.58	3163	27.35

资料来源：全国农村常住居民数据来源于《2020 中国统计年鉴》第 176 页表 6 - 11，贫困地区农村常住居民数据来源于相关年度的网络资料。

二　粮食安全得到较好保障

"国以民为根，民以谷为命，命尽则根拔，根拔则本颠，此最国家之毒忧。"[1] 贫困地区各级党委、政府和贫困农户都把提高粮食生产能力和保障粮食安全作为首要任务，不仅要把饭碗端在自己手上，而且饭碗里大多装的是自己生产的粮食。尽管从贫困地区来说没有完整的有关粮食生产水平的统计资料，但少量可以参考的资料表明，近年来，贫困地区和贫困农户的粮食安全水平在不断提高，2011 年贫困地区的粮食总产量为 10430 万吨，2012 年提高到 11766 万吨，2013 年提高到 13689 万吨[2]，2014 年为 13813 万

---

[1]　崔寔：《政论》。
[2]　国家统计局住户调查办公室编《2015 中国农村贫困监测报告》，中国统计出版社，2015，第 121 页表 2 - 1 - 2。

吨，2015 年增加到 14041 万吨，2016 年小幅减少到 13931 万吨①。

由此不难发现，2011～2016 年贫困地区粮食总产量的年均增速达到了 5.96%，而同期全国的粮食总产量仅从 58849.3 万吨增加到 66043.5 万吨②，年均增速为 2.33%③，贫困地区每年的增速是全国平均水平的 2.56 倍。最近几年缺乏针对贫困地区的粮食产量统计资料，但总体趋势应该没有太大变化。而从人均占有粮食水平来看，由于只有 2014～2016 年贫困地区对应的户籍人口数，所以仅以这三年为例加以说明。这三年贫困地区的户籍人口分别是 30469 万人、30517 万人和 30590 万人，④ 按当年年末的总户籍人口计算，贫困地区这三年的人均占有粮食水平分别为 453.35 公斤、460.10 公斤和 455.41 公斤，而这三年按同样标准计算的全国人均占有粮食水平分别为 467.64 公斤、480.57 公斤和 477.64 公斤。⑤ 可见，全国贫困地区人均占有粮食水平与全国平均水平差距不大。

而从局部地区来讲，20 世纪 80～90 年代，贫困地区吃"返销粮"是个不争的事实，但随着非贫困地区农业和农村产业结构的快速调整，以及贫困地区农民粮食生产水平的快速提高，出现了贫困地区养着非贫困地区的情况。云南就是最好的例证。云南是全国贫困面最大、贫困程度最深的省份之一。在早期全国 592 个国家扶贫开发工作重点县中，云南有 73 个，另外，云南省委、省政府还确定了 7 个省扶贫开发工作重点县（市、区），合计达 80 个县（市、区）；而在全国 14 个连片特困地区的 832 个贫困县中，云南有 88 个，占全省 129 个县（市、区）总数的 68.22%。

国家开始大规模项目扶贫开发之初的 1986 年，这 88 个贫困县（市、区）的总人口为 2136.68 万人，占全省县级总人口的 69.23%，其粮食产

① 国家统计局住户调查办公室编《2018 中国农村贫困监测报告》，中国统计出版社，2018，第 342 页表 2-2。
② 国家统计局编《2020 中国统计年鉴》，中国统计出版社，2020，第 387 页表 12-10。
③ 全国 1978～2019 年的粮食总产量年均增速为 1.92%（《2020 中国统计年鉴》第 387 页表 12-10）。
④ 国家统计局住户调查办公室编《2018 中国农村贫困监测报告》，中国统计出版社，2018，第 341 页表 2-1。
⑤ 人口数据来源于《2020 中国统计年鉴》第 31 页表 2-1。

量占全省县级粮食总产量的68.15%，意味着贫困地区的人均占有粮食水平低于全省平均水平。1996年，这两个比例基本接近，人口占69.44%，粮食产量占69.52%，粮食产量占比首度超过人口占比。随后，尽管粮食产量占比出现过一些波动，但都高于人口占比，2005年粮食产量占比超过人口占比5个百分点以上，达到了6.87个百分点，分别为73.18%和66.31%；2012年粮食产量占比超过人口占比10个百分点以上，达到了10.20个百分点，分别为75.43%和65.23%；2016年差距达到最高值，粮食产量占比为77.51%，而人口占比为65.97%，差距为11.54个百分点；2015年、2017年和2019年的差距都保持在11个百分点以上，分别为11.17、11.25和11.46个百分点（见图5-4）。

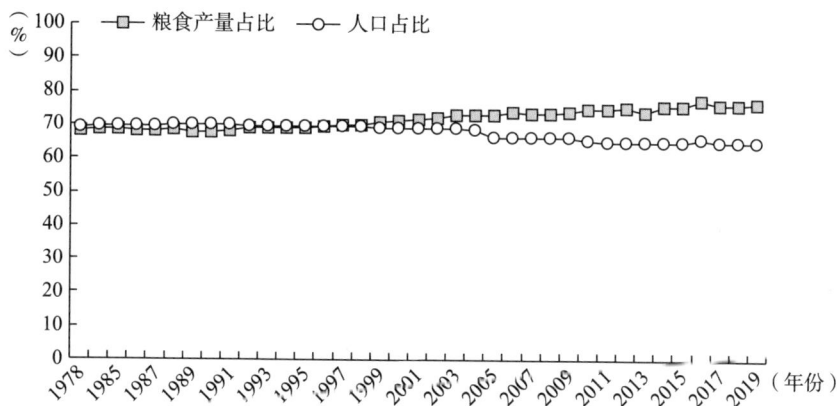

图5-4　云南省贫困地区人口及粮食产量占全省县级
加总合计比例的变化趋势

随着云南省贫困地区粮食生产水平的持续提高，其人均占有粮食水平不断提高，粮食安全状况不断趋好。1978年，88个贫困县人均占有粮食275.04公斤，比全省平均水平的279.42公斤低了4.38公斤，比41个非贫困县的平均水平（289.29公斤）低了14.25公斤。1993年，88个贫困县的人均占有粮食水平才首次超过了全省平均水平，主要原因是41个非贫困县的人均占有粮食水平下降了，全省平均为324.61公斤，88个贫困县为338.74公斤，而41个非贫困县仅为292.23公斤（见表5-9）。

表 5-9　云南省贫困地区与非贫困地区人均占有粮食比较

单位：公斤，%

年份	全省平均	88个贫困县	41个非贫困县	贫困县占非贫困县的比例
1978	279.42	275.04	289.29	95.07
1985	270.54	266.46	279.90	95.20
1990	287.15	278.53	307.05	90.71
1993	324.61	338.74	292.23	115.92
1994	301.51	299.89	305.21	98.26
1995	309.21	307.31	313.57	98.00
2000	346.30	335.23	310.42	107.99
2005	298.23	329.11	237.43	138.61
2006	311.35	346.77	241.72	143.46
2010	332.88	381.36	241.79	157.72
2015	415.40	483.77	287.24	168.42
2016	417.55	490.56	275.97	177.76
2017	418.66	490.38	284.24	172.52
2018	387.13	453.96	262.11	173.19
2019	388.76	457.26	261.34	174.97

资料来源：根据历年《云南统计年鉴》有关资料整理。

1994 年中央提出"米袋子"省长负责制后，云南省各县域的粮食生产水平得到均衡发展，且贫困地区遭遇各种自然灾害而使粮食产量下降，当年41 个非贫困县的人均占有粮食水平又超过了 88 个贫困县，分别为 305.21 公斤和 299.89 公斤。1996 年贫困地区人均占有粮食水平再度超过非贫困地区，分别为 320.15 公斤和 318.99 公斤。随后，88 个贫困县的人均占有粮食水平持续提高，而 41 个非贫困县则持续下降，2003 年差距超过 50 公斤，分别为 324.50 公斤和 264.33 公斤；2006 年，差距超过 100 公斤，分别为 346.77 公斤和 241.72 公斤；2016 年，差距突破 200 公斤，分别为490.56 公斤和 275.97 公斤。近几年差距维持在 200 公斤左右，2019 年差距为 195.92 公斤（见表 5-9）。

三　饮水安全得到全面保障

党中央、国务院高度重视饮水安全保障工作，习近平总书记更是关心贫困群众的饮水安全，2019 年 4 月 16 日在重庆主持召开解决"两不愁三保障"突出问题座谈会上发表的重要讲话，把饮水安全作为突出问题提出，更引起了各级党委、政府的高度重视，把"切实保护好饮用水源，让群众喝上放心水"作为首要任务抓紧落实。目标就是每人每天供水量不得低于 20 升，人力取水往返时间不超过 20 分钟（牧区适当放宽）。[1] 在各级党委、政府的不断努力和广大贫困群众的高度参与下，贫困地区的饮水安全保障水平不断提高。2013 年，全国贫困地区使用管道水的农户占比为53.6%，使用经过净化处理自来水的农户比重仅为 30.6%，饮水无困难的农户比重为 81.0%。[2] 而到了 2019 年，全国贫困地区使用管道水的农户比重上升到了 89.5%，比 2013 年提高了 35.9 个百分点；使用经过净化处理自来水的农户比重上升到 60.9%，上升了 30.3 个百分点；饮水无困难的农户比重上升到 95.9%，上升了 14.9 个百分点。[3] 变化较为明显的是连片特困地区，使用管道水的农户比重从 53.6% 提高到 90.9%，提高了 37.3个百分点；使用经过净化处理自来水的农户比重从 29.3% 提高到 58.2%，提高了 28.9 个百分点；饮水无困难的农户比重从 80.0% 提高到 96.1%，提高了 16.1 个百分点[4]（见表 5－10）。

表 5－10　2019 年与 2013 年相比贫困地区饮水安全变化情况

单位：%

	2013 年		2019 年		2019 年较 2013 年提高	
	贫困地区	连片特困地区	贫困地区	连片特困地区	贫困地区	连片特困地区
使用管道水农户比重	53.6	53.6	89.5	90.9	35.9	37.3

① 水利部、国务院扶贫办、国家卫生健康委：《关于坚决打赢农村饮水安全脱贫攻坚战的通知》，http://mwr.gov.cn/zw/tzgs/201808/t20180802_1044428.html，最后访问日期：2018年 8 月 2 日。
② 国家统计局住户调查办公室编《2015 中国农村贫困监测报告》，中国统计出版社，2015，第 148 页表 2－4－8。
③ 汪三贵：《脱贫攻坚与精准扶贫：理论与实践》，中国财经出版传媒集团、经济科学出版社，2020，第 202 页表 5－5。
④ 汪三贵：《脱贫攻坚与精准扶贫：理论与实践》，中国财经出版传媒集团、经济科学出版社，2020，第 211 页表 5－15。

续表

	2013 年		2019 年		2019 年较 2013 年提高	
	贫困地区	连片特困地区	贫困地区	连片特困地区	贫困地区	连片特困地区
使用经过净化处理自来水农户比重	30.6	29.3	60.9	58.2	30.3	28.9
饮水无困难农户比重	81.0	80.0	95.9	96.1	14.9	16.1

资料来源：2013 年贫困地区数据来源于《2015 中国农村贫困监测报告》第 148 页表 2 - 4 - 8，2019 年数据来源于汪三贵《脱贫攻坚与精准扶贫：理论与实践》第 202 页表 5 - 5；2013 年连片特困地区数据来源于《2015 中国农村贫困监测报告》第 168 页表 3 - 3 - 5，2019 年数据来源于汪三贵《脱贫攻坚与精准扶贫：理论与实践》第 211 页表 5 - 15。

四　居住条件明显改善

"安居乐业""安家立业"等都表明，让老百姓住上安全稳固的住房，不仅是脱贫攻坚需要完成的重要任务，而且是改善民生的内在要求。自 2015 年脱贫攻坚战打响以来，中国以易地扶贫搬迁和农村危房改造为工作重点，着力解决贫困农户的住房安全问题，并取得了决定性成就。

易地扶贫搬迁和危房改造圆了贫困而自身又无力建房和改造住房农户的安居梦。"十三五"期间，全国累计投入易地扶贫搬迁各类资金约 6000 亿元，建成集中安置区约 3.5 万个；建成安置住房 266 万余套，总建筑面积 2.1 亿平方米，户均住房面积 80.6 平方米；配套新建或改扩建中小学和幼儿园 6100 余所、医院和社区卫生服务中心 1.2 万余所、养老服务设施 3400 余个、文化活动场所 4 万余个，让 960 万贫困人口完全脱离了生存环境恶劣的特定"贫困空间"，从根本上阻断了贫困的代际传递，规模相当于当年三峡移民的近 8 倍，占全国近 1/5 的贫困人口。[①]

同时，中央累计投入 2077 亿元补助资金，帮助 760 万户 2493 万名建档立卡贫困人口告别了原来破旧的泥草房、土坯房等危房，住上了安全住房，兜底解决了 6 万户 13 万名自筹资金和投工投料能力极弱的特殊贫困人

[①]　国家发展改革委：《易地扶贫搬迁投资超万亿元，有效阻断近千万人贫困代际传递》，https://www.ndrc.gov.cn/fggz/dqzx/tpgjypkfq/202012/t20201208_1252424.html，最后访问日期：2020 年 12 月 8 日。

口的基本住房安全问题，同时还解决了 1075 万户 3500 多万名其他三类重点对象的住房安全问题。[①] 易地扶贫搬迁和危房改造的强大推动，使得贫困地区农户的住房条件得到了显著改善，贫困地区居住泥草房、土坯房农户的比重由 2013 年的 7.0% 下降到 2019 年的 1.2%[②]，其中 14 个连片特困地区由 7.5% 下降到 1.3%[③]。

居住条件的改善，最直接的影响是带动了贫困群众生活质量的提升。全国贫困地区使用独立厕所的农户比重由 2013 年的 92.7% 提高到 2019 年的 96.6%，其中 14 个连片特困地区由 80.0% 提高到 96.1%；而全国贫困地区炊用柴草的农户比重由 58.6% 下降到 34.8%，其中 14 个连片特困地区从 59.6% 下降到 35.7%。[④]

安居才能乐业。住房条件，尤其是易地扶贫搬迁在让贫困农户挪了"穷窝"的同时，还让他们换了"穷业"。"十三五"期间，累计帮助 358 万名搬迁贫困劳动力实现再就业，实现了有劳动力的搬迁家庭至少 1 人就业。全国易地扶贫搬迁建档立卡贫困户人均纯收入从 2016 年的 4221 元提高到 2019 年的 9313 元，年均增幅 30.2%。[⑤]

易地扶贫搬迁还带来巨大的经济效益、生态效益和社会效益。从经济效益上讲，易地扶贫搬迁推动中西部省份 500 多万人在城镇集中安置，城镇安置率达 52%，西南地区部分省份的城镇安置率超过 90%，为推进中国特色新型城镇化道路开辟了新空间，贵州的城镇化率因此提升了 5 个百分点，陕西提升了 4.2 个百分点，广西提升了 3 个百分点。易地扶贫搬迁直接投资 6000 多亿元，加上撬动的地方财政资金、东西部扶贫协作和社会帮

[①] 王蒙徽：《补齐农村贫困人口住房安全短板 坚决打赢脱贫攻坚战》，《中国建设报》2020 年 10 月 16 日，http://www.mohurd.gov.cn/jsbfld/202010/t20201016_247592.html，最后访问日期：2020 年 10 月 16 日。

[②] 汪三贵：《脱贫攻坚与精准扶贫：理论与实践》，中国财经出版传媒集团、经济科学出版社，2020，第 202 页表 5-5。

[③] 汪三贵：《脱贫攻坚与精准扶贫：理论与实践》，中国财经出版传媒集团、经济科学出版社，2020，第 211 页表 5-15。

[④] 汪三贵：《脱贫攻坚与精准扶贫：理论与实践》，中国财经出版传媒集团、经济科学出版社，2020，第 211 页表 5-15。

[⑤] 国家发展改革委：《五年近千万人，这场"搬迁"影响深远》，https://www.ndrc.gov.cn/fggz/202012/t20201209_1252451.html，最后访问日期：2020 年 12 月 9 日。

扶等资金，总投资超过 1 万亿元，有力拉动了贫困地区的固定资产投资和相关产业发展。从生态效益上讲，各地复垦复绿搬迁后的旧宅基地共 100 多万亩，使迁出区的生态环境得到明显改善，尤其是让贫困群众离开生态退化或脆弱地区，不仅改变了生产方式，而且改变了生活方式，降低了薪柴消耗，为生态治理和环境改善提供了有效空间。从社会效益上讲，易地扶贫搬迁全面改善了贫困地区教育、医疗、文化等设施条件，促进了基本公共服务水平的大幅提升。2020 年，贵州省搬迁群众子女中共有 9745 人考上大学，其中有 1334 人考取了一本院校，黔西南州晴隆县三宝乡整乡迁入县城后，搬迁家庭子女学习成绩平均提高了 60% 以上。①

五 适龄子女就学得到有效保障

通过"扶贫助学""控辍保学"等教育扶贫措施，贫困家庭适龄儿童基本实现了"有学上"、"上得起学"和"不失学"，并逐步向"上好学""学有用"转变。其中最重要的是基本实现办学条件达标。从 2013 年到 2019 年，贫困地区新建改扩建校舍面积约 2.21 亿平方米，全国 30.96 万所小学教学点办学条件基本达到规定要求。同时，56 人以上的大班额已经降至 3.98%，超过 66 人的超大班额基本消除，控制在 66 人以内。"特岗计划"招聘教师约 95 万人，覆盖全国约 1000 个县，覆盖学校约 3 万所。②

这些方面最直接的表现就是孩子上学更方便了，2013 年，全国贫困地区有 71.4% 的农户认为所在自然村上幼儿园方便了，而到了 2019 年，这一比例上升到 89.8%，提高了 18.4 个百分点；2013 年，有 79.8% 的农户认为所在自然村上小学方便了，2019 年提高到 91.9%，提高了 12.1 个百分点。③ 这种变化对于连片特困地区来说更加明显，在所在自然村上幼儿

---

① 国家发展改革委：《五年近千万人，这场"搬迁"影响深远》，https://www.ndrc.gov.cn/fggz/202012/t20201209_1252451.html，最后访问日期：2020 年 12 月 9 日。

② 教育部：《义务教育有保障的目标基本实现》，http://www.scio.gov.cn/xwfbh/xwbfbh/wqfbh/42311/43774/zy43778/Document/1688252/1688252.htm，最后访问日期：2020 年 9 月 23 日。

③ 汪三贵：《脱贫攻坚与精准扶贫：理论与实践》，中国财经出版传媒集团、经济科学出版社，2020，第 201 页表 5 - 3。

园方便的农户比重由 2013 年的 70.8% 提高到 2019 年的 90.1%，提高了 19.3 个百分点；在所在自然村上小学方便的农户比重由 2013 年的 79.5% 提高到 2019 年的 92.3%，提高了 12.8 个百分点①（见表 5 - 11）。2014 年，贫困地区被调查的 16 岁以下儿童中，小学阶段住家离学校的距离在 2 公里以内的为 55.5%，在 2 ~ 5 公里的占 31.7%，在 5 公里以上的占 12.8%；初中阶段住家离学校在 2 公里以内的占 31.6%，在 2 ~ 5 公里的占 35.2%，在 5 公里以外的占 33.2%。② 2018 年，62.6% 的儿童上学距离在 15 分钟以内，29.2% 的在 15 ~ 30 分钟，只有 8.1% 的在 30 分钟以上；而对于普通高中阶段的学生来说，58.8% 的在 15 分钟以内，29.4% 的在 15 ~ 30 分钟，只有 11.8% 的在 30 分钟以上，③ 说明上学越来越方便了。

表 5 - 11　贫困地区和连片特困地区孩子在所在自然村
上幼儿园和小学方便的农户比重

单位：%

| 年份 | 幼儿园 | | | | 小学 | | | |
| | 比重 | | 变化：2013 年为基期 | | 比重 | | 变化：2013 年为基期 | |
	贫困地区	连片特困地区	贫困地区	连片特困地区	贫困地区	连片特困地区	贫困地区	连片特困地区
2013	71.4	70.8	0.0	0.0	79.8	79.5	0.0	0.0
2014	74.5	74.2	3.1	3.4	81.2	81.2	1.4	1.7
2015	76.1	75.3	4.7	4.5	81.7	81.2	1.9	1.7
2016	79.7	79.6	8.3	8.8	84.9	85.2	5.1	5.7
2017	84.7	84.7	13.3	13.3	88.0	88.0	8.2	8.5
2018	87.1	86.9	15.7	16.1	89.8	90.1	10.0	10.6
2019	89.8	90.1	18.4	19.3	91.9	92.3	12.1	12.8

资料来源：贫困地区数据来源于汪三贵《脱贫攻坚与精准扶贫：理论与实践》第 201 页表 5 - 3，连片特困地区数据来源于汪三贵《脱贫攻坚与精准扶贫：理论与实践》第 212 ~ 213 页表 5 - 16。

---

① 汪三贵：《脱贫攻坚与精准扶贫：理论与实践》，中国财经出版传媒集团、经济科学出版社，2020，第 212 ~ 213 页表 5 - 16。
② 国家统计局住户调查办公室编《2015 中国农村贫困监测报告》，中国统计出版社，2015，第 33 页。
③ 国家统计局住户调查办公室编《2019 中国农村贫困监测报告》，中国统计出版社，2019，第 33 页。

在办学条件得到不断改善的同时，为了让贫困家庭子女能够上得起学，国家还建立和完善了以贫困学生为主的资助政策体系，并基本实现资助全覆盖。一是对所有学生实行免除学杂费、免费提供教科书的"两免"政策，并对家庭经济困难学生进行生活补助，特别是为住校学生提供生活补助，即"两免一补"。二是实行营养改善计划，每年大约有4000万名农村孩子享受营养餐补助，已经覆盖所有贫困县。2016~2020年，中央财政共安排义务教育公用经费补助3931.24亿元，家庭经济困难学生生活补助435.92亿元，免费教科书补助712.13亿元。截至2020年6月，营养改善计划覆盖农村义务教育阶段学校13万余所，受益学生达3700多万人。中央财政累计安排营养膳食补助资金1700余亿元，其中2020年安排231亿元。①

同时，各级党委、政府还把"控辍保学"作为重要工作，采取有效措施让贫困家庭子女绝不因为贫困而失学。截至2020年9月15日，全国辍学学生由2019年的约60万人降到2419人。2019年，我国小学净入学率达到99.94%，尽管还没有达到100%，但很多学生是由于身体或者其他原因确实不能回到学校接受教育。初中阶段毛入学率达到102.6%。截至2020年11月30日，全国义务教育阶段辍学学生再度降至831人，其中20万名建档立卡辍学学生实现动态清零，为2020年实现九年义务教育巩固率达到95%的目标奠定了坚实基础。②

专栏5-2：独龙族孩子都上学了

独龙族既是我国人口较少的民族之一，又是"直过民族"，总人口不超过7000人，多数聚居在云南省怒江州贡山县的独龙江两岸。独龙江乡是中国独龙族唯一的聚居地，1950年4月，独龙江被设立为贡

---

① 《人民日报》记者张烁：《义务教育有保障、阻断贫困靠知识》，《人民日报》2020年12月20日，http://www.moe.gov.cn/jyb_xwfb/s5147/202012/t20201221_506637.html，最后访问日期：2020年12月21日。

② 《人民日报》记者张烁：《义务教育有保障、阻断贫困靠知识》，《人民日报》2020年12月20日，http://www.moe.gov.cn/jyb_xwfb/s5147/202012/t20201221_506637.html，最后访问日期：2020年12月21日。

山县第四区，1969年改为独龙江公社，1984年改为独龙江区，1988年区改乡后称独龙江乡。全乡现辖6个村委会，28个安置点，41个村民小组，共1137户4153人，独龙族人数占总人口数的99%。独龙族的贫困，除了受交通等客观因素制约外，受教育程度低是最主要的社会因素。2009年的文盲率高达33.07%。

脱贫攻坚战打响以来，独龙族不仅实现了经济发展的"一步跨千年"，而且社会发展也实现了跨越式发展，尤其是受教育水平得到了较快发展，每个独龙族孩子都能上学，而且上得好学。自2015年以来，独龙江乡不仅建成了九年一贯制学校1所，而且实现了一村一校，一村一幼。全乡有义务教育阶段学生758人，义务教育阶段贫困家庭适龄儿童395人。通过实施"雨露计划"等社会助学行动，以及"送教入户"、签订家长负责制教育承诺书等措施，实现建档立卡贫困学生全覆盖，累计604名学生受到资助，其中中专以上学生共33人，资助金额为11.45万元。

以上措施的实施，不仅实现了全乡无辍学学生，而且义务教育阶段学生入学率、巩固率和升学率连续5年保持在100%。不仅如此，独龙族的受教育水平在不断提高，2019年，全乡在校高中学生有29人，比2018年增加了16人。其中在州民族中学就读的有6人，比2018年增加了5人，有在读本科学生29人、专科学生26人。独龙江峡谷已经走出了3名博士研究生、2名硕士研究生，有了第一个女硕士研究生，独龙族歌手第一次获得了全国性比赛冠军。人均受教育年限从2009年的4.7年提高到2019年的5.0年以上。

六　基本医疗得到有力保障

随着基本公共医疗服务体系的完善和服务能力的提升，贫困地区县、乡、村三级医疗卫生基础设施得到明显改善，医疗卫生体系基本健全，县、乡、村医疗服务机构全部达标。按照健康扶贫的各项要求，建档立卡贫困人口实现了基本医保和大病保险的全覆盖，并全部纳入医疗救助范围，实现了城乡居民基本医保、大病保险、医疗救助的有效衔接，为实现和提高基本医疗保障水平奠定了坚实基础。

首先，医疗体系进一步完善。党的十八大以来，中央累计投入 1.4 万亿元支持扶贫任务较重的 25 个省（自治区、直辖市）的卫生健康事业发展，同口径年均增长 11.6%，并持续向"三区三州"等深度贫困地区投入 1795.5 亿元，支持 15 万个医疗卫生机构建设。① 全国 832 个贫困县每个县至少有一家公立医院，每个乡（镇）和每个行政村都有一个卫生院和卫生室，并配备了合格医生，有 580 家县级医院达到二级医疗机构服务水平，72.3% 的贫困县县级医院达到医疗服务能力基本标准要求，全国 1007 家城市三级医院累计选派医务人员超过 8 万人次，在 832 个贫困县县级医院蹲点帮扶，贫困地区市县级医疗机构累计选派近 10 万人支援乡（镇）卫生院和村卫生室，超过 100 万名基层医务人员奋战在扶贫一线。② 这些举措，使得贫困人口享有基本医疗卫生服务有了基础保障。2019 年，农户所在自然村有卫生站的农户比重达到了 96.1%，比 2013 年的 84.4% 提高了 11.7 个百分点③，其中连片特困地区从 83.6% 提高到 96.1%，提高了 12.5 个百分点。④

其次，分类施策取得明显成效。按照"大病集中救治、慢病签约服务管理、重病兜底保障"原则，初步建立起"及时发现、精准救治、有效保障、跟踪预警"防止因病致贫返贫工作机制，截至 2020 年上半年，大病专项救治病种总数从工作启动之初的 9 种增至 30 种，专项救治覆盖 25 个省份，累计住院救治 878.8 万人次，分类救治 1900 多万名贫困患者，首批专项救治的 9 种大病次均医疗费用由 2016 年的 20046.2 元下降到 2019 年

---

① 国家卫生健康委扶贫办：《一图读懂健康扶贫进展与成效》，https://www.360kuai.com/pc/9527e7ecd13441993? cota = 3&kuaiso = 1&tjurl = sovip&sign = 360_57c3bbd1&refer_scene = so1，最后访问日期：2020 年 12 月 21 日。
② 新华社记者田晓航：《为决战决胜脱贫攻坚筑牢健康之基》，新华网，https://www.360kuai.com/pc/904d238967c9e5c2c? cota = 4&kuaiso = 1&tjurl = so_rec&sign = 360_57c3bbd1&refer_scene = so1，最后访问日期：2020 年 12 月 21 日。
③ 汪三贵：《脱贫攻坚与精准扶贫：理论与实践》，中国财经出版传媒集团、经济科学出版社，2020，第 201 页表 5－3。
④ 汪三贵：《脱贫攻坚与精准扶贫：理论与实践》，中国财经出版传媒集团、经济科学出版社，2020，第 212～213 页表 5－16。

的 3703.5 元，个人自付比例由 26.8% 下降到 7.2%。[1] 累计使近 1000 万名因病致贫、因病返贫贫困农户成功摆脱了贫困。同时，慢病签约服务覆盖全国的建档立卡贫困户 2200 多万人。[2] 通过"一人一档"建档管理、先诊疗后付费、"一站式"结算等措施，提高了救治管理水平和保障水平，实现了为贫困患者排忧解难。62.7 万名贫困失能老年人签约服务 59 万人，集中供养 3.6 万人，提供临时救助 9.8 万人。[3]

最后，重点地方病防治取得实效。坚持预防为主，聚焦重点地区、重点人群、重点疾病，强化重大疾病综合防控和重点人群健康改善工作，出台《遏制结核病行动计划》《重点地方病防治三年攻坚行动方案》《全国包虫病等重点寄生虫病防治规划》等政策文件，在"三区三州"深入实施重点传染病、地方病综合防治攻坚行动，中央财政累计投入 12 亿元用于重点地方病防治。经过努力，贫困地区结核病、包虫病危害得到全面控制并逐步消除，艾滋病高发态势得到全面遏制，克山病、燃煤污染型砷中毒、血吸虫病病区县消除率达到 100%，碘缺乏病、大骨节病、燃煤污染型氟中毒病区县消除率达到 96% 以上，尘肺病患者得到有效救治。西藏自治区包虫病患病率从 2017 年的 72% 降至 2019 年底的 0.26%，新疆维吾尔自治区结核病的报告发病率从 2010 年的 1570 人每 10 万人降至 2019 年底的 169 人每 10 万人。此外，农村妇女"两癌"检查、贫困地区儿童营养改善、贫困地区新生儿疾病筛查等妇幼公共卫生项目在贫困地区实现全覆盖，累计惠及 2 亿多人次。同时，开展儿童营养知识的宣传和健康教育，提高贫困地区儿童健康水平，覆盖范围从 2012 年 10 个省份的 100 个县扩大到 2019 年 22 个省份的 832 个县，实现了国家级贫困县的全覆盖，累计使 947

---

① 国家卫生健康委扶贫办：《一图读懂健康扶贫进展与成效》，https://www.360kuai.com/pc/9527e7ecd13441993? cota=3&kuaiso=1&tjurl=so_vip&sign=360_57c3bbd1&refer_scene=so1，最后访问日期：2020 年 12 月 21 日。

② 新华社记者田晓航：《为决战决胜脱贫攻坚筑牢健康之基》，新华网，https://www.360kuai.com/pc/904d238967c9e5c2c? cota=4&kuaiso=1&tjurl=so_rec&sign=360_57c3bbd1&refer_scene=so1，最后访问日期：2020 年 12 月 21 日。

③ 国家卫生健康委扶贫办：《一图读懂健康扶贫进展与成效》，https://www.360kuai.com/pc/9527e7ecd13441993? cota=3&kuaiso=1&tjurl=so_vip&sign=360_57c3bbd1&refer_scene=so，最后访问日期：2020 年 12 月 21 日。

万名儿童受益，提高了贫困地区儿童的营养水平和健康素养，有效促进了
儿童的健康生长发育。我国贫困地区儿童贫血状况显著改善，监测结果显
示，2018 年 6~24 个月的婴幼儿平均贫血率为 23.5%，显著低于 2012 年
基线调查的贫血率 32.9%；婴幼儿生长迟缓率为 7.2%，相比 2012 年基线
调查的 10.1% 有明显下降。①

第三节　生产生活条件显著改善

基于基础设施落后是贫困地区和贫困农户难以从根本上摆脱贫困的最
大拦路虎，是真正意义上的短板和瓶颈的认识，国家在努力改善贫困农户
基本生产生活条件、增强其产业就业能力的同时，明确贫困村、贫困县的
退出标准，以此引导各地全力补齐贫困乡村脱贫短板，使乡村基础设施和
人居环境明显改善，广大贫困农户和贫困地区的生产生活条件得到较大改
观，产业扶贫带贫支撑能力不断提高。

一　贫困地区基础设施明显改善

党的十八大以来，贫困地区水、电、路等基础设施极大改善，全面实
现了建制村通硬化路、通动力电的目标，贫困村和贫困群众出行难、用电
难、通信难等"老大难"问题得到有效解决。

首先，交通扶贫基本完成"两通"任务。2016~2019 年，支持贫困地
区改造建设了 1.69 万公里国家高速公路、5.25 万公里普通国道，打通了
多条"断头路"和"瓶颈路段"，贫困县县城基本实现了二级及以上公路
覆盖，许多县城通了高速公路，"大动脉"实现基本畅通。支持贫困地区
较大人口规模自然村建设了约 9.6 万公里硬化路，完成约 45.8 万公里农村
公路安全生命防护工程，加宽改造了 14.3 万公里窄路基路面，改造建设了
约 1.5 万座危桥，② 让贫困群众告别"出行难"。截至 2019 年底，全国农

---

① 罗晨：《国家卫健委：我国健康扶贫成效显著》，《中国食品报》2020 年 11 月 25 日，第
3 版。
② 交通运输部：《基本完成"两通"任务，交通扶贫取得决定性进展》，http://www.scio.gov.
cn/video/42600/42601/Document/1688731/1688731.htm，最后访问日期：2020 年 12 月 21 日。

村公路里程已达 420 万公里，实现具备条件的乡（镇）和建制村 100% 通硬化路；到 2020 年 8 月底，已基本实现具备条件的乡（镇）和建制村 100% 通客车。贫困地区农户所在自然村能便利乘坐公共汽车的比重由 2013 年的 56.1% 提高到 2019 年的 76.5%[1]，其中 14 个连片特困地区由 53.5% 提高到 75.7%[2]。

同时，大力推进村村通客车工程，畅通"微循环"。6 亿多农民"出门水泥路，抬脚上客车"的梦想变成了现实，贫困地区所在自然村通公路的农户比重由 2013 年的 97.8% 提高到 2019 年的 100.0%，进村主干道路硬化的农户比重由 88.9% 提高到 99.5%[3]，其中 14 个连片特困地区所在自然村通公路农户的比重由 98.0% 提高到 100.0%，进村主干道路硬化的农户比重由 88.4% 提高到 99.4%[4]。

另外，为适应发展需求，还不断加快推进县、乡、村三级农村物流网络体系建设和"快递下乡"工程，"城货下乡、山货进城、电商进村、快递入户"双向运输服务进一步打通。推动"交通+特色农业+电商""交通+文化+旅游""交通+就业+公益岗位"等扶贫模式，增强贫困地区的"造血"功能，让贫困群众走上"致富路"。2016～2019 年，支持贫困地区建设了 3.8 万公里资源路、旅游路、产业路，有效盘活了贫困地区的资源，助力一批特色产业乘势而起，同时也提升了贫困地区教育和医疗保障水平，城市文明、基本公共服务随着交通的改善，逐步向贫困地区纵深覆盖。[5]

其次，贫困地区生产生活用电条件显著改善。2019 年底，新一轮农网

① 汪三贵：《脱贫攻坚与精准扶贫：理论与实践》，中国财经出版传媒集团、经济科学出版社，2020，第 201 页表 5-3。
② 汪三贵：《脱贫攻坚与精准扶贫：理论与实践》，中国财经出版传媒集团、经济科学出版社，2020，第 212~213 页表 5-16。
③ 汪三贵：《脱贫攻坚与精准扶贫：理论与实践》，中国财经出版传媒集团、经济科学出版社，2020，第 201 页表 5-3。
④ 汪三贵：《脱贫攻坚与精准扶贫：理论与实践》，中国财经出版传媒集团、经济科学出版社，2020，第 212~213 页表 5-16。
⑤ 交通运输部：《基本完成"两通"任务，交通扶贫取得决定性进展》，http://www.scio.gov.cn/video/42600/42601/Document/1688731/1688731.htm，最后访问日期：2020 年 12 月 21 日。

改造升级工程提前达到预定目标，完成 160 万口农村机井通电，涉及农田 1.5 亿亩；为 3.3 万个自然村通上动力电，惠及农村居民 800 万人。小城镇中心村用电质量全面提升，惠及农村居民 1.6 亿人。2020 年上半年，提前完成了"三区三州"、抵边村寨农网改造升级攻坚三年行动计划，显著改善了深度贫困地区 210 多个国家级贫困县 1900 多万名群众的基本生产生活用电条件。农村电气化率在 18% 左右，比 2012 年提高了 7 个百分点。用能清洁化程度不断提高，2018 年清洁能源占农村能源消费总量的 21.8%，秸秆和薪柴使用量减少了 52.5%。北方地区冬季取暖更多地用上了电力、天然气和生物质能。南疆天然气利民工程让 430 多万名群众用上了天然气。能源保障措施有力有效，不仅农田机井全部通上了电，农业灌溉成本每年节省 100 多亿元，而且脱粒机、粉碎机等大功率用电设备走进千家万户。2012 年以来，贫困地区重大能源项目累计投资超过 2.7 万亿元，全国累计建成 2636 万千瓦光伏扶贫电站，惠及近 6 万个贫困村 415 万贫困农户，每年产生发电收益约 180 亿元，相应安置公益岗位 125 万个。"光伏 + 产业"持续较快发展，农光互补、畜光互补等新模式广泛推广，增加了贫困村和贫困农户的收入来源，提高了广大贫困农户的收入水平，平均每个村每年可稳定增收 20 万元以上。[①]

最后，网络扶贫取得明显成效。早在 2004 ~ 2015 年，就累计投资 458 亿元，开展信息通信网络"村村通"工程建设，占 3 家基础电信企业建设总量的 54%；2016 年以来，中国移动累计投资约 80 亿元实施电信普遍服务试点民生工程，在第四批工程中承担了 82% 的条件特别困难的边疆地区的任务量。而随着《网络扶贫行动计划》的有效实施，贫困地区网络覆盖目标提前超额完成，贫困村通光纤比例由实施电信普遍服务之前的不到 70% 提高到 2020 年的 98%；电子商务进农村实现了对 832 个贫困县的全覆盖，全国农村网络零售额由 2014 年的 1800 亿元增长到 2019 年的 1.7 万亿元，规模扩大了 8.4 倍；网络扶智工程成效明显，全国中小学（含教学点）互联网接入率从 2016 年底的 79.2% 上升到 2020 年 8 月的 98.7%；网

---

① 国家能源局：《我国能源扶贫工作取得明显成效，贫困地区生产生活用电显著改善》，ht-tps://baijiahao.baidu.com/s? id = 1680969245656432654，最后访问日期：2020 年 12 月 21 日。

络扶贫信息服务体系基本建立，远程医疗实现国家级贫困县县级医院全覆盖，全国行政村基础金融服务覆盖率达99.2%；网络公益扶贫惠及更多贫困群众，一批有社会责任感的网信企业和广大网民借助互联网将爱心传递给贫困群众。[①] 2019 年，贫困地区所在自然村通电话的农户比重达到了100.0%，比 2013 年的 98.3%提高了 1.7 个百分点；所在自然村能接收有线电视信号的农户比重达到了 99.1%，比 2013 年的 79.6%提高了 19.5 个百分点；所在自然村能接通宽带的农户比重达到了 97.3%，比 2015 年的71.8%提高了 25.5 个百分点。[②]

二　产业基础支撑得到显著加强

各地将产业扶贫作为稳定脱贫、巩固拓展脱贫攻坚成果、推动乡村振兴的根本之策，以产业组织化为抓手，重点突破延长产业链、提升价值链、完善利益链等关键环节，不断夯实科技和信息对产业的基础支撑作用，因地制宜培育了一批贫困人口参与度高、能带动贫困农户长期稳定增收的特色优势产业，壮大了一批有意愿、能带动贫困群众增收致富的产业扶贫经营主体，真正实现了"户户有增收项目、人人有脱贫门路"。

首先，产业扶贫覆盖面不断扩大，贫困农户增收效果明显。832 个贫困县全部编制了产业扶贫规划，累计建成种植、养殖、加工等各类产业基地超过 30 万个，旅游扶贫、光伏扶贫、电商扶贫等新模式新业态加快推进，每个贫困县都形成了 2 ~ 3 个特色鲜明、带贫面广的扶贫主导产业。产业扶贫政策已覆盖98%的贫困农户，有劳动能力和意愿的贫困群众基本都参与到产业扶贫之中。其中，直接参与种植业、养殖业、加工业的贫困农户分别为 1158 万户、935 万户、168 万户；贫困劳动力在本县内乡村企业、扶贫车间务工的超过 1300 万人，占务工总人数的近一半。在产业扶贫的有力拉动下，贫困农户人均纯收入由 2015 年的 3416 元增加到 2019 年的 9808

---

① 中央网信办：《网络扶贫取得实质性进展和明显成效》，http://www.scio.gov.cn/xwfbh/xwbfbh/wqfbh/42311/44157/zy44161/Document/1691518/1691518.htm，最后访问日期：2020 年12 月 21 日。

② 汪三贵：《脱贫攻坚与精准扶贫：理论与实践》，中国财经出版传媒集团、经济科学出版社，2020，第 201 页表 5 - 3。

元，年均增长 30.2%。①

其次，贫困地区产业发展条件显著改善。扶贫产业的快速发展，为资本、技术、人才等要素进入贫困地区提供了平台和载体，倒逼交通、物流、通信等配套设施建设的改善。贫困县累计建成高标准农田 2.1 亿亩、农产品初加工设施 4.3 万座，培育市级以上龙头企业 1.44 万家，发展农民专业合作社 71.9 万家，创建各类扶贫产业园 2100 多个，组建 4100 多个产业技术专家组，招募 4000 多名特聘农技员，登记农产品地理标志 800 多个，认证绿色和有机农产品 1.1 万个，贫困地区产业发展基础支撑更加有力，后劲明显增强。②

这些举措也激发了贫困群众不等不靠、自强不息、用勤劳双手改变生活的精神状态，并将在今后推进乡村全面振兴中持续发挥作用。依托订单生产、土地流转、生产托管、就地务工等方式，72% 的贫困农户与新型农业经营主体建立了紧密型利益联结关系。通过产业赋能，70% 以上贫困农户接受了生产指导和技术培训，累计培养各类产业致富带头人 90 多万人，产业扶贫志智双扶成效明显。③

同时，随着国家以消费扶贫为方向的政策体系的不断完善和消费扶贫方式方法的不断创新，消费扶贫正在成为帮助贫困地区产业成长的有效途径，并与电商扶贫等有效结合，日益成长为有效的帮扶方式，为贫困地区产业扶贫插上新翅膀。2019 年初至 2020 年底，通过消费扶贫累计直接采购或帮助销售贫困地区特色农产品近 5000 亿元。其中，2019 年为 1600 多亿元，2020 年前 10 个月超过 3300 亿元，是 2019 年全年的两倍。④

---

① 农业农村部：《产业扶贫政策覆盖 98% 贫困户，人均纯收入年均增长 30.2%》，http://www.scio.gov.cn/video/42600/42601/Document/1694780/1694780.htm，最后访问日期：2020 年 12 月 21 日。
② 农业农村部：《产业扶贫政策覆盖 98% 贫困户，人均纯收入年均增长 30.2%》，http://www.scio.gov.cn/video/42600/42601/Document/1694780/1694780.htm，最后访问日期：2020 年 12 月 21 日。
③ 农业农村部：《贫困地区特色产业快速发展，贫困户收入大幅提高》，http://www.scio.gov.cn/xwfbh/xwbfbh/wqfbh/42311/44465/zy44469/Document/1694659/1694659.htm，最后访问日期：2020 年 12 月 21 日。
④ 国家发展改革委：《消费扶贫政策体系逐步完善，效果持续扩大》，http://www.scio.gov.cn/video/42600/42601/Document/1693260/1693260.htm，最后访问日期：2020 年 12 月 21 日。

最后，科技对扶贫产业的支撑作用越来越强。党的十八大以来，全国科技系统累计在贫困地区建成1290个创新创业平台，选派28.98万名科技特派员，投入200多亿元资金，实施3.76万项各级各类科技项目，推广应用5万余项先进实用技术和新品种，先后在贫困地区建立了国家创新型县5个、国家农业科技园区283个、"星创天地"1002家，为贫困地区创新创业增添了活力。同时，积极引导高校、科研院所、企业与贫困地区对接，累计建立科技帮扶结对7.7万个，为贫困地区累计培育高新技术企业4232家，推广应用了"稻渔综合种养技术""粉垄耕作技术"等先进实用技术，为转换贫困地区发展动力、提高生产效能、改善群众生活提供了有力支撑。在江西井冈山、永新，四川屏山，陕西柞水、佳县5个科技部定点扶贫县，累计实施国家重点研发计划、中央引导地方科技发展资金等科技项目250余项，累计投入资金2.8亿元，引进帮扶资金约8.6亿元，培训基层干部、技术人员等8600余人，选派15名后备干部赴定点扶贫县挂职，不断提高定点扶贫县的科技创新能力和产业竞争力，使5个定点扶贫县提前全部实现高质量脱贫摘帽。①

三 农村人居环境明显改观

随着脱贫攻坚战的深入推进，各地还把改善农村人居环境作为重要内容，以建设美丽宜居村庄为导向，以农村垃圾、污水治理和村容村貌提升为主攻方向，带动农村人居环境改善取得明显成效，广大人民群众的获得感、幸福感得到实实在在的增强。许多贫困地区实现了生活垃圾处理设施、生活垃圾有效治理、生活垃圾收费制度、保洁制度在乡（镇、街道）的覆盖率达100%。譬如，云南省曲靖市围绕"百村样板、千村推动、万村整治"目标，提出了推进农村环境治理工作"拆、改、造、清、建、管、教"七字要诀，划分了"旅游特色型、美丽宜居型、提升改善型、自然山水型、基本整洁型"五种村庄类型，开展了"三堆"（粪堆、草堆、

---

① 科技部：《开展技术攻关等行动，为贫困地区产业发展提供智力支持》，http://www.scio.gov.cn/xwfbh/xwbfbh/wqfbh/42311/44592/zy44603/Document/1695478/1695478.htm，最后访问日期：2020年12月21日。

柴堆）变"三园"（菜园、花园、果园）实践。麒麟区提出了建设"产业生态化、居住城镇化、风貌特色化、特征民族化、环境卫生化"美丽宜居村庄的目标，以加强村庄规划管理，推进农村生活垃圾治理、生活污水治理、"厕所革命"，以及村容村貌提升为导向，走出了一条以美丽宜居乡村建设引领农村全面建成小康社会和助力脱贫攻坚的新路子。[1]

就全国贫困地区整体而言，所在自然村垃圾能集中处理的农户比重由2013年的29.9%迅速提高到2019年的86.4%，提高了56.5个百分点[2]；而14个连片特困地区也从30.3%提高到85.1%，提高了54.8个百分点[3]（见图5-5）。

图 5-5　全国贫困地区和连片特困地区自然村垃圾能集中处理的农户比重

总之，脱贫攻坚不仅使我国现行标准下的绝对贫困问题得到历史性解决，"两不愁三保障"的脱贫目标全面实现，而且使贫困农户和贫困地区的发展条件得到明显改善，贫困地区与非贫困地区发展不平衡的趋势得到有效遏制，从而既为巩固拓展脱贫攻坚成果奠定了坚实基础，又为贫困地区实施全面乡村振兴战略夯实了基础支撑。

---

① 王吉飞：《曲靖市抓好"七字诀"，扎实推进农村人居环境提升工作》，珠江网，http://www.zjw.cn/index.php? a = shows&catid = 128&id = 140472，最后访问日期：2020 年 12 月 21 日。

② 汪三贵：《脱贫攻坚与精准扶贫：理论与实践》，中国财经出版传媒集团、经济科学出版社，2020，第 201 页表 5-3。

③ 汪三贵：《脱贫攻坚与精准扶贫：理论与实践》，中国财经出版传媒集团、经济科学出版社，2020，第 212～213 页表 5-16。

第六章

精准扶贫溢出效应

精准扶贫作为一种外因与内因相互作用的过程,不仅带来了作为内因的贫困地区和贫困群众的物质运动,而且带来了内因和外因的意识或精神运动。前者直接表现为贫困地区和贫困群众经济发展条件和水平的变化,特别是贫困人口的减少、收入水平和消费水平的提高、生产生活条件的改善,以及贫困地区与发达地区发展差距的缩小等,这些主要是针对贫困地区和贫困群众而言的,更多是直接效应。而贫困群众精神面貌的改善、贫困治理体系的不断完善、干群关系的融洽以及作为外因的扶贫工作者思想意识的转变等,则是隐性的、长期性的,甚至会起到潜移默化的作用,这是精准扶贫的溢出效应。对比以往的扶贫开发工作,脱贫攻坚战在上述方面都留下了宝贵的精神财富,不仅对巩固拓展脱贫攻坚成果有积极作用,而且对提升治理体系和治理能力现代化水平、推动实施乡村振兴战略、实现农业农村现代化都会产生积极而深远的影响。

第一节 贫困群众内生发展动力得到提升

从整体上讲,脱贫攻坚战是中国推动农村扶贫开发工作以来,投入力度最大、对贫困地区和贫困群体扶持最显著最直接的攻坚行动。尽管产生了一些负面影响,但总体而言,由于不断强化扶志、扶智、扶德、扶技等工作,把"富口袋"与"富脑袋"有机结合在一起,不仅帮助贫困群体树立了不等不靠、自力更生、勤劳致富的正确导向,而且引导他们积极依靠自己的双手踏实苦干、拔除"等靠要"思想穷根、摘掉贫穷落后帽子。贫困地区和贫困群众的主人翁意识明显增强，脱贫和发展的内生动力进一步激发，并换来了贫困群众听党话、感党恩、跟党走的坚定意志和信念。

一 贫困群众的主体性得以激发

巨大的扶贫投入，必然会引发大家争当贫困户的冲动，甚至采取各种各样不合理手段去争当贫困户。这说明村民也是理性"经济人"。为了避免长期以来贫困者戴帽、富裕者花钱的情况再次上演，精准识别锁定了脱贫攻坚的目标群体，并将扶贫资源集中投入建档立卡贫困家庭和贫困村。但要使外界的扶贫投入效益最大化，就需要增强贫困者脱贫致富的志气，提升他们的发展能力，把扶贫与扶志、扶智有机结合。脱贫攻坚在这些方面也确确实实取得了明显成效。

（1）贫困群众的内生动力充分启动。各级地方政府利用外界的帮扶来撬动贫困者内在的发展动力，扶贫资源分配不是仙女散花，而是因村因户因人施策，把扶贫资源配置与贫困农户的致贫原因及发展愿望等有机结合起来，充分保障了贫困户和非贫困户的各项权利和权益，增强了贫困乡村和贫困户对脱贫对象、内容、管理、结果等的知情权、参与权、决策权和受益权，把"要我干"变为"我要干"，激发贫困群众脱贫致富的积极性和主动性，让脱贫攻坚的各个环节、各个领域都成为群众，尤其是贫困群众自己的事，逐步培育他们脱贫致富的责任意识。云南省曲靖市富源县实施的"项目库"就是最好的成果。"项目库"的实施，不仅让基层政府知道帮什么、怎么帮，而且让包括贫困者在内的广大村民知道自己需要什么帮助、从哪里能够得到这些帮助、帮助的具体内容是什么、通过这些帮助村庄和农户可以发生什么样的改变、什么时候可以获得这些帮助、自己需要做些什么等。这就使帮扶者和被帮扶者都明明白白、清清楚楚。

专栏 6 - 1：云南省富源县的"项目库"建设

云南省曲靖市富源县坚持精准扶贫精准脱贫基本方略，访民情、听民意、集民智、聚民力、解民忧，建立起符合贫困群众所需、党委和政府所扶、科学合理的项目库，解决了"群众想干什么、项目如何选、实施怎么抓"等项目建设、项目管理、扶贫资源使用难题，有效衔接了扶贫资源供给与需求，实现了扶贫项目综合效益最大化。

富源县的项目库建设重点抓住以下几个关键环节。一是问计群众"干什么"，使项目选择"接地气"，核心是入库项目坚持"群众提、逐级议、民主定"原则，并做到项目管理"一张网、纵达村、横同心"。二是带领群众"一起干"，重点是注重"考核"的激励作用，通过开展"驻村扶贫标兵"评选和农户积分争创活动，树立鲜明选人用人导向和项目及扶贫资源的激励导向。三是严管群众"救命钱"，一分一厘"为人民"，关键是实行"资金跟着项目走、拨付跟着进度走、监管跟着资金走"。四是让群众"有劲头""有奔头"，主要手段是采取以奖代补、投工投劳等方式，支持贫困户苦干产业，鼓励群众与企业进行利益联结，通过种苗、肥料等扶持，鼓励群众在专业技术人员指导下发展种养殖等有群众基础的产业。

在扶贫项目库的有效推动下，富源县脱贫攻坚取得了决定性胜利。贫困人口由"村村有"变为"村村无"；巩固脱贫措施由"短平快"变为"长久远"；民生保障由"揪心事"变为"暖心事"；基础设施由"短板多"变为"全达标"；群众收入由"贫困线"变为"小康线"。易地扶贫搬迁项目让群众"一步跨进城"，产业扶贫项目让群众"户户都增收"，交通扶贫项目畅通了"微循环"、告别了"出行难"，危房改造扶贫项目让群众住上了"安居房"，水利扶贫项目让群众喝上了"洁净水"……脱贫攻坚项目库成为贫困户增收致富的"聚宝盆"、"香饽饽"和"助推器"。

富源县脱贫攻坚项目库建设、易地扶贫搬迁成功经验在全国交流推广，墨红镇刺绣扶贫案例荣获中国国际扶贫中心与联合国粮农组织、世界银行等国际组织联合举办的"全球减贫案例有奖征集活动"最佳减贫案例。

（2）贫困群众的发展能力持续增强。有决心固然重要，但提高贫困群众的可行发展能力更加重要。为此，各地在努力做好扶贫与扶德和扶志相结合的同时，还把扶贫与扶智和扶技相结合，不断增强贫困群众的发展能力。除了因地制宜帮助贫困者选择脱贫项目和具体路径以外，还开展了各种各样的技能和适用技术培训，并把扶贫车间办到了家门口，让贫困者能够在培训的基础上，通过"干中学"和"学中干"等方式，不断提高技术技能，增强发展自信心和进取心。农业农村部的统计显示，全国累计培养各类产业致富带头人 90 多万人，70% 以上贫困户接受了生产指导和技术培训。① 累计组织贫困劳动力参加政府补贴性培训 838 万人次。技工院校累计招收建档立卡贫困家庭子女 34 万人。②

（3）贫困群众的主体地位不断得到彰显。威廉·舒尔茨（W. Schultz，1902~1998）说过，经济发展主要取决于人的质量，而非自然资源的丰瘠或资本存量的多寡。过去，扶贫干部常听到贫困地区群众反映"你们建的沟渠、自来水管坏了""你们发的鸡苗、仔猪、种牛死了"等情况，这倒逼各级党委、政府反思并不断改进项目实施的方式方法。通过不断健全完善贫困群体的利益表达机制，拓宽他们的利益表达渠道，持之以恒激发贫困主体的内生动力，还权于民、还利于民，让贫困主体在脱贫攻坚中真正成为决策主体、行动主体和受益主体。通过以工代赈、以奖代补等途径，进一步激励贫困群众自主参与扶贫开发项目，尤其是农网改造、道路及水利等基础设施的建设和维护，不仅让贫困农户从中实现就业增收，而且增强了贫困村及贫困户对扶贫项目的拥有感和责任感，进一步破解了等靠要精神"贫血症"、重建轻管行动"败血症"难题，提升了贫困人口素质和贫困主体的参与能力，形成了精准扶贫的内生机制。

二 等靠要观念明显改变

"人穷志短"，而志短人更穷。志短主要表现为不思进取和等靠要。因

① 农业农村部：《贫困地区特色产业快速发展，贫困户收入大幅提高》，http://www.scio.gov.cn/xwfbh/xwbfbh/wqfbh/42311/44465/zy44469/Document/1694659/1694659.htm，最后访问日期：2020 年 12 月 21 日。
② 人力资源和社会保障部：《构建上下协同、部门联动的就业扶贫工作体系》，http://www.scio.gov.cn/xwfbh/xwbfbh/wqfbh/42311/44258/zy44262/Document/1692713/1692713.htm，最后访问日期：2020 年 12 月 21 日。

此，脱贫致富贵在立志。在脱贫攻坚战实践中，各级地方党委、政府坚持"智志双扶"，把重点放在帮助贫困群众摆脱思想贫困、意识贫困和精神贫困等方面，并取得了明显成效。

（1）扶贫扶志取得明显成效。各级党委、政府坚持把习近平总书记和党中央、国务院的关心关怀宣传到村村寨寨、家家户户，教育和引导贫困群众依靠自己的辛勤劳动实现脱贫致富。同时，不断改进帮扶方式，杜绝大包大揽、简单的发钱发物等"输血式""保姆式"帮扶。营造健康文明新风，形成有劳才有得、多劳能多得的正向激励机制，逐步树立起勤劳致富、脱贫光荣的价值取向和政策导向。少数民族，尤其是"直过民族"、人口较少民族安贫乐道、故步自封的状况逐渐得到改变。

通过"爱心超市"、新时代文明实践中心等平台建设，扶贫扶志志愿服务、"小手拉大手、学生带家长"等活动的开展，持之以恒推进移风易俗，引导群众摒弃陈规陋习，贫困群众进一步转变了思想观念，逐渐融入了现代文明生活，健康文明新风尚逐渐形成。贫困地区群众"要我脱贫"向"我要脱贫"转变，"靠着墙根晒太阳，等着政府送小康"现象大为改观。"幸福不会从天而降，好日子是干出来的""脱贫攻坚是干出来的""幸福是奋斗出来的""苦熬不如苦干，等不是办法，干才有希望""只要有志气、有信心，就没有迈不过去的坎"等观念逐渐入心入脑，贫困地区群众的精神面貌明显改变。

通过大力宣传教育、典型示范带动等途径，宣传表彰了一批自强不息、自力更生脱贫致富的先进事迹和先进典型，用身边人身边事示范带动身边贫困群众，激发了决战脱贫攻坚的"磅礴之力"，形成了比学赶超氛围，充分调动了贫困地区群众的积极性、主动性、创造性。通过组织富余劳动力转移就业，最大限度地弥补资金不足，用勤劳的双手发展生产，创造财富，解决温饱，产生了无穷的力量和巨大的财富。

（2）扶贫扶智成效显现。抓实教育宣传，让"再穷不能穷教育""再苦不能苦孩子""不让孩子输在起跑线上"等观念深入每个贫困家庭，抓好教育扶贫和控辍保学工作，贫困代际传递现象得到有效遏制。贫困人口文化程度和技能水平进一步提高。利用微信群、移动客户端和农村远程教育等平台，组织党员干部、技术人员、致富带头人、脱贫模范等开展讲习，提高了扶智教育的针对性和有效性。

通过实施新型农民素质提升工程，贫困群众脱贫致富的综合素质得以提升，贫困户自我组织、自我发展能力进一步增强，"造血"功能和内生动力、发展活力进一步激发，并辅之以"智志双扶"等措施，发挥了干部的"引领"作用、政策的"导向"作用、群众的"主体"作用。

通过思想道德建设、丰富乡村文化生活，开展精准帮扶、共建共享、宣传引导，贫困人口脱贫发展的内生动力得到充分激发，各族群众谋脱贫、思发展，把主要精力放在发展生产、稳定增收和就业增收脱贫上。

（3）扶贫扶技成效明显。家有良田万顷，不如薄技在身。各级地方党委、政府不断强化技能培训，确保贫困劳动力有 1~2 项就业创业技能或实用技术，增强他们脱贫致富的真本领。积极开发贫困人口的人力资源，组织贫困劳动力进行岗位技能提升培训、订单培训、岗前培训，为促进就业创业增收奠定基础。通过"公司＋合作社＋农户"等产业帮扶模式，将贫困户、市场、企业联结成稳定的产销关系，帮助贫困群众甩掉"不会脱贫"的思想包袱和现实困难。① 坚持把增加贫困群众收入、"富口袋"作为主要目标，加大产业扶贫力度，以产业就业增收带动贫困群众"富口袋"，进一步强化产业"造血"机制。

同时，遵循市场和产业发展规律，把特色产业发展与县域经济发展有机结合起来，增强产业的协同性和关联性。通过推广"企业＋基层组织＋合作组织＋贫困户＋金融支持"等产业扶贫模式，进一步引导贫困地区农村一、二、三产协同融合发展，推进农业与旅游、文化、健康养老等产业的深度融合，促进产加销"纵向"融合。增强新型农业经营主体的带贫能力，提升贫困群众发展生产的组织化、规模化、标准化、市场化、品牌化程度。通过积极培育社会责任感高、对贫困户带动力强的新型经营主体，增强贫困户链接市场的能力。围绕让贫困群众"心热起来、手动起来"，采用生产奖补、劳务补助、以工代赈等方式，激发他们改变贫困面貌的干

---

① 白增博：《新中国 70 年扶贫开发基本历程、经验启示与取向选择》，《农业经济》2019 年第 12 期。

劲和决心。

专栏 6－2：念好"小"字诀 激发"大"能量①

——在脱贫攻坚中激发群众内生动力的红河实践

云南省红河州是云南扶贫攻坚的主战场之一。近年来，红河州各级党委、政府坚持从小处着眼，从小处发力，通过"小课堂""小举措""小细则""小馆室""小分队""小舞台""小超市"的"七小"行动，引导贫困群众自强自立、不等不靠，促进民风向善、村风向上，为打赢脱贫攻坚战筑牢思想基础。

一是"小课堂"宣讲"大理论"。组织开展脱贫攻坚宣讲进农家活动，建立新时代农民讲习所293个、农民夜校291个，有序推动党的理论方针政策进农村、进群众，教育引导贫困群众树立自强不息、诚实守信、脱贫光荣的思想观念和感恩意识。红河县组建"新时代脱贫攻坚讲习所"；石屏县组成"五老宣讲团"，开通农村"村村响"广播，将党的声音融入基层生产生活，让党的理论创新成果飞入寻常百姓家。

二是"小举措"营造"大氛围"。制定印发《关于脱贫攻坚文化氛围营造实施方案》，在"县乡村组户"五级联动开展氛围营造，印制招贴画12万余份，制作宣传标语20万余条、广告牌5000余面，手绘墙体画1000余块。立足实际，充分发挥自身优势，通过各类宣传媒体，开设专栏、开通咨询热线、开设微信公众号，开通农村广播、设立政策宣传栏、发送脱贫攻坚普及读物等方式，让群众知晓"脱贫攻坚"是党中央的决策部署，是党对全国人民的庄严承诺，营造家家户户感党恩的良好氛围。

三是"小细则"带来"大变化"。制定出台《红河州革除陋习促脱贫实施意见》《关于深入推动移风易俗促乡风文明的实施细则（试

---

① 《念好"小"字诀，激发"大"能量——在脱贫攻坚中激发群众内生动力的红河实践》，《红河日报》2019年10月11日，https://baijiahao.baidu.com/s? id＝1647097187511876764，最后访问日期：2020年12月21日。

行)》《关于进一步修改完善村规民约的通知》等指导性意见，稳步实施革除陋习促脱贫，大力弘扬社会正能量、树立文明新风。

四是"小馆室"发挥"大作用"。制定印发《关于开展村史室建设的指导意见》，在全州试点建设村史室"百千工程"，各县市利用现有的各类公共设施，在每个乡镇选择1个村委会建设村史室，没有条件的设置村史墙。村史室涵盖历史沿革、村庄概貌、发展综述、乡贤善举、荣誉展示、未来展望等"6个要素"，集"存史、资政、育人"等功能于一体，传承文明、记录历史、凝聚人心、启迪后人。

五是"小分队"带动"大活动"。3158名驻村干部和乡镇、村组党员干部积极行动起来，以村为单位，组建798支"小分队"，分片包干联系贫困户，聚焦"两不愁三保障"开展收入清、安全住房清、饮水安全清、教育保障清、医疗保障清、产业就业清等"六清"行动，有针对性地开展帮扶，网格化的组织实施使"小分队"形成了"战斗队"。充分发挥妇女在家庭中的独特作用，组织成立"巾帼志愿连心服务队"，每月确定一个"巾帼行动日"，指导帮助贫困群众打扫卫生、整理内务，引导贫困家庭逐步革除陈规陋习、转变生活方式，树立健康文明生活理念。

六是"小舞台"弘扬"大文化"。蒙自市积极组建新时代"红色文艺轻骑兵"，开展送宣传、送文化、送健康、送卫生、送新风、送平安、送科技等"七送"活动，先后涌现出宣传贯彻党的十九大精神的音乐舞蹈快板《文明春风进万家》《同心圆梦》，讽刺少数村民等靠要思想的扶贫题材小品《脱贫路上》，反映热爱劳动场面的舞蹈《城市美容师》等作品。所到之处，无一例外地受到了当地群众的热烈欢迎，有的还竖起大拇指称赞："这个节目太好了，演的就是我们身边的人、身边的事。"

七是"小超市"带来"大动力"。绿春县建设了名为"动力小站"的特殊"超市"。"超市"里的商品主要来自定点帮扶单位、帮扶干部和社会爱心人士的捐赠，所有商品与超市里的一样。不同的是，商品不用支付现金，而是凭积分兑换。"积分卡"的积分管理由乡镇挂包领导干部和驻村第一书记牵头负责，建档立卡贫困户可以从政策知晓、环境卫生、移风易俗、乡风文明、脱贫能手和配合工作等多个方面赚取积分。成立"动力小站"领导小组和监督管理委员会，负责建设运营期间的全程监督，并将积分管理制度纳入村规民约，定期对各"动力小站"管理水平和受益群体满意度等方面进行跟踪问效。全州已建立"动力小站"或"爱心超市"414个，不仅激发了贫困户的内生动力，而且引导广大农村群众共同参与脱贫攻坚，变"要我脱贫"为"我要脱贫"。

三　各族群众感党恩坚定不移跟党走

脱贫攻坚战中，努力抓好思想、道德、文化、法律和感恩教育，用身边事身边人教育广大人民群众，从对比中彰显中国特色社会主义制度优越性。树立了一批批典型，提炼并讲好了一个个脱贫故事，教育引导贫困户逐步摒弃了安贫守贫观念，树立自强脱贫的思想观念和感恩意识。同时把思想政治教育与改进帮扶方式、强化政策导向相结合，从单纯的给钱给物转变为扶志扶智扶技，从单纯的物质扶贫转变为物质扶贫与技能扶贫及精神扶贫相结合，激励贫困群众自力更生、投工投劳建设美好家园。通过积极推行"三讲三评""村史室""小喇叭"工程和"深度贫困人口培训中心"等具有较强启发性、示范性和借鉴价值的创新做法，制定实施村规民约、培养良好习惯、关爱特殊群体、创建文明家庭、弘扬优秀传统等，强化价值引领，引导比学赶超，凝聚人心，让贫困群众"思想转变过来、心热起来、身体行动起来"。

农村贫困群众的生产生活发生了日新月异的变化，收入稳步提高，实现了稳定脱贫；村寨面貌得到了较大改善，村庄道路硬化了、路灯亮了、自来水和宽带通了，各族群众精气神更足了，民心向党、人心思富，纷纷表示"吃水不忘挖井人，脱贫不忘感党恩"。生产生活中，各族群众知党恩、感党恩、听党话、跟党走，更加努力发展生产，把村子建设得更美丽、更宜居，为建设美丽中国、实现中国梦贡献自己的一分力量。

专栏 6 - 3：人穷志不短　致富不忘带贫①
—— 致富带头人罗现刚的"光荣脱贫路"

罗现刚是云南省保山市昌宁县珠街乡庆美村的一位农民，2017 年被评为"云南省光荣脱贫户"。这是他的第三次"光荣"，1994 年光荣入伍，1997 年光荣退伍。罗现刚家 2014 年被纳入建档立卡贫困户。他认为自己被纳入贫困户是合理的，但也不太光彩。罗现刚 1997 年退伍后在珠街烟站做烤烟辅导员，每月收入 300 元，只够家庭平常开销。2000 年弟兄分家，他分到了一间危房，年迈的父母和一个有语言障碍的姐姐也跟着他一起生活，家里确实很贫困。2016 年，罗现刚花 2 万元尝试着养石蛙，但血本无归。随后获得 200 羽扶贫鸡苗，他在山里搭起了鸡棚，走生态、绿色、健康的养殖路线。一年下来，200 羽鸡收入了 1 万多元，接着申请"红色贷款"创办了一个规模 1000 多羽的小型养鸡场，2017 年出栏 4000 多羽，卖了 14 万元，当年成功摘掉了贫困帽子。

"脱贫攻坚是为下一步乡村振兴打基础，一个人都不能掉队。我是一名党员，要充分发挥带头作用。"罗现刚脱贫后积极带动群众增收致富。在选购养鸡场需要的玉米、豌豆和小麦时，他优先收购周边群众家里的，价格以市场价格为准绝不压价；养鸡场有什么活儿需要干，他就把贫困户请到养鸡场来做零工；其他农户养的生态鸡可以出栏了，他也会主动帮助寻找市场，卖一个好价钱；家里的土鸡蛋从来没有拿到市场上卖过，都分给了孤寡老人；烟站活儿不忙的时候，他会抽时间向周边群众介绍科学养鸡知识，讲解技术要点，鼓励他们养殖增收。在他的带动下，一大批群众走上了养殖脱贫的道路。

第二节　贫困治理体系不断完善

缓解贫困是人类社会的永恒主题，更是我国社会主义制度的本质要

---

① 《云南省光荣脱贫户——罗现刚》，摘自《保山日报》2018 年 12 月 5 日，https://www.163.com/dy/article/E29RPMO70514T96E.html，最后访问日期：2021 年 3 月 29 日。

求。贫困治理永远在路上。中国以脱贫攻坚为主攻方向的贫困治理，不仅实现了消除绝对贫困的基本目标，而且为我国实施乡村振兴战略和推动农业农村现代化提供了有益条件，也为国际社会，特别是发展中国家消除绝对贫困提供了中国方案和中国智慧，其影响远远超出了脱贫攻坚本身，具有显著的溢出效应。

一 贫困治理体系基本形成

围绕着"扶持谁""谁来扶""怎么扶""如何退""怎么管"等环节，我国已经基本形成了以消除绝对贫困为主要目标，以工作机制、政策体系、责任体系、督查体系为核心内容的共商共建共促的贫困治理体系，并着力建立以巩固拓展脱贫成果、缓解相对贫困、实现与乡村振兴战略接续推进，进而推动实现农业农村现代化为根本目标的贫困治理制度体系。

（1）绝对贫困治理体系趋于完善。在贯彻落实精准扶贫精准脱贫基本方略的具体实践中，我国围绕"两不愁三保障"基本目标、"六个精准"基本要求和"五个一批"主要举措，已经构建了以党委和政府为主导、行业部门主责、社会力量参与、贫困群众为主体的大扶贫格局，健全了精准识别、精准帮扶、精准脱贫、精准考核、精准管理的工作体系，建立了"党政一把手负总责、五级书记抓扶贫""省、市、县、乡、村'五级联动'"的责任体系，建立了以"产业扶贫、素质提升转移就业、易地扶贫搬迁、农村危房改造、生态扶贫、教育扶贫、健康扶贫、兜底保障、贫困村'组组通'、贫困村脱贫振兴"为主的政策支撑体系，建立了多渠道筹措、一体化统筹、多样化配置的投入保障体系，探索建立了以"地毯式督查""专项巡察"为主、"互联网＋监督"为补充的监督体系，构建了以年度报告、交叉检查和第三方评估为主的监测评价体系。这些制度体系在各地脱贫攻坚的伟大实践中不断完善，证明是完全符合中国国情、农情和贫情的，标志就是加快了脱贫攻坚步伐，提升了精准脱贫的质量和成色。同时，以"两不愁三保障"为基本目标、以"六个精准"为基本要求和以"五个一批"为主要举措的贫困治理主体框架，也能够为广大发展中国家消除绝对贫困提供有益借鉴和参考。

（2）巩固拓展脱贫成果长效机制初步构建。为进一步巩固拓展脱贫攻坚成果，我国以"四不摘"① 为总体要求，已经出台了一些有关防止返贫的监测和帮扶举措。2020 年中央一号文件要求："总结推广各地经验做法，健全监测预警机制，加强对不稳定脱贫户、边缘户的动态监测，将返贫人口和新发生贫困人口及时纳入帮扶，为巩固脱贫成果提供制度保障。强化产业扶贫、就业扶贫，深入开展消费扶贫，加大易地扶贫搬迁后续扶持力度。扩大贫困地区退耕还林还草规模。深化扶志扶智，激发贫困人口内生动力。"

2020 年 3 月，国务院扶贫开发领导小组出台了《关于建立防止返贫监测和帮扶机制的指导意见》，基本原则是坚持事前预防与事后帮扶相结合，坚持开发式帮扶与保障性措施相结合，坚持政府主导与社会参与相结合，坚持外部帮扶与群众主体相结合。要求以家庭为单位，主要监测建档立卡已脱贫但不稳定户，以及收入略高于建档立卡贫困户的边缘户。具体监测范围是农村常住居民人均可支配收入低于国家扶贫标准 1.5 倍左右的家庭，以及因病、因残、因灾、因新冠肺炎疫情影响等引发的刚性支出明显超过上年度收入和收入大幅缩减的家庭。监测规模为建档立卡贫困人口的 5% 左右，深度贫困地区原则上不超过 10%。在此基础上，提出通过产业帮扶、就业帮扶、综合保障、扶志扶智以及其他帮扶等形式为返贫对象提供帮扶。

2020 年 4 月，国务院扶贫办联合财政部印发了《关于贯彻落实〈关于建立防止返贫监测和帮扶机制的指导意见〉的通知》，要求各地制定实施办法、落实帮扶政策、开展动态管理、加强监测评估，目的就是探索构建相关长效机制。而事实上，早在 2019 年 5 月，重庆市武隆区就出台了《关于加强脱贫攻坚"临界户"帮扶工作的实施方案》，把上年农村常住居民人均可支配收入介于贫困线与贫困线 1.2 倍之间，以及因医疗、义务教育、必备住房、重大灾害等刚性支出较大，造成家庭人均负债超过上年全区农村人均可支配收入，同时又不符合建档立卡贫困户条件的农户，列入"临界户"予以帮扶。

---

① 即摘帽不摘责任、摘帽不摘政策、摘帽不摘帮扶、摘帽不摘监管。

专栏6-4：云南省曲靖市马龙区设立基金保底线防返贫

为巩固脱贫攻坚成果，从源头上防止脱贫农户返贫、边缘户陷入贫困，云南省曲靖市马龙区于2020年探索设立精准防贫救助扶持基金，常态化解决致贫、返贫问题。

一是精准防贫设基金。按照政府引导、社会参与的原则，区政府在区民政局建立基金专户，区财政首期投入100万元；资金不足时，按"一事一议"据实增资解决，并鼓励社会组织、企业、法人、机关干部和其他公民自愿捐资。

二是分类施策解难题。对因发生重大疾病、重大灾害、重大事故等突发原因，造成家庭产生大额支出，通过各级各部门政策性报销、救助、救济和社会各界捐赠、帮扶以后，家庭自付部分支出仍然较大，且家庭自身无力承担，导致家庭有致贫风险的农村户籍人口（含"农转城"人口）、建档立卡贫困户，坚持底线保障、应救尽救、应扶尽扶的原则，按程序和标准实施救助扶持。因重大疾病导致有致贫、返贫、加深贫困程度风险的农户，按照个人自付（不包含医保报销范围以外的费用）在5000元（含）至1万元的救助50%、1万元（含）至1.5万元的救助60%、1.5万元（含）至5万元的救助70%、5万元（含）以上的救助80%的标准实施救助；对因自然灾害造成家庭唯一安全住房损毁、倒塌无法居住的农户，按照家庭承担修缮、建设费用在5000元（含）至1万元的救助50%、1万元（含）至1.5万元的救助60%、1.5万元（含）至5万元的救助70%、5万元（含）以上的救助80%的标准实施救助；对因学导致有致贫、返贫、加深贫困程度风险的农户，按照1500元/（生·学期）的标准给予救助；对因重大灾害、重大疫情等原因，导致苹果、肉牛、生猪等种养殖业遭受重大损失的农户（含"农转城"户口），及时给予产业扶持，并根据产业发展类别，按照"一事一议"规则，及时进行扶持，同时对投入的扶持资金建立回收制度。

三是严格程序促规范。坚持严格程序、逐级审核、公平公正、公开透明的原则，按照农户（村、组）申请、村（居）委会排查评定、乡（镇、街道）复查预定、数据核查比对初定、救助资金测算、区级审查确定、区民政局审定发放 7 个程序实施救助扶持。基金实行分类监管，财政投入资金由财政局负责监管，社会募捐及其他资金由民政局负责监管；同时，明确纪监、民政、卫健、医保、住建、教体、农业农村等 12 个部门审核的具体职能职责，并经基金管理使用领导小组研究，公示公告后发放，以有效保证基金运作的规范性。全区建立防贫救助基金以来，已完成第一批 57 户的联审复核工作，对符合条件的 20 户 70 人进行了救助。

（3）相对贫困治理体系正在构建。2020 年中央一号文件明确要求："脱贫攻坚任务完成后，我国贫困状况将发生重大变化，扶贫工作重心转向解决相对贫困，扶贫工作方式由集中作战调整为常态推进。要研究建立解决相对贫困的长效机制，推动减贫战略和工作体系平稳转型。加强解决相对贫困问题顶层设计，纳入实施乡村振兴战略统筹安排。抓紧研究制定脱贫攻坚与实施乡村振兴战略有机衔接的意见。"围绕这一基本要求，有关部门正在研究如何推动脱贫攻坚战略由集中力量打"歼灭战"向完善制度打"持久战"转型，扶贫工作方式由集中作战向常态推进转变，积极探索建立新阶段相对贫困治理的工作体系、政策体系等长效机制。

2020 年 12 月，中共中央、国务院发布了《关于实现巩固拓展脱贫攻坚成果同乡村振兴有效衔接的意见》，就重大意义、总体要求、建立健全巩固拓展脱贫攻坚成果长效机制、聚力做好脱贫地区巩固拓展脱贫攻坚成果同乡村振兴有效衔接重点工作，在健全农村低收入人口常态化帮扶机制、着力提升脱贫地区整体发展水平、加强脱贫攻坚与乡村振兴政策有效衔接、全面加强党的集中统一领导等方面做了详细政策和具体措施安排。

二 贫困治理体系对推动乡村振兴战略的贡献

乡村振兴作为党的十九大提出的新战略，从表面上看，不仅在振兴目标、振兴内容、目标群体等方面与贫困治理，特别是脱贫攻坚有许多不一致的地方，而且时序安排上也是承前启后的关系。但从本质上看，两者有许多一致的地方。贫困治理不仅为乡村振兴战略奠定了坚实的物质基础，而且其许多有效做法和经验可以为推动实施乡村振兴战略提供路径和方法选择。为此，需要先弄清楚两者一致或者互补的内容。

首先，两者都是实现好和维护好社会主义制度的本质要求。贫困不是社会主义，社会主义一定要消灭贫困。贫困治理因此是实现好和维护好社会主义制度的内在要求。习近平总书记指出："反贫困是古今中外治国理政的一件大事。消除贫困、改善民生、逐步实现共同富裕，是社会主义的本质要求，是我们党的重要使命。"① 他还强调："贫穷不是社会主义。如果贫困地区长期贫困，面貌长期得不到改变，群众生活长期得不到明显提高，那就没有体现我国社会主义制度的优越性，那也不是社会主义。"②而乡村振兴则是新时代努力实现好和维护好中国特色社会主义制度的重大战略，是"实现中华民族伟大复兴的一项重大任务"③，"是党的使命决定的"④。这表明，贫困治理和乡村振兴都是建设社会主义的主要任务，只是时序和工作重点有所不同而已。

其次，两者都是缓解或者解决"三农"问题的重要抓手。贫困治理尽管只针对农村的贫困人群，但却是"三农"问题的核心，习近平总书记指出："'三农'工作是重中之重，革命老区、民族地区、边疆地区、贫困地区在'三农'工作中要把扶贫开发作为重中之重。"⑤ 他还谆谆告诫我们："不了解农村，不了解贫困地区，不了解农民尤其是贫困农民，就不会真正了解中国，就不能真正懂得中国，更不可能治理好中国。"⑥ 由此可见，在一定意义上可以说，把贫困治理好了就是把中国治理好了。而党的十九

---

① 中共中央党史和文献研究院编《习近平关于"三农"工作论述摘编》，中央文献出版社，2019，第159页。
② 中共中央党史和文献研究院编《习近平扶贫论述摘编》，中央文献出版社，2018，第5页。
③ 中共中央党史和文献研究院编《习近平关于"三农"工作论述摘编》，中央文献出版社，2019，第14页。
④ 中共中央党史和文献研究院编《习近平关于"三农"工作论述摘编》，中央文献出版社，2019，第12页。
⑤ 中共中央党史和文献研究院编《习近平关于"三农"工作论述摘编》，中央文献出版社，2019，第155~156页。
⑥ 中共中央党史和文献研究院编《习近平关于"三农"工作论述摘编》，中央文献出版社，2019，第157页。

大提出的乡村振兴战略，不仅是"中国特色社会主义进入新时代做好'三农'工作的总抓手"，而且是"决胜全面建成小康社会、全面建设社会主义现代化国家的重大历史任务"。由此不难发现，贫困治理，特别是脱贫攻坚，是"三农"工作的重中之重，而乡村振兴则是"三农"工作的总抓手。两者都以"三农"工作为方向和出发点。

最后，从贫困治理与乡村振兴的内在关系来看，打好脱贫攻坚战是实施乡村振兴战略的优先任务，是不能打任何折扣的"底线任务"①，这似乎是承前启后的关系。但从未来乡村振兴过程中的相对贫困治理来看，还应该回到"优先任务"上去。也就是说，贫困治理过去是全面建成小康社会的"底线任务"，而乡村振兴作为承接全面小康社会的一个重大战略，其总目标就是实现农业农村现代化，因此，贫困治理也应该是全面推动乡村振兴的"底线任务"，至少在巩固拓展脱贫攻坚成果阶段是如此。但从乡村振兴作为一个长期战略来看，贫困治理始终都应该是"优先任务"。

关于这一点，习近平总书记2018年9月21日在十九届中央政治局第八次集体学习时的讲话就已经说得很明白了，"打好脱贫攻坚战是实施乡村振兴战略的优先任务。贫困村和所在县乡当前的工作重点就是脱贫攻坚，目标不变、靶心不散、频道不换。2020年全面建成小康社会之后，我们将消除绝对贫困，但相对贫困仍将长期存在。到那时，现在针对绝对贫困的脱贫攻坚举措要逐步调整为针对相对贫困的日常性帮扶措施，并纳入乡村振兴战略架构下统筹安排"②。

以上分析表明，贫困治理和乡村振兴都是我国实现农业农村现代化、建设中国特色社会主义的基本要求。而脱贫攻坚为未来贫困治理产生了许多溢出效应，当然也对乡村振兴战略的有效实施具有重大借鉴意义。

一是形成和完善了精准理念。精准是中国打赢打好脱贫攻坚战的基本

---

① 习近平总书记2017年12月28日在中央农村工作会议上的讲话指出，打赢脱贫攻坚战是全面建成小康社会的底线任务，见中共中央党史和文献研究院编《习近平关于"三农"工作论述摘编》，中央文献出版社，2019，第174页。

② 中共中央党史和文献研究院编《习近平关于"三农"工作论述摘编》，中央文献出版社，2019，第179页。

方略，也是最显著的成效，核心就是"六个精准"。乡村振兴战略需要在广泛动员社会参与的同时，继续坚持和完善这一基本方略，把村庄的精准分类、资源的精准配置、人才的精准遴选、项目的精准管理以及建设成果的精准评价等作为工作重点。

二是形成和发展了分类施策理念。脱贫攻坚不仅针对建档立卡贫困农户按主要原因和次要原因进行了详细分类，而且对贫困村进行了类型划分，如根据贫困程度划分为一般贫困村和深度贫困村，并且按不同程度的贫困发生率进行分类，还把贫困村庄划分为中心村、一般村、过渡村和其他村，按地形地貌划分为山区村、丘陵村、平坝村和其他村，云南省还专门把边境村单独划分出来。这些分类思路，可以为完善目前的乡村振兴类型提供有益补充。更重要的是，需要在此基础上，借鉴脱贫攻坚的有益做法，对不同类型的村庄采取具有针对性的振兴举措。

三是强化了党委、政府的统筹协调作用。大扶贫格局是中国农村扶贫开发的重要手段，强调的就是各种帮扶力量的统筹协调和系统配合。其中，涉农财政资源整合发挥了重要作用，不仅放大了扶贫资源总量，而且提高了扶贫资源集中使用的效率。乡村振兴作为一项系统工程，需要充分借鉴贫困治理的有益做法，进一步强化统筹协调。尤其是要在明确部门责任的同时，强化协同配合。比如，可以总结各地涉农财政资源整合的有益做法，用夯实部门责任带动资源整合，同时充分发挥党委、政府的领导和统筹协调作用，使部门资源集中使用和有效配置。

四是为基层组织和社区群众发挥主体和主导作用找到了有效手段。我国贫困治理所积累的正反两方面的深刻经验教训都表明，必须把政府和社会的外界帮扶与乡村群众的内生动力有机结合起来，把彰显乡村群众的主体作用作为核心推动力，外界的帮扶和资源配置必须以启动乡村群众的内生动力为基础和前提，并探索有效措施，使之得到有机结合。乡村振兴的主要受益群体是广大乡村群众，有必要围绕乡村群众作为受益主体这个目标，强化其作为行动主体的重要地位，而要做到这一点，需要以保证和强化其作为决策主体的核心地位和作用为基础。

五是完善和壮大了乡村组织体系。定点帮扶和驻村帮扶，是脱贫攻坚取得决定性胜利的重要组织基础。它们不仅使帮扶资源得到充分利用，使帮扶效果得到显著提高，而且强化了乡村组织基础。乡村振兴战略作为一项长期性的工作，难以像脱贫攻坚那样配置驻村帮扶工作队，但可以通过完善定点帮扶举措，使之制度化和机制化。甚至可以将国家的财政资源配置与帮扶机制结合起来，形成更加有效的帮扶体系，在推动乡村产业、文化、生态振兴的同时，实现组织振兴。

六是探索形成了有效的督查评估体系。有效的督查巡查和以第三方评估为基础的监测评价体系，是中国贫困治理积累的宝贵经验。这不仅对增强帮扶效果有重要作用，而且对完善帮扶体系也有重要作用。乡村振兴战略实施过程中，也需要不断强化监测评估，尤其是更加科学和有效的督查和评估。可以总结第三方评估的有效做法，建立以第三方为主体的乡村振兴战略实施监测评估体系，但需要强化专业性和科学性，并使之成为制度安排。当然，条件具备的地方，可以尝试与村民自治制度结合起来，形成以村民为主体的评估体系和意见有效反馈机制。

三 贫困治理体系对推动农业农村现代化的贡献

农业农村现代化是乡村振兴战略的总目标，更是国家全面现代化的重要组成部分。党的十九届五中全会提出"开启全面建设社会主义现代化国家新征程"的新部署，要求到 2035 年基本实现社会主义现代化，到 21 世纪中叶把我国建成富强民主文明和谐美丽的社会主义现代化强国。作为 2035 年的远景目标之一，要求"人民生活更加美好，人的全面发展、全体人民共同富裕取得更为明显的实质性进展"，其中一个具体目标就是"人均国内生产总值达到中等发达国家水平，中等收入群体显著扩大，基本公共服务实现均等化，城乡区域发展差距和居民生活水平差距显著缩小"[1]。而《中共中央关于制定国民经济和社会发展第十四个五年规划和二〇三五年远景目标的建议》第七部分"优先发展农业农村，全面推进乡村振兴"开篇则强调："坚持把解决好'三农'问题作为全党工作重中之重，走中

---

[1] 本书编写组：《党的十九届五中全会〈建议〉学习辅导百问》，党建读物出版社、学习出版社，2020，第 15 页。

国特色社会主义乡村振兴道路，全面实施乡村振兴战略，强化以工补农、以城带乡，推动形成工农互促、城乡互补、协调发展、共同繁荣的新型工农城乡关系，加快农业农村现代化。"①

也就是说，加快农业农村现代化已经成为未来工作的重要任务，而总抓手就是走中国特色社会主义乡村振兴道路，具体路径就是工农互促、城乡互补、协调发展、共同繁荣。这四条路径，尤其是后面两条，都要求把贫困治理作为工作重点。这既是坚持把解决好"三农"问题作为全党重中之重的内在要求，又是实现城乡区域发展差距和居民生活水平差距显著缩小和达至"全体人民共同富裕"的根本要求。为此，还专门论述了实现巩固拓展脱贫攻坚成果同乡村振兴有效衔接的具体举措，即"建立农村低收入人口和欠发达地区帮扶机制，保持财政投入力度总体稳定，接续推进脱贫地区发展。健全防止返贫监测和帮扶机制，做好易地扶贫搬迁后续帮扶工作，加强扶贫项目资金资产管理和监督，推动特色产业可持续发展。健全农村社会保障和救助制度。在西部地区脱贫县中集中支持一批乡村振兴重点帮扶县，增强其巩固脱贫成果及内生发展能力。坚持和完善东西部协作和对口支援、社会力量参与帮扶等机制"②。而这里提到的五个重要举措，都直指构建有效的贫困治理机制。这也不难看出，贫困治理机制既是全面实施乡村振兴战略的优先任务，也是推动农业农村现代化的重要内容。从这个角度来讲，建立在脱贫攻坚基础上的贫困治理体系对推动农业农村现代化具有重要溢出效应和借鉴意义。

首先，为农村低收入人口和欠发达地区的帮扶机制化提供了有效做法和经验。为此，乡村振兴战略可以充分借鉴脱贫攻坚所积累的精准扶贫精准脱贫宝贵经验，准确界定"农村低收入人口"和"欠发达地区"，采取更加有效的政策举措，使"农村低收入人口"和"欠发达地区"得到优先

① 本书编写组：《党的十九届五中全会〈建议〉学习辅导百问》，党建读物出版社、学习出版社，2020，第28页。

② 本书编写组：《党的十九届五中全会〈建议〉学习辅导百问》，党建读物出版社、学习出版社，2020，第30页。

和长足发展，尤其要在产业兴旺方面形成更加有效的政策举措，以使其特色产业发展真正具有可持续性。

其次，为对口帮扶和社会力量参与机制化探索了路径和有效做法。基于"欠发达地区"内生发展动力短期内难以有效形成的实际，对口帮扶和社会力量帮扶还将持续一段时期，有必要借鉴行业扶贫和社会扶贫的有效做法，通过市场化为主的外界帮扶，使"欠发达地区"获得持续发展动力。为此，需要把西部地区的一批脱贫县作为乡村振兴重点县加以集中扶持，通过完善东西部协作和对口支援、社会力量参与机制等，使其内生发展动力得到持续增强。这实际上是大扶贫格局的延伸和深化。

最后，为农村社会保障和救助制度化提供了方案。社会兜底保障是"五个一批"的重要一批，既是脱贫攻坚的基本手段，也是贫困治理需要坚持和完善的重要举措。未来在全面实施乡村振兴战略过程中，对"农村低收入人口"的帮扶，更需要基于"贫有百样、困有千种"[1] 的客观现实，围绕"幼有所育、学有所教、劳有所得、病有所医、老有所养、住有所居、弱有所扶"构建起强大的农村社会保障和救助体系，并使之制度化，以"保证全体人民在共建共享发展中有更多获得感，不断促进人的全面发展、全体人民共同富裕"，[2] 为农业农村现代化奠定坚实的社会基础。

第三节　干群关系显著改善

各地在落实"六个精准""五个一批"要求的基础上，通过强化驻村帮扶和定点挂钩扶贫责任，不仅为加强"三农"工作队伍建设输入了新鲜血液，而且为转变干部作风、拉近干部与群众之间的距离、密切农村党群干群关系提供了新空间，为激发贫困群众的内生动力，形成发展合力奠定了组织基础，更重要的是，培养造就了一支有情怀和担当精神的"三农"工作队伍，为加强"三农"工作提供了强大的人才支撑。

---

[1]　中共中央党史和文献研究院编《习近平扶贫论述摘编》，中央文献出版社，2018，第75页。
[2]　中共中央党史和文献研究院编《习近平扶贫论述摘编》，中央文献出版社，2018，第22页。

一 为"三农"工作队伍输入了新鲜血液

深入了解、全面掌握贫困村、贫困户的具体情况，是落实"六个精准"和"五个一批"最有效的途径，各地通过建立和强化定点帮扶、驻村工作队、"挂包帮"、"转走访"等制度，把党员干部与帮扶贫困农民"结成对"，把广大党员干部与广袤的乡村联系起来，让党员干部与贫困群众同吃、同住、同劳动，共商脱贫办法、共谋脱贫出路，不仅为党员干部深入乡村、深入群众提供了空间，也让最弱势的贫困群体感受到了党和政府亲人般的温暖。2014 年，全国组织了 80 万人深入农村开展贫困识别和建档立卡工作，2015～2016 年，全国动员了近 200 万人开展建档立卡"回头看"工作。① 2014 年，中央、国家机关和有关单位下派挂职干部 5200 多人，赴定点县考察超过 66000 人次；2015 年以来，全国共动员 3000 万名机关事业单位和有关工作人员进行结对帮扶；截至 2016 年，东部共有 260 个县市与西部 287 个县市结成帮扶对子，东部省（直辖市）还以此为载体向西部 10 个省（自治区、直辖市）提供援助资金 132.7 亿元。② 截至 2018 年 1 月，全国共选派 277.8 万人驻村帮扶，每个驻村工作队一般不少于 3 人，每期驻村时间不少于 2 年，新选派的驻村工作队队长一般为处科级干部或处科级后备干部。③

驻村工作队干部属于专职扶贫干部，不承担原单位工作，有的地方还规定了驻村的时间，并制定了详细的驻村工作队管理和考核办法。最初，不排除部分驻村干部是为了完成任务而去的，而越往后，许多驻村干部与乡村干部和群众结下了深厚感情，他们全身心投入帮扶工作，有的 2 年满了还主动要求再驻 2 年，甚至更长时间。驻村工作队队员不仅起到了桥梁

① 黄承伟：《深刻领会习近平精准扶贫思想坚决打赢脱贫攻坚战》，http://dangjian.people.com.cn/nl/2017/0823/c412885-29489835.html，最后访问日期：2017 年 8 月 23 日。
② 顾仲阳：《兄弟携手共奔全面小康——全国东西部扶贫协作工作 20 年综述》，http://finance.people.com.cn/nl/2016/0720/c1004-28567815.html，最后访问日期：2017 年 8 月 23 日。
③ 汪三贵：《脱贫攻坚与精准扶贫：理论与实践》，中国财经出版传媒集团、经济科学出版社，2020，第 220 页。

作用，主动帮当地群众想脱贫门路，引脱贫项目，他们还为"三农"工作带去了新的思想和新的工作方法，更重要的是拉近了与群众，特别是贫困群众的距离。正如云南省会泽县的一个贫困户所言："以前看见村干部都不容易，现在市、县、乡干部经常来，有时还能碰着省上的领导，见得到北京来的大领导。"

实践证明，广大驻村干部真正成了贫困群众的"连心桥"。他们深入一线访贫困、察实情、看真贫，扑下身子抓落实、促发展，带领贫困地区群众苦干实干，已经成为扶贫一线的中坚力量，成为脱贫攻坚的"尖刀班""爆破手"。他们情为民所系，利为民所谋，不仅为乡村群众，尤其是贫困群众做了许许多多实事和好事，深得人民群众拥护和称赞，而且带动乡村形成了许多有效的治理方式。云南省曲靖市富源县富村镇德胜村委会小铺子村民小组有家喻户晓的三首歌，分别是《学习雷锋好榜样》、《三大纪律八项注意》和《好日子》。每个星期五村里喇叭只要播放《学习雷锋好榜样》，村民就会带上工具去打扫责任区的环境卫生；日常如果播放《三大纪律八项注意》，村民就会自觉到小广场集合开会，如有违反不遵守者，村民小组就会启动停水、罚款等处罚性措施，有力保证了村规民约的落地落实；而当播放《好日子》时，村民就会主动到有红白喜事的邻居家帮忙。正是通过这些让老百姓喜闻乐见和容易接受的方式，小铺子村民小组的社区治理呈现善治和良治状态，不仅主动开始垃圾分类，家家户户房屋周围栽满鲜花，根本看不到污水和垃圾，而且新建了广场和老人活动室，村民们吃了晚饭也可以去跳广场舞，过着与城市居民一样的生活，邻居也很少有吵架的。2018 年，国务院扶贫办的一位领导在考察该村时，问村民："为什么会这么听话？为什么会如此积极配合村党组织的工作安排？"一位 83 岁的老党员给出了答案："因为组织先听了我们老百姓的话，我们才听组织的话。"简短的话语道出了其中的深意：驻村工作队真正把老百姓的事当作自己的事，真正把老百姓当作自己的亲人，换来的当然是老百姓对政府工作的拥护、支持和积极参与。

二 留下了全心全意为人民服务的精神财富

大批的驻村工作队伍和结对帮扶干部，不仅给乡村和贫困农户带去了许多项目和资金，而且带去了全心全意为人民服务的精神和良好的工作状态。他们以"朝受命、夕饮冰"的使命感，以"昼无为、夜难寐"的紧迫感，以"但愿苍生俱饱暖，不辞辛劳出山林"的奉献精神和"敢教日月换新天"的新时代愚公精神，以"流血流泪不留遗憾，任劳任怨绝不认输"的奋斗状态，抒写了"以人民为中心"全心全意为人民服务的拳拳情怀。大江南北、长城内外，在脱贫攻坚的征程上，到处涌动着一支支有情怀、敢担当、善作为的"三农"工作队伍。他们不忘初心、牢记使命，把对祖国山河每寸土地、对中华民族每个老百姓的爱，化作迎难而上、攻坚克难的强大动力。当表率、作示范，冲在脱贫攻坚战最前线。中华大地涌现出一批批以"人民楷模"高德荣同志、"时代楷模"朱有勇院士、"时代楷模"黄文秀"第一书记"、"时代楷模"当代"愚公"毛相林同志、"时代楷模""燃灯"校长张桂梅女士、九年驻村扶贫的刘双燕女士等为代表的扶贫英雄。他们的一言一行，感动着这个时代，感动着中华大地。云南省"80后"基层干部李忠凯早已满头白发，但却坚定地说："我改变不了头发变白，但能改变这里的贫穷。"被老百姓认为比自己女儿还要好的安徽省驻村工作队第一书记和工作队队长刘双燕，这样描述她坚持九年当第一书记的感想："驻村工作队队员就是扛着枪冲在前线的战士，我已经冲过了这么多哨卡，眼看着我们的脱贫攻坚事业就要取得胜利，这个时候再往回撤，我觉得不甘心，我要真真正正去参与、去见证中国这项伟大的壮举。"把"教育改变女孩人生"事业坚守到底的"燃灯"校长张桂梅女士这样回答她做出的选择："有人说我爱岗敬业，有人说我疯了，也有人说我为了荣誉。有人不理解，一个人浑身是病，却比正常人还苦得起。支撑着我的，是共产党员的初心和使命，让我直面这片热土时，心里不愧。"这种不愧，不仅是不愧对党的培养，而且不愧对人民的期盼，也不愧对人生，更不愧对那些走出大山、走向幸福生活的贫家女孩……

"榜样的力量是无穷的"，"榜样是旗帜，代表着方向；榜样是资源，凝聚着力量；榜样是品德，照亮着未来"。这样一批人，他们为人父母、为人子女、为人妻为人夫，他们也有家，他们也有爱。但他们心里装着人民，装着国家。他们舍小家为大家，舍自己为他人。他们以初心和使命为航标，外化于行，内化于心，坚持全心全意为人民服务的根本宗旨，坚定为贫困群众谋幸福的初心，以贫困不灭，愧对党和政府，群众不富，寝食难安的心志，以"滴水穿石""咬定青山不放松"的恒心和韧劲，以拼搏实干不懈怠、"黄沙百战穿金甲，不破楼兰终不还"的拼劲，打起百倍精神，勠力同心，尽锐出战，坚决啃下最难啃的"硬骨头"，坚决完成贫困人口全部脱贫、贫困村全部出列、贫困县全部摘帽的硬任务和底线任务，坚决如期打赢脱贫攻坚这场困扰着中华民族千百年历史的决战，坚决向全国人民兑现"全面小康路上一个不能少、一个不能掉队"的庄严承诺。这支队伍具有苦干实干精神，始终秉持钉子般攻坚克难精神，以铁一般信仰、铁一般信念、铁一般纪律、铁一般担当，攻坚中之坚、克难中之难、解困中之困、脱贫中之贫。他们在人类反贫困史上创造了"减贫奇迹"，谱写了人类反贫困历史新篇章，取得了令世人瞩目的辉煌成就。不仅如此，他们的精神还为乡村发展和乡村振兴提供了不竭动力，鼓舞着许许多多人一往无前，为国家的现代化事业不懈奋斗。

专栏 6 - 5：把论文写在大地上的"时代楷模"朱有勇院士

朱有勇教授是中国工程院院士，现任云南农业大学名誉校长、首席教授，云南省科学技术协会主席。朱有勇院士学农爱农为农，四十年如一日潜心研究，把论文写在大地上，以"抓铁有痕，踏石留印"的态度，致力于科技扶贫并结出累累硕果，体现了一名共产党员和知识分子的道义担当。

朱有勇院士不仅敢于"顶天"，学术论文问鼎《自然》杂志封面，而且甘于"立地"，把论文写在大地上，写在人民心上。2015 年，中国工程院开始结对帮扶云南省普洱市澜沧县。作为年富力强的"60后"院士，定点扶贫的任务落在了朱有勇肩上。朱有勇院士带着团队驻扎在竹塘乡蒿枝坝，走进田间地头、深山密林开展实地调研，紧紧抓住科技创新的利器，确定了"科技引领、创新驱动"的帮扶思路，帮助边境"直过民族"尽快脱贫致富。

科技扶贫。朱有勇院士让冬季马铃薯优质高产新技术在这里落地。

该技术能有效抑制病虫害，并减少60%的农药使用量，大幅度提高了马铃薯的产量和品质。同时落地的还有"院士＋公司＋基地＋农户"的"4＋"科学化、标准化、产业化扶贫模式，即院士、专家和公司抱团帮助农户解决技术、物资及销售方面的问题，农户专心学技术、搞种植，大家齐心协力脱贫致富。在充分调研的基础上，朱有勇院士给澜沧带来了一项"能转化到土地里"的创新科研成果——林下有机三七种植技术。该技术坚持"不施用一粒化肥，不使用一滴农药"的品质控制标准，让中药材回归大山野林中，规模化、标准化生产有机三七，从生产过程保证了药材质量，不仅为边疆民族地区探索出一条依托科技向绿水青山要金山银山的绿色发展之路，而且为提高中药材药效找到了新路。

扶贫先扶智。朱有勇院士团队在全国首创中国工程院科技扶贫技能实训班。院士专家直接为农户授课，用群众听得懂的语言讲理论、教生产，在田间地头手把手地指导农户种植，直至学懂学会。到目前为止，科技扶贫技能实训已培养了840名乡土人才，这些学员回到家乡以后，为脱贫致富发挥了带头示范作用，变成一颗颗脱贫致富的"种子"撒遍澜沧大地，形成脱贫攻坚的"星火燎原"之势。

朱有勇院士之所以能够做到这些，不仅是因为他学农干农，而且是因为他爱农为农，他把贫困群众当作自己的亲人，把贫困群众的事当作自己的本分。他经常讲的一句话就是："我能够为拉祜兄弟做点事是我的本分。"他不仅把贫困的拉祜族群众当作自己的兄弟姐妹，而且把帮助他们脱贫致富当作自己的本分。这就是共产党员和优秀知识分子的初心、使命和担当。

三 提高了群众对干部的认可度

"因户施策""一户一策""不脱贫、不脱钩"等精准脱贫要求，强化了各级党员干部的责任意识，也影响着众多党员干部的工作理念、工作态度、工作作风和工作方法，必须通过真情实意听民声、真抓实干解民忧，才能带领贫困群众真正脱贫致富。在真抓实干过程中，广大党员干部切实深入脱贫攻坚一线，真正将"为人民服务的宗旨""以人民为中心的发展思想"落地落实落细，实实在在解决了贫困群众最关心、最直接、最现实、最急迫的利益问题，大大提高了贫困群众的获得感和幸福感，进而有效提升了贫困群众对脱贫攻坚工作的满意度、对党员干部的认可度和信任度，这些方面综合作用的结果，就是农村基层党群干群关系持续显著改善。

笔者 2020 年 7 月对云南省曲靖市的脱贫攻坚实践成效和经验进行总结时，采用直观比较法让各级干部对下一级的脱贫攻坚成效进行定量评价，内容包括"交通条件""人居环境""经济水平""生活水平""干群关系"五个方面，以 2020 年当前为参照，一是对 2015 年脱贫攻坚战开始时进行打分，二是对现实情况进行打分，满分为 10 分，即"十分制"。打分既要看这两个时段的得分，又要看下一级行政单元（包括村委会）的变化对比。曲靖市扶贫开发领导小组主要组成部门的主要领导对所辖县域进行打分，18 位参与者最终的平均得分结果显示，全市"干群关系"的主观得分从 2015 年的 7.34 分提高到 2020 年的 8.89 分，提高了 1.55 分。其下辖的会泽县、宣威市、富源县 3 个贫困县（市）"干群关系"得分的提高水平高于全市平均水平，分别提高了 1.76 分、1.58 分和 1.56 分，而罗平县和师宗县 2 个贫困县略低于全市平均水平，分别为 1.42 分和 1.44 分，但这 5 个贫困县（市）的得分都高于 4 个非贫困县（区）的得分。尽管全市"干群关系"的得分变化低于"人居环境"（1.70 分）、"经济水平"（1.65 分），但与"生活水平"（1.55）相当，且高于"交通条件"（1.54 分）。全市下辖各县（市、区）"干群关系"得分的变化与其他方面的变化不尽相同，如会泽县"干群关系"变化（1.76 分）与"生活水平"变化（1.76 分）相当，低于"交通条件"变化（2.14 分）和"人居环境"变化（2.32 分），但高于"经济水平"变化（1.72 分）（见表 6 - 1）。

表 6 - 1　云南省曲靖市各县（市、区）2020 年与 2015 年发展变化比较

单位：分

		全市	麒麟区	沾益区	马龙区	陆良区	会泽县	宣威市	富源县	罗平县	师宗县
交通条件	2015 年	7.41	7.90	7.57	7.53	7.84	6.41	6.64	6.84	7.16	6.76
	2020 年	8.95	9.19	9.10	8.91	9.31	8.55	8.66	8.80	9.01	9.00

续表

		全市	麒麟区	沾益区	马龙区	陆良区	会泽县	宣威市	富源县	罗平县	师宗县
	变化	1.54	1.29	1.53	1.38	1.47	2.14	2.02	1.96	1.85	2.24
人居环境	2015年	7.25	7.86	7.54	7.48	7.51	6.44	6.43	6.55	7.30	7.06
	2020年	8.95	9.24	9.10	9.07	9.04	8.76	8.68	8.71	9.09	8.91
	变化	1.70	1.38	1.56	1.59	1.53	2.32	2.25	2.16	1.79	1.85
经济水平	2015年	7.10	7.57	7.37	7.21	7.52	6.39	6.58	7.04	7.00	6.63
	2020年	8.75	8.91	8.68	8.54	8.79	8.11	8.24	8.27	8.43	8.32
	变化	1.65	1.34	1.31	1.33	1.27	1.72	1.66	1.23	1.43	1.69
生活水平	2015年	7.34	7.84	7.49	7.43	7.75	6.50	6.82	6.91	7.07	6.96
	2020年	8.89	9.01	8.84	8.76	8.89	8.26	8.40	8.47	8.49	8.40
	变化	1.55	1.17	1.35	1.33	1.14	1.76	1.58	1.56	1.42	1.44
干群关系	2015年	7.34	7.84	7.49	7.43	7.75	6.50	6.82	6.91	7.07	6.96
	2020年	8.89	9.01	8.84	8.76	8.89	8.26	8.40	8.47	8.49	8.40
	变化	1.55	1.17	1.35	1.33	1.14	1.76	1.58	1.56	1.42	1.44

　　到了县一级，我们让县扶贫开发领导小组主要成员单位负责人对所辖乡（镇、街道）的变化进行了同样原理的打分，结果变化更大。仅以国家扶贫开发工作重点县——富源县为例，参与打分的有14位领导（包括4位县级领导），最终全县"干群关系"的平均得分由2015年的7.40分提高到2020年的9.17分，提高了1.77分，比"交通条件"（2.48分）和"人居环境"（2.77分）变化小，但比"经济水平"（1.15分）和"生活水平"（1.08分）变化大。① 对于富源县来讲，"交通条件"和"人居环境"变化在所有乡（镇、街道）都很明显，而"经济水平"和"生活水平"的变化在所有乡（镇、街道）都不是很明显。但"干群关系"的变化在各乡（镇、街道）表现出不同的情况，变化最大的是县城所在的中安街道

---

① 富源县"经济水平"和"生活水平"之所以变化不大，是因为该县以煤炭产业为主，2014年世界经济及国内经济进入大调整时期，富源县的县域经济出现了"断崖式"下滑，由2013年的165.00亿元下滑到2014年的134.53亿元，2015年继续下滑到113.83亿元，其中工业增加值从2013年的90.36亿元下滑到2014年的54.60亿元，2015年继续下滑到32.64亿元。2019年，富源县的县域经济总量恢复增加到219.18亿元，工业增加值恢复到77.78亿元，但仍没有达到2013年的水平（以上数据来源于相关年份的《云南统计年鉴》）。

（1.87 分）和老厂镇（1.87 分），变化较小的是黄泥河镇（1.27 分）和古敢乡（1.26 分），但乡与乡之间的差距显著缩小，2015 年最好的是古敢乡，为 7.90 分；较差的是中安街道，为 7.00 分。两者相差 0.90 分。2020 年最好的是墨红镇、富村镇、十八连山镇和老厂镇，都为 9.17 分（见表 6-2）。这些分值的变化，是"干群关系"整体发生了显著变化的有力佐证。

随后，笔者选择了该县贫困面最大的富村镇做重点调查。富村镇的 21 个村（居）委会都是贫困村，脱贫攻坚战打响之前，村（居）委会之间的发展差距较大，尤其是"交通条件"和"人居环境"，由此所产生的干群矛盾不仅总体较为严峻，而且村（居）委会之间很不平衡。笔者邀请镇党委、政府主要领导及站所负责人进行了相同原理的打分评价。结果发现：全镇"干群关系"的平均得分从 2015 年的 5.89 分提高到 2020 年的 9.13 分，提高了 3.24 分。在 21 个村（居）委会中，2015 年得分最高的是居核村委会，也只为 6.31 分，刚好及格；而最低的祖德村委会仅为 3.99 分，可以想象当时的干群关系紧张到何等程度。两者的差距为 2.32 分。2020 年调查之时，"干群关系"得分最高的大凹子村委会为 9.67 分，最低的仍然是祖德村委会，但提高到了 8.21 分，提高了 4.22 分，得分最高的村委会与最低的村委会的差距显著缩小为 1.46 分，呈现整体快速变化态势，但不是明显的后进赶先进的态势。从 21 个村（居）委会自身的"干群关系"变化来看，最高的为 4.47 分，最低的为 3.15 分，差距为 1.32 分。相比之下，"经济水平"变化分值最高的村委会（4.30 分）与最低的村委会（2.42 分）之间的差距为 1.88 分，但呈现后进赶先进的态势（见表 6-3）。

总之，脱贫攻坚在取得历史性全面胜利的同时，还使贫困地区和贫困农户的内生发展动力和可行发展能力得到了明显提升；所形成的贫困治理体系，不仅为未来相对贫困治理提供了重要参考，而且为世界各国，特别是发展中国家消除绝对贫困提供了重要借鉴；更重要的是大大改变了党群干群关系，为全面推动实施乡村振兴战略提供了坚实的社会基础，所体现的正是中国共产党领导下的社会主义制度的无比优越性。

表 6 - 2 曲靖市富源县各乡（镇、街道）2020 年与 2015 年发展变化比较

单位：分

		全县	中安街道	胜境街道	后所镇	墨红镇	大河镇	营山镇	竹园镇	富村镇	黄泥河镇	十八连山镇	老厂镇	古敢乡
交通条件	2015	6.80	6.90	7.10	6.20	6.20	6.30	6.90	6.80	5.10	5.90	5.60	6.70	6.10
	2020	9.28	9.38	9.48	9.27	9.06	9.07	9.27	9.47	8.87	9.17	9.06	9.37	9.16
	变化	2.48	2.48	2.38	3.07	2.86	2.77	2.37	2.67	3.77	3.27	3.46	2.67	3.06
人居环境	2015	6.20	6.20	6.30	5.70	5.70	5.90	6.50	6.30	5.70	6.40	6.10	6.40	6.50
	2020	8.97	8.92	9.03	3.77	8.78	8.67	8.97	9.07	8.67	8.77	8.77	8.87	9.17
	变化	2.77	2.72	2.73	3.07	3.08	2.77	2.47	2.77	2.97	2.37	2.67	2.47	2.67
经济水平	2015	7.40	7.30	7.40	7.30	7.30	7.10	7.20	7.60	6.70	7.30	7.70	7.80	6.20
	2020	8.55	8.48	8.78	8.28	8.68	7.97	8.17	8.47	7.75	8.14	8.45	8.98	7.64
	变化	1.15	1.18	1.38	0.98	1.38	0.87	0.97	0.87	1.05	0.84	0.75	1.18	1.44
生活水平	2015	7.80	7.70	7.80	7.60	7.20	7.40	7.60	8.00	7.00	7.30	7.60	7.90	7.30
	2020	8.88	8.98	9.08	8.57	8.76	8.57	8.68	8.87	8.47	8.67	8.67	8.97	8.56
	变化	1.08	1.28	1.28	1.07	1.56	1.17	1.08	0.87	1.47	1.37	1.07	1.07	1.26
干群关系	2015	7.40	7.00	7.20	7.60	7.80	7.50	7.50	7.50	7.70	7.60	7.60	7.30	7.90
	2020	9.17	8.87	8.77	8.97	9.17	8.97	9.07	9.07	9.17	8.87	9.17	9.17	9.16
	变化	1.77	1.87	1.57	1.37	1.37	1.47	1.57	1.57	1.47	1.27	1.57	1.87	1.26

表 6 - 3　富源县富村镇各村（居）委会 2020 年与 2015 年
经济水平及干群关系变化比较

单位：分

	经济水平			干群关系		
	2015 年	2020 年	变化	2015 年	2020 年	变化
富村	6.56	8.98	2.42	6.13	9.28	3.15
居核	5.10	8.59	3.49	6.31	9.48	3.17
砂厂	4.63	8.15	3.52	5.25	8.85	3.60
德胜	5.63	8.79	3.16	5.38	8.98	3.60
松子山	5.13	8.40	3.27	4.31	8.22	3.91
托田	5.00	8.41	3.41	5.64	9.11	3.47
祖德	5.48	8.59	3.11	3.99	8.21	4.22
团山	5.84	8.61	2.77	5.16	8.79	3.63
小坝	4.29	8.21	3.92	5.01	9.04	4.03
干龙	4.06	8.09	4.03	5.11	8.91	3.80
新坪	4.09	8.20	4.11	4.54	8.40	3.86
普红	4.15	8.45	4.30	4.73	8.71	3.98
古木	4.62	8.66	4.04	5.09	8.66	3.57
大凹子	5.03	8.66	3.63	5.25	9.67	4.42
新店	4.91	8.59	3.68	5.47	8.98	3.51
亦佐	4.85	8.71	3.86	4.75	9.22	4.47
水井	4.23	8.40	4.17	5.25	9.11	3.86
鲁纳	4.23	8.21	3.98	5.06	9.17	4.11
块泽	5.20	8.73	3.53	5.97	9.36	3.39
新厂	5.51	8.98	3.47	5.75	9.04	3.29
白石岩	5.19	8.73	3.54	5.69	9.17	3.48
全镇	5.51	8.63	3.12	5.89	9.13	3.24

第七章

精准扶贫重要经验

　　经验是指人们在认识和改造客观世界过程中获得的关于客观事物的现象和外部联系的认识。辩证唯物主义认为，经验是在社会实践中产生的，它是客观事物在人们头脑中的反映，也是认识的开端。经验有待深化，有待上升到理论，理论源于实践，实践又检验理论，循环往复，不断演化。在日常生活中，经验指对感性认识所进行的概括总结，或指从直接接触客观事物的过程中提炼出的规律性认识。我国在脱贫攻坚取得决定性胜利和显著成效的同时，还积累了弥足珍贵的经验。除了一些与中国特色社会主义制度紧密联系的根本性的基本经验外，还在"扶持谁""谁来扶""怎么扶""如何退"等重要环节积累了不少宝贵实践经验。

第一节　脱贫攻坚经验总结概述

　　随着脱贫攻坚行动的持续有效推进，学界在注意到所取得的显著脱贫成效的同时，也注意到所积累的宝贵经验。对于精准扶贫所积累的宝贵经验的总结提炼，由于所站角度不同，有的偏宏观，有的则偏微观。偏宏观的总结主要围绕中国共产党领导下的社会主义制度的优越性展开，特别是国家层面的总结；中观的总结主要从精准扶贫的"六个精准"和"五个一批"进行总结提炼，特别是省级层面的总结；除此以外，还有少数偏微观的总结。这些总结提炼共同构成了我国脱贫攻坚所积累的宝贵经验。

一 国家层面的总结

国家层面的总结，重点强调党的全面领导和社会主义制度的无比优越性。国务院扶贫办党组把我国改革开放 40 年来扶贫工作的基本经验总结为，坚持党的领导，发挥制度优势；坚持改革开放，将扶贫工作纳入经济社会发展总体布局；坚持与时俱进，分阶段确定扶贫标准和目标任务；坚持精准方略，采取有针对性的扶持措施；坚持广泛参与，形成了跨地区、跨部门、跨领域的社会扶贫体系；坚持开发扶贫，激发贫困地区贫困人口的内生动力；坚持合作共赢，携手共建人类命运共同体。[①]

《人民日报》收集了一些国际人士对中国脱贫经验的赞誉。联合国粮农组织的安娜·坎波斯认为，"中国在减贫领域取得巨大成果是因为政府始终把扶贫工作摆在重要位置，并且在扶贫方面有清晰的目标"。美国的约翰·奈斯比特强调，"可以把减贫看成一块投向水中的石头，以小圆圈开始，然后荡出更大的圆圈。从全球背景来看，中国减贫的努力对寻求摆脱贫困的新兴经济体具有巨大价值"。印度的卡玛奇亚认为，中国注重让贫困人口在摆脱物质贫困的同时，摆脱意识贫困，调动贫困民众的积极性，这是难能可贵的。埃塞俄比亚的尼瓦伊·吉布里阿布强调：中国减贫的成功经验在于持续快速的经济增长、创造大量就业、经济增长成果为人民所共享。波兰的加恩·罗文斯基认为，中国的减贫工作体现了执政党以民生为导向的执政理念，反映了执政党对人民负责的态度和强大的执行力。[②]

王静、丁春福把中国精准脱贫的经验概括为，坚持党的领导是根本、把握精准是要义、增加投入是保障、各方参与是合力、群众参与是基础，目标是探索实现共同富裕的具体路径。[③]

[①] 国务院扶贫办党组：《创造人类反贫困历史的中国奇迹——改革开放 40 年我国扶贫工作的重大成就与经验》，《求是》2018 年第 18 期。

[②] 《人民日报》：《中国减贫之路"优质高效"——国际人士积极评价中国脱贫攻坚成就》，《人民日报》2018 年 2 月 1 日。

[③] 王静、丁春福：《精准扶贫经验对我国实现共同富裕的启示》，《法制与社会》2019 年第 11 期（中）。

吴国宝把中国的减贫经验总结为，根据自身的国情确定和调整减贫的战略目标与举措；将减贫纳入国家发展的长期规划，形成国家经济社会发展和减贫相互支持、相互促进的良性机制；选择包容性发展方式，通过发展实现减贫；持续提升贫困地区和贫困人口的自我发展能力，实行开发式扶贫；重视对脆弱人群的支持和保障，提高扶贫的覆盖面；坚持因地制宜、精准扶贫，改善扶贫干预的针对性和有效性；把改善基础设施放在减贫的优先地位；充分发挥政府、市场、社会和群众在协同减贫中的作用；坚持扶贫创新以保持扶贫方式与政策的活力和效率。[①]

汪三贵把中国打赢脱贫攻坚战的根本经验总结为，坚持中国共产党的领导，充分发挥中国特色社会主义的制度优势。在中国共产党领导的制度优势下，坚持政府主导，脱贫攻坚，构建"三位一体"大扶贫格局，充分调动社会各方力量参与脱贫攻坚的积极性，不断调整与完善扶贫战略与政策，不断加大脱贫攻坚的各项资源投入。[②]

魏后凯 2020 年 12 月在"人类减贫经验国际论坛"上把中国脱贫攻坚的主要经验总结为"五个坚持"，即坚持党的领导，建立健全脱贫攻坚责任制；坚持政府主导，构建"三位一体"大扶贫格局；坚持精准方略，多措并举提高脱贫实效；坚持农民主体，激发贫困人口内生动力；坚持市场导向，注重培育减贫长效机制。

尤其值得强调的是，早在 2018 年 2 月 12 日，习近平总书记在打好精准脱贫攻坚战座谈会上的讲话，把我国脱贫攻坚取得的弥足珍贵的经验总结为：一是坚持党的领导，强化组织保证；二是坚持精准方略，提高脱贫实效；三是坚持加大投入，强化资金支持；四是坚持社会动员，凝聚各方力量；五是坚持从严要求，促进真抓实干；六是坚持群众主体，激发内生动力。[③] 这一总结既系统全面，又彰显了中国脱贫攻坚之国家气魄，彰显

① 吴国宝：《脱贫攻坚成就验证全面建成小康社会目标实现的成色》，《金融博览》2020 年第 12 期。
② 汪三贵：《脱贫攻坚与精准扶贫：理论与实践》，中国财经出版传媒集团、经济科学出版社，2020，第 250 页。
③ 习近平：《在打好精准脱贫攻坚战座谈会上的讲话（2018 年 2 月 12 日）》，《求是》2020年第 9 期。

了精准扶贫中国方案的硬核。

二 省级层面的总结

省级层面的总结更多以"六个精准""五个一批"为基础,并结合各地的实践进行总结提炼。人民论坛专题调研组对福建省的脱贫经验进行总结时强调,加强党建扶贫,党建引领成为精准扶贫的核心力量;发展特色产业,产业扶贫成为脱贫致富的主要手段;借力信贷资本,金融扶贫成为脱贫致富的重要杠杆;实施造福工程,搬迁扶贫成为稳定脱贫的有效途径;构建保障体系,健康教育扶贫成为脱贫减贫的有益补充。[①]

中共四川省委理论学习中心组把四川省脱贫攻坚积累的经验概括为:在总体谋划上,既注重高位布局、统筹谋划,完善政策制度安排,又注重力量下沉、扎实推进,压紧压实责任,确保脱贫任务落实到位。在帮扶对象上,既注重整体推进,统筹抓好重点贫困地区与一般地区、贫困群众和临界状态群众的脱贫工作,又注重突出重点,敢于啃"硬骨头",把深度贫困地区作为重中之重集中攻坚。在帮扶方式上,既注重"输血",积极整合各方资源,集中力量开展帮扶,又注重"造血",通过培育产业、推进就业、提供资金等增强贫困群众的自我发展能力,充分激发内生动力。在帮扶措施上,既注重物质脱贫,优先解决贫困群众的基本生活问题,让贫困群众早日住上好房子、过上好日子,又注重精神文明建设,加快培育现代文明生活方式,让贫困群众养成好习惯、形成好风气。在稳定脱贫上,既注重聚焦当年脱贫对象,严格对照"两不愁三保障"标准,确保真正脱贫,又关注已脱贫贫困户,经常性开展"回头看",着力进行"回头帮",扶上马送一程,确保稳定脱贫。[②]

湖南省委书记杜家毫把湖南省的脱贫攻坚经验总结为:始终突出政治站位这个首要前提,始终坚持精准精细这个科学方法,始终把好脱贫质量

---

① 人民论坛专题调研组:《精准扶贫与精准脱贫的福建经验》,《人民论坛》2017 年第 6 期(下)。

② 中共四川省委理论学习中心组:《念兹在兹 唯此为大 举全省之力坚决打赢脱贫攻坚战》,《求是》2017 年第 10 期。

这个根本要求，始终抓好改革创新这个关键举措，始终注重激发人民群众内生动力这个核心主体。①

黄承伟等将贵州省脱贫攻坚值得总结的经验和做法概括为以下十个方面：把扶贫开发作为全省"第一民生工程"；着力完善精准扶贫体系；广泛动员社会参与精准扶贫；积极探索生态保护脱贫新路径；创新财政与金融精准扶贫机制；深化党建扶贫；大力建设新型产业扶贫体系；有力有序推进易地扶贫搬迁；完善社会保障兜底扶贫；片区发展与精准扶贫到村到户有机结合。②

求是杂志社、贵州省委联合调研组把贵州的脱贫经验总结为：殷殷嘱托内化于心，扶志扶智激发动力，"组组通"硬化幸福路，"大搬迁"搬出新生活，产业革命深刻改变农业发展方式，"三保障"提升民生福祉，大扶贫格局强化攻坚合力。③

孙大伟把广西的脱贫攻坚经验总结为：围绕"扶持谁"，开展"史上最严"的精准识别，找准"靶心"；围绕"谁来扶"，构建"三位一体"大扶贫格局，汇聚最强力量；围绕"怎么扶"，因村因户因人分类施策，开准"药方"；围绕"如何退"，严格全过程全流程管理，保证脱贫成色。④

三　微观层面的总结

偏微观的总结提炼除强调基层的实践经验外，也对这些实践经验所赖以生成的制度优势进行了概括。李鸥认为，精确识别，是精准扶贫的基础和前提；精准帮扶，是做好精准扶贫工作的中心和关键所在；精准管理和考核，是实现精准扶贫常态化的保证；加强本地自身建设，实现内生转型，并增强外联力量，实现内外给力、同时发力；精准扶贫要构建扶真贫、真扶贫的长效机制，必须拥有一个健全的扶贫组织和一支可靠的扶贫

① 杜家毫：《打赢脱贫攻坚战的根本遵循》，《人民日报》2018年11月26日，第7版。
② 黄承伟、叶韬、赖力：《扶贫模式创新——精准扶贫：理论研究与贵州实践》，《贵州社会科学》2016年第10期。
③ 求是杂志社、贵州省委联合调研组：《为了彻底撕掉千百年来的贫困标签》，《求是》2019年第10期。
④ 孙大伟：《广西脱贫攻坚的成就与经验》，《广西日报》2020年9月24日，第7版。

队伍，将各种扶贫项目落到实处，实现到户、到人。①

白启鹏认为中国的脱贫攻坚有以下几个重要经验，坚持中央主导，发挥地方政府积极性；推动经济发展，激发贫困人口脱贫动力；鼓励社会扶贫，汇集社会扶贫合力；重在精准战略，突出精准扶贫实效；加强国际合作，拓展扶贫减贫渠道。②

曾文麒强调了以下几个重要经验，坚持党的领导，调动地方政府官员的工作积极性；促进经济的发展，提高贫苦人民致富的动力；倡导社会扶贫，整合社会扶贫的力量；抓好精准战略，确保精准扶贫的实用性；做好国际合作，开拓扶贫道路。③

高虹等强调，地方政府和基层组织是脱贫攻坚的"先锋官"，重抓脱贫攻坚的执行力；金融创新＋产业扶持，保证脱贫攻坚可持续；因地制宜，发展特色产业助力精准脱贫；政府兜底，编织"社会安全网"，为贫困户中失去或缺乏劳动能力的贫困人群提供救助金，实现全方位脱贫；奖惩并进，强化地方政府对扶贫攻坚工作的组织领导；金融创新，助力脱贫攻坚；因地制宜，发展特色产业实现精准脱贫；编织"社会安全网"，全方位实现脱贫。④

阳盛益、黄淑贞认为，精准扶贫须更加注重精神文化层面的帮扶，让脱贫意志长起来；精准扶贫须高度重视培训与教育扶贫，让脱贫能力提上来；精准扶贫须立足区域特色，大力发展扶贫产业，让贫困户依赖产业富起来。⑤

从以上有关中国扶贫经验现有成果的概述中不难看出，中观和偏微观的经验总结更多围绕"六个精准"和"五个一批"展开，所强调的主要是

---

① 李鹏：《论精准扶贫的理论意涵、实践经验与路径优化——基于对广东省和湖北恩施的调查比较》，《山西农业大学学报》（社会科学版）2015 年第 8 期。
② 白启鹏：《精准扶贫的中国经验与时代价值》，《唐山学院学报》2018 年第 1 期。
③ 曾文麒：《精准扶贫的中国经验与时代价值》，《农村经济与科技》2019 年第 30 卷第 24 期（总第 476 期）。
④ 高虹、王佳楠、吴比、石宝峰：《集中连片特困地区精准扶贫的经验总结及脱贫启示》，《农村金融研究》2019 年第 5 期。
⑤ 阳盛益、黄淑贞：《精准扶贫背景下"扶贫扶志扶智"的实践与启示》，《开发研究》2019 年第 1 期。

实践经验；而偏宏观的总结提炼则侧重中国共产党领导的社会主义制度所提供的制度保障，可以概括为基本经验。笔者以为，经验的总结既需要放大精准扶贫精准脱贫的制度优势所展现出的基本经验，也需要突出脱贫攻坚过程中的实践经验，尤其需要彰显"帮扶者"与"被帮扶者"的相互促进关系，注意宏观与微观的有机结合。只有这样，才能既突出中国扶贫实践经验的精气神，又充分彰显中国共产党领导下的社会主义制度的无比优越性，及其对打赢脱贫攻坚战所起到的定海神针作用。为此，笔者从基本经验和实践经验两个维度来归纳总结。两者相辅相成，构成一个有机整体。

第二节　基本经验

从总体上说，中国的脱贫攻坚，干的是民生，体现的是大局，讲的是政治，反映的是党性。我国脱贫攻坚之所以能够取得如此辉煌的成就，最根本的经验是坚持中国共产党的坚强领导和充分发挥中国特色社会主义制度优越性，在此基础上，坚持以人民为中心、人民至上，坚持精准方略，坚持群策群力，坚持政府主导等，应该是我国脱贫攻坚战中积累的基本经验，核心就是"四个坚持"和"四个充分发挥"。

一　坚持党的全面领导，充分发挥社会主义的制度优势

实践证明，坚持和加强中国共产党的领导是我国脱贫攻坚战取得决定性胜利的根本保证，充分发挥中国特色社会主义制度优势是制胜密码。这是根本经验。

坚持党的领导是中国特色社会主义最本质的特征。加强党的领导是中国特色社会主义最根本的制度优势，是打赢脱贫攻坚战的根本保证。各级党委、政府始终把加强党的领导作为脱贫攻坚的根本保证来抓，坚持发挥各级党委总揽全局、协调各方的作用。在坚持"中央统筹"的基础上，通过建立省、市、县、乡、村"五级书记"抓扶贫的领导机制，坚持党政同责，落实脱贫攻坚一把手负责制，为脱贫攻坚提供了强有力的组织保障。依靠党的坚强领导，发挥强大的政治动员能力和资源动员优势，迅速高效

聚集起各方力量、各种资源，为脱贫攻坚提供资源保障。依靠党的坚强领导，对脱贫攻坚中出现的各种风险和困难及时做出科学分析和正确决策，以踏石留印、抓铁有痕的劲头，集中力量打好歼灭战，如期完成脱贫攻坚目标任务。

充分发挥中国特色社会主义制度的显著优势，是打赢脱贫攻坚战的制胜密码。在党中央的运筹帷幄下，各级地方党委、政府充分发挥社会主义制度集中力量办大事的优势，运用"党委领导、政府主导、社会参与"的工作机制，以行业扶贫、社会扶贫、定点帮扶、东西部扶贫协作、挂钩帮扶等有效举措，形成跨地区、跨部门、跨行业、全社会多元主体共同参与的脱贫攻坚体系，汇聚成强大攻坚合力。这种制度优势主要体现在扶贫资源动员、整合和精准配置的强大组织能力上，体现在社会各方力量的有效汇聚上，体现在"挂包帮"结对帮扶、中央有关部门和企业集团定点帮扶以及跨省（自治区、直辖市）东西部扶贫协作上，体现在精准管理、督导检查、挂牌督战各环节上。没有集中力量办大事的中国特色社会主义制度这一显著制度优势作为"硬核"，就不可能有如此坚定的政治决心和如此强大的资源动员能力，更不可能取得如此显著的脱贫攻坚成就。

二　坚持以人民为中心，充分发挥贫困群众的主体作用

实践证明，坚持以人民为中心是我们打赢脱贫攻坚战的根本宗旨，而充分发挥贫困地区和贫困群众的主体作用是动力源泉。这是基本经验之一。

以人民为中心是脱贫攻坚的出发点和价值归宿。在脱贫攻坚中，各级党委、政府以习近平总书记关于"做好扶贫开发工作……是我们党全心全意为人民服务根本宗旨的重要体现，也是党和政府的重大职责"的重要论述为根本要求，认真贯彻落实以人民为中心和人民至上的发展思想，把"人民对美好生活的向往就是我们的奋斗目标"作为做好脱贫攻坚工作的出发点和落脚点，坚持把努力改善贫困群众生产生活条件作为基础工作来抓，促进他们共享改革发展成果。坚持用贫困群众获得感和幸福感的提高来衡量脱贫攻坚的成效，始终把人民群众的获得感、幸福感、安全感和认

可度作为重要衡量指标。通过加大帮扶力度，确保所有贫困群众稳定实现"两不愁三保障"和饮水安全有保障脱贫主要目标。完善公共服务，坚持用脱贫成效来激发贫困群众"听党话、感党恩、跟党走"的自觉行动。以此为依托，脱贫攻坚获得了源源不断的动力，得到了贫困地区和包括贫困农户在内的广大人民群众的广泛认可和鼎力支持。

坚持以人民为中心，核心是要尊重贫困地区和贫困群众的主体地位，不断提升他们的内生发展动力。我国脱贫攻坚能够取得如此巨大的成就，离不开专项扶贫、行业扶贫以及社会扶贫，但它们都是外力，最终需要通过激发贫困地区和贫困群众的内生动力，充分发挥他们的主体作用来实现。在脱贫攻坚实践中，各地始终把走群众路线、努力做好群众工作放在首位，全面建立为了贫困群众、依靠贫困群众、不断增进贫困群众社会福祉的帮扶体系。深入推进控辍保学行动，确保贫困群众义务教育有保障；加大职业教育扶持力度，提高贫困群众的自我发展能力；利用"项目库""农户积分制管理"等有效举措，提高贫困群众参与脱贫攻坚的积极性和主动性；推广参与式扶贫，通过"菜单式"及"以工代赈"、"以奖代补"等，让广大贫困群众参与到扶贫项目的选择和实施中来；建立激励机制，引导贫困群众广泛参与产业发展和劳动力转移就业，发挥广大贫困群众的主体作用；加强宣传教育，选树先进典型，倡导文明新风尚，提高广大贫困地区和贫困群众的内生发展动力。

三　坚持政府推动引导，充分发挥市场机制的导向作用

实践证明，坚持政府主导是打赢脱贫攻坚战的重要基础，而充分发挥市场机制的导向作用则是重要手段。这是基本经验之二。

坚持政府主导，构建"三位一体"大扶贫格局，是中国农村扶贫开发的重要经验。这一经验在打赢脱贫攻坚战中得到充分彰显，成为基本经验。核心是党和政府把脱贫攻坚作为最大政治任务和第一民生工程，进一步提高打赢脱贫攻坚战的思想认识。充分发挥政府科学规划和顶层设计的引领作用，广泛动员和引导全社会参与扶贫，形成强大社会攻坚合力。通过构建专项扶贫、行业扶贫、社会扶贫有机结合、互为支撑的"三位一

体"大扶贫格局，推动形成多元化的大规模资源投入机制，为精准扶贫精准脱贫提供重要经济基础。通过完善政府主导的督查巡查机制和监测评价体系，保证各种扶贫举措落实落地落细，为各项扶贫政策举措不折不扣地落实到位提供制度保障。

充分发挥市场机制的导向作用是重要手段，注重构建和完善减贫和巩固拓展脱贫攻坚成果的长效机制。为了提高脱贫攻坚的质量，增强脱贫攻坚的可持续性，在产业扶贫、金融扶贫和消费扶贫等方面，都把遵循市场规律作为重要手段，以市场需求为导向，引导扶贫产业的可持续发展；探索推广资产收益扶贫等模式，充分发挥新型农业经营主体的减贫带贫作用；积极推动消费扶贫，引导广大消费者以市场原则购买贫困地区和贫困农户生产的产品；建立农民稳定增收减贫长效机制，增强贫困地区经济活力和应对突发风险的能力。

四　坚持精准基本方略，充分发挥基层党建的引领作用

实践证明，坚持精准扶贫精准脱贫基本方略，是打赢脱贫攻坚战的科学方法，而其重要抓手就是充分发挥基层党建的引领作用，使其成为重要保障。这是基本经验之三。

精准扶贫精准脱贫是打好脱贫攻坚战的科学方法。我国脱贫攻坚之所以能够夺取全面胜利，根本方法就是坚持了以"六个精准"为核心内容的基本方略。坚持精准方略，打好政策"组合拳"，建立精准脱贫攻坚工作体系，解决了"扶持谁""谁来扶""怎么扶""如何退"等实实在在的问题。始终坚持把精准施策作为打赢脱贫攻坚战的关键举措来抓，扎实推进区域发展与精准扶贫"双轮驱动"。探索出"贫困对象家底清、致贫原因清、帮扶措施清、投入产出清、帮扶责任清、脱贫时序清"的"六清"工作方法。坚持精准考核，让脱贫成果经得起历史考验，受到包括贫困群体在内的广大人民群众的拥护。

基层党建引领是加强党的领导，打赢脱贫攻坚战的坚强保障。党建带扶贫、扶贫促党建是各地打赢脱贫攻坚战的一条重要经验。我们坚持"五级书记"抓扶贫和党政"一把手"脱贫责任制，确保每个贫困县都有领导

挂联，每个贫困乡（镇）、贫困村都有领导和部门以及责任单位挂联，每个贫困村都有驻村扶贫工作队挂包，每个贫困户都有干部职工结对帮扶，并坚持不脱贫不脱钩。把扶贫开发同村级组织建设有机结合起来，抓好以村党组织为核心的村级组织配套建设，把基层党组织建设成为带领贫困地区群众脱贫致富、改善党群干群关系、维护农村和谐稳定、推动乡村有效治理、促进脱贫攻坚的坚强领导核心。在脱贫攻坚中，"选优配强"基层党组织班子，持续选派第一书记和驻村工作队，脱贫攻坚与基层党组织建设"双推进"，成为亮点和特色。

第三节　主要环节实践经验

除了以上根本经验和基本经验外，我国的脱贫攻坚还围绕"扶持谁""谁来扶""怎么扶""如何退"等相互联系的重要环节，鼓励各地创造性地开展工作，并因此积累了许多具有普适性和可推广性的实践经验。这些实践经验既是根本经验和基本经验的延伸，又是在根本经验和基本经验基础上的实践创造和创新。这些实践经验因为有坚实的社会基础，所以具有强大的生命力和广泛的可复制性。

一　"扶持谁"的实践经验

"扶贫开发，贵在精准，重在精准，成败之举在于精准。"[1] "精准识别贫困人口是精准施策的前提，只有扶贫对象清楚了，才能因户施策、因人施策。"[2] 从习近平总书记的这些重要论述中不难看出精准识别的特殊重要性。全国各地结合国家的总体要求，因地制宜开展了诸多具有创新性和创造性的精准识别工作，积累了不少实践经验。

（1）守住农民收入水平这条底线。"增加农民收入是'三农'工作的

① 中共中央党史和文献研究院编《习近平扶贫论述摘编》，中央文献出版社，2018，第58页。
② 中共中央党史和文献研究院编《习近平扶贫论述摘编》，中央文献出版社，2018，第61页。

中心任务。农民小康不小康，关键看收入。"① 针对贫困是缺乏充分发展能力这一基本现实，中国创造性地提出了现阶段扶贫要坚持"两不愁三保障"这一基本要求、基本标准和核心指标。各地在具体实践中，始终把农民家庭的人均收入水平作为底线标准。即使是一些地方推行了"1＋N"综合识别指标体系，"1"代表的也是农村居民的人均收入水平。任何一个农村家庭，只要人均收入水平明显低于当年国家的贫困线标准，就可以成为被识别对象。这条底线标准抓住了贫困，尤其是绝对贫困的本质和核心，不仅能够确保收入水平较低的家庭有机会获得国家帮扶，而且可以与世界多数国家使用的贫困识别标准相比较。

（2）用活"三保障"所要求的家庭显性特征指标。尽管收入水平是测度贫困的核心指标，但要获得农户家庭的准确收入水平数据难度很大，尤其是在中国文化背景下更难，更何况收入水平的高低也不能反映一个家庭贫困的全貌。正是基于这样的认识，一些地方在贫困家庭和贫困人口的精准识别中，不断总结提炼出许多有效做法，有的地方在工作顺序上把"1＋N"变成"N＋1"，即对照"两不愁三保障"的基本要求，把明显达不到"三保障"任何一个方面的农户先挑选出来，然后再通过贫情分析，由驻村工作队、村组干部和农户代表通过综合评价，得到其家庭的整体收支状况，这就是"1"。这个意义上的"1"，尽管不是绝对准确的人均收入水平，但更能反映农户的实际状况。有些地方还总结了一些顺口溜，如一看房、二看粮、三看家里劳动力强不强、四看家里有没有读书郎、五看家里有没有人常年生病卧床等。这些生动实践，不仅减少了工作量，而且得到多数群众的认可，更重要的是与"两不愁三保障"的基本要求更加贴近。

（3）把贫困农户对象识别和致贫原因诊断有机结合起来。针对贫困家庭致贫原因的多样性和复杂性，各地在农村贫困农户精准识别的同时，还强化了其致贫原因的诊断和归类工作，目的是能够强化扶贫项目的集中管理，真正做到分类施策、对症下药。如云南省在 2017 年总结了"缺技术"

---

① 中共中央党史和文献研究院编《习近平关于"三农"工作论述摘编》，中央文献出版社，2019，第 146 页。

"缺资金""缺劳动力""缺土地""缺水""因学""因病""因残"等11个主要致贫原因，并以此对建档立卡贫困农户进行分类，同时还增加了农户的次要致贫原因，2018年还因地制宜增加了"因婚致贫"贫困类型。有的地方还增加了"因毒（吸毒贩毒）致贫""因葬（家庭成员亡故后的隆重葬礼）致贫"等。正因为把对象识别与致贫原因诊断有机结合起来，才保证了分类施策。

（4）因地制宜探索项目库建设。为了更好地解决"群众想干什么、项目如何选、实施怎么抓"等项目筛选、实施、管理和资金使用难题，有效衔接脱贫资源的供给与需求，提高项目选择的科学性和有效性，提高以贫困群众为主的农村群众项目建设的参与度，建立项目成果管理长效机制，实现扶贫项目综合效益最大化，云南省富源县于2017年启动了项目库建设，使贫困群众实现了由"要我干项目"变为"我要干项目"的转变。正因为如此，富源县的项目库建设得到了国家的认可。习近平总书记2018年也强调："要建立县级脱贫攻坚项目库，加强项目论证和储备，防止资金闲置和损失浪费。"①

（5）实事求是完善动态管理。针对少数贫困县（市、区）建档立卡贫困农户和贫困人口数受国家指标限制严重偏低的实际，国务院扶贫开发领导小组办公室积极回应各地关切，鼓励各地在反复"回头看"的基础上，采取有效措施开展动态管理专项行动，不仅实现了贫困人口识别从"基本精准"到"比较精准"再到"更加精准"，而且使动态管理新识别出来的贫困对象实现了"应纳尽纳、应扶尽扶"，这不仅为打赢脱贫攻坚战，而且为巩固拓展脱贫攻坚成果奠定了坚实基础。

二 "谁来扶"的实践经验

"脱贫致富不仅仅是贫困地区的事，也是全社会的事。"②"扶贫开发是

---

① 习近平：《在打好精准脱贫攻坚战座谈会上的讲话（2018年2月12日）》，《求是》2020年第9期。

② 中共中央党史和文献研究院编《习近平扶贫论述摘编》，中央文献出版社，2018，第100页。

全党全社会的共同责任，要动员和凝聚全社会力量广泛参与。"① 这是"谁来扶"要回答的基本问题。各地在构建精准扶贫资源动员与全社会共同参与的大扶贫格局、建立扶贫主体与扶贫对象之间的命运共同体关系、实现精准脱贫措施之间的相互衔接、推动扶贫与党建双推进等方面都积累了宝贵经验。

（1）贯通扣紧帮扶体系。"中央统筹、省负总责、市县抓落实"是我国打赢脱贫攻坚战最根本的工作机制。② 围绕这一重要工作机制，各地首先贯通了省、市、县、乡、村"五级书记"抓扶贫的纵向责任体系，同时强化横向部门之间的配合以及全社会帮扶体系，形成了"各负其责、各司其职的责任体系，精准识别、精准脱贫的工作体系，上下联动、统一协调的政策体系，保障资金、强化人力的投入体系，因地制宜、因村因户因人施策的帮扶体系，广泛参与、合力攻坚的社会动员体系，多渠道全方位的监督体系和最严格的考核评估体系"③。这八个体系是一个整体，贯通扣紧与否决定了其成效和效率。各地在强化中央统筹和省负总责的同时，把责任层层压实到市、县、乡三级政府，强化村组干部的责任担当和工作积极性，还通过农户积分制管理、"爱心超市"等充分调动以贫困群体为主的广大人民群众的积极性，形成了纵向到底（贫困农户）、横向到边（各种帮扶措施及其责任人）的帮扶体系，确保真扶贫、扶真贫、真脱贫、脱真贫。

（2）强化党的全面领导。"坚持党的领导，发挥社会主义制度可以集中力量办大事的优势，这是我们最大的政治优势。"④ "脱贫攻坚越到最后越要加强和改善党的领导。"⑤ 全国各地之所以能够构建起上述帮扶体系，并不折不扣地落实到位，关键在于全面加强党的领导，除了把省、市、

---

① 中共中央党史和文献研究院编《习近平扶贫论述摘编》，中央文献出版社，2018，第99页。
② 中共中央党史和文献研究院编《习近平扶贫论述摘编》，中央文献出版社，2018，第50页。
③ 中共中央党史和文献研究院编《习近平扶贫论述摘编》，中央文献出版社，2018，第50页。
④ 中共中央党史和文献研究院编《习近平扶贫论述摘编》，中央文献出版社，2018，第35页。
⑤ 习近平：《2020年3月6日在决战决胜脱贫攻坚座谈会上的讲话》，新华网，http://www.xinhuanet.com/politics/leaders/2020-03/06/c_1125674682.htm，最后访问日期：2020年3月6日。

县、乡、村"五级书记"抓扶贫落到实处外，还专门实践了扶贫党建双推进双促进等工程，从而在保证党中央各项决策能够得到全面贯彻落实的同时，通过加强基层党组织建设，使各级党委、政府的政策举措能够在基层找到抓手，落地生根、枝繁叶茂并开花结果。这其中的一个启示是，越往基层，越需要加强党的领导，充分发挥党组织的战斗堡垒和党员的先锋模范作用；同样，基层党组织的战斗堡垒作用和党员的先锋模范作用发挥得越好的地方，脱贫攻坚的成效就越显著。两者相辅相成，辩证统一。

（3）广泛动员社会力量。扶贫开发"要动员和凝聚全社会力量广泛参与。要坚持专项扶贫、行业扶贫、社会扶贫等多方力量、多种举措有机结合和互为支撑的'三位一体'大扶贫格局"①。各地在脱贫攻坚过程中，充分发挥专项扶贫的引领作用和行业扶贫的主力军作用，在强化地方各级党委、政府主体责任的同时，积极落实中央挂钩帮扶、东西部扶贫协作以及企业扶贫等社会帮扶机制，形成了真正意义上的全社会大扶贫格局，尤其是驻村工作队，不仅架设了外部帮扶与发挥贫困群体积极性的有效桥梁，而且使扶贫资源供给与需求得到了高效配置，实现了扶贫投入效益最大化。

（4）充分发挥帮扶对象的主观能动性。"贫困群众既是脱贫攻坚的对象，更是脱贫致富的主体。"② "扶贫既要富口袋，也要富脑袋。"③ "要尊重扶贫对象主体地位，各类扶贫项目和扶贫活动都要紧紧围绕贫困群众需求来进行，支持贫困群众探索创新扶贫方式方法。上级部门要深入贫困群众，问需于民、问计于民，不要坐在办公室里拍脑袋、瞎指挥。"④ 各级党委、政府深入学习领会习近平总书记的讲话精神，除了要求干部学会换位思考外，还不断完善帮扶政策举措，引导贫困农户积极参与到扶贫开发的全过程中去，除建立项目库让贫困群众成为决策主体外，还通过菜单式扶贫、以工代赈、民办公助、财政奖补等方式，让以贫困农户为主的广大村民成为脱贫攻坚的行动主体，并最终成为受益主体。这既充分发挥了贫困

---

① 中共中央党史和文献研究院编《习近平扶贫论述摘编》，中央文献出版社，2018，第99页。
② 中共中央党史和文献研究院编《习近平扶贫论述摘编》，中央文献出版社，2018，第134页。
③ 中共中央党史和文献研究院编《习近平扶贫论述摘编》，中央文献出版社，2018，第137页。
④ 中共中央党史和文献研究院编《习近平扶贫论述摘编》，中央文献出版社，2018，第136页。

群体的主观能动性，提高了扶贫资源的使用效率，又提高了他们的可行发展能力。

三 "怎么扶"的实践经验

发展生产脱贫一批、易地搬迁脱贫一批、生态补偿脱贫一批、发展教育脱贫一批、社会保障兜底一批"五个一批"，是习近平总书记精准扶贫方略的主要内容。各地在努力探索实践"五个一批"过程中，因地制宜强化了许多具体帮扶措施，取得了显著成效，并积累了不少宝贵实践经验。

（1）因地制宜完善帮扶举措。在努力做好"五个一批"的基础上，各地从自身实际出发，结合脱贫攻坚的重点和难点，聚焦深度贫困地区，对脱贫任务目标及脱贫措施进行细化分解。如云南省于 2017 年提出努力打好易地扶贫搬迁攻坚战、产业就业攻坚战、生态扶贫攻坚战、健康扶贫攻坚战、教育扶贫攻坚战、素质提升攻坚战、危房改造攻坚战、贫困村脱贫振兴攻坚战、守边强基攻坚战和迪庆怒江深度贫困攻坚战"十大攻坚战"。这"十大攻坚战"，既把中央要求贯彻到脱贫攻坚的具体实践中，又在精准扶贫实践中增加了云南元素，突出了能力素质、生态保护、边疆稳固、民族团结、易地搬迁、深度贫困等特色。"十大攻坚战"是"五个一批"的云南化、本土化，不仅丰富了"五个一批"的内涵，而且使脱贫攻坚举措更能凸显云南省的贫困特点，更放大了精准扶贫精准脱贫的成效，增强了实践经验的地方特色。

（2）奋力拓展增收扶贫渠道。"发展产业是实现脱贫的根本之策。要因地制宜，把培育产业作为推动脱贫攻坚的根本出路。"① 2019 年与 2013 年相比，全国贫困地区农村常住居民人均可支配收入年均名义增速达到了 11.32%，每年比全国农村常住居民人均可支配收入的平均增速（9.24%）高了 2.08 个百分点。之所以如此，是因为各级贫困地区党委、政府把拓展贫困农户的增收渠道作为重中之重，突出抓好产业扶贫和转移就业扶贫，使产业扶贫和就业扶贫起到了重要支撑作用。以云南省为例，到 2019 年，

---

① 习近平总书记 2020 年 7 月 18 日考察宁夏时的讲话。

建档立卡贫困农户中，有产业支撑的占比达到了 93.6%，而 2015 年仅为 4.5%；有稳定充分就业的劳动力占比达到了 55.1%，比 2015 年的 9.2% 也有显著提高。这两个方面综合作用的结果，不仅使贫困农户的收入来源更加多元化，而且使其收入水平更加稳定可持续。

（3）努力提高贫困群体素质。农村贫困人口，尤其是少数民族贫困人口，不仅受教育程度很低，而且身体素质和心理素质都较差。各级党委、政府把努力提高贫困群体的综合素质作为头等大事来抓，在努力办好义务教育，防止贫困家庭子女因贫辍学，阻断贫困代际传递，严防贫困家庭因学返贫等的同时，加大贫困劳动力的技能技术培训力度，让每个贫困家庭至少有 1 个明白人，至少有 1 个劳动力掌握 1 门以上的技术。云南省还针对 11 个"直过民族"和人口较少民族贫困人口开展了国家通用语言文字培训工作，目的就是让贫困劳动力能够适应现代生活需要，不仅有较强的劳动技能，而且有较强的沟通交流技能。总的目标就是让贫困家庭的成年劳动力能够适应现代生活，让他们的子女能够摆脱贫困的代际传递，以新的姿态迎接现代生活。

（4）勠力推动生态绿色扶贫。贫困地区发展与保护的矛盾比较突出，是生态文明建设的重点和难点，各级党委、政府牢记习近平总书记嘱托，坚持脱贫攻坚与生态文明建设协调推进，积极推动生态绿色扶贫。一方面，加大退耕还林还草和生态脆弱地区易地扶贫搬迁工作力度，腾出更多生态空间；另一方面，积极利用国家的政策支持，增加生态公益性岗位数量，实施易地扶贫搬迁工程，让贫困劳动者从生态资源的消耗者变为生态资源的保护者。与此同时，大力发展林下绿色经济和退耕还林还草生态产业，走绿色高效发展之路，为贫困农户找到了一条生态绿色脱贫道路。这条道路，既与贫困地区劳动者的素质相适应，又符合国家质量兴农、绿色兴农的发展方向，具有较普遍的推广价值。

（5）全力做好社保托底保障。"要把社会保障兜底扶贫作为基本防线，加大重点人群救助力度，用社会保障兜住失去劳动能力人口的基本生活。"[1]

---

① 中共中央党史和文献研究院编《习近平扶贫论述摘编》，中央文献出版社，2018，第 75 页。

基于一部分贫困家庭是因缺乏劳动力而致贫，不少贫困家庭是因病致贫和因残致贫的实际，各地坚持开发式扶贫与保障性扶贫有机结合，全力做好社保托底保障工作。通过精准锁定兜底保障对象、推进低保标准与扶贫标准的有效衔接、加强临时性救助、实施残疾人两项补贴、落实养老保险"三个100%"等措施，从根本上筑牢托底保障贫困人口的安全保障网。这张保障网不仅"保"了贫困人口的基本生存权，而且为他们的后代提供了发展空间，对于打赢脱贫攻坚战和巩固拓展脱贫攻坚成果，乃至相对贫困的有效治理都具有重要借鉴意义。

四 "如何退"的实践经验

"精准扶贫是为了精准脱贫……脱贫摘帽要坚持成熟一个摘一个，既防止不思进取、等靠要，又防止揠苗助长、图虚名。"① 各地认真贯彻落实习近平总书记指示精神，以脱贫质量为主线，以督查巡查和第三方评估为重要手段，严格标准、强化落实，保持政策的连续性和有效性，使贫困退出经得起历史检验，受到了包括贫困群众在内的广大人民群众的拥护和赞誉。

（1）不断完善退出标准。对照"两不愁三保障"以及饮水安全保障和国家的相关退出政策要求，2016年4月，国家制定出台了《关于建立贫困退出机制的意见》，全面建立针对建档立卡贫困户、贫困村和贫困县的脱贫退出指标体系；2017年9月，国务院扶贫办出台了《贫困县退出专项评估检查实施办法（试行）》；2018年12月，国务院扶贫办出台了《2018年贫困县退出专项评估检查技术支持方案》；2019年7月，国务院扶贫办出台了《关于进一步落实贫困县约束机制的通知》等具体政策，与时俱进对贫困退出标准和程序进行了修改完善，使标准指标更加明确具体，也更具有可操作性和指导性。

（2）始终坚持质量至上。国家出台的各种脱贫退出标准体系，都以质量至上为基本遵循。一是保证绝大多数贫困人口脱贫是一个硬指标，如贫

---

① 中共中央党史和文献研究院编《习近平扶贫论述摘编》，中央文献出版社，2018，第71~72页。

困县脱贫退出标准，在贫困发生率低于 3% 这唯一一个主要指标下，增加了两个附加保障性指标，即贫困人口漏评率和错退率都必须低于 2%，这实际上是给 3% 的贫困发生率加了两道保险；二是指标体系都紧紧围绕"两不愁三保障"和饮水安全保障，并不断加以具体化；三是引进第三方评估，在确保贫困退出公平公正原则的同时，实际上也强化了质量至上的理念。由此可以看出，无论是国家出台的退出标准还是各地的细化标准，都始终坚持高质量脱贫要求。

（3）保持政策的连续性。习近平总书记 2020 年 3 月 6 日在决战决胜脱贫攻坚座谈会上的讲话强调指出："对退出的贫困县、贫困村、贫困人口，要保持现有帮扶政策总体稳定，扶上马送一程。可以考虑设个过渡期，过渡期内，要严格落实摘帽不摘责任、摘帽不摘政策、摘帽不摘帮扶、摘帽不摘监管的要求，主要政策措施不能急刹车，驻村工作队不能撤。"2020 年 12 月中共中央和国务院出台的《关于实现巩固拓展脱贫攻坚成果同乡村振兴有效衔接的意见》和 2020 年中央农村工作会议，明确"2020 年脱贫攻坚目标任务完成后，设立 5 年过渡期"。要求"脱贫地区要根据形势变化，理清工作思路，做好过渡期内领导体制、工作体系、发展规划、政策举措、考核机制等有效衔接"。

| 第八章 |

精准扶贫理论贡献

　　贫困和反贫困是人类社会的永恒课题。为此，围绕贫困和反贫困的理论研究也成为众多国内外学者的重要研究领域，并且有不少西方学者还获得了诺贝尔经济学奖。国外的贫困和反贫困理论主要区分为西方学者和马克思、恩格斯及列宁的研究，而国内学者则主要围绕我国社会主义制度下的贫困及反贫困理论与实践进行研究。脱贫攻坚不仅使中国告别了困扰中华民族几千年的绝对贫困问题，而且在理论上做出了重大贡献，既对西方的贫困和反贫困理论做出了历史贡献，又对马克思、恩格斯和列宁的贫困及反贫困理论做出了原创性贡献，更是我国自新中国成立以来 70 多年反贫困实践的理论升华。

第一节　对西方贫困及反贫困理论的贡献

　　最早涉及贫困问题的西方学者是法国资产阶级民主主义者让 - 雅克·卢梭（Jean - Jacques Rousseau，1712 ～ 1778），他于 1755 年发表的《论人类不平等的起源和基础》一书，阐述了人类社会的不平等问题，其中涉及贫困问题。英国经济学家托马斯·马尔萨斯（Thomas R. Malthus，1766 ～ 1834）则于 1798 年在《人口论》中最早提出贫困理论。对贫困问题进行专门研究的是英国学者本杰明·朗特里（Benjamin S. Rowntree，1871 ～ 1954）。朗特里 1901 年出版了《贫困：城镇生活研究》一书。书中首次给出了贫困的定义："总收入水平不足以获得仅仅维持身体正常功能所需的最低生活必需品。"①

随后，贫困问题吸引着众多西方经济学家的注意力，并得到了社会学家、政治学家、人口学家，甚至文化人类学家越来越多的关注，他们做出了许多具有开创性的研究，取得了丰富的成果，但这些成果或者是基于西方发达资本主义国家的研究，或者是基于不发达国家的研究，且大多是理论推演式的研究。随着时间的推移，也证明许多理论难以从根本上回答现实中的贫困问题，更无法对反贫困实践提供有益参考。因此，在回答中国的脱贫攻坚对西方贫困及反贫困理论所做的贡献之前，有必要对西方除卡尔·马克思（Karl H. Marx，1818~1883）、弗里德里希·恩格斯（Friedrich V. Engels，1820~1895）以外学者的贫困及反贫困理论本身及其不足进行简要回顾。

一　西方反贫困理论的基本观点

贫困是一个经济问题，但不完全是一个经济问题。作为人文社会科学的皇冠，经济学首先对贫困及反贫困理论进行了诸多研究，但来自社会学、政治学、人类学以及人口学的研究受到越来越多的重视，并产生了许多重要影响。因此，有必要从上述学科分别对西方的贫困及反贫困理论进行回顾和总结。

（1）经济贫困及其脱困之路。长期以来，经济学家们围绕贫困的原因及如何摆脱贫困这两个基本问题，从不同角度进行了深入研究，其中具有代表性的有罗格纳·纳克斯（R. Nurkse，1907~1959）的"贫困恶性循环理论"、阿瑟·刘易斯（A. Lewis，1915~1991）的"二元经济模型理论"、冈纳·缪尔达尔（G. Myrdal，1898~1987）的"循环积累因果关系理论"、艾伯特·赫希曼（Albert O. Hirschman，1915~　）的"不平衡增长理论"、威廉·舒尔茨（W. Schultz，1902~1998）的"人力资本理论"、阿马蒂亚·森（Amartya Sen，1933~　）的"能力贫困理论"等。

1953年，加拿大（出生于爱沙尼亚）经济学家纳克斯在《不发达国

---

① 转引自吴理财《"贫困"的经济学分析及其分析的贫困》，《经济评论》2001年第4期。

家的资本形成问题》一书中，提出了贫困恶性循环理论。纳克斯认为，由于发展中国家的人均收入水平低，投资的资金供给（储蓄）和产品需求（消费）都不足，这就限制了资本形成，使发展中国家长期陷于贫困之中。要打破这一恶性循环，必须大规模增加储蓄，扩大投资，形成各行业的相互需求，从而使恶性循环转为良性循环。

1954 年，诺贝尔经济学奖得主、美国经济学家刘易斯发表了《劳动无限供给下的经济发展》，提出了二元经济模型理论。刘易斯认为，世界上大多数的不发达国家的经济体系呈现二元结构特征，即面积广大的农村地区传统农业经济占主导地位，而城市地区则现代工业占主导地位，这种城乡之间的二元经济结构性矛盾，使得农村地区越来越贫困，而城市地区则越来越富裕，农村地区想要摆脱贫困，就要实现城乡二元经济结构向现代经济结构转换，途径就是农村剩余劳动力的非农化转移。

1957 年，瑞典经济学家缪尔达尔在《经济理论和不发达地区》一书中，提出了循环积累因果关系理论，认为某国家或某一区域的经济发展，最先起步并慢慢积累起领跑优势的往往都是那些拥有资源、环境、交通等各种先天禀赋优势的地区。这些地区通过循环积累效应，逐渐积攒起强势发展动能并不断扩大与落后地区的差距，最终使落后地区深陷贫困的循环积累泥潭。为此，缪尔达尔提出的解决方案是滞后地区和不发达国家需要在权力、土地、教育等方面进行体制改革，努力改善收入不平衡所依赖的资源、权力和机会的不平等，并最终缩小贫富地区之间的收入差距。

1958 年，美国经济学家（出生于德国）赫希曼在《经济发展战略》一书中强调经济的不平衡增长理论，认为一个国家或地区的经济要实现平衡增长是不可能的，需要采取不平衡增长理论。发达区域经济增长可能会对欠发达区域产生有利的"涓滴效应"，也可能产生不利的"极化效应"。随后，涓滴效应被用来解释经济发展对缓解贫困的作用，认为经济发展能缓解贫困。[①] 但很少有学者对极化效应进行跟踪研究。

1960 年，美国经济学家舒尔茨在题为《人力资本投资》的演说中提出

---

① 艾伯特·赫希曼：《经济发展战略》，潘照东、曹征海译，潘光威校，经济科学出版社，1991，第 169 ~ 172 页。

"人力资本"概念，并于1964年出版著名的《改造传统农业》一书，提出了"贫困且有效率"命题。他认为，贫困者之所以贫困，是由于缺乏知识、技术与高质量的投入。只要增加贫困农户的知识，推广先进技术，提高他们的人力资本，并提升其自主发展能力，就可以使他们摆脱贫困，出路就是要提高人力资本投资。

1999年，印度经济学家阿马蒂亚·森出版的《以自由看待发展》一书提出了"能力贫困理论"，认为贫困应被视为贫困者基本可行能力的剥夺，而不仅仅是收入低下，出路就是提高个人的可行发展能力。

（2）政治学的权利剥夺和赋权理论。除马克思和恩格斯从政治制度揭示贫困的本质以外，西方政治学家还从权利视角来审视贫困问题。印度籍美国学者塞德希尔·穆来纳森（S. Mullainathan）和埃尔德·莎菲尔（E. Shafir）的研究发现，长期的"贫困"不仅很容易导致个体专注于"贫困"本身，从而降低其"带宽"容量（心智容量，包括认知能力和执行控制能力），致使他们缺乏洞察力和前瞻性，还会减弱他们的执行控制力，即所谓的贫困可能导致"愚昧"。[1]

而阿马蒂亚·森在强调能力贫困的基础上，更提出了赋权反贫困理论。他认为，贫困的实质源于权利的贫困，1981年，阿马蒂亚·森在《贫困与饥荒——论权利与剥夺》一书中强调指出，"一个人支配粮食的能力或者他支配任何一种他希望获得或拥有东西的能力，都取决于他在社会中的所有权和使用权的权利关系"。[2] 这就是源于权利缺乏而导致的贫困。阿马蒂亚·森因此强调要从制度上进行变革，以努力实现贫困人口享有基本政治与公民自由，保障其能顺利获得基本生活、教育、医疗等权利。

（3）社会学的社会剥夺理论。社会学家们围绕贫困进行了许多研究，形成了诸如奥斯卡·刘易斯（Oscar Lewis，1914~1970）的"贫困文化理论"、约瑟夫（K. Joseph）的"剥夺循环论"、郝伯特·甘斯（Herbert

---

[1]　塞德希尔·穆来纳森、埃尔德·莎菲尔：《稀缺：我们是如何陷入贫穷与忙碌的》，魏薇、龙志勇译，浙江人民出版社，2014，第15页。

[2]　阿马蒂亚·森：《贫困与饥荒——论权利与剥夺》，王宇、王文玉等译，商务印书馆，2011，第40页。

J. Gans, 1927～   ）的"贫困功能论"、米尔顿·费里德曼（Milton Fried-man，1912～2006）的"个体主义贫困观"、瓦伦丁（C. Verlinden）的"贫困处境论"等。其中最具代表性的是美国人类学家刘易斯1959年提出的贫困文化理论。该理论认为，贫困既是过去的一种结果，又是产生新贫困的动因，即贫困的代际传递。刘易斯在对墨西哥和波多黎各贫民窟居民进行一系列调查研究后发现了"贫困文化"的存在，生活在社会底层的穷人因为无法获得成功，所以形成了一套与贫困者社会地位相适应的价值观念、生活态度和行为模式。这种"亚文化"一旦形成，不仅会影响他们改变贫困的状况，而且会代代相传使贫困维持下去。由此，要消灭贫困就必须提高穷人的个人素质，包括文化价值观。[1]

贫困文化理论还延伸出贫困代际传递论，如美国学者劳伦斯·米德（Lawrence M. Mead）认为，福利不仅导致贫困，而且会产生代际传递。[2]马歇尔·哈瑞顿（Michael Harrington）更精辟地指出：美国已经形成了一种"穷人有穷人的语言、心理和世界观"的文化。[3] 但他认为，造成这种情况的主要原因是种族歧视所形成的社会排斥。[4]

（4）人口学的人口过快增长理论。人口过快增长导致人均福利水平降低，是最具代表性的解释贫困的人口学观点。早在19世纪末20世纪初，英国人口学家马尔萨斯便将贫困作为特定的社会现象进行规范的理论分析。1789年，马尔萨斯在《人口原理》一书中对贫困产生的原因进行了详细分析，认为"社会人口按几何数列增加，而生活资料因土地有限只能按算术数列增加，因人口增长速度快于食物供应的增长速度，随时间推移，最后因食物不足导致人口过剩，必然导致贫困、恶习等出现"[5]。马尔萨斯

[1] Oscar Lewis, *Five Families: Mexican Case Studies in the Culture of Poverty* (New York: Basic Books, 1996), p. 215.

[2] Lawrence M. Mead, *The New Politics of Poverty: The Nonworking Poor in America* (New York: Basic Books, 1992).

[3] Michael Harrington, *The Other American: Poverty in the United States* (New York: Simon and Schuster, 1962) p. 23.

[4] Michael Harrington, *The New American Poverty* (New York: Holt, Rinehart and Winson of Canada limited, 1984), p. 140.

[5] 马尔萨斯：《人口原理》，朱泱等译，商务印书馆，1992，第6页。

由此将贫困的根源归结为人口的过快增长，并得出了著名的"人口剩余致贫论"。对此，出路就是调控人口增长速度，并使之与生活资料的增长速度相适应，手段就是采用诸如节育、晚婚等"道德抑制"手段，甚至必要的战争、饥荒、疾病等"积极抑制"手段。

由此可见，西方学者对贫困问题的研究由来已久，早期的研究具有鲜明的阶级特征，包括马克思、恩格斯的反贫困思想，以及马尔萨斯的人口理论。进入 20 世纪 70 年代，西方学者的研究渐渐出现分野，除了经济学的不遗余力外，还有社会学、政治学、文化学、人类学等，以缪尔达尔、刘易斯、阿马蒂亚·森等为代表的西方学者提出了收入贫困、文化贫困、能力贫困等诸多理论，随后又产生了社会排斥论和多维贫困论等多种流派。这些理论从单个角度对贫困产生的原因以及如何消除贫困进行了探讨，提出了诸多可以借鉴的观点，如阿瑟·刘易斯的农业劳动力非农转移、冈纳·缪尔达尔的国家改革、舒尔茨的人力资本投资、阿马蒂亚·森的能力提升等。实际上，包括我国在内的诸多发展中国家或多或少借鉴过这些理论，并采取过相关的反贫困举措，但大多收效甚微。这就需要正视西方贫困和反贫困理论本身的不足。

二　西方反贫困理论的主要不足

任何社会科学理论都具有一定的时代使命。而正是这种时代使命，使西方学者关于贫困和反贫困的研究"囿于功利主义和平等主义两类观念，进而形成了个人主义反贫困与结构主义反贫困两种路径。个人主义反贫困理论强调激发'贫困者'个人的主体性，主要依靠个人努力来摆脱贫困"[①]。国家在资源再分配等方面只能有限介入或者不干预，而需要把更多精力用于市场秩序维护与产权保护，最典型的是舒尔茨的人力资本投资和阿马蒂亚·森的能力提升。但问题是，对于穷人来讲，当他们面临吃了上顿无下顿的生活境遇时，既缺乏人力资本及能力提升投资的现实经济能力，又缺乏进行此项投资的内在动力。反过来，后者被有些学者解释为贫

[①]　高强：《脱贫攻坚与乡村振兴的统筹衔接：形势任务与战略转型》，《中国人民大学学报》2020 年第 6 期。

困文化，如劳伦斯·米德和马歇尔·哈瑞顿。而在经济学上持这种观点的典型代表就是赫希曼的涓滴效应理论，"该理论强调经济增长是减贫的主要动力，不需要对贫困群体予以特殊优待，而是由先发展起来的群体通过市场机制传导带动贫困者发展"①。

结构主义反贫困理论强调国家干预、政府动员与再分配，尤其是资源和资产的再分配，提倡实施有利于抑制社会分化的普遍性社会政策，比如社会救助、转移支付、健康支持等。究其原因，这些理论都认为，贫困在没有外力推动下会保持一种高度稳定的均衡状态，不论是单个生产要素的一般状态，还是资源的基本配置方式，都会保持较高的稳定性，甚至呈现低水平的循环，纳克斯的"贫困恶性循环理论"和纳尔逊的"低水平均衡陷阱理论"就是其中的代表。而随后的新制度经济学则更"强调制度是决定经济绩效的核心因素，要求以产权制度和要素市场化配置为主线全面推进制度变革"②。新制度经济学的代表人物罗纳德·科斯（Ronald H. Coase，1910～2013）认为，制度建构的是人们之间相互行为关系的约束机制。他还把生产要素当作权利，把人们对生产要素的拥有定义为对实施一定行为权力的拥有。但所有这一切的假设是人们的行为都是"理性经济人"行为。科斯虽然没有直接讨论产权制度安排与贫困的内在关系，但沿着他的理论，对于无效率的贫困小农来讲，出路就是"去小农化"。

西方贫困和反贫困理论除了以上两大近乎水火不容的对立观点本身存在的不足外，还有两个涉及世界观和方法论方面的问题。

首先，对贫困的理解过于抽象化和个人化。贫困是人的贫困，但贫困也具有一定的社会属性，就绝对贫困来讲，贫困的一个显著特点就是具有集中性，甚至民族性。集中性也就要求采用除针对贫困者家庭和个人的一些手段外，还需要有一些集中性和集体性的手段，尤其是贫困者家庭和个人无法克服的一些难题，包括公共基础设施和公共服务设施，以及必要的

① 高强：《脱贫攻坚与乡村振兴的统筹衔接：形势任务与战略转型》，《中国人民大学学报》2020年第6期。
② 高强：《脱贫攻坚与乡村振兴的统筹衔接：形势任务与战略转型》，《中国人民大学学报》2020年第6期。

私人物品如住房、安全饮用水的提供等。民族性则更多强调的是民族之间发展机遇、发展权利的不平等导致的发展差距，以及在此基础上形成的民族整族贫困问题。这两个问题即使在西方发达国家都是主要问题，但并没有得到强调平等主义的西方贫困和反贫困学者的高度重视。相反，这是中国农村扶贫开发总结出的一条重要经验，那就是"以人民为中心"的开发式扶贫。

其次，尽管西方学者强调国家干预对反贫困的重要性，但如何干预、干预到什么程度、干预手段、干预时点等都被抽象化了。回到现实生活中来，西方资本主义国家尽管经济很发达，但政府干预的手段很少，除了税收优惠和社会救助外，似乎没有太多手段，尤其是在如何帮助贫困地区和贫困人口发展经济等方面。而对于广大第三世界发展中国家来说，许多国家不仅经济基础脆弱，而且政治动荡、民族分裂、社会冲突不断，国家的经济基础、社会基础、文化基础以及政治基础（包括决策者的政治意愿）都不是很厚实和牢固，这也使得政府干预在大多数情况下成为纸上谈兵或空中楼阁。这两者都使西方贫困和反贫困理论失去了其可以发挥作用的制度和社会土壤，久而久之被实践乃至被理论本身抛弃，最后也就只有回到"循环论"（循环积累、恶性循环以及剥夺循环）以及"处境论"中去自娱自乐了。

三　我国脱贫攻坚实践对西方反贫困理论的主要贡献

中国作为一个人口大国，脱贫攻坚取得了举世瞩目的成绩，"过去10年，中国是为全球减贫做出最大贡献的国家"①。在这背后，更值得思考的是为什么能够取得这样的成绩，以及对西方贫困和反贫困理论的贡献。笔者认为，中国的脱贫攻坚走出了一条"理论—实践—理论"的有效发展道路，不仅为人类反贫困事业做出了贡献，而且为丰富和发展包括西方贫困

① 这是联合国秘书长安东尼奥·古特雷斯（António Guterres，1949~ ）2018年9月3日应邀出席中非合作论坛北京峰会在北京接受记者专访时指出的。参见《联合国秘书长古特雷斯：中国为全球减贫作出重要贡献》，https://m.sohu.com/a/297957337_100122958/，最后访问日期：2021年3月29日。

和反贫困理论在内的贫困治理理论做出了重大贡献。

首先，重视贫困者的社会属性。贫困及反贫困理论需要回答的首要问题就是"谁是穷人"。对此，中国在 30 多年扶贫开发的基础上，通过"建档立卡"、"回头看"和"动态管理"等措施，把真正需要帮扶的贫困对象界定出来。这本身就是人类反贫困史上规模最大的贫困人口识别活动。但需要强调的是，中国在这一过程中，既注意到了贫困人口和贫困家庭，还注意到了贫困村和贫困县以及集中连片特困地区。贫困者既是一个个具体的人、具体的家庭，又是一个个群体，甚至是一个个区域。我们不仅将"两不愁三保障"作为贫困人口和贫困家庭的识别和帮扶目标，还对贫困村、贫困县和集中连片特困地区有明确的标准。这一点，对于西方贫困和反贫困理论来说是一个重要贡献，尤其是当我们研究的对象是绝对贫困问题时，把贫困人口、贫困家庭与贫困村及贫困地区有机结合起来，不仅能够提高贫困识别的精度，而且能够把针对个人和家庭的反贫困措施与针对区域的措施有机结合起来，对于强化反贫困措施的针对性、有效性和可持续性都具有重要意义。云南省还针对"直过民族"和人口较少民族推动了整族识别和整族帮扶。这都是创造。

其次，把握政府介入的度。贫困是嵌入经济社会发展过程的一个特殊社会经济现象，反贫困作为推动经济社会可持续发展的一个重要任务，本身具有社会性。这种社会性，既要求充分发挥贫困人口和贫困地区的主体作用，又要求政府将其作为维护社会公平正义的工作来审慎对待。这就既要科学对待西方反贫困理论中的个人主义，又要充分发挥其所强调的结构主义，并使两者有机结合起来。

这不是中庸之道，而是由贫困的特性决定的。因为贫困既是贫困者自身素质和能力的产物，又是社会制度作用的结果。任何政府都有维护社会公平正义的义务，都有帮助弱势群体的责任。只是需要把握好政府介入的度。用科斯的话说，这个度的最优点就是"交易费用最小"，但肯定不是"交易费用为零"。因为对于反贫困的制度设计和制度选择来说，不存在交易费用为零的最优选择。当然，这个度最终还要从制度选择本身的经济基础、社会基础、文化基础和政治基础综合考虑。中国在这样的历史节点选择脱贫攻坚的制度设计，是这几个基础共同作用的结果。从经济基础来讲，中国作为全球第二大经济体，有能力把更多资源用于脱贫攻坚；从社会基础来讲，全面建成小康社会是中国人民孜孜追求的目标之一，而全面小康路上，一个都不能少，一个都不能掉队；从文化基础来讲，中华民族是一个爱好和平的伟大民族，实现共同富裕具有深厚的文化基础；最重要的是，实现共同富裕是中国共产党领导下的中国人民的重要奋斗目标。

最后，扶贫同扶志扶智相结合。从贫困人口和贫困家庭作为具体的人来说，贫困的原因千差万别，即所谓的"贫有百样，困有千种"，但从抽象的角度来讲，贫困人口和贫困地区生存发展条件差是个不争的事实。中国政府在推动脱贫攻坚过程中，把改善贫困人口和贫困地区的生存发展条件同扶志扶智结合起来，以"五个一批"为主要抓手，着力改善贫困地区和贫困人口的生存发展条件；着力发展壮大贫困人口的经济基础，提高他们的收入水平；着力改善他们的健康状况，提高他们的身体和心理素质。同时，通过扶贫同扶志扶智相结合，着力提高他们的内生发展能力，摆脱精神贫困状态；着力提高他们的人力资本，在提高贫困劳动者自身人力资本含量的同时，提高他们子女的受教育程度和技术技能水平，阻断贫困的代际传递。这既是对舒尔茨人力资本理论和阿马蒂亚·森"能力贫困理论"的有益补充和显著贡献，又是打破纳克斯"贫困恶性循环理论"、缪尔达尔贫困"循坏积累因果关系理论"、约瑟夫"剥夺循环论"以及刘易斯"贫困文化理论"的有效途径。

第二节 对马克思主义贫困及反贫困理论的原创性贡献

作为马克思主义贫困及反贫困理论的重要组成部分，马克思和恩格斯的贫困及反贫困理论的核心是就资本主义制度本身所产生的贫困问题进行深刻阐释，并把废除资本主义制度作为消除贫困的根本途径来论述。在此基础上，也就共产主义生产资料公有制下人的全面发展要求提出了具体设想。列宁则基于俄国的社会现实，把发展社会生产力作为反贫困的主要手段，并强调要在共产党领导下依靠广大人民群众的力量来战胜贫困。

一 马克思、恩格斯、列宁反贫困理论主要观点

马克思和恩格斯基于所处的时代和所关注问题的重心，把大部分精力放在了分析资本主义制度与贫困的内在联系上。他们虽然没有就社会主义制度下的贫困问题及反贫困措施进行分析，但却认为共产主义制度能够从制度和源头上消除贫困。列宁继承了马克思、恩格斯的贫困和反贫困思想，并把它具体应用到俄国的社会主义建设事业中去，以便从根本上消除贫困生长的土壤。

1. 马克思、恩格斯关于资本主义制度下的贫困及反贫困理论

马克思在分析了资本主义制度下，三种可能的社会生活状态[①]下工人阶级的地位后得出结论："在社会的衰落状态中，工人的贫困日益加剧；在增长的状态中，贫困具有错综复杂的形式；在达到完满的状态中，贫困持续不变。"[②] 之所以如此，表面上是资本积累导致了在财富积累的同时，积累了贫困、奴役和劳动折磨，导致了社会的贫富差距和两极分化越来越大，进而使贫者越来越贫，富者越来越富，并认为这是资本主义制度的必然结果。

马克思、恩格斯对此做了深刻分析后发现，深层次的原因是资本主义制度下资本和劳动的阶级对立，资本增值的秘密在于资本家通过购买劳动力这一特殊商品，不仅可以收回购买该商品时所支付的价值，而且能够通过劳动力的使用取得剩余价值。其实质是资本家通过无偿占有劳动力生产的剩余价值，积累了越来越多的财富，而劳动者则只能获得其生产、发展、维持和延续劳动力所必需的基本生活资料，并且这种占有不是短期内一次性的榨取，而是贯穿于资本主义生产和再生产的整个过程，"资本主义制度得以持续，还需要通过资本再生产过程继续无偿占有更多的剩余劳动，以增值资本价值，扩大资本规模，进行资本积累"。随着资本的不断

---

① 即社会财富衰落状态、社会财富增长状态、社会财富最富裕状态，见欧阳德君《中国特色社会主义反贫困理论研究》，博士学位论文，贵州师范大学，2019 年 12 月，第 28 页。

② 《马克思恩格斯文集》（第 3 卷），人民出版社，2002，第 230 页。

积累和生产规模的持续扩大，社会财富逐渐集中到资产阶级手中，而社会财富的直接创造者——无产阶级则日益贫困。①

马克思、恩格斯的分析没有就此止步。他们通过进一步分析发现，根本原因在于资本主义私有制度，马克思称之为占有人和剥削人的制度。马克思在《1844 年经济学哲学手稿》中通过对异化劳动的分析强调指出，在资本主义私有制下，"劳动所生产的对象，即劳动产品，作为一种异己的存在物，作为不依赖于生产者的力量，同劳动相对立"②。其必然结果就是"劳动对工人来说是外在的东西，也就是说，不属于他的本质；因此，他在自己的劳动中不是肯定自己，而是否定自己，不是感到幸福，而是感到不幸，不是自由地发挥自己的体力和智力，而是使自己的肉体受折磨，精神遭摧残。因此，工人只有在劳动之外才感到自在，而在劳动中则感到不自在，他在不劳动时觉得舒畅，而在劳动时就觉得不舒畅"。更重要的是，"他的劳动不是自愿的劳动，而是被迫的强制劳动。因此，这种劳动不是满足一种需要，而只是满足劳动以外的那些需要的一种手段"③。这就是资本主义的异化劳动制度。

这种异化劳动制度是工人阶级贫穷的本质。恩格斯在《英国工人阶级状况》中一针见血地指明了这一点："广大的雇佣工人，他们除了自己的劳动力之外一无所有。产生这个结果的，并不是这个或那个次要的弊端而是制度本身。""工人阶级处境悲惨的原因不应当到这些小的弊病中去寻找，而应当到资本主义制度本身中去寻找。"④ 这深刻表明，正是资本主义私有制度，使得资本家阶级占有资本和技术，而工人阶级只占有自己的劳动力，造成了资本与劳动力的分离，形成了劳动与劳动对象、劳动与劳动结果以及劳动本身的异化和分离。而正是这种异化和分离，不仅使剩余价值的生成和积累有了可能，进而富裕了资产阶级，而且使只拥有劳动力本身的工人阶级不断走向贫困化，并且这种贫困化是"无法再回避的、无法

---

① 胡联、王娜、汪三贵：《精准扶贫的理论创新——基于马克思主义政治经济学视角》，《财贸研究》2017 年第 7 期。
② 《马克思恩格斯文集》（第 3 卷），人民出版社，2002，第 268 页。
③ 《马克思恩格斯文集》（第 3 卷），人民出版社，2002，第 270 页。
④ 《马克思恩格斯选集》（第 4 卷），人民出版社，1995，第 421 页。

再掩饰的、绝对不可抗拒的贫困"①。

正因为如此，工人阶级要摆脱这种贫困，就只有消灭资本主义私有制度，除此以外别无选择。马克思分析到，要终止工人阶级不断走向贫困的唯一途径就是废除资本主义制度，"除非丢弃这个世界的基础并过渡到民主制的人类世界，任何其他进步都是不可能的"②。这个民主制的人类社会，就是没有私有制的共产主义社会。这里实行的是生产资料公有制，因此没有劳动力与土地和资本等生产要素的分离，没有产生劳动异化的所有制基础，因此能够充分发挥每个人的能力，并走向劳动合作基础上的共同富裕。马克思还旗帜鲜明地鼓励工人无产阶级："无产阶级除了贫困以外，什么也不会失去，而得到的则是整个祖国，整个世界。这里没有任何犹豫和怀疑的余地。"③

2. 马克思、恩格斯关于共产主义公有制下人的全面发展

马克思、恩格斯除了分析了资本主义私有制是导致贫困的根本症结外，还论述了消灭资本主义私有制、建立共产主义公有制以后，人类社会能够为实现人的全面而自由发展所创造的条件，并进一步提出了防止贫困的重要工作，那就是必须加快发展社会生产力。马克思在《1857—1858年经济学手稿》中指出，"生产将以所有的人富裕为目的"④。那是因为，"生产力的这种发展之所以是绝对必需的实际前提，还因为如果没有这种发展，那就只会有贫穷、极端贫困的普遍化"⑤。意思就是，要使所有人都富裕起来，并过上全面发展的美好生活，根本途径就是发展生产力，在增加社会财富总量的同时，让每个人都富裕起来，并实现全面发展。马克思强调指出，在共产主义生产资料公有制的社会组织中，"生产劳动给每一个人提供全面发展和表现自己的全部能力即体能和智能的机会，这样，生产劳动就不再是奴役人的手段，而成了解放人的手段"⑥。更重要的是，这

---

① 《马克思恩格斯文集》（第1卷），人民出版社，2009，第262页。
② 《马克思恩格斯全集》（第47卷），人民出版社，2004，第60页。
③ 《马克思恩格斯全集》（第4卷），人民出版社，1958，第539页。
④ 《马克思恩格斯全集》（第31卷），人民出版社，1998，第104页。
⑤ 《马克思恩格斯全集》（第3卷），人民出版社，1960，第39页。
⑥ 《马克思恩格斯全集》（第26卷），人民出版社，2014，第311页。

种社会组织，不仅可以让每个人获得自由发展，而且能够保证所有人的自由发展，因为"代替那存在着阶级和阶级对立的资产阶级旧社会的，将是这样一个联合体，在那里，每个人的自由发展是一切人的自由发展的条件"①。

之所以"每个人的自由发展是一切人的自由发展的条件"，是因为在共产主义这种新型社会组织里，不仅能够为每个人发挥自己的才能提供条件，而且能够使社会财富持续增加，为每个人的全面而自由发展提供现实基础。"在这种社会制度下，一切生活必需品都将生产得很多，使每一个社会成员都能够完全自由地发展和发挥他的全部力量和才能。"② 同时，在这种社会组织里，"人类去为生产而生产，从而去发展社会生产力，去创造生产的物质条件；而只有这样的条件，才能为一个更高级的、以每个人的全面而自由的发展为基本原则的社会形式创造现实基础"③。

在此基础上，马克思、恩格斯还强调联合劳动即劳动合作对于实现人的全面发展的重要性，"在真正的共同体的条件下，各个人在自己的联合中并通过这种联合获得自己的自由"④。这就是自由的劳动力及其自由的联合所形成的共同体，而"只有在共同体中，才有可能有个人自由，共产主义就是真正的共同体，只有在真正的共同体中，个人价值的终极目标才能实现，个人和社会没有根本的利益冲突，社会为个人个性的发展提供条件，而人的个性的发展又推动着整个社会的发展"⑤。这最终的目标就是在促进人的自由而全面发展的同时，持续推动共同体的进步，即实现共同富裕，因为"人的实质也就是人的真正的共同体"⑥。在这种共同体中，"一方面，任何个人都不能把自己在生产劳动这个人类生存的自然条件中所应参加的部分推到别人身上；另一方面，生产劳动给每一个人提供全面发展和表现自己全部的即体力的和脑力的能力的机会。这样，生产劳动就不再是奴役人的手段，而成了解放人的手段。因此，生产劳动就从一种负担变

---

① 《马克思恩格斯选集》（第 1 卷），人民出版社，1995，第 273 页。
② 《马克思恩格斯选集》（第 1 卷），人民出版社，1995，第 217 页。
③ 《马克思恩格斯选集》（第 2 卷），人民出版社，1995，第 239 页。
④ 《马克思恩格斯文集》（第 1 卷），人民出版社，2009，第 571 页。
⑤ 《马克思恩格斯选集》（第 1 卷），人民出版社，1995，第 7 页。
⑥ 《马克思恩格斯全集》（第 1 卷），人民出版社，2002，第 394 页。

成一种快乐"①。

马克思、恩格斯之所以认为共产主义公有制能够为劳动者创造实现人的全面发展的制度基础，是因为共产主义是在消灭了资本主义制度的基础上建立的，因此生产力水平已经达到了较高程度。在这种制度基础之上，通过公有制的建立，实现生产资料的社会占有，不仅能够实现劳动者对劳动成果、社会财富的真正直接占有，进而最终获得真正的自由和人的全面发展，而且能够让每个劳动者都在自由而身心愉悦的状态下工作，可以进一步加快社会生产力水平提高的步伐。换句话说，共产主义公有制，不仅能够让"生产劳动同智育和体育相结合"，使之"不仅成为提高社会生产的一种方法"，而且成为"造就全面发展的人的唯一方法"②，更重要的是可以"尽可能更快地增加生产力的总量"③。

以上分析表明，马克思、恩格斯所讨论的贫困，是资本主义制度下特有的贫困，其表象是资本对劳动力的剥夺，进而产生了劳动异化，但实质是资本主义私有制。因此，要根除资本主义制度下的贫困就只有通过革命建立公有制，实现劳动力与生产资料的有机结合，从而让每个人实现自由而全面的发展，最终推进整个社会的全面发展。正因为如此，国内的一些学者也认为马克思、恩格斯的这些分析只是一种应然，而要使其成为必然，还得回到社会现实中来。

笔者认为，马克思、恩格斯的讨论具有重要历史指导意义，因为"一切民族，不管他们所处的历史环境如何，都注定要走这条道路，——以便最后都达到在保证社会劳动生产力极高度发展的同时又保证人类最全面的发展的这样一种经济形态"④。这就是共产主义社会。我国当前尽管尚处于社会主义初级阶段，但公有制的建立已经为这样一种经济形态奠定了重要基础。在这个基础之上，消除绝对贫困、缓解相对贫困，都必须把发展生产力作为第一要务，这就要求我们从中国特色社会主义制度的具体实践中

---

① 《马克思恩格斯全集》（第3卷），人民出版社，2002，第333页。
② 《马克思恩格斯全集》（第23卷），人民出版社，1972，第530页。
③ 《马克思恩格斯全集》（第4卷），人民出版社，1958，第489页。
④ 《马克思恩格斯全集》（第19卷），人民出版社，1985，第130页。

去探索发展生产力的具体途径，去寻找贫困治理的有效答案。正是在这个意义上，我们认为中国的脱贫攻坚是对马克思主义贫困及反贫困理论的原创性和独特性贡献。

3. 列宁基于俄国社会主义现实的贫困和反贫困理论

尽管十月革命前的俄国也是帝国主义国家，但经济文化发展水平比起欧美资本主义国家要落后得多，且第一次世界大战给俄国造成了严重破坏，国家千疮百孔，人民群众生活十分困难。在这种残酷的现实面前，尽管"面包、自由、和平、土地"等口号得到了广大人民群众的拥护，为新生的社会主义俄国提供了坚实的人民基础，但列宁（Ле́нин，1870~1924）也清醒地认识到，当时的俄国作为一个以小农经济为主体的国家，无产阶级力量"不仅在世界范围内比资本主义弱，在国内也比资本主义弱"[1]。何况国内有地主、资本家、工厂主、富农、沙皇将军、官吏等负隅顽抗的反革命武装力量在垂死挣扎，国外还有帝国主义列强的虎视眈眈。更严峻的是，"在一个文盲的国家里是不能建成共产主义社会的"[2]，"没有丰富的知识、技术和文化就不能建成共产主义"[3]。基于对俄国当时国内外形势的准确判断，列宁认为，尽管共产主义是奋斗目标，但有一个过程。为此，他在《国家与革命》中明确把马克思所说的共产主义社会的第一阶段称为"社会主义"[4]，并认为社会主义的俄国不仅存在严重的贫困问题，而且全国都陷入了严重的经济困难。

在这种情况下，列宁同志充分认识到社会主义制度的巩固和完善，必须充分尊重广大人民的意愿，"在一个小农国家里，只要绝大多数居民还没有觉悟到必须进行社会主义革命，无产阶级政党就决不能提出'实施'社会主义的目的"[5]。为此，他高度重视如何用渐进政策来保证苏维埃政权得到不断巩固和发展。如为了克服饥荒带来的严重影响，1918年开始实施以"余粮收集制"为核心的"战时共产主义"政策。但当国家度过危险期

① 《列宁全集》（第40卷），人民出版社，2017，第156页。
② 《列宁全集》（第39卷），人民出版社，1986，第309页。
③ 《列宁全集》（第30卷），人民出版社，1957，第126页。
④ 《列宁专题文集》（论社会主义），人民出版社，2009，第34页。
⑤ 《列宁全集》（第29卷），人民出版社，1985，第166页。

后，迅速于 1921 年开始实施以粮食税为重点的 "新经济政策"，并在全国范围推动电气化、工业化，还采取了一系列普及和发展国民教育的具体措施，涵盖了小学到中学再到大学的各个阶段，并开展国民识字运动。而为了发展现代科学事业和先进技术，列宁同志高度重视学习科学文化知识与实现共产主义的关系，要求国家管理干部必须学习并掌握现代化科学知识，精通生产管理技能，积极引进吸收世界先进科学技术知识。为了消灭贫穷、疾病和肮脏，他还提出 "两个结合" 的重要思想，即科学界同工人相结合，无产阶级与技术界结成联盟。

面对这样的国情，为了从根本上消除贫困，列宁认为，最直接的办法就是在无产阶级掌握政权、建立和巩固社会主义制度的基础上，大力发展生产力。首先着手解决的就是他认为 "能使广大贫苦农民群众得到安慰和满足的"① 土地问题，基本途径就是实行土地国有基础上的集体农庄经营制度。列宁同志说过，"掌握国家政权的工人阶级，只有在事实上向农民表明了公共的、集体的、共耕制的、劳动组合制的耕种方法的优越性，只有用共耕制的、劳动组合制的经济帮助了农民，才能真正向农民证明自己正确，才能真正可靠地把千百万农民群众吸引到自己方面来"②。在此基础上，还必须高度重视科学技术的作用，强调要利用科学技术力量 "把最落后的农业生产纳入新的轨道，对它进行改造，把它从按照旧的方式盲目经营的农业变成建立在科学和技术成就基础上的农业"③。

由此可见，列宁所主张的反贫困举措，就是要不断发挥社会主义制度的优越性，让贫穷的俄国人民尽快富裕起来，而最重要的途径就是巩固社会主义公有制，让共耕的、劳动组合的耕作制度的优越性得到充分发挥。其基本逻辑就是在坚持社会主义公有制基础上，实现劳动力与土地和资本的有效结合，从而使生产力水平尽快提高，让每个人都能通过这种共耕的、劳动组合的耕作方式发挥自己的潜能，获得应有的劳动报酬。在这个过程中，还需要不断发挥科学技术对提高生产力水平的积极促进作用。

---

① 《列宁全集》（第 33 卷），人民出版社，2017，第 17 页。
② 《列宁全集》（第 37 卷），人民出版社，1985，第 360 页。
③ 《列宁全集》（第 35 卷），人民出版社，1985，第 354 页。

二 我国脱贫攻坚实践做出的原创性理论贡献

我国的农村贫困从性质上讲不是无产阶级的贫困，贫困的根本原因是生产力水平低下，而非资本主义制度下资本对劳动力的剥夺造成的。基于此，我国的农村反贫困理论除了不断提高贫困家庭的劳动力水平外，还需要不断改善贫困人口和贫困地区的生产生活条件，提高贫困群体的劳动技能、受教育程度和身体素质。这些都是对马克思、恩格斯反贫困理论的原创性贡献，是对列宁贫困和反贫困理论的继承性发展。

1. 非无产阶级贫困是中国贫困的本质特征

马克思、恩格斯所描述的资本主义贫困本质上是无产阶级贫困，即贫困者除了自己的劳动力以外没有其他生产要素；列宁描述的贫困尽管不是无产阶级的贫困，但也是占有其他生产要素很不平衡且生产力整体水平很低的贫困。我国社会主义制度的确立，特别是公有制的建立，从根本上解决了马克思高度关注的"土地是一切生产和一切存在的源泉"[1] 这个基本问题，使最广大农村居民获得了以土地为主的生产资料，在一定程度上是贫困劳动者与土地等其他生产要素实现了结合的贫困。仅以云南省为例，2017 年的贫困人口人均占有耕地 1.41 亩[2]，比当年云南省按农村人口计算的全省人均耕地面积 3.64 亩[3]少了 61.26%；人均占有林地面积 3.43 亩，比当年云南省按农村人口计算的全省人均林地面积 13.48 亩[4]少了 74.55%。正因为如此，云南省 2017 年贫困家庭的主要致贫原因中，只有 2.32%[5]的农户认为是缺土地，认为缺资金的也仅占 13.90%[6]；而次要原因缺土地的

① 《马克思恩格斯选集》（第 2 卷），人民出版社，1972，第 109 页。
② 云南省人民政府扶贫开发办公室编《云南省脱贫攻坚数据报告（2017 年)》，第 252 页附件 19。
③ 耕地为常用耕地 621.33 万公顷（《2018 云南统计年鉴》第 2 页表 1-1），人口为 2559.1 万人（《2018 云南统计年鉴》第 373 页表 15-1）。
④ 林地为森林面积 2300.62 万公顷（《2018 云南统计年鉴》第 2 页表 1-1），人口为 2559.1 万人（《2018 云南统计年鉴》第 373 页表 15-1）。
⑤ 云南省人民政府扶贫开发办公室编《云南省脱贫攻坚数据报告（2017 年)》，第 228 页附件 17 续 2。
⑥ 云南省人民政府扶贫开发办公室编《云南省脱贫攻坚数据报告（2017 年)》，第 216 页附件 17。

农户仅占 4.34%①，缺资金的占 33.33%②。

2. 我国贫困人口贫困的根本原因是劳动力水平低

这符合马克思、恩格斯和列宁的论述，但更深层次的问题是生产要素配置效率低下，其中对于一些少数民族贫困人口而言，素质（包括身体素质、心理素质、文化素质和劳动技能素质等）是关键原因，呈现典型的能力贫困特征。也就是说，我国的贫困不是劳动力与生产资料分离导致资本剥削劳动力的贫困，而是劳动力与资本等生产资料实现了结合，但结合水平很低，最终导致生产力水平较低形成的贫困。这也是当年俄国贫困的明显特征。从这个意义上讲，马克思、恩格斯和列宁等伟大导师都强调把提高生产力水平作为反贫困的重要手段，无疑是非常正确的。我国开发式扶贫的核心要义也在于此。

3. 产业和就业是提高生产力的重要途径

马克思、恩格斯和列宁没有很具体地讨论社会主义制度下如何提高生产力，特别是针对贫困人口的生产力。我国的脱贫攻坚把发展产业和有效就业作为提高生产力的重要手段，无疑是对马克思、恩格斯和列宁反贫困理论的重要贡献。这就是"五个一批"的第一个一批，即"发展生产脱贫一批"。这个手段的核心是如何提高劳动力与其他生产资料的配置效率。产业发展的核心是通过产业的转型升级，实现劳动力与生产资料的高质量配置，进而提高劳动生产力；而转移就业则是让贫困家庭的劳动力与其不直接拥有的生产资料实现有效结合，进而提高劳动生产力。除此以外，"五个一批"的第二个一批，即"易地搬迁脱贫一批"，核心就是针对一方水土养不活一方人的地方，试图通过生态移民等手段，让贫困家庭的劳动力实现与其他生产要素的有效结合，通俗地讲就是"挪穷窝、换穷业、拔穷根"。"换穷业"本质上就是发展生产力、提高生产力。

4. 把改善生产生活条件作为提高生产力的重要条件

提高生产力是反贫困的根本出路。除了通过发展生产和易地搬迁来提

---

① 云南省人民政府扶贫开发办公室编《云南省脱贫攻坚数据报告（2017 年）》，第 246 页附件 18 续 2。

② 云南省人民政府扶贫开发办公室编《云南省脱贫攻坚数据报告（2017 年）》，第 234 页附件 18。

高劳动力与生产资料的结合水平和效率外，我国的脱贫攻坚还围绕改善贫困者的生产生活条件做了大量工作，目标直指"三保障"，措施就是"五个一批"的其他三个一批。"三保障"表面上是针对贫困者的生产生活条件，实际上还是为了改善劳动力状况，为劳动力与其他生产要素的有效结合和高效配置奠定基础。义务教育有保障的最终目标是提高贫困家庭新生代的劳动力素质，阻断贫困的代际传递；基本医疗有保障除了缓解因病致贫、因病返贫外，目标也直指提高贫困者的健康素质，提高劳动力素质，从而使之与其他生产要素实现有效配置；住房安全有保障表面上是改善贫困家庭的生活条件，但"安居乐业"已经说明其对提高劳动力素质的重要作用。而作为后三个一批，不论是"生态补偿脱贫一批"还是"发展教育脱贫一批"都是为了提高贫困家庭劳动力的素质及其与其他生产要素的有效结合水平，也都是为了提高劳动生产力。"社会保障兜底一批"则是社会主义制度优越性的集中体现，也是任何一个执政党和政府义不容辞的责任，但中国政府做到了应保尽保、应兜尽兜。这不能不说也是中国反贫困的一个独特贡献。

第三节　对新中国反贫困实践的理论升华

中华人民共和国的成立，让中国人民彻底摆脱了封建主义、帝国主义和官僚资本主义制度的束缚，广大人民群众真正成了生产资料的主人。社会主义公有制的建立，为从根本上摆脱贫困奠定了制度基础。而"共同富裕"的指导思想，又使我国始终把发展生产力、消除贫富差距作为治国理政的头等大事。尤其是改革开放以来的农村反贫困实践，不仅为脱贫攻坚打下了坚实基础，而且积累了宝贵经验，提供了理论支撑。而脱贫攻坚基于精准扶贫精准脱贫基本方略所形成的精准脱贫理论，则是对新中国，尤其是1986年以来的反贫困理论的不断丰富、发展和升华。

一　毛泽东的反贫困思想

新中国成立之初，中国的状况可真是一穷二白、满目疮痍和百废待兴。贫困不仅是广大农村居民的残酷生活现实，就连刚刚获得解放的部分城市居民也基本上是一贫如洗。在这特殊条件下，中央政府，把消除贫困同巩固和发展社会主义制度有机结合起来，尤其是公有制的建立，让劳动力与生产资料实现直接结合，为消除贫困奠定了制度基础；而"共同富裕"思想的提出和人民公社制度的实施，更使广大人民群众不仅成为生产资料的主人，而且成为劳动成果的主人，在一定意义上为反贫困做出了贡献。

1. 公有制为消除贫困奠定了制度基础

新中国成立后不久，毛泽东基于"三座大山"是制约近代中华民族独立自强和广大人民群众大面积、持续性处于严重贫困状态的根本制度障碍的认识，在充分吸收马克思、恩格斯和列宁有关思想的基础上，创造性地提出了中国社会主义制度的建立和完善是消除贫困的重要前提的科学论断，并通过土地改革、合作化、人民公社化等措施，实现了土地等生产资料的社会主义公有制，以及劳动力与包括土地在内的生产资料的直接结合，解决了中国革命和建设的最基本问题。早在1927年2月16日，毛泽东同志在给中央的报告中就明确指出："农民问题是一个贫农问题，而贫农的问题有两个，即资本与土地问题。这两个都已经不是宣传的问题，而是立即实行的问题。"[1]

1947年2月，毛泽东同志明确提出了"耕者有其田"的政策主张。1947年7~9月，全国土地工作会议通过的《中国土地法大纲》，明确规定废除封建性及半封建性剥削的土地制度，实行"耕者有其田"的土地制度，并提出了"依靠贫农，团结中农，有步骤地、有分别地消灭封建剥削制度，发展农业生产"的土地改革总路线。[2]《中国人民政治协商会议共同纲领》中明确把中国走向"农民的土地所有制"作为基本内容。[3] 这从思想上和制度上奠定了土地对于中国新民主主义革命和社会主义建设的基础性作用。而在让农民成为土地的主人之后，为了巩固社会主义公有制，国

[1] 郭德宏：《中国近现代农民土地问题研究》，青岛出版社，1993，第466页。
[2] 《毛泽东选集》（合订本），人民出版社，1991，第1208页。
[3] 吴齐：《毛泽东土地思想研究》，博士学位论文，华中师范大学，2017年12月，第55页。

家重要的政策就是土地的共同经营，具体措施就是从初级社到高级社再到人民公社的公社化运动。

2. 实现"共同富裕"是重要奋斗目标

新中国所建立的社会主义公有制，为消除贫困奠定了制度基础。但需要有具体措施来加以实现，这就是实现"共同富裕"。"共同富裕"是毛泽东1955年7月31日在《关于农业合作化问题》中首次提出的。毛泽东指出："如果我们没有新东西给农民，不能帮助农民提高生产力，增加收入，共同富裕起来，那些穷的就不相信我们，他们会觉得跟共产党走没有意思，分了土地还是穷，他们为什么要跟你走呀？"① 同年，10月11日，毛泽东在《农业合作化的一场辩论和当前的阶级斗争》中进一步强调："要巩固工农联盟，我们就得领导农民走社会主义道路，使农民群众共同富裕起来，穷的要富裕，所有农民都要富裕，并且富裕的程度要大大地超过现在的富裕农民。"而在当时，实现全体农村居民共同富裕起来的具体道路就是"在逐步地实现社会主义工业化和逐步地实现对于手工业、对于资本主义工商业的社会主义改造的同时，逐步地实现对于整个农业的社会主义的改造，即实行合作化，在农村中消灭富农经济制度和个体经济制度"②。

1957年6月19日，毛泽东在《关于正确处理人民内部矛盾的问题》中进一步强调："共同富裕"即在几年内"使现在还存在的农村中一小部分缺粮户不再缺粮，除了专门经营经济作物的某些农户以外，逐通变为余粮户或者自给户，使农村中没有了贫农，使全体农民达到中农和中农以上的生活水平"。③ 由此可见，"共同富裕"作为中国共产党团结广大农民与贫困做斗争的重要思想武器，不仅具有实践指导意义，而且具有重要的理论价值。而实现"共同富裕"的重要途径就是合作化及现代化。

3. 现代化是中国提高生产力、消除贫困的根本道路

为了在社会主义制度下从根本上消除贫困，并走上"共同富裕"道

---

① 毛泽东：《农业合作化的一场辩论和当前的阶级斗争》，见张秋锦主编《毛泽东、邓小平、江泽民关于"三农"问题的部分论述》，中国农业出版社，2005，第217～218页。

② 毛泽东：《关于农业合作化问题》，见《毛泽东著作选读》（甲种本），人民出版社，1966，第313页。

③ 毛泽东：《关于正确处理人民内部矛盾的问题》，见《毛泽东著作选读》（甲种本），人民出版社，1966，第344页。

路，迫切需要提高社会生产力，具体道路就是实现现代化。1952 年底开始酝酿并于 1953 年正式提出的党在过渡时期的总路线明确指出："党在过渡时期的总路线和总任务，是要在一个相当长的时间内，逐步实现国家的社会主义工业化，并逐步实现国家对农业、手工业和对资本主义工商业的社会主义改造（简称'一化三改'）。"在当时，这条总路线还有个通俗解释就是"一体两翼"，即这条总路线"好比一只鸟，它要有一个主体，就是发展社会主义工业；它又要有一双翅膀，这就是对农业、手工业和对资本主义工商业的社会主义改造"。

这个总路线，在一定意义上就是 1954 年周恩来总理在全国人大一届一次会议上提出的四个现代化的雏形。1954 年 9 月 15 日，毛泽东在第一届全国人民代表大会第一次会议上致开幕词时宣布：准备在几个五年计划之内，将我国"建设成为一个工业化的具有高度现代文化程度的伟大的国家"。9 月 23 日，周恩来在这次会上所作的政府工作报告中，从"摆脱落后和贫困"必须具备的条件出发，提出要"建设起强大的现代化的工业、现代化的农业、现代化的交通运输业和现代化的国防"。这是新中国领导人第一次提出四个现代化的概念。1959 年末至 1960 年初，毛泽东提议加上国防现代化。他说："建设社会主义，原来要求是工业现代化，农业现代化，科学文化现代化，现在要加上国防现代化。"[1] 1965 年 1 月 4 日，周恩来总理在全国人大三次会议上正式把"现代农业、现代工业、现代国防和现代科学技术"作为国家总体发展战略目标。

二 改革开放以来开发式扶贫实践的理论创新与不足

回顾中国改革开放以来的扶贫开发历程不难发现，中国大规模减贫的主要推动力量是提高生产力带动的经济增长，特别是贫困地区的农业和农村经济的持续增长，以及贫困家庭劳动生产力水平的不断提高。这除了坚持和完善了社会主义公有制度外，得益于因地制宜所推动的开发式扶贫。对此，许多学者做了较为深入的概括和总结，汪三贵和曾小溪的研究发

---

[1] 《历史上的今天：1949～2019》，https://www.jfdaily.com/news/detail? id = 124165，最后访问日期：2019 年 1 月 4 日。

现，"通过实施区域性的基础设施和公共服务建设，在帮助贫困地区经济社会发展方面起到了重要作用，有助于缓解日益扩大的收入分配差距和缩小贫困地区和一般地区的发展差距，使原本不利于穷人的经济增长过程在某些方面和一定程度上表现出益贫的性质"①。换句话说，中国过去长时期的区域减贫战略不失为一种成功的减贫战略，也即区域瞄准成为中国扶贫资源到达穷人的一个非常有用的"利器"②，对于贫困地区农户的收入增长有较大带动作用。③ 这是因为开发式扶贫为所有农户，特别是那些有劳动能力和劳动意愿的贫困农户提供了依靠自己的主动响应来增加收入的机会。④

从这个角度来讲，中国所采取的开发式扶贫战略，长期将特困区域及贫困县作为扶贫开发的优先单元，从实践上讲具有一定的合理性。"一是中国贫困的区域分布较为清晰，限制区域发展的制约因素较多，其中县域经济的辐射和带动具有重要意义，优先解决影响县域经济发展的自然、资源、环境、交通、教育、人口等限制区域发展的瓶颈性因素，能够为穷人提供更多的发展机会。二是在中国的行政体制中，县是一个承上启下、无法跳过的重要层级，具有比较完整的行政区划和组织结构，县作为一个执行单元，传递扶贫政策、组织扶贫开发、调配扶贫资源、实施和监管扶贫项目成本相对比较低。三是不管以任何贫困标准来衡量，贫困县贫困人口数量众多、占总人口比例很高是改革开放初期面临的突出问题。当大规模贫困人口出现且分布相对集中时，不需要花费大量人力物力财力去瞄准，用县级瞄准的扶贫政策能覆盖绝大部分贫困地区，'撒网式'方法也能覆盖到大量贫困人口，从而可以节约大量的识别和组织成本。四是当财政能力一般、尚不具备大规模投入能力的时候，选择一些贫困程度较深的贫困

① 汪三贵、曾小溪：《从区域扶贫开发到精准扶贫——改革开放 40 年中国扶贫政策的演进及脱贫攻坚的难点和对策》，《农业经济问题》2018 年第 8 期。

② M. Lipton, "Ravallion: Poverty and Policy," *Handbook of Development Economics*, 1995.

③ A. Park, S. Wang, and G. Wu, "Regional Poverty Targeting in China," *Journal of Public Economics*, 2002, 86 (1).

④ 贺雪峰：《中国农村反贫困战略中的扶贫政策与社会保障政策》，《武汉大学学报》（哲学社会科学版）2018 年第 3 期。

县进行扶持、以县为单元进行资源分配和集中管理，符合财政资金投入利用最大化的要求。"①

  而从理论上讲，这种扶贫方式也是对新制度经济学的有益补充。因为按照新制度经济学，制度选择的首要准则就是制度成本较低，或者说交易费用为零。可以想象，如果要对 2011 年中国农村的 12238 万贫困人口进行建档立卡，且不说其精准性如何，仅就其操作成本来说，都是难以想象的。因为正如前面已经指出过的，仅 2014 年，全国就组织了 80 万人深入农村开展贫困识别和建档立卡工作，而当年全国的农村贫困人口大概是 7017 万人；2015～2016 年，全国又动员了近 200 万人开展建档立卡"回头看"工作②，而 2015 年全国的农村贫困人口已经减少到 5575 万人。但当贫困人口越来越少时，贫困县内扶贫资源外溢到非贫困户的现象就会越来越严重，而非贫困县的贫困农户又会被排斥在扶贫资源受益对象之外，最终导致扶贫效率降低。这个时候，以贫困程度深的村为单位进行扶持就会是一个比较好的选择。这是因为，中国的村庄构成了一个比较完整的社区，是中国行政区划体系中最基层的一级，有相对完整的组织结构。在村一级实施扶贫项目，特别是基础设施和公共服务项目，既有利于改善贫困村的生产生活条件，也有利于村民的直接参与，③ 因此能够增强扶贫效果。

  然而，不论是以贫困县为瞄准单元还是以贫困村为瞄准单元，都不是针对贫困人口和贫困家庭的扶贫机制。而随着贫困人口的持续减少，尤其是将消除绝对贫困人口作为既定目标的时候，也会发现过去以贫困县和贫困村为单元的贫困瞄准存在不少问题，一是这种瞄准无法让贫困者现身，导致习近平总书记所强调的："要问有多少贫困户，还可以回答个大概齐；要问谁是贫困户，则大多是说不准。"④ 在这种情况下，当然也就很难保证

---

① 汪三贵、曾小溪：《从区域扶贫开发到精准扶贫——改革开放 40 年中国扶贫政策的演进及脱贫攻坚的难点和对策》，《农业经济问题》2018 年第 8 期。
② 黄承伟：《深刻领会习近平精准扶贫思想坚决打赢脱贫攻坚战》，http://dangjian. people. com. cn/nl/2017/0823/c412885 - 29489835. html，最后访问日期：2017 年 8 月 23 日。
③ 汪三贵、曾小溪：《从区域扶贫开发到精准扶贫——改革开放 40 年中国扶贫政策的演进及脱贫攻坚的难点和对策》，《农业经济问题》2018 年第 8 期。
④ 中共中央党史和文献研究院编《习近平扶贫论述摘编》，中央文献出版社，2018，第 61 页。

扶贫资源的精准投放或者说靶心瞄准，从而使扶贫项目充斥着"大水漫灌"的问题，导致许多扶贫项目存在简单粗糙的情况，针对性不强，使得扶贫在一定程度上流于表面，真正贫困的群众没有得到帮扶的现象屡见不鲜，① 最终结果是使扶贫目标难以实现。二是扶贫资源容易渗漏到非贫困人群，尤其是村庄里的一些精英人物身上，导致所谓的"精英捕获"，并产生"逆向激励"作用，结果是富人受益更多，穷人受益有限，扶贫开发在缩小区域间差距的同时，也加剧了贫困地区内部的机会和收入不平等，② 最终甚至会使村庄的社会资本被侵蚀，导致好心办不了实事和好事。三是容易导致帮扶工作出现盲点甚至盲区，进而影响到政府的公信力甚至党的形象。

正是在这种背景下，从实施精准扶贫，瞄准贫困家庭和贫困人口，不仅是完成脱贫攻坚目标的必然选择，而且是完善贫困治理机制和治理理论的必然选择。

三 脱贫攻坚对我国反贫困理论的升华

脱贫攻坚战作为我国消除绝对贫困的关键一役，以坚持党的领导和发挥社会主义制度优势为根本保障，以精准扶贫精准脱贫为基本方略，以多方协同攻坚的大扶贫和发挥贫困群体的内生动力为基本着力点，以提高贫困人口的发展能力和贫困地区的社会生产力为总体要求，以"两不愁三保障"为主要目标，促使贫困人口与贫困地区的发展要素与外部输入要素有机结合，使贫困人口和贫困地区发展条件得以持续改善的同时，实现了贫困人口和贫困地区生产力水平的快速健康提升，最终使脱贫攻坚取得了历史性胜利。在这背后，也标志着我国贫困及反贫困理论的升华。

（1）与时俱进选准帮扶单元。绝对贫困具有集中性、相对性和原生性③等特点，其评价标准和扶持标准既有绝对性，也有相对性。当贫困面

---

① 王世恒、朱家玮、杨茹茹：《马克思主义反贫困理论与习近平脱贫攻坚思想研究》，《重庆三峡学院学报》2018 年第 5 期。
② 李小云：《我国农村扶贫战略实施的治理问题》，《贵州社会科学》2013 年第 7 期。
③ 叶敬忠：《中国贫困治理的路径转向——从绝对贫困消除的政府主导到相对贫困治理的社会政策》，《社会发展研究》2020 年第 3 期。

较大，或者对于贫困面较大的地区，一开始就把对象锁定在贫困家庭上既不必要也不科学，只针对贫困家庭的反贫困措施也很难奏效。新中国成立时，甚至改革开放之初，中国的贫困状况就属于前者；而到了国家正式开始项目扶贫时，情况就属于后者。这是中国采取开发式扶贫的原因之一。而从扶贫工作单元上讲，为什么要把贫困县、贫困村与贫困人口一起作为对象，考虑的也是与开发式扶贫的要求相衔接。但当绝对贫困问题面临扫尾之时，就必须进一步缩小帮扶工作单元，帮扶方式也可能不再是以开发式扶贫为主，而是以攻坚式扶贫为主。这是脱贫攻坚对中国反贫困理论的一大贡献，即当帮扶工作重心转向完成消除绝对贫困人口这一既定目标后，必须把工作单元锁定为贫困户，把帮扶对象的重点转移到贫困人口上。从这个角度来讲，足见习近平总书记的高瞻远瞩和把控扶贫工作全局的敏锐洞察力。

（2）毫不动摇彰显制度优势。中国共产党领导下的社会主义制度，已经成为中国取得脱贫攻坚战历史性伟大胜利的根本保证和制胜密码。最核心的是能够充分发挥其集中力量办大事的优势，不仅把扶贫工作作为各级党委和政府的首要政治任务和第一民生工程来抓，形成了"五级书记"抓扶贫的格局，而且形成了专项扶贫、行业扶贫和社会扶贫协同共振的大扶贫格局。脱贫攻坚战已经成为全党全国的第一民生工程，是真正意义上的举全国之力。在这背后，脱贫攻坚与过去30多年的扶贫开发最显著的变化是，不仅扶贫资源投入力度空前，而且扶贫力量集中空前，更重要的是重视程度空前。而其所带来的变化，不仅解决了困扰中华民族几千年的绝对贫困问题，而且使贫困家庭的生产生活条件和贫困地区的发展条件得到显著改善，更重要的是，探索了具有中国特色的贫困治理道路和治理理论，还为未来的"三农"工作培养了一批能征善战和敢打能打胜仗的队伍，并明显改善了党群干群关系。这是我们毫不动摇地彰显制度优势的结果。

（3）持之以恒提高生产力水平。扶贫从根本上讲是一个发展问题，且不仅是贫困人口和贫困地区的发展问题，也是全国整体上的发展问题。因此，反贫困必须把发展生产力作为工作重点。这既是马克思主义唯物辩证法的根本要求，也是西方反贫困理论的基础。我国的反贫困始终把提高贫困农户和贫困地区的生产力水平作为重中之重。但脱贫攻坚找到了最有效的手段，那就是"五个一批"。这"五个一批"，既有直接提高贫困人口和贫困地区生产力水平的，如"发展生产脱贫一批"和"易地搬迁脱贫一批"，也有为提高生产力水平奠定基础的，如"生态补偿脱贫一批"和"发展教育脱贫一批"，还有为提高生产力托底的，如"社会保障兜底一批"。这"五个一批"作为一个有机整体，不仅能够为贫困家庭找到有效的发展道路，而且能够帮助贫困农户和贫困地区优化生产要素配置，提高要素配置水平，进而提升整体社会生产力水平。贫困地区与非贫困地区发展差距扩大的趋势得以遏制就是最好的例证。

（4）因地制宜强化内外合力。反贫困需要内力和外力的同频共振、协同发力并形成合力。我国脱贫攻坚在很大程度上已经形成了合力。关键之关键是我们找到了抓手，这就是"六个精准"、"五个一批"和"四个问题"①。这个"六五四"工作法不仅准确界定了帮扶对象和帮扶主体，而且明确了帮扶内容和帮扶措施，且有有效的监测评价和执纪问责作为保证。这一方面激发了帮扶对象的积极性和主动性，毕竟"机不可失时不再来"，另一方面压实了帮扶主体的责任。动力与压力有效结合，在很多情况下就形成了向心力和合力。而为了达至目标，各级党委和政府还创造性地开展工作，所有努力都是为了提高帮扶对象的发展动力和可行发展能力，而得到的回报就是"等不是办法，干才有出路"。这又为高扬内生动力、形成更强合力注入了新的能量。

---

① 即扶持谁、谁来扶、怎么扶、如何退。

| 第九章 |

贫困治理面临的新形势

打赢脱贫攻坚战，使困扰我国几千年的绝对贫困问题得到基本解决，但并不意味着贫困问题本身就退出历史舞台，"扶贫工作永远在路上"。新发展阶段，贫困在以相对贫困形式与我们进行长期周旋和较量。这就使我国的贫困治理面临新的形势，不仅巩固脱贫攻坚成果任务艰巨，而且与乡村振兴战略这一"三农"工作总抓手之间的有效衔接困难不小，更重要的是我国发展不平衡不充分所留下的相对贫困治理任务会更加繁重。

第一节　巩固拓展脱贫攻坚成果任务艰巨

脱贫攻坚战总体解决了以"两不愁三保障"为主要目标的绝对贫困问题，但一方面是这个目标本身对不同地区的脱贫家庭呈现不同的样式，有的标准本身就很低，导致巩固任务艰巨；另一方面是没有得到太多扶持的边缘人群，其现实生活水平与"两不愁三保障"的目标之间差距较小，极易陷入贫困。另外，建立在集中作战式攻坚上的政策和机制的稳定完善也需要一个过程。这使得巩固拓展脱贫攻坚成果的任务还很艰巨。

一　脱贫人口返贫风险不小

经过全国上下的不懈努力，2020 年 11 月 23 日，贵州省宣布 9 个贫困县脱贫摘帽，标志着我国已经基本实现现行贫困标准下农村贫困人口全部脱贫，贫困村全部脱贫出列，832 个贫困县全部脱贫摘帽，脱贫攻坚阶段性目标胜利实现。但是，多数贫困地区仍然属于欠发达地区的基本事实没有改变，脱贫人口返贫风险依然不小。

（1）深度贫困地区返贫风险较大。全国 334 个深度贫困县①大多是最近三年才脱贫摘帽的，巩固脱贫攻坚成果的压力较大。这 334 个深度贫困县 2017 年底的贫困发生率高达 11.4%，是全国当年贫困发生率 3.1% 的近 4 倍，其中 110 个县的贫困发生率超过 18%。同时，全国还有深度贫困乡（镇）1800 多个、深度贫困村 3 万个，其中 1.67 万个贫困村的贫困发生率超过 20%。② 这些刚刚脱贫出列的贫困人口和出列的贫困村由于其自身的发展条件较差，脱贫的稳定性较低，返贫风险较高。大多数深度贫困县的农村常住居民人均可支配收入水平远低于全国贫困地区的平均水平，如作为国家"三区三州"深度贫困地区的云南省怒江州，2019 年的农村常住居民人均可支配收入只有 7165 元，迪庆州只有 9446 元③，分别低于全国贫困地区平均水平 11567 元 38.06% 和 18.34%，分别低于云南省贫困地区平均水平 10771 元 33.48% 和 12.30%。

（2）易地扶贫搬迁群体后续巩固难度不小。易地扶贫搬迁作为我国重要的扶贫开发手段，尽管让 960 多万名建档立卡贫困群众全部乔迁新居，其中城镇安置 500 多万人，农村安置约 460 万人。他们的人均纯收入从 2016 年的 4221 元提高到 2019 年的 9313 元④，但收入的主要来源是工资性收入和转移性收入，产业所支撑的家庭经营性收入对巩固脱贫攻坚成果的作用还没有显现出来，巩固脱贫攻坚成果的压力也还不小。尤其是对一些少数民族搬迁群众，不仅非农转移就业机会有限，而且思想认识问题没有

---

① 2017 年 6 月 23 日，习近平总书记在山西太原主持召开深度贫困地区脱贫攻坚座谈会，会议除明确把"三区三州"作为国家集中扶持的深度贫困地区外，还认定了各省确定的深度贫困县，共计 334 个，同时认定了 1800 多个深度贫困乡（镇）、3 万个深度贫困村。

② 《脱贫攻坚倒计时！中央新增 120 亿资金为 334 个深度贫困县发展提供支持》，央视新闻客户端，https://news.sina.com.cn/o/2018 - 10 - 17/doc - ifxeuwws5144860.shtml，最后访问日期：2018 年 10 月 17 日。

③ 云南省统计局编《2020 云南统计年鉴》，中国统计出版社，2020，第 559 页表 18 - 15 续表。

④ 国家发展改革委：《"十三五"易地扶贫搬迁任务已全面完成》，http://www.scio.gov.cn/video/42600/42601/Document/1693922/1693922.htm，最后访问日期：2020 年 12 月 3 日。

完全解决，加之他们非农就业的技能很差，非农就业的稳定性和收入水平都还是问题。一些农户还对农业生产具有较高的依赖性，而他们的生产地与生活安置地之间有不短距离，需要防止他们重新回到生存环境很差的原居住地。

（3）非贫困县中的贫困人口脱贫稳定性问题。对于一些非贫困县中的贫困村和贫困农户以及非贫困村的贫困农户，包括基础设施和人居环境等在内的扶贫成果需要巩固。

二 边缘群体扶持任务繁重

尽管国家已经关注到了对边缘群体的帮扶工作，如2020年3月，国务院扶贫开发领导小组出台了《关于建立防止返贫监测和帮扶机制的指导意见》，要求把收入略高于建档立卡贫困户的边缘户作为监测对象，并明确了具体监测范围是人均可支配收入低于国家扶贫标准1.5倍左右的家庭，以及因病、因残、因灾、因新冠肺炎疫情等引发的刚性支出明显超过上年度收入和收入大幅缩减的家庭；监测规模为建档立卡贫困人口的5%左右，深度贫困地区不超过10%。还提出要通过产业帮扶、就业帮扶、综合保障、扶志扶智以及其他帮扶等形式为返贫对象提供帮扶。

但需要强调的是，有关部门对我国边缘群体规模的估计可能过于乐观。笔者根据《2020中国统计年鉴》有关数据推算发现，这个规模远不止建档立卡贫困人口的5%。2019年，全国农村20%低收入家庭的人均可支配收入只有4262.6元①，如果按照2020年全国的贫困线农民人均可支配收入4000元的1.5倍作为监测对象，至少这20%的家庭应该作为监测对象，而1.5倍就是农民人均可支配收入6000元，这样估计下来，全国可能25%的家庭的农民人均可支配收入都低于6000元。按照这个比例，全国大约有1.4亿②农村人口可能属于这个监测范围。这个规模远大于建档立卡

---

① 国家统计局编《2020中国统计年鉴》，中国统计出版社，2020，第177页表6-12。
② 2019年，全国乡村人口为55162万人（《2020中国统计年鉴》第31页表2-1），按25%计算为13790.5万人。当然，农村贫困家庭的户均人口规模可能会比非贫困家庭小些，但总体情况出入不会很大。

贫困人口的5%甚至10%，而应该在全部农村户籍人口的20%以上。

换个角度来讲，如果把国家贫困线1.5倍以下的农民人均可支配收入人口作为未来的边缘人群，则是一个不小的规模，要对这样一个群体进行监测难度就很大，更不要说给他们提供帮扶了。这个群体还有一个显著特征，那就是收入增速趋缓。2013~2019年，全国农村常住居民人均可支配收入从9429.6元增加到16020.7元，年均名义增速为9.24%；但20%的低收入组家庭的农村常住居民人均可支配收入仅从2877.9元增加到4262.6元，年均名义增速仅为6.77%，每年比全国平均水平低了2.47个百分点；而20%高收入组家庭的农村常住居民人均可支配收入却从21323.7元增加到36049.4元，年均名义增速为9.15%，每年比低收入组家庭高了2.38个百分点。

值得注意的是，低收入组家庭与高收入组家庭的人均水平的相对差距和绝对差距都在扩大，相对差距从2013年的1.00（低收入组家庭）：7.41扩大到2019年的1.00：8.46；而绝对差距则从2013年的18445.8元扩大到2019年的31786.8元。这意味着低收入组家庭不仅贫困程度较深，而且增收难度较大。更值得强调的是，低收入组家庭的收入，不仅增速较慢，而且波动较大，2014年比2013年、2016年比2015年都出现了负增长，这在其他四个组别中都没有发生（见表9-1）。

表9-1　2013~2019年我国农村常住居民人均可支配收入分组差距比较

单位：元

	2013年	2014年	2015年	2016年	2017年	2018年	2019年
全部家庭的总体水平	9429.6	10488.9	11421.7	12363.4	13432.4	14617.0	16020.7
20%低收入组家庭	2877.9	2768.1	3085.6	3006.5	3301.9	3666.2	4262.6
20%中间偏下收入组家庭	5965.6	6604.4	7220.9	7827.7	8348.6	8508.5	9754.1
20%中间收入组家庭	8438.3	9503.9	10310.6	11159.1	11978.0	12530.2	13984.2
20%中间偏上收入组家庭	11816.0	13449.2	14537.3	15727.4	16943.6	18051.5	19732.4
20%高收入组家庭	21323.7	23947.4	26013.9	28448.0	31299.3	34042.6	36049.4

资料来源：全部家庭的总体水平数据来源于《2020中国统计年鉴》第176页表6-11，分组收入数据来源于《2020中国统计年鉴》第177页表6-12。

三 政策稳定衔接面临难题

早在 2019 年 3 月 7 日，习近平总书记在参加十三届全国人大二次会议甘肃代表团审议政府工作报告时就提到，"贫困县摘帽后，也不能马上撤摊子、甩包袱、歇歇脚，要继续完成剩余贫困人口脱贫问题，做到摘帽不摘责任、摘帽不摘政策、摘帽不摘帮扶、摘帽不摘监管"。为此，艾菲还撰文强调：摘帽不摘责任，彰显脱贫攻坚担当；摘帽不摘政策，彰显脱贫攻坚底气；摘帽不摘帮扶，彰显脱贫攻坚能力；摘帽不摘监管，彰显脱贫攻坚决心。① 这就是"四不摘"。

2020 年 3 月 6 日，习近平总书记在决战决胜脱贫攻坚座谈会上的讲话再次强调："对退出的贫困县、贫困村、贫困人口，要保持现有帮扶政策总体稳定，扶上马送一程。可以考虑设个过渡期，过渡期内，要严格落实摘帽不摘责任、摘帽不摘政策、摘帽不摘帮扶、摘帽不摘监管的要求，主要政策措施不能急刹车，驻村工作队不能撤。"②

2020 年 12 月 16 日，中共中央、国务院发布了《关于实现巩固拓展脱贫攻坚成果同乡村振兴有效衔接的意见》，明确规定："2020 年脱贫攻坚目标任务完成后，设立 5 年过渡期，与'十四五'规划相衔接。"要求保持主要帮扶政策总体稳定，健全防止返贫动态监测和帮扶机制，巩固"两不愁三保障"成果，做好易地扶贫搬迁后续扶持工作，加强扶贫项目资产管理和监督，并聚力做好脱贫地区巩固拓展脱贫攻坚成果同乡村振兴有效衔接。核心还是过渡期内严格落实"四不摘"要求，摘帽不摘责任，防止松劲懈怠；摘帽不摘政策，防止急刹车；摘帽不摘帮扶，防止一撤了之；摘帽不摘监管，防止贫困反弹。应该说，大的政策已经很明确了，关键是如何落实面临一些难题和挑战。

一是"四不摘"是不是意味着力度不减？这是基层最关心的问题，包

① 艾菲：《摘帽"四不摘"，脱贫不返贫》，求是网，http://www.qstheory.cn/laigao/ycjx/2019 - 03/09/c_1124212602.htm，最后访问日期：2020 年 12 月 3 日。

② 习近平：《在决战决胜脱贫攻坚座谈会上的讲话》，新华网，http://www.xinhuanet.com/politics/leaders/2020 - 03/06/c_1125674682.htm，最后访问日期：2020 年 12 月 3 日。

括投入的强度、投入的结构，帮扶队伍的稳定与轮换，监测的范围和规模、监测的主要内容，边缘易致贫户如何界定、由谁去界定，是否还有监督考核，如果有，主要内容和监测方式又是什么，等等。

二是"四不摘"的政策如何落实，是不是需要有具体的规划？如果有，应该做到哪一级？重点内容是什么？规划的实施主体和监管主体各是哪一个部门？涉及相关部门如何协调？如何对待大扶贫格局？

三是"在西部地区脱贫县中集中支持一批乡村振兴重点帮扶县"的政策如何落实，如乡村振兴重点帮扶县的规模多大，选择标准是什么，"应减尽减原则"如何落实？重点帮扶的内容是什么，如何落实？与乡村振兴其他政策举措如何衔接？

第二节　相对贫困治理任务更加繁重

随着绝对贫困整体退出历史舞台，相对贫困将成为我国贫困治理的重点。中国作为一个人口大国，过去长期的工业和城市偏向战略，不仅造成了显著的城乡差别，而且积淀了明显的乡村差别，基于相对贫困与绝对贫困存在明显不同的特点，加之农村经济社会结构的深刻变化，贫困表现形式和治理需求随之发生变化，这意味着未来相对贫困治理的任务会更加繁重，需要在不断深化认识的同时，尽快研究建立适应新类型、新结构、新特征、新需求的治贫战略和机制。

一　不平衡问题还很突出

从一般意义上讲，相对贫困就是指一些人、一些家庭或一些群体没有足够的资源去获取他们所生活的那个社会公认的、一般都能享受到的饮食、生活条件、舒适和参加某些活动的机会的贫困状态。由于是用社会可以接受的标准作为参考，所以相对贫困与不平衡有着直接联系。或者说相对贫困就是指不平衡发展或者发展的不平衡使得一部分人和家庭的生活水平处于底层，因此无法享受社会公认的生活水平的状态。与绝对贫困相比，相对贫困不能被根除，而只能缓解。缓解相对贫困的过程，也就是缩小发展不平衡的过程；缓解相对贫困的努力，在很大程度上就是缩小发展不平衡的努力。

我国作为一个发展中大国，发展不平衡既有客观原因，也有主观原因。新中国成立以后，国家致力于缩小发展不平衡，但所采取的体制机制导致不平衡不但没有缩小，反而使发展动力窒息，从而造成了整体上的贫困落后。改革开放政策激活了发展动力，带来了一些人、一些地区的快速发展，而另外一些人、一些地区则发展缓慢，并且差距越拉越大，发展不平衡程度在不断加剧。党的十八大以来，特别是脱贫攻坚战打响以来，以贫困人口和贫困地区为重点的欠发达地区的发展速度明显加快，国家整体发展不平衡的趋势得以遏制，但不平衡问题仍然很突出，为相对贫困的有效治理带来了不少严峻挑战。

1. 城乡之间的发展不平衡非常显著

尽管城乡二元结构的体制机制被逐步打破，但城乡之间的不平等和发展不平衡依然存在，甚至在某些地区和某些领域还很严重。仅就城乡居民的收入差距来说，尽管近几年全国整体农村居民的收入增速快于城镇居民，从而使相对差距有缩小的趋势，但绝对差距还在扩大，甚至呈现不可逆的趋势。自新中国成立以来，全国城乡居民收入相对差距最大的是1957年，城镇居民人均收入（253.6元）是农村居民人均收入（73.0元）的3.47倍，最低的是1983年的1.82倍。

改革开放以来，城乡居民收入的相对差距呈现由小幅缩小到明显扩大再到小幅缩小的态势。1978年城乡居民收入的相对差距为2.57倍，1983年缩小到1.82倍，随后逐步扩大，2007年达到了改革开放以来的高点，为3.14倍，随后慢慢缩小，2019年为2.64倍。也就是说，改革开放以来，城乡居民收入相对差距总体是一个小幅扩大的趋势，从1978年的2.57倍扩大到2019年的2.64倍。党的十八大以来，城乡居民收入相对差距的总体趋势在缩小，从2012年的2.88倍缩小到2019年的2.64倍。

但需要注意的是，我国城乡居民收入的绝对差距在不断拉大，1949年两者只相差55.7元，1978年为209.8元，1983年为254.8元，1992年突破千元关，达到1242.6元，2007年为9275.5元，2008年突破万元大关，达到 10550.6 元，2012 年突破 1.5 万元关，达到 15737.4 元，2016 年突破两万元大关，达到 21252.8 元，2019 年突破 2.5 万元关，达到了 26338.1 元（见表 9-2）。

表 9-2　新中国成立以来主要年份城乡居民收入差距

单位：元，倍

年份	全体居民收入	城镇居民收入	农村居民收入	相对差距（农村居民收入 = 1.00）	绝对差距
1949	49.7	99.5	43.8	2.27	55.7
1957	100.7	253.6	73.0	3.47	180.6
1978	171.2	343.4	133.6	2.57	209.8
1983	364.9	564.6	309.8	1.82	254.8
1992	1125.2	2026.6	784.0	2.58	1242.6
2000	3721.3	6255.7	2282.1	2.74	3973.6
2007	8583.5	13602.5	4327.0	3.14	9275.5
2008	9956.5	15549.4	4998.8	3.11	10550.6
2012	16509.5	24126.7	8389.3	2.88	15737.4
2013	18310.8	26467.0	9429.6	2.81	17037.4
2014	20167.1	28843.9	10488.9	2.75	18355.0
2015	21966.2	31194.8	11421.7	2.73	19773.1
2016	23821.0	33616.2	12363.4	2.72	21252.8
2017	25973.8	36396.2	13432.4	2.71	22963.8
2018	28228.0	39250.8	14617.0	2.69	24633.8
2019	30732.8	42358.8	16020.7	2.64	26338.1

资料来源：2018 年及以前数据来源于《辉煌 70 年：新中国经济社会发展成就（1949-2019）》第 381~382 页表 12，2019 年全体居民收入数据来源于《2020 中国统计年鉴》第 170 页表 6-1，城镇居民收入数据来源于第 173 页表 6-6，农村居民收入数据来源于第 176 页表 6-11。

从群体来看，20% 低收入组家庭城乡居民之间的收入差距不仅最大，而且呈波动中上升态势，2013 年城镇居民是农村居民的 3.44 倍，2016 年上升到 4.33 倍，2019 年尽管收缩到 3.65 倍，但仍比 2013 年高。这可能的解释是脱贫攻坚使建档立卡贫困农户的收入显著提高了，但同时城镇低保的增幅较大以及充分就业等原因，使城镇低收入组家庭的收入呈稳定增长态势。另外，也可能是农村低收入组家庭大多是边缘群体，他们因为没有得到太多扶持，加之自身发展能力有限，甚至因"悬崖效应"而影响了收入的提高。相比之下，其他四个组别的城乡居民收入差距不仅低于 20% 低收入组，而且都呈下降趋势，如 20% 高收入组家庭城乡居民收入的差距就从 2013 年的 2.71 倍下降到 2019 年的 2.54 倍。

另外，随着收入档次的提高，城乡居民收入的相对差距也在缩小。这说明，不仅城市居民的收入差距较大，有许多"富豪"，农村居民也有不少"暴发户"。还值得注意的是，农村居民 20% 低收入组家庭收入的增速也较慢。2013~2019 年，全国农村常住居民人均可支配收入的名义增速为 9.24%，比城镇居民的年均增速 8.15% 高了 1.09 个百分点，而同期 20% 农村居民低收入组家庭的人均可支配收入年均增速只有 6.77%，不仅远低于全国农村常住居民人均可支配收入的年均增速，而且低于同档次城镇居民人均可支配收入的年均增速（7.82%）（见表 9-3）。

表 9-3　2013~2019 年五等分城乡居民家庭收入及相对差距

单位：元，倍

组别		2013 年	2014 年	2015 年	2016 年	2017 年	2018 年	2019 年
全国居民整体情况	全体居民	18310.8	20167.1	21966.2	23821.0	25973.8	28228.0	30732.8
	城镇居民	26467.0	28843.9	31194.8	33616.2	36396.2	39250.8	42358.8
	农村居民	9429.6	10488.9	11421.7	12363.4	13432.4	14617.0	16020.7
	相对差距	2.81	2.75	2.73	2.72	2.71	2.69	2.64
20% 低收入组家庭人均可支配收入	全体居民	4402.4	4747.3	5221.2	5528.7	5958.4	6440.5	7380.4
	城镇居民	9895.9	11219.3	12230.9	13004.1	13723.1	14386.9	15549.4
	农村居民	2877.9	2768.1	3085.6	3006.5	3301.9	3666.2	4262.6
	相对差距	3.44	4.05	3.96	4.33	4.16	3.92	3.65
20% 中间偏下收入组家庭人均可支配收入	全体居民	9653.7	10887.4	11894.0	12898.9	13842.8	14360.5	15777.0
	城镇居民	17628.1	19650.5	21446.2	23054.9	24550.1	24856.5	26783.7
	农村居民	5965.6	6604.4	7220.9	7827.7	8348.6	8508.5	9754.1
	相对差距	2.95	2.98	2.97	2.95	2.94	2.92	2.75
20% 中间收入组家庭人均可支配收入	全体居民	15698.0	17631.0	19320.1	20924.4	22495.3	23188.9	25034.7
	城镇居民	24172.9	26650.6	29105.2	31521.8	33781.3	35196.1	37875.8
	农村居民	8438.3	9503.9	10310.6	11159.1	11978.0	12530.2	13984.2
	相对差距	2.86	2.80	2.82	2.82	2.82	2.81	2.71

续表

组别		2013 年	2014 年	2015 年	2016 年	2017 年	2018 年	2019 年
20% 中间偏上收入组家庭人均可支配收入	全体居民	24361.2	26937.4	29437.6	31990.4	34546.8	36471.4	39230.5
	城镇居民	32613.8	35631.2	38572.4	41805.6	45163.4	49173.5	52907.3
	农村居民	11816.0	13449.2	14537.3	15727.4	16943.6	18051.5	19732.4
	相对差距	2.76	2.65	2.65	2.66	2.67	2.72	2.68
20% 高收入组家庭人均可支配收入	全体居民	47456.6	50968.0	54543.5	59259.5	64934.0	70639.5	76400.7
	城镇居民	57762.1	61615.0	65082.2	70347.8	77097.2	84907.1	91682.6
	农村居民	21323.7	23947.4	26013.9	28448.0	31299.3	34042.6	36049.4
	相对差距	2.71	2.57	2.50	2.47	2.46	2.49	2.54

注：相对差距以农村居民收入为 1.00。

资料来源：《2020 中国统计年鉴》。全体居民收入数据见第 171 页表 6 - 2，城镇居民收入数据见第 174 页表 6 - 7，农村居民收入数据见第 177 页表 6 - 12。全国居民整体情况分别来源于第 170 页表 6 - 1、第 173 页表 6 - 6 和第 176 页表 6 - 11。

从大的区域来看，西部地区的城乡居民收入差距明显大于其他三类地区。2013～2019 年，同全国整体情况一样，全国东中西及东北地区城乡居民的收入差距都呈下降趋势，全国整体情况从 2013 年的 2.81 倍下降到 2019 年的 2.64 倍，下降了 0.17 个百分点，只有西部地区各年度都高于全国整体情况，尽管差距从 2013 年的 3.01 倍下降到 2019 年的 2.76 倍，下降了 0.25 个百分点，但不仅高于全国整体水平，而且高于其他三个地区，但相对差距始终都是四个区域中最大的（见表 9 - 4）。

表 9 - 4　2013～2019 年全国东中西及东北地区城乡居民收入及相对差距

单位：元，倍

组别		2013 年	2014 年	2015 年	2016 年	2017 年	2018 年	2019 年
东部地区	全体居民	23658.4	25954.0	28223.3	30654.7	33414.0	36298.2	39438.9
	城镇居民	31152.4	33905.4	36691.3	39651.0	42989.8	46432.6	50145.4
	农村居民	11856.8	13144.6	14297.4	15498.3	16822.1	18285.7	19988.6
	相对差距	2.63	2.58	2.57	2.56	2.56	2.54	2.51
中部地区	全体居民	15263.9	16867.7	18442.1	20006.2	21833.6	23798.3	26025.3
	城镇居民	22664.7	24733.3	26809.6	28879.3	31293.8	33803.2	36607.5
	农村居民	8983.2	10011.1	10919.0	11794.3	12805.8	13954.1	15290.5
	相对差距	2.52	2.47	2.46	2.45	2.44	2.42	2.39

续表

组别		2013 年	2014 年	2015 年	2016 年	2017 年	2018 年	2019 年
西部地区	全体居民	13919.0	15376.1	16868.1	18406.8	20130.3	21935.8	23986.1
	城镇居民	22362.8	24390.6	26473.1	28609.7	30986.9	33388.6	36040.6
	农村居民	7436.6	8295.0	9093.4	9918.4	10828.6	11831.4	13035.3
	相对差距	3.01	2.94	2.91	2.88	2.86	2.82	2.76
东北地区	全体居民	17893.1	19604.4	21008.4	22351.5	23900.5	25543.2	27370.6
	城镇居民	23507.2	25578.9	27399.6	29045.1	30959.5	32993.7	35130.3
	农村居民	9761.5	10802.1	11490.1	12274.6	13115.8	14080.4	15356.7
	相对差距	2.41	2.37	2.38	2.37	2.36	2.34	2.29

资料来源:《2020 中国统计年鉴》。全体居民收入数据见第 171 页表 6 - 3,城镇居民收入数据见第 174 页表 6 - 8,农村居民收入数据见第 177 页表 6 - 13。

而到了省际,这种差距更明显。以全国自新中国成立以来相对差距最显著的 2007 年为例,按《2008 中国统计年鉴》数据,全国 2007 年城镇居民人均可支配收入为 13785.81 元,而农民人均纯收入仅为 4140.36 元,城镇居民人均可支配收入是农民人均纯收入的 3.33 倍。在 31 个省(自治区、直辖市)中,差距最大的是贵州省,为 4.50 倍;次之的是云南省,为 4.36 倍;再次是山西省,为 4.34 倍;最小的是北京、上海和天津三个直辖市,都为 2.33 倍。在 31 个省(自治区、直辖市)中,高于全国平均水平的有 10 个,而低于全国平均水平的有 21 个(见表 9 - 5)。

而从绝对差距来看,全国城乡居民的收入差距为 9645.45 元,最大的是上海市,为 13478.11 元,最小的是黑龙江省,为 6112.99 元,前者是后者的 2.20 倍。在 31 个省(自治区、直辖市)中,差距比全国平均水平高的有 6 个省(直辖市),其他 25 个省(自治区、直辖市)都低于全国平均水平(见表 9 - 5)。

表 9 - 5 2007 年全国各省(自治区、直辖市)城乡居民收入及差距

单位:元,倍

	农村居民	城镇居民	相对差距	绝对差距
全国	4140.36	13785.81	3.33	9645.45

续表

	农村居民	城镇居民	相对差距	绝对差距
北京	9439.63	21988.71	2.33	12549.08
天津	7010.06	16357.25	2.33	9347.19
河北	4293.43	11690.47	2.72	7397.04
山西	2665.66	11564.95	4.34	8899.29
内蒙古	3953.10	12377.84	3.13	8424.74
辽宁	4773.43	12300.39	2.58	7526.96
吉林	4191.34	11285.52	2.69	7094.18
黑龙江	4132.29	10245.28	2.48	6112.99
上海	10144.62	23622.73	2.33	13478.11
江苏	6561.01	16378.01	2.50	9817.00
浙江	8265.15	20573.82	2.49	12308.67
安徽	3556.27	11473.58	3.23	7917.31
福建	5467.08	15506.05	2.84	10038.97
江西	4044.70	11451.69	2.83	7406.99
山东	4985.34	14264.70	2.86	9279.36
河南	3851.60	11477.05	2.98	7625.45
湖北	3997.48	11485.80	2.87	7488.32
湖南	3904.20	12293.54	3.15	8389.34
广东	5624.04	17699.30	3.15	12075.26
广西	3224.05	12200.44	3.78	8976.39
海南	3791.37	10996.87	2.90	7205.50
重庆	3509.29	12590.78	3.59	9081.49
四川	3546.69	11098.28	3.13	7551.59
贵州	2373.99	10678.40	4.50	8304.41
云南	2634.09	11496.11	4.36	8862.02
西藏	2788.20	11130.93	3.99	8342.73
陕西	2644.69	10763.34	4.07	8118.65
甘肃	2328.92	10012.34	4.30	7683.42
青海	2683.78	10276.06	3.83	7592.28
宁夏	3180.84	10859.33	3.41	7678.49
新疆	3182.97	10313.44	3.24	7130.47

资料来源:《2008 中国统计年鉴》。城镇居民收入数据见第 327 页表 9－15,农村居民收入数据见第 341 页表 9－22。

当然，如果再往下，如到了州（市）以及县（市、区）一级，这种差距会更大，且经济越不发达的地方，这种差距会越大，如云南省怒江州，2019 年城镇常住居民人均可支配收入为 26650 元，为云南省 16 个州（市）最低，相当于云南省平均水平 36238 元①的 73.54%，相当于全国平均水平 42358.8 元的 62.91%，但同年农村常住居民人均可支配收入仅为 7165 元，为云南省平均水平 11902 元②的 60.20%，为全国平均水平 16020.7 元的 44.72%，城乡居民收入的相对差距为 3.71∶1.00。该州的福贡县，城镇居民人均收入为 25299 元③，在云南省 129 个县（市、区）中排倒数第二位，农村居民人均收入仅为 6939 元④，在云南省 129 个县（市、区）中排倒数第一位，两者的相对差距为 3.65∶1.00，而当年云南省的相对差距为 3.04∶1.00。

以上城乡发展不平衡的讨论得出两个初步结论，一是未来的相对贫困人口仍然以农村为主，尤其是西部农村地区，这是 2021 年中央一号文件要把"脱贫攻坚成果巩固拓展，城乡居民收入差距持续缩小"作为 2025 年发展目标的原因。意思就是，要把持续缩小城乡居民收入差距作为巩固拓展脱贫攻坚成果的重要目标，其中的关键就是要强化农村相对贫困人口的治理效能，以此带动农村居民收入的持续快速增长和城乡居民收入差距的不断缩小。二是要特别关注 20% 低收入组家庭的发展问题，尤其是农村的这个群体。这可能是相对贫困人口的主要群体，且他们的发展问题不是增加收入这么简单的一个问题。当然，城市中的低收入组家庭的生计安全也不能忽视，他们中的一部分也将是相对贫困人口大家庭中的成员。

2. 农村之间的发展不平衡也较突出

由于主客观多种因素的叠加作用，农村之间的发展不平衡也较为突出。

---

① 云南省人民政府办公厅、云南省统计局、国家统计局云南调查总队编《2020 云南领导干部手册》，云南出版集团、云南人民出版社，2020，第 140 页表 5 - 12。

② 云南省人民政府办公厅、云南省统计局、国家统计局云南调查总队编《2020 云南领导干部手册》，云南出版集团、云南人民出版社，2020，第 141 页表 5 - 13。

③ 云南省人民政府办公厅、云南省统计局、国家统计局云南调查总队编《2020 云南领导干部手册》，云南出版集团、云南人民出版社，2020，第 211 页表 6 - 11。

④ 云南省人民政府办公厅、云南省统计局、国家统计局云南调查总队编《2020 云南领导干部手册》，云南出版集团、云南人民出版社，2020，第 216 页表 6 - 12。

表 9-5 显示了 2007 年全国 31 个省（自治区、直辖市）之间农民人均纯收入的差距，全国平均水平为 4140.36 元，最高的上海市达到了 10144.62 元，为全国平均水平的 2.45 倍；最低的是甘肃省，为 2328.92 元，相当于全国平均水平的 56.25%，仅为上海市的 22.96%，最高与最低的相对差距为 4.36 倍。在 31 个省（自治区、直辖市）中，超过 1 万元的只有上海市，6000～10000 元的也只有北京市（9439.63 元）、浙江省（8265.15 元）、天津市（7010.06 元）和江苏省（6561.01 元）4 个省（直辖市）。另外有广东等 6 个省高于全国平均水平。其他 20 个省（自治区、直辖市）都低于全国平均水平，西部诸省份都低于 4000 元。

2013 年，全国农民人均纯收入为 8895.9 元，最高的仍然是上海市，为 19595.0 元，是全国平均水平的 2.20 倍；最低的还是甘肃省，为 5107.8 元，相当于全国平均水平的 57.42%，比 2007 年略有提高，但仍然仅为上海市的 26.07%，即最高与最低的相对差距为 3.84 倍。在 31 个省（自治区、直辖市）中，超过 15000 元的除上海市外，还有北京市（18337.5 元）、浙江省（16106.0 元）和天津市（15841.0 元）3 个省（直辖市），另外还有江苏等 5 个省在 10000～15000 元，河北等 3 个省超过全国平均水平但低于 10000 元，剩下的 19 个省（自治区、直辖市）都低于全国平均水平（见表 9-6）。如果从农村常住居民人均可支配收入来看，尽管北京、天津等 8 个省（自治区、直辖市）的农村常住居民人均可支配收入比农民人均纯收入有所减少，但总的趋势没有变化。

表 9-6　2019 年与 2013 年相比各省（自治区、直辖市）农民收入变化

单位：元，%

	2013 年农民人均纯收入	农村常住居民人均可支配收入		相对差距（全国＝100%）		绝对差距
		2013 年	2019 年	2013 年	2019 年	
全国	8895.9	9429.6	16020.7	100.00	100.00	6591.1
北京	18337.5	17101.2	28928.4	181.36	180.57	11827.2
天津	15841.0	15352.6	24804.1	162.81	154.83	9451.5
河北	9101.9	9187.7	15373.1	97.43	95.96	6185.4
山西	7153.5	7949.5	12902.4	84.30	80.54	4952.9

续表

	2013 年农民人均纯收入	农村常住居民人均可支配收入		相对差距（全国 = 100%）		绝对差距
		2013 年	2019 年	2013 年	2019 年	
内蒙古	8595.7	8984.9	15282.8	95.28	95.39	6297.9
辽宁	10522.7	10161.2	16108.3	107.76	100.55	5947.1
吉林	9621.2	9780.7	14936.0	103.72	93.23	5155.3
黑龙江	9634.1	9369.0	14982.1	99.36	93.52	5613.1
上海	19595.0	19208.3	33195.2	203.70	207.20	13986.9
江苏	13597.8	13521.3	22675.4	143.39	141.54	9154.1
浙江	16106.0	17493.9	29875.8	185.52	186.48	12381.9
安徽	8097.9	8850.0	15416.0	93.85	96.23	6566.0
福建	11184.2	11404.8	19568.4	120.95	122.14	8163.6
江西	8781.5	9088.8	15796.3	96.39	98.60	6707.5
山东	10619.9	10686.9	17775.5	113.33	110.95	7088.6
河南	8475.3	8969.1	15163.7	95.12	94.65	6194.6
湖北	8867.0	9691.8	16390.9	102.78	102.31	6699.1
湖南	8372.1	9028.6	15394.8	95.75	96.09	6366.2
广东	11669.3	11067.8	18818.4	117.37	117.46	7750.6
广西	6790.9	7793.1	13675.7	82.65	85.36	5882.6
海南	8342.6	8801.7	15113.1	93.34	94.33	6311.4
重庆	8332.0	8492.5	15133.3	90.06	94.46	6640.8
四川	7895.3	8380.7	14670.1	88.88	91.57	6289.4
贵州	5434.0	5897.8	10756.3	62.55	67.14	4858.5
云南	6141.3	6723.6	11902.4	71.30	74.29	5178.8
西藏	6578.2	6553.4	12951.0	69.50	80.84	6397.6
陕西	6502.6	7092.2	12325.7	75.21	76.94	5233.5
甘肃	5107.8	5588.8	9628.9	59.27	60.10	4040.1
青海	6196.4	6461.6	11499.4	68.52	71.78	5037.8
宁夏	6931.0	7598.7	12858.4	80.58	80.26	5259.7
新疆	7296.5	7846.6	13121.7	83.21	81.90	5275.1

注：相对差距按农村常住居民人均可支配收入计算；绝对差距按农村常住居民人均可支配收入计算。

资料来源：2013 年农民人均纯收入数据来源于《2014 中国统计年鉴》第 176 页表 6 - 25；2013 年、2019 年农村常住居民人均可支配收入数据来源于《2020 中国统计年鉴》第 196 页表 6 - 29。

2019 年，全国农村常住居民人均可支配收入达到了 16020.7 元，最高的仍然是上海市，为 33195.2 元，是全国平均水平的 2.07 倍，差距进一步缩小，最低的还是甘肃省，为 9628.9 元，是 31 个省（自治区、直辖市）中唯一一个没有过万元大关的，只相当于全国平均水平的 60.10%，仅为上海市的 29.01%，最高与最低的相对差距仍为 3.45 倍。在 31 个省（自治区、直辖市）中，仅有上海市突破 3 万元大关，另有浙江省（29875.8 元）、北京市（28928.4 元）、天津市（24804.1 元）和江苏省（22675.4 元）在 20000～30000 元，还有福建等 5 省超过全国平均水平。其余 21 个省（自治区、直辖市）都低于全国平均水平（见表 9-6）。

从上面的分析不难看出，过去贫困人口较集中的西部地区，尽管 2013 年以来农村常住居民人均可支配收入增速达到了 9.81%，高于全国平均水平（9.24%）0.57 个百分点，与全国平均水平的差距也由 2013 年的低 22.14 个百分点降低到 2019 年的低 18.63 个百分点，缩小了 3.51 个百分点，但与全国平均水平的绝对差距仍在扩大，2013 年低 1993.0 元，2019 年低 2985.4 元（见表 9-6）。这表明，西部作为我国的欠发达地区，是未来相对贫困人口仍然较集中的区域，因此也是贫困治理的重点区域。

二　治理格局发生变化

脱贫攻坚战取得全面胜利后，以"两不愁三保障"和饮水安全保障为主要脱贫目标的农村绝对贫困人口基本消除，贫困性质和类型发生显著变化，突出表现为相对贫困的治理。相对贫困不仅自身具有显著特点，而且对象的需求等发生了明显变化，从而导致贫困治理格局发生重大变化。

1. 相对贫困自身有显著特征

有别于绝对贫困，相对贫困本身具有动态连续性、不平等性、相对性、发展性和主观性等特点。动态连续性指的是扶贫标准和措施随着经济发展、居民收入水平以及社会环境的变化而变化，因此呈现动态性和连续性。动态连续性要求适时调整贫困标准及扶贫举措。不平等性主要展现的是不同社会成员之间的分配关系，其背后还与权利及权利产生的制度有关。相对性表示相对贫困处于一个变化着的参照系之中，比较对象则是处于相同社会经济环境下的其他社会成员，另外，相对性也指测度标准本身的相对性，是社会经济发展及国家和政党意志的产物，这也就使得相对贫困的测度标准具有多维性。相对贫困具有相对性，也使之动态连续性呈现长期性，甚至永恒性。发展性则是指相对贫困作为经济社会发展的伴随物，随经济社会的发展而不断变化，尽管变化会呈现地域、民族、人文等主导趋向，但总体呈现向上发展态势。主观性则是其设定依赖于研究人员和政策制定者对不同国家或地区的主观判断，因此容易受到研究者和政策制定者价值观的影响。

在我国社会主义制度下，相对贫困还具有人口基数大、贫困维度广等特点。未来的相对贫困既指由收入水平导致的消费不足造成的不能维持社会公认的主要需求的现象，也包括处于社会困境而不能实现教育、卫生、住房、就业甚至饮水等基本能力的社会排斥现象。在城乡二元结构还没有完全消除及其深刻影响下，相对贫困人口在一个较长时期内，还主要分布在广大农村，并且具有"区域相对剥夺"特征，即处于某一特定区域的人群的主要需求会由于受经济能力的限制而处于被抑制状态，原本应得到的资源反而被其他强势群体剥夺，并由于马太效应而可能持续加剧。[①] 当然，这种"区域相对剥夺"还可能由于贫困家庭的资源结构及主导产业形态而被放大。

2. 短期内相对贫困群体还以农村为主

我国长期的二元经济体制及农村支持城市、农业支持工业的发展战略，导致城乡差距的客观存在，农村因此成为发展不平衡影响最显著的区域，使得绝大多数农村居民相对城镇居民来说就是一个相对贫困群体，而绝大部分刚摆脱贫困的农村绝对贫困人口的发展能力和现实生活条件则更差，他们中的绝大部分将成为相对贫困人口的主体。但需要注意的是，相对贫困人口的结构也发生了明显变化。

一是深度贫困地区的相对贫困人口和边缘人群将成为农村相对贫困人口的主体，且这个群体的规模还不小，发展过程中的受制因素多种多样，

---

① 张彦、孙帅：《论构建"相对贫困"伦理关怀的可能性及其路径》，《云南社会科学》2016 年第 5 期。

发展需求表现出明显的多样性和差异性特征。

二是农村相对贫困人口的分布将从原来的集中连片、区域性、整体性甚至民族性贫困向分散性、零散性、个体性贫困转变，即贫困人口集中分布在某个县、某个村的特点将不会很明显，更多的是个别家庭因特殊情况而陷入贫困。这也会进一步放大贫困人口的特征、致贫原因和发展需求。

三是相对贫困人口有向城镇转移的趋势。随着国家整体经济实力的提升，以及城镇化速度的加快，再加上脱贫攻坚所采取的易地扶贫搬迁、城镇集中安置等措施，农村剩余人口城镇化趋势还将持续，而城镇就业的不稳定性及技术和资本的挤出效应，会使部分劳动力无法实现充分就业，进而使部分家庭短期陷入贫困状态，尤其是易地扶贫搬迁适应能力差的人群、自发转移到城市的低收入农村人口以及只是转变户籍但仍在农村且以农业为主的部分人群，他们将是贫困群体的重要组成部分，加之城市的低收入群体，共同组成城市贫困群体，这将在一定程度上改变贫困人口的区域分布特征。

3. 贫困人口需求发生明显变化①

一是整村迁出使村庄基础设施建设需求下降。通过易地扶贫搬迁，原来需要进一步加强交通等基础设施建设的农户和村庄，因为易地扶贫搬迁，尤其是整村搬迁，除少数具有民族特色，需要保护的村庄外，不需要再开展大规模的基础设施建设。部分搬迁户还会回迁出地耕种土地，在保障搬迁群众原有产权及相关权益的背景下，还需要进行必要的农田水利等基础设施建设。

二是乡村振兴战略中集聚提升类村庄的基础设施建设需求增大。全国易地扶贫搬迁的960多万人口中，有460万人被就近甚至就地安置在一些集聚提升类村庄周围。对于这类村庄来说，随着人口的增加，不仅对公共服务基础设施建设的数量需求增加，而且提出了更高的质量标准要求。这些基础设施不仅包括必要的进村入户道路，还包括饮水设施、环境治理设施、农田水利设施，以及教育、医疗卫生、活动场所等公共服务设施。

---

① 本部分吸收了崔江红研究员的许多观点。

三是农村基层治理需求发生变化。村庄的搬迁与合并，对农村基层治理提出了新的要求。一些搬迁群众回迁出地发展生产，但原来的村庄已搬迁或撤销，一些必要的服务无法提供，只能由迁入地村庄来管理。传统生产生活状态与社会管理一体的治理格局被打破，生产与生活分离，生产与社会管理分离的现象实实在在存在，增加了治理的工作量和难度。同时，在劳动力转移就业扶持措施推动下，农村人口向城市流动以及农村间的流动大大加快，人权分离现象逐渐增多，也给农村基层治理带来新的挑战，尤其是一些已经搬迁到城镇的人口，村庄已经是回不去的故土，但土地等基本权益还在村庄，户籍制度、集体经济组织成员权、土地承包权等已经成为治理的难点和堵点。

三 治理需求相应转变①

贫困类型和性质的变化，贫困人口结构及分布特征的变化，带来的不仅仅是发展需求的多样性，更重要的是治理需求的根本性变化。

（1）贫困性质转变推动贫困治理需求转变。贫困性质从绝对贫困向相对贫困转变，使贫困治理的需求从保生存、保基本生活需要、保家庭基本支出等，向更好的发展、更美好的生活转变。这使得贫困治理的内容也从重点解决吃饱穿暖、住得上安全稳固房屋、看得起病、上得了学、喝得上干净卫生的水、能维持简单再生产，到吃好穿好、能够接受优质教育和健康服务、能够逐步推动扩大再生产甚至过上体面的生活等发展性要求转变；外界帮扶的重点从主要关注贫困人口的基本生产生活条件改善、基本生产技术的提供、健康生活方式的普及，向更好、更适用的技术，更高质量的产业，以及就业机会和更高品质的生活方式转变。

（2）贫困结构推动贫困治理需求转变。贫困结构从显性贫困人口及社会分层中的弱者向其他群体扩散，贫困的界限越来越模糊。除社会保障群体外，农村其他贫困群体之间的界限更加模糊，对特殊性扶持政策的需求下降，对普惠性扶持政策的需求上升。更进一步讲，过去的绝对贫困人群

---

① 本部分吸收了崔江红研究员的许多观点。

的致贫原因具有叠加性、复杂性、综合性、长期性等特征，而新的贫困人群的致贫原因则突出表现为突发性、单一性、偶然性、暂时性等特征。这要求贫困治理需求做相应的转变，既要从集中突击性帮扶转变为常规性帮扶，又要突出贫困者的个性问题和个性需要。这也增加了相对贫困治理的难度。

（3）贫困分布推动贫困治理需求转变。贫困分布从集中连片分布、区域性贫困、整族贫困、整村贫困的整体性贫困向零散分布的个体性贫困转变，要求扶贫措施及政策瞄准从瞄准片区、区域、整个民族、整个村庄向重点瞄准个人及家庭转变，对扶贫的精准性要求更高。同时，由于农村贫困人口城镇化趋势加快，还需要在注重城乡贫困差别的同时，从统筹城乡的视角去谋划贫困治理需求，因此治理措施差异性更加明显。

（4）贫困成因推动扶贫措施转变。贫困成因从原来土地资源有限、自然条件恶劣、劳动力短缺等常规性生产要素不足和低效配置，向突发性、过渡性、转型性因素转变，如自然灾害、子女结婚、老人去世等。这也使得传统的以基础设施建设为突破口、大规模的扶贫项目实施为主的扶贫措施不再是主导的扶贫举措，需要强化社会保障和公共服务方面的措施，并加强对临时性、过渡性贫困家庭的重点扶持。

在这些因素的综合作用下，未来的农村贫困治理，除需要与乡村振兴战略有机结合和融合外，还迫切需要构建更加有效的治理机制。一是通过乡村建设行动，全面解决水网、路网、电网、互联网到乡进村入户问题，提高这些基础设施的普适性水平。二是通过完善社会保障制度，建立健全社会保险体系，完善社会救助制度等，为广大农村居民提供一个相对稳定、安全的生产生活环境，并把贫困治理的重点放在不能有效获得这些保障的人口及家庭上面。三是结合相对贫困的显著特点，形成广覆盖、强支撑的贫困治理体系，使贫困治理与乡村振兴在基本需求、重点内容、目标追求上逐步趋同。总的要求就是"三个让"，即让农业成为有奔头的产业，让农民成为有吸引力的职业，让农村成为安居乐业的美丽家园，实现农业高质高效、农村宜居宜业、农民富裕富足，推动农业农村现代化早日实现。

第三节　与"总抓手"的衔接需要完善机制

党的十九大把推动实施乡村振兴战略作为全党"三农"工作的"总抓手"，明确要围绕"产业兴旺、生态宜居、乡风文明、治理有效、生活富裕"的总要求，把实现农业农村现代化作为推动实施乡村振兴战略的总目标，把农业农村优先发展作为总方针。这四个"总"已经勾勒出了乡村振兴战略的四梁八柱，预示着国家的"三农"政策会长期向好。然而，巩固拓展脱贫攻坚成果要与"总抓手"实现有效衔接还面临不少困难和挑战，两者存在很强的关联性，但需要更加有效的机制甚至体制做保障。

一　"三农"政策会长期向好

以习近平同志为核心的党中央，深刻吸取"农为邦本，本固邦宁"[①]的历史教训，始终把"三农"工作置于全党工作的重中之重。不仅确立了"农业农村优先发展"的国家发展战略，而且从"民族要复兴，乡村必振兴"的高度来强化对"三农"工作重要性的认识，并出台了许多强农惠农富农的好政策。这预示着"三农"政策会长期向好。

1. "三农"工作已经被提到了关乎中华民族伟大复兴的高度

"三农"工作历来是中国共产党治国理政的中心工作，更是习近平总书记心中的头等大事。习近平总书记早在 2012 年 12 月 15 日的中央农村工作会议上的讲话中就强调："把解决好'三农'问题作为全党工作重中之重，是我们党执政兴国的重要经验，必须长期坚持、毫不动摇。"[②] 2017 年 12 月 28 日在中央农村工作会议上的讲话强调指出："中华民族历来重视农业农村。'民不贱农，则国安不殆。''民事农则田垦，田垦则粟多，粟多则国富。''农，天下之大业也。''贫生于不足，不足生于不农。''务农重本，国之大纲。'党的十八大以来，我们加强和改善党对'三农'工

---

① 《尚书·五子之歌》。
② 中共中央党史和文献研究院编《习近平关于"三农"工作论述摘编》，中央文献出版社，2019，第 3 页。

作的领导，提出并贯彻新发展理念，勇于推动'三农'工作理论创新、实践创新、制度创新，农业农村发展取得了历史性成就、发生了历史性变革，为党和国家事业全面开创新局面提供了有力支撑。"①

在 2020 年中央农村工作会议上，习近平总书记把"三农"工作提到了新的高度，他开宗明义地强调："从中华民族伟大复兴战略全局看，民族要复兴，乡村必振兴。从世界百年未有之大变局看，稳住农业基本盘、守好'三农'基础是应变局、开新局的'压舱石'。构建新发展格局，把战略基点放在扩大内需上，农村有巨大空间，可以大有作为。"他还语重心长地讲："历史和现实都告诉我们，农为邦本，本固邦宁。我们要坚持用大历史观来看待农业、农村、农民问题，只有深刻理解了'三农'问题，才能更好理解我们这个党、这个国家、这个民族。必须看到，全面建设社会主义现代化国家，实现中华民族伟大复兴，最艰巨最繁重的任务依然在农村，最广泛最深厚的基础依然在农村。"他要求"全党务必充分认识新发展阶段做好'三农'工作的重要性和紧迫性，坚持把解决好'三农'问题作为全党工作重中之重，举全党全社会之力推动乡村振兴，促进农业高质高效、乡村宜居宜业、农民富裕富足"。

这深刻表明，"三农"问题已经是中华民族伟大复兴的基本问题，这不仅是一个方法论问题，更是一个思想认识问题，这就是他 2014 年 3 月 7 日在参加十二届全国人大二次会议贵州代表团审议政府工作报告时强调的，"不了解农村，不了解贫困地区，不了解农民尤其是贫困农民，就不会真正了解中国，就不能真正懂得中国，更不可能治理好中国"②。由此说明，"三农"问题不仅是全党工作的重中之重，而且已经成为中华民族伟大复兴的基石。这将为"三农"政策长期向好提供重要思想和制度保障。

2. 农业农村优先发展为农业农村健康发展提供了战略支撑

党的十九大报告首次将农业农村优先发展作为我国的重要发展战略，并作为 2019 年的中央一号文件发布实施，使之成为重大战略，并作为乡村

---

① 中共中央党史和文献研究院编《习近平关于"三农"工作论述摘编》，中央文献出版社，2019，第 7 页。

② 中共中央党史和文献研究院编《习近平扶贫论述摘编》，中央文献出版社，2018，第 5 页。

振兴战略的总方针。这是一个重大战略转型，标志着我国长期以来实施的"农业支持工业、农村支持城市"的工业和城市优先战略已经被农业农村优先战略取代。随后，2018 年和 2019 年连续两年的中央一号文件还对农业农村优先发展的政策举措做了强调，即优先考虑"三农"干部配备，把优秀干部充实到"三农"战线，把精锐力量充实到基层一线；优先满足"三农"发展要素配置，坚决破除妨碍城乡要素自由流动、平等交换的体制机制壁垒，改变农村要素单向流出格局，推动资源要素向农村流动；优先保障"三农"资金投入，坚持把农业农村作为财政优先保障领域和金融优先服务领域，公共财政更大力度向"三农"倾斜，地方政府债券资金要安排一定比例用于支持农村人居环境整治、村庄基础设施建设等重点领域；优先安排农村公共服务，推进城乡基本公共服务标准统一、制度并轨，实现从形式上的普惠向实质上的公平转变。

而中共十九届五中全会通过的《中共中央关于制定国民经济和社会发展第十四个五年规划和二〇三五年远景目标的建议》，则把"优先发展农业农村，全面推进乡村振兴"作为专门部分论述，核心是"坚持把解决好'三农'问题作为全党工作重中之重，走中国特色社会主义乡村振兴道路，全面实施乡村振兴战略，强化以工补农、以城带乡，推动形成工农互促、城乡互补、协调发展、共同繁荣的新型工农城乡关系，加快农业农村现代化"①。2021 年中央一号文件进一步强调，"坚持加强党对'三农'工作的全面领导，坚持农业农村优先发展，坚持农业现代化与农村现代化一体设计、一并推进，坚持创新驱动发展，以推动高质量发展为主题，统筹发展和安全，落实加快构建新发展格局要求，巩固和完善农村基本经营制度，深入推进农业供给侧结构性改革，把乡村建设摆在社会主义现代化建设的重要位置，全面推进乡村产业、人才、文化、生态、组织振兴，充分发挥农业产品供给、生态屏障、文化传承等功能，走中国特色社会主义乡村振兴道路，加快农业农村现代化"。由此表明，农业农村优先发展已经不仅是国家战略转型的要求，而且是国家关于"三农"工作的一个新方位。这

---

① 本书编写组：《党的十九届五中全会〈建议〉学习辅导百问》，党建读物出版社、学习出版社，2020，第 28 页。

为"三农"政策长期向好提供了战略支撑。

3. 惠农强农富农政策和举措为"三农"政策长期向好提供了实践基础

改革开放以来，我国率先在农村实施了许多有利于带动广大农民积极性和创造性的政策举措，让广大农村面貌焕然一新。党的十八大以来，党中央、国务院继续加大对"三农"政策的改革力度，不仅赋予广大农民更多财产权利，而且大力发展集体经济。尤其是脱贫攻坚战打响以来，不仅对贫困农户和贫困地区的投入力度空前，而且对广大农民的惠农强农富农政策也达到了一个新的水平。仅 2016~2019 年，全国财政一般公共预算累计安排农村相关支出达到了 6.07 万亿元，年均增长 8.8%①，约占同期全国财政一般公共预算支出合计 85.06 万亿元②的 7.14%。国家持续不断地出台惠农强农富农政策，不仅使广大农民得到了较好的休养生息机会，而且各种政策举措的创新性实施，尤其是脱贫攻坚战实施的各项政策举措，还为我们有效推动实施持续向好的"三农"政策提供了丰富实践经验。

二 与"总抓手"的关联性很强③

脱贫攻坚作为我国第一个百年奋斗目标的底线任务，尽管在工作时限、覆盖人群、工作重点、推进方式乃至主要目标等方面与乡村振兴战略有所不同，但与乡村振兴战略本身还是有很强的关联性的，不仅目标紧密关联，而且内容和重点相互交错，更重要的是，推进手段也基本相近。

1. 目标关联

一是目标具有一致性。脱贫攻坚的基本目标是实现现行标准下全部贫困人口脱贫，终极目标是在外力的帮助下，通过贫困人口和贫困地区的自身努力，与其他群体和全国一道同步进入小康社会，同步实现富裕，最终

---

① 刘昆：《国务院关于财政农业农村资金分配和使用情况的报告》，在第十三届全国人大常委会第二十四次会议上的报告，http://www.pkulaw.cn/fulltext_form.aspx? Db = chl&Encoding Name&Gid = 3c1e73df41af22f0bdfb&Search_ IsTitle = 0&Search_ Mode&keyword，最后访问日期：2020 年 12 月 30 日。

② 全国 2016 年的财政一般公共预算支出合计为 187755.21 亿元，2019 年为 238858.37 亿元，四年合计为 850603.20 亿元，年均增速为 8.36%，见《2020 中国统计年鉴》第 209 页表 7-1。

③ 本部分吸收了同事崔江红研究员的一些观点。

实现共同富裕。乡村振兴的基本目标也是生活富裕，其终极目标则是达到农村与城市居民共同富裕。从这个角度来讲，脱贫攻坚与乡村振兴在价值目标追求上具有高度一致性，都是实现共同富裕。

二是政策覆盖关联。脱贫攻坚各种政策措施实施的范围是贫困地区，以贫困县为主要单元，但政策覆盖的主要对象是贫困人口，仅有少数带动贫困户脱贫的新型农业经营主体。乡村振兴相关政策措施实施的范围是整个农村区域，政策覆盖的对象是农村从事生产经营活动的所有人群，以及以农村为家而不从事农业农村生产活动的群体。表面上看，脱贫攻坚政策的覆盖面比乡村振兴政策的覆盖面窄一些，但脱贫攻坚政策举措与乡村振兴政策本质上是特殊性政策与普惠性政策之间的关系。换句话说，脱贫攻坚政策以底线思维为基础，以补短板、强弱项为主要目标，特别是尽快解决贫困人口和贫困地区的"两不愁三保障"及饮水安全保障；而乡村振兴政策以全面突破、加快发展为导向，涵盖产业兴旺、生态宜居、乡风文明、治理有效和生活富裕的方方面面。但关键是，没有底线任务的实现，后面这些普适性的任务也难以实现。

2. 内容及重点承前启后

一是内容承前启后。脱贫攻坚通过加大财政投入、强化金融服务，在加强贫困农户和贫困地区基础设施和公共服务设施建设的同时，把调整产业结构、动员贫困群众广泛参与作为产业扶贫的重要内容；把有转移意愿的贫困劳动力全部参加技能培训、全部推荐就业作为实现收入稳定较快增长的重要内容；把易地扶贫搬迁作为解决"一方水土养不起一方人""公共服务供给成本高"的主要手段；把控辍保学、建立全年龄段贫困家庭学生奖助制度，加强贫困地区教育基础设施建设，推进教育均衡化发展作为教育扶贫的主要内容；把推进全民合作医疗保险、大病保险，实施大病救助、积极开展地方病防治，完善医疗服务方式，提高服务能力作为健康扶贫的主要内容；把实施重大生态工程、落实生态补偿、发展生态产业、拓宽生态就业岗位作为生态扶贫的重要内容；把加强基层党组织建设、提高乡村治理能力作为党建扶贫双推进的主要内容。而乡村振兴则在接续推进落实脱贫攻坚的这些帮扶内容的基础上，加快特色现代农业发展步伐，引导农业向高质高效发展的同时，积极推进村庄结构调整和乡村建设，进一步促进劳动力资源优化配置，实施教育强国、健康中国等战略，不仅让农村成为农村居民宜居宜业的美丽家园，而且让其成为城镇居民修身养性的好去处，并最终服务于广大农民富裕富足，进而与城镇居民一道实现共同富裕的目标。

二是重点承前启后。脱贫攻坚的主要目标是稳定实现贫困人口和贫困地区"两不愁三保障"及饮水安全保障，保障的是基本生存条件和基本生产生活水平；而乡村振兴所追求的"生活富裕"，只有在稳步实现和持续提高这些基本生存条件和生产生活水平的基础上才能实现。换句话说，只有让贫困人口和贫困地区首先稳定实现了"两不愁三保障"及饮水安全保障这些主要目标，才能让他们同广大农村居民一道追求"生活富裕"所要求的更高更全面的农业农村现代化目标。

3. 措施交错互补

一是脱贫攻坚举措能够补齐乡村振兴的短板弱项。脱贫攻坚高标准谋划农业农村基础设施建设，推进交通、水利、电力、通信、网络等硬件基础设施建设，加快推进教育均衡化发展，实施素质提升工程，加强生态建设，提高生态承载力等措施，补齐了农村的短板弱项，为乡村振兴奠定了坚实基础。同时，乡村振兴战略的全面推进，能够加快现代农业经营体系建设，推动新型农业经营主体和职业农民健康发展，加快小农户与大市场有机衔接；全面推进集体产权制度改革，完善农村承包地"三权分置"制度，建立农村宅基地"三权分置"制度；推进户籍制度改革，加快农民市民化步伐等，为巩固拓展脱贫攻坚成果、提高脱贫质量提供后续保障。

二是脱贫攻坚重大举措加快了乡村振兴步伐。脱贫攻坚以特色现代农业为引领，推进产业扶贫，建立新型农业经营主体与贫困户的紧密利益联结机制，开展电商扶贫和消费扶贫，加快了贫困地区产业振兴和产业兴旺步伐。积极推进农村劳动力转移就业、易地扶贫搬迁城镇安置，在提高农民收入、加快城镇化步伐的同时，为农村土地资源整合利用提供了大好机会，将进一步促进适度规模经营，减轻农村生态压力。积极推进健康扶贫、教育扶贫等，提高了贫困地区人口的综合素质，也能够加快农村人才振兴步伐。生态扶贫政策举措的推进，加快了生态宜居和生态振兴步伐。党建扶贫"双推进"，不仅促进了组织振兴和治理有效目标的实现，而且为实现乡村有效治理提供了经验借鉴。

三是乡村振兴重大举措为巩固拓展脱贫攻坚成果和缓解贫困奠定了全面基础。乡村振兴战略通过产业振兴、生态振兴、文化振兴、组织振兴、人才振兴等举措，不仅把扶贫工作本身的诸多重要举措作为"必修课"，而且其具有系统性和整体性的制度设计，能够为推动脱贫攻坚、巩固拓展脱贫攻坚成果、缓解相对贫困奠定经济、社会、文化、生态、政治等全面基础。

4. 推进手段相近

一是经济手段及推进机制相似。脱贫攻坚要加快产业发展，加大劳动力转移就业力度，促进农村各种生产要素优化配置，目标直指提高农业农村生产力水平。乡村振兴要实现产业兴旺，也同样需要延续或采用这些相同或相近的手段，促进农村各种生产要素的优化配置，目标就是农业高质高效、农村宜居宜业、农民富裕富足，实际上也是为了全面提高农业农村生产力水平。

二是政治动员和组织手段及推进机制相近。脱贫攻坚采用了一些超常规的政治动员和组织手段，如"五级书记抓扶贫""中央统筹、省负总责、市县抓落实"的工作机制，党政一把手双负责、不脱贫不脱钩的责任体系，党建扶贫双推进等。乡村振兴在一定时期和一些区域同样需要采用一些超常规的政治动员和组织手段来压实各级党委政府的责任，明确责任主体，建立权责一致的推进体系，并通过治理体系和治理能力现代化，将超常规举措逐渐转变成常规举措。对此，2021 年的中央一号文件已经做出了部署。

三是文化手段及推进机制相似。脱贫攻坚持续推进移风易俗、革除陋习活动，倡导文明生活新风尚，宣传爱护环境、邻里和睦、孝老敬亲、诚实守信等积极向善的价值观。乡村全面振兴也需要通过乡风文明举措来促进实现文化振兴，并把文化当作一种资源来促进生产发展。无论是脱贫攻坚还是乡村振兴，都需要推动文化变迁，形成与经济社会发展相适应的文化自信和文化自觉。

四是社会手段及推进机制相似。脱贫攻坚要求不断加强社会事业建设，改善贫困地区公共服务；通过建立社会保障兜底制度来完善社会保障制度；通过利益联结机制建设、扶持发展农民专业合作社、建立自强性组织等来培育和壮大社会资本，不断增加贫困群众可动员和可依靠的社会资源量。乡村振兴也需要开展相同的工作，不断提高农村公共服务水平和社会保障水平，加强农村社会资本建设等。

五是生态手段及推进机制相近。脱贫攻坚要开展重大生态工程建设，提高农村生态环境的承载力。而乡村振兴要实现生态振兴和生态宜居，也必然少不了生态手段的应用，只是主要手段是通过探索建立市场化的生态建设与补偿机制，提高广大人民群众保护生态、建设生态的收入水平和积极性。

三　有效衔接需要机制保障

脱贫攻坚探索实践了许多扶贫资源、扶贫队伍、基础设施建设、公共服务优先配置到贫困农户和贫困地区的有益做法，而国家为了推动乡村振兴战略的深入实施，也提出了优先考虑"三农"干部配备、优先满足"三农"发展要素配置、优先保障"三农"资金投入、优先安排农村公共服务等具体政策主张。

为了实现脱贫攻坚与乡村振兴战略的有效衔接，需要以上述四个"优先"为核心，探索建立和不断完善相关体制机制，重点包括干部优先配备机制、要素优先配置机制、投入优先保障机制、公共服务优先安排机制、社会力量动员机制、群众主体作用发挥机制等。

第十章

未来贫困治理思路

充分认识新发展阶段我国的贫困性质、贫困人口结构、贫困特征、致贫原因、需求结构等新变化，按照乡村振兴战略是国家"三农"工作的总抓手的政策导向，系统总结分析脱贫攻坚所探索创新的有效实践，所积累的基本经验及重要环节和领域的典型实践经验，所形成的具有中国特色社会主义的减贫道路和理论，以解决发展不平衡不充分问题为重要出发点，以全面实施乡村振兴战略为着力点，以相对贫困治理为抓手，高位谋划推动，探索更加有效的贫困治理方略。

第一节　坚持和完善精准方略

基于相对贫困的显著特点是家庭个体式的，贫困治理更需要瞄准贫困家庭甚至贫困人口。为此，坚持和完善以精准识别和精准退出为重点的贫困识别及其管理机制更加重要，务必扣好第一粒纽扣。关键是坚持和完善精准方略，做好对象精准识别，完善兜底保障制度，并使之与贫困标准有机统一，构建贫困对象自动进出机制。

一　坚持对象精准识别

坚持精准方略，是我国扶贫开发实践总结出的一条宝贵经验。精准扶贫，"贵在精准，重在精准，成败之举在于精准"①。这个方略，不仅是一

---

① 中共中央党史和文献研究院编《习近平扶贫论述摘编》，中央文献出版社，2018，第58页。

种工作方法，而且是一种贫困治理理念，更是一个科学理论。这个方略，让脱贫攻坚工作少走了弯路，也积累了不少宝贵实践经验。这个方略，过去是经验，未来既是财富，更是重要遵循。遵循精准方略的前提是做好精准识别，为此，必须努力把握精准识别这个重要环节，从识别单元、识别标准、识别方法、识别策略等方面总结吸收脱贫攻坚精准识别所采取的有效措施、所取得的显著成效、所积累的宝贵经验和需要吸取的深刻教训。

1. 重点帮扶人群

新发展阶段贫困治理的重点人群主要是：脱贫攻坚战中的农村深度贫困人群和没有得到太多扶持的农村边缘低收入人群，易地扶贫搬迁城镇化安置的低收入人群，农民工中的低收入人群，城镇低收入人群，孤残人群等群体。其中，农村人群可以用统计上五等分的20%低收入组家庭和20%中等偏低收入组家庭中的一部分，大体上就是25%~30%的家庭。2019年，这40%的家庭的人均可支配收入低于9754.1元①，相当于全国平均水平16020.7元的60.88%，而25%的低收入组家庭，其人均可支配收入大约为全国平均水平的40%；30%的低收入组家庭，其人均可支配收入大约为全国平均水平的50%。尤其应重点关注20%的低收入组家庭，2019年这些家庭的人均可支配收入仅为4262.6元②，仅相当于全国平均水平的26.61%。这些家庭主要居住在西部地区，尤其是山区、边疆地区和少数民族地区，需要给予重点扶持。同时，还需要特别关注后面三个特殊群体，但需要从城乡一体化的角度，多给予他们非农就业机会，并强化他们的收入稳定性。对于孤残人群，重点是健全社会保障和社会救助体系。

2. 家庭是基础识别单元

未来贫困的显著特点是个体性，个体的直接载体就是家庭，更重要的是，家庭是最基本的生产生活单元，是中国社会的核心组织，因此必须把家庭作为贫困识别的基础单元和帮扶工作的基本单元。这既是由中国社会结构决定的，也是国际社会普遍认同的，更是相对贫困所具有的分散性、零散性、个体性等特征的内在要求，当然也是脱贫攻坚精准识别所坚持的

① 国家统计局编《2020中国统计年鉴》，中国统计出版社，2020，第177页表6-12。
② 国家统计局编《2020中国统计年鉴》，中国统计出版社，2020，第177页表6-12。

一个基础识别单元。

以家庭为基础识别单元，要求高度重视家庭结构的重要性，尤其是家庭成员的数量和结构。同样规模的家庭，由于其结构不同，必然产生情况迥异的家庭收入和支出结构，进而使其家庭的经济情况有很大不同；而不同规模的家庭，其开支尤其是生活开支水平存在明显差别，因此也会对其家庭收入水平和支出结构产生显著影响；同时，不同地区和不同民族的家庭，由于其生产生活方式的不同，也会产生差别较大的家庭支出结构和支出水平。因此，在把家庭作为基础识别单元的同时，还需要高度重视家庭结构的不同特点。如美国 2020 年除阿拉斯加联邦和夏威夷联邦外的 48 个州及哥伦比亚特区的联邦贫困线就很细致，2 人家庭的收入贫困线为 17240 美元，人均 8620 美元；3 人家庭为 21720 美元，人均 7240 美元；4 人家庭为 26200 美元，人均 6550 美元……8 人家庭为 44120 美元，人均 5515 美元；超过 8 人每人增加 4480 美元，人均低于 5400 美元。夏威夷联邦比这个标准高些，如 2 人家庭为 19830 美元，8 人家庭为 50730 美元；阿拉斯加联邦最高，2 人家庭为 21550 美元，8 人家庭为 55150 美元。[1]

3. 收入水平不应作为相对贫困识别的唯一指标

对于贫困家庭来说，相对贫困是"两不愁"得到全面解决和整体水平得到明显提高基础上的贫困，收入水平不再是制约贫困家庭发展的关键因素。加之在中国文化背景下，要想获得准确的家庭收入来源和收入水平的信息几乎是不可能的，而即使能够获得较为准确的收入水平信息，也因为家庭结构等原因，无法准确测度家庭的实际生活水平。而从过去扶贫开发特别是脱贫攻坚的实践来看，过分强调收入水平也没有收到很好的效果，因此，未来贫困家庭和贫困人口的识别，需要弱化收入水平指标，更不能把收入水平当作唯一指标，可以通过家庭支出以及消费剩余等指标间接评价家庭的实际生活水平。当然，未来随着电子货币的普及以及诚信体系的建立，可以把收入水平作为指标，但也要充分考虑到家庭结构及家庭生活所引致的家庭人均实际收支水平的显著差别。

---

[1] Frank Tsang（臧煜卓）：《2020 联邦贫困线已出台，经济担保须以最新联邦贫困线为准》，http://uslawchina.cn/new_content.asp? xw_id = 5939，最后访问日期：2020 年 3 月 17 日。

4. 从"三保障"及饮水安全保障拓展到"十有"

贫困治理的重要目标之一是不断改善民生，尤其是相对贫困家庭的民生福祉。从某个角度来讲，国家缓解发展不平衡和相对贫困政策的最佳着力点也就在于帮助贫困家庭及贫困人口改善民生、提高自我发展能力。而围绕民生改善，习近平总书记早在 2012 年当选总书记后不久就强调："我们的人民热爱生活，期盼有更好的教育、更稳定的工作、更满意的收入、更可靠的社会保障、更高水平的医疗卫生服务、更舒适的居住条件、更优美的环境、更丰富的精神文化生活。"[1] 随后，他在党的十九大报告中又提出了"幼有所育、学有所教、劳有所得、病有所医、老有所养、住有所居、弱有所扶"[2] 的"七有"。这"七有"不仅包含"三保障"的基本内涵，而且在外延上有了拓展，可以作为识别相对贫困的重要显性指标。结合当前及未来中国经济社会发展的基本趋势和扶贫工作的重点，可以在这"七有"的基础上适当增加，如"行有所畅""食有所安""渴有所饮""诉有所求""冤有所伸""财有所保""权有所尊"等。从国家层面来看，可以增加后面列举的前三项，即"行有所畅""食有所安""渴有所饮"，把"七有"变成"十有"作为国家标准，并鼓励地方政府因地制宜适当增加其他标准。

5. 从外部识别到自主申报

吸取过去精准识别主要靠地方政府和驻村工作队员的外部识别投入过大且难以实现精准的教训，以及目前少数地方已经尝试的家庭申报制，未来的相对贫困识别可以采取让家庭主动申报的办法和策略。国家在明确了各项标准后，通过广泛的政策宣传，让广大居民知晓政策和相关标准，随后对照相关指标和条件，进行主动申报。家庭申报时除提出充分证据外，还必须有具体措施和需要的具体帮扶内容以及脱贫计划和目标。相关职能部门根据申报内容进行核实公示后即可确认。为了保证准确性，需要配套

---

[1] 中共中央党史和文献研究院、中央"不忘初心、牢记使命"主题教育领导小组办公室：《习近平关于"不忘初心、牢记使命"重要论述选编》，党建读物出版社、中央文献出版社，2019，第 57 页。

[2] 《习近平谈治国理政》（第三卷），外文出版社，2020，第 18 页。

建立举报制度和诚信体系，对于弄虚作假者实行最严格的惩戒制度，以使自主申报制得到有效实施。

二 完善兜底保障标准

根据经济社会发展情况，适时提高最低生活保障线，提高最低生活保障水平，并使之与贫困标准有效衔接。一个基本前提是：最低生活保障线的调整幅度与经济发展速度保持同步增长，最佳设计是与城乡居民收入增长速度保持同步，在可能的情况下，适当高于城乡居民收入增长速度，并根据家庭申报内容，设定不同的保障内容和阶梯式档次。

1. 健全社会保障体系

健全覆盖全民、统筹城乡、公平统一、可持续的多层次社会保障体系。重点工作是推进社保转移接续，健全基本养老、基本医疗保险筹资和待遇调整机制；健全灵活就业人员社保制度；健全退役军人工作体系和保障制度。主要措施是：借鉴建档立卡贫困农户识别办法，以"十有"为主要内容，研究制定实施全国统一的社会保障体系、指标和标准。这个统一既要覆盖全民，又要标准一致，但识别指标和标准要城乡有别；构建覆盖全国的社会保障网络平台，尽快实现异地缴费、连续接续、异地领取，尤其要尽快完善医保全国异地就医联网直接结算办法，提高覆盖面和受益面；推动"社会保障法"的有效实施并不断加以完善，尤其要不断完善保障水平的调整办法、缴费办法和领取办法，健全低保标准动态调整机制，确保动态管理下应保尽保，为构建可持续的社会保障体系提供法律制度支撑。

2. 构建国家保险体系

推动基本医疗保险、大病保险、失业保险、工伤保险省级统筹，健全重大疾病医疗保险和救助制度，落实异地就医结算，稳步建立长期护理保险制度，做好社会保险关系转移接续工作，建立完善以国家政务服务平台为统一入口的社会保险公共服务平台。实现基本养老保险全国统筹，尽快建立和完善城乡居民基本养老保险待遇确定机制和基础养老金正常调整机制；配合渐进式延迟法定退休年龄制度的实施，完善相关保险政策。发展多层次、多支柱养老保险体系，构建广覆盖、强支撑、多受益的养老保险体系。大力发展商业保险，增强社会保险的支撑力。完善《社会保险法》，为国家保险体系建设提供法律支撑。

3. 健全社会救助体系

以分层分类为方向和重点，尽快健全社会救助体系，做好城乡社会救助兜底工作，织密兜牢困难群众基本生活安全网。全面实施特困人员救助供养制度，提高托底保障能力和服务质量。坚持男女平等基本国策，保障妇女儿童合法权益，健全农村留守儿童和妇女、老年人关爱服务体系及困境儿童保障工作体系，完善残疾人福利制度和服务体系。健全残疾人关爱服务体系和设施，完善帮扶残疾人、孤儿等社会福利制度。做好困难农民工和城镇失业职工重特大疾病救助工作。改革人身伤害赔偿制度，统一城乡居民赔偿标准。以《社会救助暂行办法》为基础，结合《关于实施农村医疗救助的意见》《关于建立城市医疗救助制度试点工作的意见》《城市生活无着的流浪乞讨人员救助管理办法》《城市生活无着的流浪乞讨人员救助管理办法实施细则》等，推动《社会救助法》的立法工作，为完善社会救助体系提供法律保障。

三　构建自动进出机制

脱贫攻坚战总结的另一条基本经验是"坚持人民中心是出发点和价值归宿"。这同样适用于未来相对贫困的治理。脱贫攻坚战强调以人民为中心，重点是人民群众，尤其是贫困群众既是扶贫攻坚的对象，又是脱贫致富的主体，但他们需要外力的帮扶。相对贫困治理坚持以人民为中心，强调的是他们必须也能够成为发展的主体和受益的主体。为此，需要构建自动进出的评价机制。

1. 家庭主动申报

相对贫困治理的对象可以采取家庭自主申报的方式。在国家构建了较为系统的以民生保障为核心的评价体系及其他职能部门有了科学的经济扶持措施后，家庭可以对照相关标准，或申请社会保障、社会救助，或申请必要的经济活动帮扶。申请除了相关的理由和相应的证据外，还需要包括具体的措施，家庭自己能够承担和完成的工作，以及帮扶措施执行时间和执行结果等内容。当执行时间结束时，相关部门及时核实其结果，达到目标后，家庭便可以申请退出帮扶。

2. 职能部门照单核实

职能部门收到家庭的申请后，需要在规定的时间内，依照家庭申请的内容进行核实，重点是理由是否充分，事实是否准确无误，需要的帮扶措施是否可行，所产生的帮扶效果和目标是否与投入相匹配等。随后对辖区范围内的居民进行公示，并将正当举报纳入基层自治制度和积分制管理。而当收到家庭申请退出时，重点核查帮扶资源的使用情况及其产生的实际效果。基层职能部门可以将相应工作委托村（社区）里的志愿服务组织，甚至可以以购买服务的方式委托第三方来完成。

3. 构建社会有效监督体系

家庭自主申报制得到有效落实的关键要件之一，是形成有效的社会监督体系。这里的社会监督，关键是居民的相互监督，为此，需要探索建立有效的居民相互监督机制，重点是让大家愿意相互监督，可以考虑在把正当举报纳入基层自治制度和积分制管理的同时，对于举报者除给予积分奖励外，还可以优先纳入帮扶对象。同时，还要保护举报人的合法权益，但也要防止因此"公报私仇"和借机打击报复。与此同时，还可以充分发挥新闻媒体、科学研究机构、人大代表和政协委员等的监督作用。

4. 构建诚信体系及其惩戒机制

家庭自主申报制得到有效落实的另一个关键要件，是构建诚信体系及其有效的惩戒机制。诚信体系的主要内容是，家庭申报的内容是否属实、依据是否充分等，为此，需要充分利用现代信息技术，综合各职能部门的信息，以村（居）委会为单元建立相应的信息系统，全面掌握家庭的财产情况和基本生产生活信息。同时，对于不实申报内容建立惩戒机制，对于弄虚作假者，除取消相应帮扶外，纳入"黑榜"公示和管理，并扣除相应积分；情节严重者，可以取消一定年限的申报资格，并计入诚信档案。

第二节　从"缓贫"转向"纾困"

这是精准方略的另外一个方面，也是主要实践经验之一。随着贫困类型由绝对贫困向相对贫困转型，贫困对象的个体化更加凸显"贫有百样，困有千种"，加之致贫原因更加复杂多样，使得精准帮扶的内容更需要重点放在解困或者纾困上，重点是在构建落实社会保护网的同时，增强贫困家庭的造血机能和自身的可持续发展能力。

一　构建社会安全网络

针对相对贫困只能缓解、不能根除的基本判断，相对贫困治理的重点手段之一是构建社会安全保护网，需要围绕家庭"十有"的达标程度，结合家庭申报的帮扶内容，构建和完善社会安全保护网。对于没有达标的家庭，通过社会安全保护网加以保护和帮扶，重点是解决家庭突发性和临时性的生产生活困难，尤其是天灾人祸和巨额家庭开支导致的生活拮据和贫困状态。

1. 织密织牢网络

以《中共中央关于制定国民经济和社会发展第十四个五年规划和二〇三五年远景目标的建议》提出的"尽力而为、量力而行，健全基本公共服务体系"为基本要求，以社会保险体系和社会救助体系为主要内容，加快构建覆盖全民、涵盖民生保障和保护主要内容的社会安全保护网络，使全民在努力实现充分就业和稳定收入的同时，能够获得来自国家社会安全保护网络提供的各种保障和保护。为此，需要织密织牢这张网络，不仅要覆盖全体公民，而且标准要全国基本统一，且能够与社会经济发展水平相适应。同时，这张网络还要有统一的信息支撑平台。

2. 构建预警机制

网络的重要功能之一是能够预警。为此，需要构建有效的预警机制。主要内容是，灵敏地、准确地告示受保护对象危险前兆，并能及时提供警示，从而让执行机构采取有关应对措施，尤其要在超前反馈、及时布置、防风险于未然等方面做出准确反应，最大限度地降低由于事故发生对生命造成的侵害、对财产造成的损失。完善的预警机制建立在预警系统基础之上，需要重点强化预警分析系统和预控对策系统建设。预警分析系统重点加强监测系统、预警信息系统、预警评价指标体系系统、预测评价系统的建设。在此基础上通过各种监测手段获得有关信息和运行数据，并对数据进行加工、处理、分析，运用适当的评价方法，对未来的趋势做出初步判断，并根据事先设定的报警级别发出报警，以便针对不同报警级别实施相应的干预措施。

3. 强化快速反应

当预警机制做出预警提示后，需要通过快速反应机制强化快速反应。重点是在完善和加强政府职能部门职责的同时，加强协同配合，以便对社会安全保护网络提示的预警信息做出及时反应，把损失降到最低限度。为此，迫切需要加强社区反应系统和基层政府职能部门快速处置能力建设。前者除了快速传递相关预警信息外，还需要就预警信息及危害做出准确判断和上报；而后者除了快速处置以外，还需要强化信息的反馈和汇总，以便为预警系统提供准确信息来源。基层政府职能部门的这种信息反馈既包括向上反馈，以争取上级政府职能部门的支持；也包括向下反馈，以获得受害家庭和个人的理解和支持。

二　强化政府推动引导

"坚持政府推动引导"是我们打赢打好脱贫攻坚战中总结的一条基本经验。这既是我国社会主义制度优越性的重要体现，也是我党"坚持立党为公、执政为民，保持党同人民群众的血肉联系，把尊重民意、汇集民智、凝聚民力、改善民生贯穿党治国理政全部工作之中，巩固党执政的阶级基础，厚植党执政的群众基础"的根本要求。其核心就是强化政府部门职能。政府部门职能指的是政府在社会中所承担的职责和功能，反映的是政府工作的实质和活动的内容，关键是管什么和怎么管。未来的相对贫困治理，政府部门的职能不仅不能削弱，反而需要强化。

1. 强化顶层设计

吸收脱贫攻坚的经验教训，需要把顶层设计工作做实做细，尤其是贫困群体的精准识别和具体帮扶措施。应该尽快委托相关科研团队就我国相对贫困的重点人群、显著特征等进行深入调查研究,在此基础上科学谋划精准识别标准、指标和具体方法。就具体的帮扶措施进行深入研究,为制定国家层面的相关政策措施和行动方案提供有效参考。谋定而后动,才能少走或者不走弯路。

2. 科学界定各级政府的权力和责任边界

核心是坚持和完善"中央统筹、省负总责、市(地)县抓落实"的管理体制,并把责任下沉到乡(镇)。笔者早在 2012 年就建议将农村扶贫开发项目按要实现的最终成果分为资本密集型产品、技术密集型产品和劳动力密集型产品三大类,并建议中央政府和省级政府重点承担资本密集型产品的出资主体责任;县、乡两级政府主要承担技术密集型产品的出资主体责任;而劳动力密集型产品的成本承担主体主要是广大贫困群众及其所在社区。这既符合"中央统筹、省负总责、市(地)县抓落实"的管理体制的基本要求,也能够平衡各地的扶贫资源投入强度;不仅能够使各层级政府和社区及贫困群众的权责对等,而且有利于充分发挥各个行动主体的积极性和主动性,还可以使农村精准扶贫精准脱贫有可靠的资源保障。①

而就相对贫困治理来讲,中央政府的统筹职责除了制定相关政策措施和监督检查外,还需要承担起公共服务供给主要出资人的责任;省级政府除贯彻落实中央政策和监督检查并向中央如实报告外,还需要承担部分公共服务供给出资人的责任;县级政府的责任则主要是落实中央和省级政府制定的具体政策。在此基础上,还需要强化乡(镇)政府的责任,尤其是组织实施依照中央和省级政府责任由县级政府确定的相关项目,并做好应急和预警响应工作。

3. 压实职能部门职责

扶贫开发特别是脱贫攻坚战形成的行业扶贫和定点帮扶,发挥了较好的推动引导作用,尤其是对于区域性扶贫开发。未来的贫困治理针对的主要是单个家庭,定点帮扶主要针对的是欠发达地区。但可以充分吸收行业

---

① 郑宝华、宋媛:《未来农村扶贫需以提升可行发展能力为方向》,《云南社会科学》2020 年第 3 期。

扶贫积累的宝贵经验，把政府职能部门的责任进一步压实，以此带动各种帮扶措施的落实，并为完善涉农财政资金整合探索新的可行路径。重点是对应各层级政府的责任边界，明确各层次政府职能部门的主职主责。中央政府所属职能部门的主要职责是，制定相关政策和宏观规划，并负责落实应该由中央政府承担的公共产品的供给，同时监督下级职能部门落实。省级政府职能部门主要负责中央和本省党委和政府以及中央上级对口部门制定的政策和规划的部署落实，并强化监督检查。县级政府职能部门则主要是实施上级部门的政策和规划，并将基层的意见建议如实上报。

4. 强化政府部门间的职能协同

在压实部门责任，推动部门主职主责得到有效落实的同时，还需要强化政府部门的职能协同。可以借鉴涉农财政资金整合所积累的经验，形成部门相近和相关联职能的协同推进机制。为此，国家层面可以在综合部门设立相关的协调机构，并至少由1名副国级领导主抓，省级则至少由1名副省级领导主抓，县级则应该由书记、县（市、区）长直接抓。协调机构可以是临时性机构，也可以是常设机构，主要职责是联席会议的筹备、需要协同职能的统筹安排和必要的督促检查等。同时，围绕相对贫困治理，需要设立统一的信息平台，并与相关部门的平台相互兼容，提高信息的时效性、针对性和准确性。

5. 加强监督检查

适应未来相对贫困治理的长期性和常规性，还需要构建有效的监督检查体系。首先是压实主体责任，需要把落实贫困治理责任纳入党风廉政建设考核体系，严格落实常态约谈等监督机制。其实质是强化监督体系建设，国家层面把贫困治理与民生改善有机结合起来，作为重要督查内容，在必要的时候可以进行专项巡视，并由人大、政协进行专项督查、专题询问。省级及任务重的市（地）县可采取类似的巡视、督查和询问机制。同时，深化拓展信访举报渠道常态化监督检查机制，深入拓展"逆向倒查""拉网式、地毯式、推磨式"督查，充分利用舆论和媒体监督，推动"互联网＋监督"等有效监督方式，并鼓励群众积极参与监督。

三 提升贫困家庭能力

在织牢织密社会安全保护网和强化政府帮扶职能的同时，对于具有生产能力的贫困家庭，把帮扶的重点放在提高其造血机能和扩大再生产能力上，重点是帮助他们转变观念，拓展发展门路，强化就业和增收能力，尤其是高质量发展产业的能力和较适应的生产技能和技术水平。扶志扶智扶技因此成为帮扶重点。同时，还需要强化对这些贫困群体的社会化服务体系建设，降低他们就业创业中的风险和不确定性。

1. 建立成本分摊机制

一是让广大贫困家庭了解扶贫过程中公共产品、公共资源以及特定公共产品供给的基本信息，从而形成需求表达的有效性基础。二是建立扶贫资源出资主体对贫困群体需求响应的灵敏反应机制，使贫困家庭的需求表达成为扶贫资源供给决策的重要基础。三是建立起有效的成本分担机制，以此带动贫困家庭需求显真机制的建立和完善。因为"当利益排他时，交易的价格即可显示真实需求"[1]，尤其是当把家庭作为扶贫单元时；但当利益难以排他时，适当提高家庭分担的成本，不失为一种补充手段，因为分担成本提高了，就意味着提高了交易成本，就可以过滤掉一部分对该项目需求不是很强烈的家庭。

2. 强化社会化服务

无论农村居民还是城市居民，都无法依靠自己的力量解决所有的家庭困难，即便有了党和政府的关心支持。为此，需要强化社会化服务。首先是要构建有效的服务载体，尤其是大力发展自愿服务组织，让政府和社会的帮扶资源能够被有效动员起来，并直接输送到贫困家庭中去。其次是完善相关政策措施，包括自愿服务的补偿机制、社会捐赠资金和物资的税收优惠政策，以及自愿服务组织的扶持政策等。最后是要构建社会化服务的评价机制，核心是如何让受益人表达其受益情况和期盼。

---

① 刘义强：《建构农民需求导向的公共产品供给制度——基于一项全国农村公共产品需求问卷调查的分析》，《华中师范大学学报》（人文社会科学版）2006 年第 45 卷第 2 期。

第三节　强化配套机制建设[①]

未来的相对贫困治理，将是全面实施乡村振兴战略的重要组成部分。为此，需要以乡村振兴战略为统领，把农业农村优先发展这一"三农"工作的总方针作为根本遵循，以干部配备、要素配置、投入保障、公共服务安排四大优先为重点，并充分吸纳脱贫攻坚的宝贵经验，在加强社会力量动员、强化主体参与等方面，完善相关配套机制建设。

一　干部优先配备机制

围绕"把优秀干部充实到'三农'战线，把精锐力量充实到基层一线"的要求，以"人才振兴"和"组织振兴"为基本目标，结合驻村扶贫工作队和定点帮扶的有益实践，建立和完善"三农"干部优先配备机制。

1. 强化"三农"队伍建设机制

加强"三农"工作干部队伍的培养、配备、管理和使用，锻造一支懂农业、爱农村、爱农民的"三农"工作队伍。制订实施"三农"干部培训计划，加大各级"三农"干部培训力度，使各级党委和政府主要领导干部真懂、会抓、善抓"三农"工作，分管领导真正成为"三农"工作的行家里手，全面提升各级干部特别是领导干部做好"三农"工作的能力和水平。县委书记要把主要精力放在"三农"工作上，当好乡村振兴的"一线总指挥"。推进乡（镇）干部队伍专业化，有针对性地选配政治素质高、工作能力强、熟悉"三农"工作的干部担任乡（镇）党政主要领导。着力提高乡村干部本土化率。选好配强村级领导班子，突出抓好村党组织带头人队伍和青年党支部建设，建立村组干部正向激励机制及报酬合理增长机制。发展壮大村级集体经济，完善村集体经济组织利益分配机制。

2. 健全干部下乡驻村机制

统筹整合新农村建设、干部直接联系和服务群众挂钩点以及定点挂钩

---

① 本节吸收了同事颜晓飞副研究员的许多观点。

扶贫等力量，制定统一的干部下乡驻村实施办法，将脱贫攻坚驻村工作队全建制转换为乡村振兴工作队，实现下乡驻村长期化、制度化，打造一支永不落幕的驻村工作队。充分发挥乡村振兴工作队的作用，积极参与乡村振兴各项工作。树立人才向农村基层一线流动的用人导向，落实保障措施、建立激励机制，把下乡驻村作为培养锻炼干部特别是年轻干部的重要渠道，加大选派优秀年轻干部特别是后备干部到县、乡、村工作的力度，对乡村振兴下派的优秀干部进行考核表彰，把考核结果作为干部选拔任用的重要依据。探索实施高等院校、科研院所等事业单位专业技术人员到乡村和乡（镇）企业挂职、兼职和离岗创新创业制度。壮大科技特派员队伍，探索科研人员、农技人员通过提供技术增值服务获取合理报酬机制。

3. 建立本土人才培育机制

以实施"领头雁"工程和新型职业农民培育工程为抓手，开展职业农民职称评定试点，引导符合条件的新型职业农民参加城镇职工养老、医疗等社会保险，逐步完善配套政策体系；创新培训机制，支持农民专业合作社、专业技术协会、龙头企业等主体承担更多培训任务，不断提升"领头雁"和新型职业农民培育的针对性、规范性、实效性；建立自主培养与人才引进相结合，学历教育、技能培训、实践锻炼等多种方式并举的人力资源开发机制。

二 要素优先配置机制

以"破除妨碍城乡要素自由流动、平等交换的体制机制壁垒，改变农村要素单向流出格局，推动资源要素向农村流动"为着力点，推动城镇生产要素与农村生产要素市场化流动和有效配置。

1. 建立土地生产要素激活机制

坚持统分结合的双层经营体制，以深化农村承包地"三权分置"为重点，在坚持农地的农民集体所有权、稳定农户承包权的基础上，进一步激活其经营权；落实农地承包经营权三十年到期后的顺延政策；妥善处置无农地承包权农户的权益关切；完善草地、林地等非耕地资源的承包权。以落实农村宅基地"三权分置"为重点，在保护农民合法权益的基础上，审慎探索农户宅基地和房屋所有权有偿转让办法。以集体建设用地入市为基本方向，尽快制定实施农村集体建设用地入市办法。推进户籍制度改革，探索农村经济集体组织成员权实现和有偿退出办法，探索城镇居民获得有限农村集体经济组织成员权办法，保护城镇居民依法获得的财产权。完善落实土地承包权和经营权抵押贷款政策，激活土地生产要素。积极开展高标准农田建设等新增耕地指标和城乡建设用地增减挂钩结余指标跨省域交易。把县域作为城乡融合发展的重要切入点，赋予县级更多资源整合使用的自主权，强化县城的综合服务能力。

2. 建立乡村人才回引和使用机制

落实农民工和农村大学生返乡创业扶持政策，研究制定管理办法，允许符合要求的公职人员回乡任职。逐步建立城市医生、教师、科技文化人员等定期服务乡村机制，制定实施鼓励城市专业人才参与乡村振兴的政策。创新人才引进方式，科学统筹"引人"与"引智"的关系，着力夯实乡村人才和智力支撑基础。积极推行乡村教师"县管校聘"、"三支一扶"、特岗教师计划等，组织实施高校毕业生基层成长计划。建立县域专业人才统筹管理使用制度，完善农村专业人才选拔管理规定，构建县、乡、村三级管理网络，建立农村各类乡土人才库，提高农村专业人才培养、使用、激励等服务保障能力。推动人才管理职能部门简政放权，保障和落实基层用人主体的自主权。加大对农村优秀人才的奖励、表彰力度，扩大乡土人才的影响力和知名度。扶持培养一批农业职业经理人、经纪人、乡村工匠、文化能人、非遗传承人等。

3. 夯实社会化服务体系

以发展小农、服务小农和富裕小农为目标，以市场手段为重点，完善农业农村社会化服务体系，提高服务质量。鼓励供销合作社向农业农村延伸服务体系和服务内容，为农民提供有效的产前和产后服务。支持新型农业经营主体与小农户建立紧密型利益联结机制，在服务带动小农户健康发展的同时，壮大自身发展实力。探索村级组织领办创办农业农村综合服务实体，通过托管服务等为农民提供实实在在的有效服务。支持各类中介服务组织通过购买服务等方式，为小农户提供有效服务。鼓励小农户走自主联合发展道路，强化自我服务。

三 投入优先保障机制

科学评估财政承受能力、集体经济实力和社会资本动力，依法合规谋划乡村振兴筹资渠道，避免负债搞建设，合理确定乡村基础设施、公共产品、制度保障等分级供给责任和投入保障水平。健全投入保障机制，加快形成财政优先保障、金融重点倾斜、社会积极参与的多元投入格局，使乡村振兴目标任务与资金投入相匹配。

1. 建立财政优先保障机制

加快落实《关于完善农业支持保护制度的意见》，切实把农业农村作为财政优先保障的重要领域，建立完善相关体制机制，确保公共财政更大力度向"三农"倾斜，确保财政投入与乡村振兴的目标任务相适应。加大中央财政转移支付力度，建立财政资金投入合理增长机制，扩大财政支农支出规模，提高财政资金使用效益，增加农村基础设施和公共服务"短板""弱项"投入。优化财政供给结构，推进行业内资金整合与行业间资金统筹相互衔接配合，扩大县级自主统筹空间。在风险可控的前提下，鼓励省级政府发行用于支持乡村振兴领域公益性项目的一般债券，鼓励各地设立省级乡村振兴投资基金。完善以绿色生态为导向的财政支农政策体系。落实中共中央办公厅、国务院办公厅印发的《关于调整完善土地出让收入使用范围优先支持乡村振兴的意见》有关要求，逐步提高土地出让收益用于农业农村比例，确保"十四五"期末达到50%以上。

2. 完善涉农资金整合长效机制

贯彻落实《关于探索建立涉农资金统筹整合长效机制的意见》，进一步明晰涉农部门职责关系，按照"渠道不乱、用途不变、各司其职、各记其功"的原则，实行"大专项＋任务清单"管理模式，分类有序推进涉农资金统筹整合，对行业内涉农资金在预算编制环节进行源头整合，形成农业发展领域权责匹配、相互协调、上下联动、步调一致的涉农资金统筹整合长效机制，不断提高涉农资金整合力度、管理效率和使用绩效，确保支持乡村振兴力度不减弱、总量持续增加。

3. 建立金融支持乡村振兴机制

充分发挥政策性金融的导向作用，加大财政贴息资金投入力度，扩大政策性贴息贷款规模。引导金融机构到贫困地区发展，推动金融机构和网点向欠发达乡（镇）、社区延伸，改善农村支付环境，鼓励金融机构扩大支持乡村振兴贷款规模，提高金融服务乡村振兴水平。探索建立政策性农业农村担保公司，引导金融机构创新金融产品和服务，积极开展以"三权三证"抵押融资为主的"三农"金融服务改革创新试点和便利化运作工作，支持各地探索建立乡村振兴投融资服务机构。

4. 探索建立市场化社会化投入机制

优化乡村营商环境，加大农村基础设施和公用事业领域开放力度，按照"谁投资、谁经营、谁受益"的原则，鼓励不同经济成分和各类投资主体以独资、合资、承包、租赁等多种形式参与乡村振兴。探索有效盘活农村闲置资源资产的路径和方式，引导更多工商资本、金融资本、社会资本等投向农业农村。进一步完善东西部对口协作帮扶机制，鼓励更多东部企业和个人到西部，尤其是欠发达地区投资兴业。通过村企结对、部门联村等形式，建立多方筹资、共建共享的投入机制。

四　公共服务优先安排机制

以"基本公共服务均等化"为基本目标，以"推进城乡基本公共服务标准统一、制度并轨，实现从形式上的普惠向实质上的公平转变"为重要路径，完善相关体制机制，保证公共服务优先安排到农村地区，尤其是西部欠发达地区。

1. 建立城乡教育资源均衡配置机制

优先发展农村教育事业，建立以城带乡、整体推进、城乡一体、均衡发展的义务教育发展机制。优化学校布局，切实降低学生及家庭教育负担，提高学生就近接受良好教育的便利度。鼓励省级政府建立统筹规划、统一选拔的乡村教师补充机制，为乡村学校输送优秀高校毕业生。推动教师资源向乡村倾斜，通过稳步提高待遇等措施增强乡村教师的岗位吸引力。实行义务教育学校教师县管校聘，推行县域内校长教师交流轮岗和城乡教育联合体模式。完善教育信息化发展机制，推动优质教育资源城乡共享。多渠道增加乡村普惠性学前教育资源，推行城乡义务教育学校标准化建设，加强寄宿制学校建设。

2. 健全乡村医疗卫生服务体系

进一步改善乡（镇）卫生院和村卫生室条件，优化卫生机构区域布局。健全网络化服务运行机制，鼓励县医院与乡（镇）卫生院建立县域医共体，鼓励城市大医院与县医院建立对口帮扶、巡回医疗和远程医疗机制。建立和完善相关政策制度，增加基层医务人员的岗位吸引力，加强乡村医疗卫生人才队伍建设。全面建立分级诊疗制度，实行差别化医保支付政策。因地制宜建立完善全民健身服务体系。因地制宜建立完善医疗废物收集转运体系。提高慢性病、职业病、地方病和重大传染病防治能力。加强爱国卫生工作，倡导优生优育。

3. 健全城乡公共文化服务体系

统筹城乡公共文化设施布局、服务提供、队伍建设，推动文化资源重点向乡村倾斜，提高服务的覆盖面、便利度和适用性。推行公共文化服务参与式管理模式，建立城乡居民评价与反馈机制，引导居民参与公共文化服务项目规划、建设、管理和监督，推动服务项目与居民需求有效对接。支持乡村民间文化团体开展符合乡村特点的文化活动。鼓励社会力量参与，推动公共文化服务社会化发展。建立文化结对帮扶机制，推动文化工作者和志愿者等投身乡村文化建设。划定乡村建设的历史文化保护线，保护好农业遗迹、文物古迹、民族村寨、传统村落、传统建筑和灌溉工程遗产，推动非物质文化遗产活态传承和保护利用。发挥风俗习惯、村规民约等优秀传统文化基因的重要作用，推动形成文明乡风、良好家风、淳朴民风。

五 社会力量动员机制

在充分发挥广大农民的主体地位、加快农民主体机制建设的同时，充分发挥中国共产党领导下的社会主义制度的优越性，广泛动员社会力量参与乡村振兴；激发动力，形成合力；建立健全乡村有效治理机制，进一步提升乡村有效治理水平。

1. 健全社会力量广泛参与机制

制定社会主体参与乡村振兴的信贷优惠、税收优惠、政策扶持等办法，鼓励支持民营企业、社会组织、公民个人参与乡村振兴，引导各方面社会资源与农业农村资源进行有效配置。推广 PPP、政府购买服务、社会组织与企业合作等模式，实现社会资源和乡村振兴需求有效对接。充分发挥工会、共青团、妇联、科协、残联等群团组织的优势和力量，充分发挥各民主党派、工商联、无党派人士在人才和智力上的优势和作用，凝聚起乡村振兴强大合力。围绕乡村振兴阶段性目标任务，推进部门之间、政府与社会之间的信息共享、资源统筹和规划衔接，构建政府主导、市场主体、社会协同推进的乡村振兴参与机制。

2. 创新协同发展合力机制

鼓励社会力量与村民共建共享各种示范基地和示范车间。完善新型农业经营主体的扶贫带贫机制，通过股份制和股份合作制等形式，强化利益联结机制。培育发展城乡产业协同发展先行区，推动城乡要素跨界配置和产业有机融合。把特色小镇作为城乡要素融合的重要载体，打造集聚特色产业的创新创业生态圈。完善小城镇联结城乡的功能，探索创新美丽乡村特色化差异化发展模式，盘活用好乡村资源资产。创建一批城乡融合典型项目，形成示范带动效应。

3. 建立健全乡村有效治理机制

建立健全党组织领导的自治、法治、德治相结合的乡村治理体系，发挥群众参与治理的主体作用，增强乡村治理活力，提升乡村有效治理能力和水平。强化农村基层党组织的领导作用，全面推行村（居）委会党组织书记通过法定程序担任村（居）委会主任和村级集体经济组织、合作经济组织负责人，健全以财政投入为主的稳定的村级组织运转经费保障机制。加强农村新型经济组织和社会组织的党建工作，引导其坚持为农村服务。加强自治组织规范化、制度化建设，健全村级议事协商制度。打造一门式办理、一站式服务、线上线下相结合的村级综合服务平台，完善网格化管理体系和乡村便民服务体系。

六　群众主体建构机制

在树立相信群众、信赖群众和服务群众基本理念的基础上，客观评价贫困群众的现实可行能力，采取有效措施，进一步提升贫困群众的内生发展动力和可行发展能力，同时降低外力作用可能造成的反作用力。

1. 正确认识贫困群众的能力

内生动力是能力得以生成的基础，而能力则是内生动力得以彰显的必备条件。从一般意义上讲，能力是生命物体对自然探索、认知、改造水平的度量。人的能力则是一个具体的人完成一项目标或者任务所体现出来的综合素质。能力总是和人完成一定的实践联系在一起的。离开了具体实践，既不能表现人的能力，也不能发展人的能力。人们在完成某项活动时所表现出来的能力大不相同。正是认识到了这一点，诺贝尔经济学奖获得者阿马蒂亚·森提出了能力贫困学说，并建立了相应的分析框架。

按照森的看法，贫困本质上是缺乏维持最低生活标准的能力，或者说是"个人在生活中缺乏实现各种有价值的功能的实际能力"。森用可行能力来描述这种实际能力。所谓可行能力是指"人们能够做自己想做的事情、过上自己想过的生活的能力"[①]，也就是维持最低生活水平基础上实现某些特别重要的功能所需要的能力。如果不具备这些能力，个人就处于被"剥夺"的状态。

森进一步强调指出，可行能力因个人身体及心理差异千差万别，但对于处于最低生活标准（或最低生活水平）的贫困者而言，基本可行能力是较客观的判定标准。所谓"基本可行能力"是指个人有实质性的自由去选择在任何条件下都被认为是值得珍视的那种生活的能力，具体"包括免受困苦——诸如饥饿、营养不良、可避免的疾病、过早死亡之类——的基本能力，以及能够识字算数、享受政治参与等的自由"[②]。可见，这种能力受到受教育程度、健康以及人们基本权利得到尊重等多种因素的影响。森认

[①] 转引自丁建军《多维贫困的理论基础、测度方法及实践进展》，《西部论坛》2014年第24卷第1期。

[②] 阿马蒂亚·森：《以自由看待发展》，任赜、于真译，中国人民大学出版社，2002，第30页。

为这些因素不仅具有消除收入贫困的功能性价值，而且其本身代表了发展的目的，具有内在价值。①

森还强调，能力是一个人能够实现各种功能的集合。作为一个集合概念，能力大小反映了个人在这些集合中进行选择的自由度，代表了"一个人在不同的生活之间做出选择的自由"。自由度越小，表明其可以选择的基本可行能力越低；反之，则意味着其基本可行能力较强。森进一步认为，个人和家庭可以通过交易、生产或两者的结合对资源禀赋（endowment）进行转换，转换过程与"社会中的法律、政治、经济和社会特征以及人们在社会中所处的地位"紧密相关，"直接权利和交易权利失败"导致的资源转换剥夺，是导致饥荒和贫困的根本原因。②

由此说明，扶贫过程不仅需要重视贫困者所具有的可行发展能力，更需要注意扶贫开发的政策设计不能使贫困者已有的能力被剥夺。种种事实表明，农村贫困人口自身素质较低已经成为致贫的主要原因。这种素质不仅包括身体素质，而且包括心理素质。其中最关键的是受教育程度较低导致的心理承受能力和抗风险能力较低。这可以被理解为贫困人群面临的绝对能力剥夺，意味着这种剥夺不仅具有长期性，而且具有累积性和传递性。习近平总书记提出的阻断贫困的代际传递就是消除这种绝对剥夺的有效途径。

2. 降低外力作用的反作用力

扶贫本质上是一种外力推动。这种外力的作用方向和强度，需要与贫困者的内在动力发挥作用的方向和吸纳能力相一致，才能最大限度地启动贫困者的内在动力和可行能力。但值得注意的是，以强烈外力主导为典型特征的脱贫攻坚，不仅可能使贫困群体的发展权得不到有效保护和释放，而且可能削弱他们的某些发展权，进而衍生出"农民靠政府、政府靠中央"的负面效果。换句话说，政府给贫困农民提供政策、资金、技术和项

---

① 丁建军：《多维贫困的理论基础、测度方法及实践进展》，《西部论坛》2014 年第 24 卷第 1 期。

② 阿马蒂亚·森：《贫困与饥荒——论权利与剥夺》，王宇、王文玉译，商务印书馆，2011，第 61~69 页。

目帮助时，由于某些不当行为使得贫困农民个人意志表达、话语权、民主参与在内的公民权被削弱，导致依赖政府救助，自主参与意识不强，安于现状、不求甚好，[①] 缺乏自主脱贫的愿望，最终使其自主脱贫能力衰弱。

笔者把这种权力被削弱的情况叫作相对剥夺，即贫困者作为扶贫行动的主体，由于自身能力不足和政府行为的强大惯性，在反贫困项目和决策过程中无法或至少很难扮演利益诉求者、参与者、执行者和监督者的角色，最终导致他们在反贫困过程中的参与权乃至部分发展权被削弱。这种相对剥夺，不仅在过去长期的区域扶贫或者片区扶贫开发中广泛存在，而且在当前精准扶贫精准脱贫的时代背景下同样存在。其导致的结果必然是，一方面，贫困者的需求无法得到最大限度的满足，从而使精准扶贫精准脱贫目标难以实现；另一方面，出现了贫困者和没有得到扶持的边缘人群与帮扶人群的对立，导致一些地方干部得出如下偏颇的看法："有少数老百姓确实出现了这样的心态：'我是穷人我怕谁''我是小老百姓我怕谁''我掐着你玩'。这些都是无理取闹的潜台词。有少数贫困户对来家里帮扶的干部很麻木，认为干部比自己更着急，因为自己不脱贫干部交不了账！"[②] 意思是说，绝大多数贫困者是最知道感恩的，之所以导致以上问题的出现，说明我们没有按照习近平总书记精准扶贫的核心理念去帮扶贫困者，只有当他们的权利受到损害时，才会有以上这些抱怨。因此，对贫困农民的感恩教育确实需要，但对官员不尊重农民的基本发展权的许多做法，不仅需要教育，更需要反思我们的制度设计。

还值得注意的是，强烈的外力要发挥作用，就必须给内力以足够的吸引力。这就是外力作用或者扶持的强度，最直接的表现就是对帮扶投入的水平以及帮扶者的直接作用力。这一轮的帮扶政策，可谓含金量最高的帮扶，尤其体现在给贫困者直接的扶持力度上。就像云南省曲靖市会泽县一位 70 多岁的老大妈骂自己的儿子那样："政府相当于给我们这些易地搬迁

---

① 刘桂莉、孔柠檬：《反人文贫困视角下农村反贫困实践的思考》，《特区经济》2016 年第 2 期，第 101 ~ 102 页。

② 陈行甲：《精准扶贫中自强感恩教育要跟上》，网易新闻，http://news. 163. com/16/1108/07/C5B666U6000187VE. html，最后访问日期：2020 年 12 月 23 日。

农户白送了城里几十万元的房子，为什么不去争取呢?!"有的地方官员认为村民争当贫困户也是一种理性选择，因为这"蛋糕"实在太诱人了。但现实情况是，对于少部分可行能力很低的贫困农户来说，这种外力作用也产生了反作用力，突出表现为少数人的等靠要思想。

3. 充分发挥贫困群众的主体作用

农民是实施乡村振兴战略的主体，是真正的实践者和受益者。切实发挥群众的主体作用，大力弘扬自力更生、艰苦奋斗精神，激发广大群众投身乡村振兴的积极性、主动性、创造性。加强责任意识、法治意识和市场意识培育，提高农民参与市场竞争的自觉意识和能力，切实提高自我发展能力。建立健全农民参与乡村振兴的组织保障机制，避免代替农民选择，引导农民摒弃等靠要思想。进一步总结完善"一事一议""以奖代补"等办法，完善财政支农资金使用管理办法，探索建立以村集体和群众为主、政府补助的筹资方式，鼓励农民对直接受益的乡村基础设施建设投工投劳。

第四节　强化组织领导

强有力的组织领导是我国脱贫攻坚战取得全面胜利的根本保障，也是中国共产党领导下的社会主义制度优越性能够得到充分彰显的重要基础。未来的贫困治理，其工作重点是保障和不断改善民生，在一定意义上是公共产品的供给，因此还需要持续强化组织领导，尤其是要坚持加强中国共产党的全面领导，构建以常态化为重点的长效工作机制，并加强基层党组织领导下的基层能力建设。

一　加强党的全面领导

"坚持党的领导"是脱贫攻坚战积累的根本经验。这既是中国共产党领导的中国特色社会主义制度最本质特征的内在要求，也是由中国共产党初心使命的本质属性决定的。相对贫困治理需要以常态化和规范化举措为主，更需要加强和改进党的全面领导，用中国共产党全心全意为人民服务这个根本宗旨去总揽贫困治理工作。

1. 坚持和加强党的全面领导

脱贫攻坚战取得全面胜利的根本保证是坚持了"中央统筹、省负总责、市（地）县抓落实"的管理制度，乡村振兴战略的实施也要坚持这一管理制度，因此作为乡村振兴战略一部分的贫困治理更加需要坚持和加强党的全面领导。重点是坚持党要管党、全面从严治党，以加强党的长期执政能力建设、先进性和纯洁性建设为主线，以党的政治建设为统领，以坚定理想信念宗旨为根基，以调动全党积极性、主动性、创造性为着力点，全面推进党的政治建设、思想建设、组织建设、作风建设和纪律建设，把党建设成为始终走在时代前列、人民衷心拥护、勇于自我革命、经得起各种风浪考验、朝气蓬勃的马克思主义执政党。尤其要让党的各项方针政策最大限度地符合最广大人民群众的利益，把缓解贫困和发展不平衡作为加强党的执政基础的重要工作，记在心上，抓在手上，落实在具体行动上，确保党的贫困治理事业不断取得新胜利。

2. 加强基层组织建设

党的基层组织是确保党的路线方针政策和决策部署贯彻落实的基础，要以提升组织力为重点，突出政治功能，把基层党组织建设成为宣传党的主张、贯彻党的决定、领导基层治理、团结动员群众、推动改革发展的坚强战斗堡垒。党支部要担负好教育党员、管理党员、监督党员和组织群众、宣传群众、凝聚群众、服务群众的职责，充分发挥引领作用，引导广大党员发挥先锋模范作用。要进一步扩大党内基层民主，推进党务公开。要进一步选优配强基层党组织领导班子，不断完善制度，使之成为加强基层组织建设的根本力量。要进一步总结基层党建带脱贫攻坚、脱贫攻坚促基层党建的有效做法和经验，并形成有效制度加以推广。

3. 切实改进作风

要把全面从严治党要求贯穿于脱贫攻坚和基层治理全过程，持续强化作风建设。尤其是当贫困治理进入相对贫困阶段后，随着贫困性质、贫困特征、贫困分布以及治理方式的转变，更需要确保扶贫工作务实、脱贫过程扎实、脱贫结果真实，更需要进一步转变和改进工作作风。尤其要完善和落实抓党建促脱贫的体制机制，做好脱贫攻坚干部培训，提高各级干部的责任感、使命感和为人民服务的工作能力，尤其是村（居）委会干部的行动能力。要发挥基层党组织带领群众脱贫致富的战斗堡垒作用，确保贫困治理过程和成效更纯更亮。

二　构建长效工作机制

把坚持制度优势作为打赢打好脱贫攻坚战的制胜密码，强调的是依靠社会主义制度集中力量办大事、办实事、办好事的优势。这是脱贫攻坚战取得全面胜利的关键。在这背后，也暗示了脱贫攻坚战依靠的大兵团集中作战，打的是歼灭战。但当贫困治理进入以相对贫困为主的新阶段，就要求帮扶措施以常规推进方式为主，因此需要构建以常态化为基本方向的长效工作机制。

1. 政策体系纳入乡村振兴

重点是在坚持农业农村优先发展的基础上，把进一步缓解相对贫困作为农业农村工作的关键领域，在保持脱贫攻坚相关政策稳步过渡之后，探索形成能够让贫困家庭健康发展的扶持政策，包括社会兜底保障政策、社会救助政策、就业优先政策、产业扶持政策、基础设施持续改善政策、贫困家庭和贫困人口素质和能力提升政策等。这些政策将具有长期性和普惠性。长期性要求政策具有连续性；普惠性要求政策针对需要帮扶的所有家庭，而不是把贫困家庭作为一个特殊群体，任何家庭，只要某个方面低于国家和区域标准，就可申请具有一定时限的国家救助和帮扶。这两个方面的共同要求是政策务必更加精准有效。

2. 帮扶方式进入常态化

脱贫攻坚战采取的是一种执行成本较高且可能留下不小后遗症的非常规扶贫方式，是"两害相权取其轻"的战法。而未来的缓解相对贫困，帮扶方式需要在充分发挥贫困家庭的主观能动性的基础上，构建以政府职能部门的帮扶为主，以社会关怀为补充的扶贫新格局。这种新格局也可以称作大扶贫格局，但需要更加重视发挥贫困家庭的主体作用，并压实政府职能部门的职责，同时发挥中国特色社会主义制度优势和中华民族的传统美德。重中之重是不能让帮扶对象产生依赖思想，因此，财政补助和社会救助可能是较为重要的帮扶措施。

3. 帮扶工作纳入部门职责

适应于贫困治理的长期性和常态化，帮扶工作必须纳入政府职能部门的基本工作职责。依据"十有"主要内容，人社和民政部门更多承担的是社会保障、培训就业和社会救助等方面的工作，教育、卫计、住建、水务等部门必须把优先解决居民家庭的"短板""弱项"作为重要职能，农业、工信、商务、文旅等部门需要把就业技能和产业扶持所带动的收入稳定增长作为重要职能。与此同时，需要进一步加强基层组织建设，尤其是村级组织及其能力建设。派驻第一书记可以成为一种常态，而驻村扶贫工作队或者乡村振兴工作队以及大学生村官等则尽量以志愿服务形式出现。

三 加强基层能力建设

脱贫攻坚战积累的又一基本经验是"坚持党建引领"。这背后还有一层意思就是，基层治理能力是打赢打好脱贫攻坚战的重要基础。未来的相对贫困治理针对的是千家万户，更需要提高基层治理能力和服务能力，换句话说，基层治理能力只能强化不能弱化，而基层服务能力必须得到不断提升。

1. 充分发挥基层党组织的引领作用

全心全意为人民服务是我们党的根本宗旨，而基层党组织是最接近人民群众的。同时，我们国家尽管实行的是村（居）民自治制度，但这种自治制度是在党领导下的自治制度，因此需要充分发挥基层党组织的引领作用。针对未来一段时间的实际，需要进一步加强党对薄弱村（居）委会的领导，且实践证明派驻第一书记是一种非常成功和有效的做法，可以在完善的基础上进一步落实，不仅乡（镇）可以向村（居）委会派驻第一书记，而且县可以向乡（镇）派驻第一书记，村（居）委会也可以向村（居）民小组党支部派驻第一书记。但都要坚持实事求是的原则，宜派则派、需派则派。同时，还需要进一步加强青年党支部和党员后备力量的培养力度，不断增加新鲜血液。

2. 进一步提高基层自治组织的行动能力

基层党组织需要发挥引领作用，而基层自治组织则需要充分发挥组织动员和工作推进作用。鉴于目前基层自治组织总体上行动能力太弱的实际，除加强基层自治建设外，需要把重点放在提高其行动能力上。尤其要解决有人办事、有人愿意办事和有人能够办事等问题。有人办事要解决的主要问题是基层组织建设；有人愿意办事要解决的主要问题是基层自治组织工作人员的办事积极性和主动性问题；而有人能够办事要解决的主要问题则是基层自治组织工作人员的办事能力问题。由此可见，有人愿意办事是个焦点问题，其核心是他们的待遇问题，当前和今后的村组干部，更多是专职工作人员，但他们得到的报酬实在太低，可以总结推广云南省曲靖市师宗县"缩面提标"① 的有益做法，整合村组干部的工作职责，通过强化兼职等方式方法，提高他们的待遇，调动他们的工作积极性和主动性。

3. 充分利用好基层志愿服务力量

志愿服务将成为我国经济社会发展的重要力量。脱贫攻坚过程中，几乎每个贫困村都下派了一支驻村工作队，且发挥了难以估量的作用。除此以外，多数村委会还有大学生村官、"三支一扶"工作队员，一些地方还组建了"初心召唤"非实职领导干部服务基层工作队，以及离退休志愿工作人员。把这些力量整合起来，组建志愿服务团队支援基层建设将会起到事半功倍的作用，需要在国家层面进一步明确相关办法和管理措施，使基层志愿服务常态化和长效化。

---

① 就是坚持"一人兼多职、一人取多酬、宜整合则整合、宜兼职则兼职"的原则，将村（居）委会干部分为正职、副职、"两委"成员三个层次进行分类管理，提倡村（居）委会干部按照其主管的工作职责兼任基层政府在乡村配置的"几大员"，以便缩小村级组织工作人员职数，提高报酬标准。师宗县改革后，村（居）委会书记、主任月平均收入在4000 元左右，副书记、副主任、监委会主任月平均收入在3000 元左右，其他"两委"委员月平均收入达到2000 元，村民小组组长、支部书记月平均收入在1000 元左右。

参考文献

（一）中文专著

阿马蒂亚·森：《贫困与饥饿——论权利与剥夺》，王宇、王文玉译，商务印书馆，2011。

阿马蒂亚·森：《以自由看待发展》，任赜、于真译，中国人民大学出版社，2002。

阿瑟·刘易斯：《经济增长理论》，郭金兴等译，上海人民出版社，1994。

艾伯特·赫希曼：《经济发展战略》，潘照东、曹征海译，潘光威校，经济科学出版社，1991。

安格斯迪顿：《逃离不平等：健康、财富及不平等的起源》，崔传刚译，中信出版社，2014。

本书编写组：《党的十九届五中全会〈建议〉学习辅导百问》，党建读物出版社、学习出版社，2020。

蔡葵：《中国贫困地区农村可持续发展研究》，云南出版集团公司、云南科技出版社，2007。

曹洪民：《特殊类型贫困地区多维贫困测量与干预》，中国农业出版社，2011。

程冠军主编《精准扶贫中国方案》，中央编译出版社，2018。

《邓小平文选》（第3卷），人民出版社，1993。

方迎风、张芬：《多维贫困视角下的区域性扶贫政策选择》，武汉大学出版社，2015。

郭德宏：《中国近现代农民土地问题研究》，青岛出版社，1993。

郭正秉等主编《云南省41个贫困县脱贫致富战略研究》，云南人民出版社，1990。

国家统计局农村社会经济调查司编《2009中国农村贫困监测报告》，中国统计出版社，2009。

国家统计局农村社会经济调查总队编《2001中国农村贫困监测报告》，中国统计出版社》，2001。

国家统计局农村社会经济调查总队编《2002中国农村贫困监测报告》，中国统计出版社，2002。

国家统计局住户调查办公室编《2011中国农村贫困监测报告》，中国统计出版社，2011。

国家统计局住户调查办公室编《2015中国农村贫困监测报告》，中国统计出版社，2015。

国家统计局住户调查办公室编《2016中国农村贫困监测报告》，中国统计出版社，2016。

国家统计局住户调查办公室编《2018中国农村贫困监测报告》，中国统计出版社，2018。

国家统计局住户调查办公室编《2019中国农村贫困监测报告》，中国统计出版社，2019。

国务院扶贫办全国扶贫宣传教育中心编《脱贫攻坚理论实践创新研究》，中国农业出版社，2018。

国务院扶贫办政策法规司、国务院扶贫办全国扶贫宣传教育中心编《脱贫攻坚前沿问题研究》，中国出版集团、研究出版社，2018。

国务院扶贫开发领导小组办公室编《中国农村扶贫开发纲要》，中国财政经济出版社，2003。

黄承伟：《国际减贫理论与前沿问题2012》，中国农业出版社，2012。

黄承伟：《中国反贫困：理论方法战略》，中国财政经济出版社，2002。

康晓光：《中国贫困与反贫困理论》，广西人民出版社，1995。

李培林、魏后凯、吴国宝等：《扶贫蓝皮书：中国扶贫开发报告（2017）》，社会科学文献出版社，2018。

李晓红：《减贫进程中贫困人口能力形成的产权分析》，中国社会科学出版社，2015。

联合国开发计划署：《2000 年人类发展报告——人权与人类发展》，中国财政经济出版社，2001。

《列宁全集》（第 33 卷），人民出版社，2017。

《列宁全集》（第 39 卷），人民出版社，1986。

《列宁全集》（第 40 卷），人民出版社，2017。

《列宁选集》（第 2 卷），人民出版社，1995。

《列宁选集》（第 3 卷），人民出版社，1995。

《列宁专题文集》（论社会主义），人民出版社，2009。

林毅夫等：《战胜命运 跨越贫困陷阱 创造经济奇迹》，北京大学出版社，2017。

刘晓珉：《贫困的复杂图景与反贫困的多元路径》，社会科学文献出版社，2017。

马丁·瑞沃林：《贫困的比较》，赵俊超译，北京大学出版社，2005。

马尔萨斯：《人口原理》，朱泱等译，商务印书馆，1992。

《马克思恩格斯全集》（第 23 卷），人民出版社，1972。

《马克思恩格斯全集》（第 31 卷），人民出版社，1998。

《马克思恩格斯全集》（第 3 卷），人民出版社，2002。

《马克思恩格斯全集》（第 47 卷），人民出版社，2004。

《马克思恩格斯全集》（第 4 卷），人民出版社，1958。

《马克思恩格斯文集》（第 1 卷），人民出版社，2009。

《马克思恩格斯选集》（第 1 卷），人民出版社，1995。

《马克思恩格斯选集》（第 2 卷），人民出版社，1995。

《毛泽东选集》（合订本），人民出版社，1991。

《毛泽东著作选读》（甲种本），人民出版社，1966。

人民出版社编《中共中央国务院关于"三农"工作的一号文件汇编（1982—2014）》，人民出版社，2014。

萨比娜·阿尔基尔等:《贫困缺失的维度》,刘民权、韩华为译,科学出版社,2010。

塞德希尔·穆来纳森、埃尔德·莎菲尔:《稀缺:我们是如何陷入贫穷与忙碌的》,魏薇、龙志勇译,浙江人民出版社,2014。

世界银行:《2000/2001 年世界发展报告——与贫困作斗争》,中国财政经济出版社,2001。

世界银行编《贫困与对策》,经济管理出版社,1996。

世界银行东亚及太平洋地区扶贫与经济管理局:《从贫困地区到贫困人群:中国扶贫议程的演进——中国贫困和不平等问题评估》,世界银行,2009。

世界银行:《贫困与对策》,经济管理出版社,1996。

世界银行:《中国战胜农村贫困》,中国财政经济出版社,2001。

帅传敏:《中国农村扶贫开发模式与效率研究》,人民出版社,2010。

宋媛:《发达地区对口帮扶西部民族地区的效益评价及政策建议》,中国社会科学出版社,2015。

汪三贵:《脱贫攻坚与精准扶贫:理论与实践》,中国财经出版传媒集团、经济科学出版社,2020。

汪三贵、杨龙、张伟宾等:《扶贫开发与区域发展——我国特困地区的贫困与扶贫策略研究》,经济科学出版社,2018。

王三秀:《中国扶贫精细化理念、策略、保障》,社会科学文献出版社,2017。

王小林、张晓颖:《迈向 2030:中国减贫与全球贫困治理》,社会科学文献出版社,2017。

王小:《贫困测量:理论与方法》,社会科学文献出版社,2012。

王雨林:《中国农村贫困与反贫困问题研究》,浙江大学出版社,2008。

《习近平谈治国理政》(第三卷),外文出版社,2020。

杨道田:《新时期我国精准扶贫机制创新路径》,经济管理出版社,2017。

杨立雄、胡姝:《中国农村贫困线研究》,中国经济出版社,2013。

岳希明、李实、王萍萍、关冰:《透视中国农村贫困》,经济科学出版社,2007。

张琦、黄承伟:《完善扶贫脱贫机制研究》,北京经济科学出版社,2015。

张秋锦主编《毛泽东、邓小平、江泽民关于"三农"问题的部分论述》，中国农业出版社，2005。

张全红、周强：《中国农村多维贫困的测度与反贫困政策研究》，华中科技大学出版社，2018。

张巍：《中国农村反贫困制度变迁研究》，中国政法大学出版社，2008。

郑宝华、陈晓未、崔江红等：《中国农村扶贫开发的实践与理论思考——基于云南农村扶贫开发的长期研究》，中国书籍出版社，2013。

郑宝华：《云南农村发展报告 2010—2011》，云南大学出版社，2011。

郑宝华、张兰英主编《中国农村反贫困词汇释义》，中国发展出版社，2004。

中共中央党史和文献研究院编《十八大以来重要文献选编》，中央文献出版社，2018。

中共中央党史和文献研究院编《习近平扶贫论述摘编》，中央文献出版社，2018。

中共中央党史和文献研究院编《习近平关于"三农"工作论述摘编》，中央文献出版社，2019。

中共中央党史和文献研究院、中央"不忘初心、牢记使命"主题教育领导小组办公室：《习近平关于"不忘初心、牢记使命"重要论述选编》，党建读物出版社、中央文献出版社，2019。

中共中央马克思恩格斯列宁斯大林著作编译局译：《资本论》（第一卷），人民出版社，2004。

周强：《多维贫困与反贫困绩效评估：理论、方法与实证》，经济科学出版社，2018。

周毅：《反贫困与可持续发展》，党建读物出版社，1997。

朱晓阳：《边缘与贫困——贫困群体研究反思》，社会科学文献出版社，2012。

庄天慧、杨浩、蓝红星：《多维贫困与贫困治理》，湖南人民出版社，2018。

左常升主编《国际减贫理论与前沿问题 2016》，中国农业出版社，2016。

（二）中文论文

白启鹏：《精准扶贫的中国经验与时代价值》，《唐山学院学报》2018 年第

1 期。

白永秀、刘盼：《全面建成小康社会后我国城乡反贫困的特点、难点与重点》，《改革》2019 年第 5 期。

白增博、孙庆刚、王芳：《美国贫困救助政策对中国反贫困的启示——兼论 2020 年后中国扶贫工作》，《世界农业》2017 年第 12 期。

白增博：《新中国 70 年扶贫开发基本历程、经验启示与取向选择》，《农业经济》2019 年第 12 期。

毕洁颖、陈志钢：《国际贫困瞄准的经验及对中国的启示》，《世界农业》2019 年第 5 期。

陈立中：《收入、知识和健康的三类贫困测算与解析》，《改革》2016 年第 5 期。

陈宗胜、沈扬扬、周云波：《中国农村贫困状况的绝对与相对变动——兼论相对贫困线的设定》，《管理世界》2013 年第 1 期。

邓大松、吴祖云、杨晶：《中国农村扶贫政策的实践困境与路径优化——兼论农村扶贫和低保制度的衔接问题》，《苏州大学学报》（哲学社会科学版）2019 年第 9 期。

丁建军：《多维贫困的理论基础、测度方法及实践进展》，《西部论坛》2014 年第 24 卷第 1 期。

豆书龙、叶敬忠：《乡村振兴与脱贫攻坚的有机衔接及其机制构建》，《改革》2019 年第 1 期。

杜家毫：《打赢脱贫攻坚战的根本遵循》，《人民日报》2018 年 11 月 26 日，第 7 版。

范小建：《扶贫攻坚的中国式探索》，《北大商业评论》2015 年第 10 期。

方迎风：《中国贫困的多维测度》，《当代经济科学》2014 年第 4 期。

冯朝睿：《中西比较视野下的反贫困治理研究述评》，《昆明理工大学学报》（社会科学版）2019 年第 6 期。

高虹、王佳楠、吴比、石宝峰：《集中连片特困地区精准扶贫的经验总结及脱贫启示》，《农村金融研究》2019 年第 5 期。

高明、唐丽霞：《多维贫困的精准识别——基于修正的 FGT 多维贫困测量方法》，《经济评论》2018 年第 2 期。

高强、孔祥智：《论相对贫困的内涵、特点难点及应对之策》，《新疆师范
　　大学学报》（哲学社会科学版）2019 年第 11 期。

高强、刘同山、沈贵银：《2020 年后中国的减贫战略思路与政策转型》，
　　《中州学刊》2019 年第 5 期。

高强：《脱贫攻坚与乡村振兴的统筹衔接：形势任务与战略转型》，《中国
　　人民大学学报》2020 年第 6 期。

顾六宝、张明倩：《CES 经济增长模型中"贫困陷阱"理论的实证分析》，
　　《统计研究》2001 年第 1 期。

顾昕：《贫困度量的国际探索与中国贫困线的确定》，《天津社会科学》2011
　　年第 1 期。

关信平：《论现阶段我国贫困的复杂性及反贫困行动的长期性》，《社会科
　　学辑刊》2018 年第 1 期。

桂华：《相对贫困与反贫困政策体系》，《人民论坛》2019 年第 3 期。

郭建宇、吴国宝：《基于不同指标及权重选择的多维贫困测量——以山西
　　省贫困县为例》，《中国农村经济》2012 年第 2 期。

郭熙保、周强：《长期多维贫困、不平等与致贫因素》，《经济研究》2016
　　年第 6 期。

国家发展改革委宏观经济研究院"宏观经济政策动态跟踪"课题组：《粮
　　食安全评估指标与方法研究综述》，《经济研究参考》2007 年第 13 期。

国务院扶贫办党组：《创造人类反贫困历史的中国奇迹——改革开放 40 年
　　我国扶贫工作的重大成就与经验》，《求是》2018 年第 18 期。

何秀荣：《改革 40 年的农村反贫困认识与后脱贫战略前瞻》，《农村经济》
　　2018 年第 11 期。

贺雪峰：《中国农村反贫困战略中的扶贫政策与社会保障政策》，《武汉大
　　学学报》（哲学社会科学版）2018 年第 3 期。

胡联、王娜、汪三贵：《精准扶贫的理论创新——基于马克思主义政治经
　　济学视角》，《财贸研究》2017 年第 7 期。

黄承伟、叶韬、赖力：《扶贫模式创新——精准扶贫：理论研究与贵州实

践》，《贵州社会科学》2016 年第 10 期。

霍萱：《多维贫困理论及其测量研究综述》，《社会福利》2017 年第 12 期。

李炳炎、王冲：《包容性增长：基于相对贫困视角下的探析》，《探索》2012
　　年第 12 期。

李博、张全红、周强等：《中国收入贫困和多维贫困的静态与动态比较分
　　析》，《数量经济技术经济研究》2018 年第 8 期。

李军：《打赢脱贫攻坚战的强大思想武器》，《人民日报》2018 年 9 月 17
　　日，第 7 版。

李鹍：《论精准扶贫的理论意涵、实践经验与路径优化——基于对广东省
　　和湖北恩施的调查比较》，《山西农业大学学报》（社会科学版）2015
　　年第 8 期。

李小云：《我国农村扶贫战略实施的治理问题》，《贵州社会科学》2013 年
　　第 7 期。

李小云、许汉泽：《2020 年后扶贫工作的若干思考》，《国家行政学院学
　　报》2018 年第 1 期。

李永友：《财政支出结构、相对贫困与经济增长》，《管理世界》2007 年第
　　11 期。

李周：《社会扶贫的经验、问题与进路》，《求索》2016 年第 11 期。

林卡：《绝对贫困、相对贫困以及社会排斥》，《中国社会保障》2006 年第
　　2 期。

林闽钢：《贫困治理的中国经验》，《群众·决策资讯》2016 年第 6 期。

凌经球：《可持续脱贫：新时代中国农村贫困治理的一个分析框架》，《广
　　西师范学院学报》（哲学社会科学版）2018 年第 2 期。

凌经球：《乡村振兴战略背景下中国贫困治理战略转型探析》，《中央民族
　　大学学报》（哲学社会科学版）2019 年第 3 期。

刘桂莉、孔柠檬：《反人文贫困视角下农村反贫困实践的思考》，《特区经
　　济》2016 年第 2 期。

刘红岩：《中国产业扶贫的减贫逻辑和实践路径》，《清华大学学报》（哲
　　学社会科学版）2021 年第 1 期。

刘义强：《建构农民需求导向的公共产品供给制度——基于一项全国农村公共产品需求问卷调查的分析》，《华中师范大学学报》（人文社会科学版）2006 年第 45 卷第 2 期。

莫光辉：《精准扶贫：中国扶贫开发模式的内生变革与治理突破》，《中国特色社会主义研究》2016 年第 2 期。

莫光辉、杨敏：《2020 年后中国减贫前瞻：精准扶贫实践与研究转向》，《河南社会科学》2019 年第 6 期。

欧阳德君：《中国特色社会主义反贫困理论研究》，博士学位论文，贵州师范大学，2019 年 12 月。

祁志伟：《新时代贫困治理的预设图景及国外经验借鉴》，《西南民族大学学报》（人文社科版）2018 年第 12 期。

秦建军、戎爱萍：《财政支出结构对农村相对贫困的影响分析》，《经济问题》2012 年第 11 期。

求是杂志社、贵州省委联合调研组：《为了彻底撕掉千百年来的贫困标签》，《求是》2019 年第 10 期。

曲海燕：《激发贫困人口内生动力的现实困境与实现路径》，《农林经济管理学报》2019 年第 4 期。

人民论坛专题调研组：《精准扶贫与精准脱贫的福建经验》，《人民论坛》2017 年第 6 期（下）。

《人民日报》：《中国减贫之路"优质高效"——国际人士积极评价中国脱贫攻坚成就》，《人民日报》2018 年 2 月 1 日。

宋圭武：《脱贫攻坚要以产业扶贫为抓手》，《光明日报》2019 年 9 月 3 日。

苏海、向德平：《社会扶贫的行动特点与路径创新》，《中南民族大学学报》（人文社会科学版）2015 年第 35 卷第 3 期。

孙大伟：《广西脱贫攻坚的成就与经验》，《广西日报》2020 年 9 月 24 日，第 7 版。

孙久文、李星：《攻坚深度贫困与 2020 年后扶贫战略研究》，《中州学刊》2019 年第 9 期。

唐钧：《迈向 21 世纪我国面临的社会问题》，《科技导报》1994 年第 8 期。

唐任伍：《贫困文化韧性下的后小康时代相对贫困特征及其治理》，《贵州师范大学学报》（社会科学版）2019 年第 5 期。

童星、林闽钢：《我国农村贫困标准线研究》，《中国社会科学》1994 年第 3 期。

汪三贵、曾小溪：《从区域扶贫开发到精准扶贫——改革开放 40 年中国扶贫政策的演进及脱贫攻坚的难点和对策》，《农业经济问题》2018 年第 8 期。

汪三贵、曾小溪：《后 2020 贫困问题初探》，《河海大学学报》（哲学社会科学版）2018 年第 2 期。

王静、丁春福：《精准扶贫经验对我国实现共同富裕的启示》，《法制与社会》2019 年第 11 期（中）。

王锴：《以相对贫困来看城市贫困：理念辨析与中国实证》，《北京社会科学》2019 年第 7 期。

王世恒、朱家玮、杨茹茹：《马克思主义反贫困理论与习近平脱贫攻坚思想研究》，《重庆三峡学院学报》2018 年第 5 期。

王小林、Alkire S：《中国多位贫困测量：估计和政策含义》，《中国农村经济》2009 年第 12 期。

王小林：《贫困标准及全球贫困状况》，《经济研究参考》2012 年第 4 期。

王亚华、舒全峰：《中国精准扶贫的政策过程与实践经验》，《清华大学学报》（哲学社会科学版）2021 年第 1 期。

魏后凯：《2020 年后中国减贫的新战略》，《中州学刊》2018 年第 9 期。

魏立平：《国外发达国家反贫困的经验与启示》，《甘肃理论学刊》2016 年第 5 期。

吴国宝：《脱贫攻坚成就验证全面建成小康社会目标实现的成色》，《金融博览》2020 年第 12 期。

吴理财：《"贫困"的经济学分析及其分析的贫困》，《经济评论》2001 年第 4 期。

吴齐：《毛泽东土地思想研究》，博士学位论文，华中师范大学，2017。

习近平：《在打好精准脱贫攻坚战座谈会上的讲话（2018 年 2 月 12 日）》，

《求是》2020 年第 9 期。

习近平：《在解决"两不愁三保障"突出问题座谈会上的讲话（2019 年 4 月 16 日）》，《求是》2019 年第 16 期。

闫坤、孟艳：《国外反贫困实践对我国的启示》，《中国财政》2017 年第 1 期。

阳盛益、黄淑贞：《精准扶贫背景下"扶贫扶志扶智"的实践与启示》，《开发研究》2019 年第 1 期。

杨龙、李宝仪、赵阳、汪三贵：《农业产业扶贫的多维贫困瞄准研究》，《中国人口·资源与环境》2019 年第 2 期。

叶初升：《贫困陷阱的微观机制与实证研究述评》，《经济学家》2012 年第 4 期。

叶敬忠：《中国贫困治理的路径转向——从绝对贫困消除的政府主导到相对贫困治理的社会政策》，《社会发展研究》2020 年第 3 期。

叶普万：《贫困经济学研究：一个文献综述》，《世界经济》2005 年第 9 期。

虞崇胜、唐斌、余扬：《能力、权利、制度：精准脱贫战略的三维实现机制》，《理论探讨》2016 年第 3 期。

曾文麒：《精准扶贫的中国经验与时代价值》，《农村经济与科技》2019 年第 30 卷第 24 期（总第 476 期）。

张琦：《减贫战略方向与新型扶贫治理体系建构》，《改革》2016 年第 8 期。

张青：《相对贫困标准及相对贫困人口比率》，《统计与决策》2012 年第 3 期。

张全红、周强：《多维贫困测量及述评》，《经济与管理》2014 年第 1 期。

张彦、孙帅：《论构建"相对贫困"伦理关怀的可能性及其路径》，《云南社会科学》2016 年第 5 期。

张永丽、徐腊梅：《中国农村贫困性质的转变及 2020 年后反贫困政策方向》，《西北师大学报》（社会科学版）2019 年第 8 期。

张永亮：《论贫困农户自我发展能力提升》，《湖南社会科学》2018 年第 1 期。

郑宝华：《参与性贫困评估和扶贫战略的调整：来自贫困者的声音》，《云南社会科学》2003 年第 3 期。

郑宝华：《风险、不确定性和贫苦农户行为》，《中国农村经济》1997 年第
　　1 期。

郑宝华、蒋京梅：《建立需求响应机制 提高扶贫的精准度》，《云南社会科
　　学》2015 年第 6 期。

郑宝华、宋媛：《未来农村扶贫需以提升可行发展能力为方向》，《云南社
　　会科学》2020 年第 3 期。

郑宝华、晏铃：《精准扶贫需要高度重视的理论与实践问题》，《农村经济》
　　2017 年第 1 期。

中共四川省委理论学习中心组：《念兹在兹 唯此为大 举全省之力坚决打赢
　　脱贫攻坚战》，《求是》2017 年第 10 期。

邹薇、方迎风：《关于中国贫困的动态多维度研究》，《中国人口科学》2011
　　年第 6 期。

左停：《反贫困的政策重点与发展型社会救助》，《改革》2016 年第 8 期。

（三） 网络资料

陈行甲：《精准扶贫中自强感恩教育要跟上》，网易新闻，http://news.163.
　　com/16/1108/07/C5B666U6000187VE.html，最后访问日期：2020 年
　　12 月 23 日。

Frank Tsang（臧煜卓）：《2020 联邦贫困线已出台，经济担保须以最新联邦
　　贫困线为准》，http://uslawchina.cn/new_content.asp? xw_id = 5939，
　　最后访问日期：2020 年 3 月 17 日。

顾仲阳：《兄弟携手共奔全面小康——全国东西部扶贫协作工作 20 年综
　　述》，http://finance.people.com.cn/nl/2016/0720/c1004 - 28567815.html，
　　最后访问日期：2017 年 8 月 23 日。

国家发展改革委：《五年近千万人，这场"搬迁"影响深远》，https://www.
　　ndrc.gov.cn/fggz/202012/t20201209_1252451.html，最后访问日期：2020
　　年 12 月 9 日。

国家发展改革委：《消费扶贫政策体系逐步完善 效果持续扩大》，http://www.
　　scio.gov.cn/video/42600/42601/Document/1693260/1693260.htm，最后

访问日期：2020 年 12 月 21 日。

国家发展改革委：《易地扶贫搬迁投资超万亿元，有效阻断近千万人贫困代际传递》，https：//www. ndrc. gov. cn/fggz/dqzx/tpgjypkfq/202012/t20201208_1252424. html，最后访问日期：2020 年 12 月 8 日。

国家能源局：《我国能源扶贫工作取得明显成效，贫困地区生产生活用电显著改善》，https：//baijiahao. baidu. com/s？id = 1680969245656432654，最后访问日期：2020 年 12 月 21 日。

国家卫生健康委扶贫办：《一图读懂健康扶贫进展与成效》，https：//www. 360 kuai. com/pc/9527e7ecd13441993？cota = 3&kuai_ so = 1&tj_ url = so_ vip&sign = 360_57c3bbd1&refer_ scene = so_1，最后访问日期：2020 年 11 月 23 日。

黄承伟：《深刻领会习近平精准扶贫思想坚决打赢脱贫攻坚战》，http：//dangjian. people. com. cn/n1/2017/0823/c412885 – 29489835. html，最后访问日期：2017 年 8 月 23 日。

交通运输部：《基本完成"两通"任务，交通扶贫取得决定性进展》，http：//www. scio. gov. cn/video/42600/42601/Document/1688731/1688731. htm，最后访问日期：2020 年 9 月 28 日。

教育部：《义务教育有保障的目标基本实现》，http：//www. scio. gov. cn/xwfbh/xwbfbh/wqfbh/42311/43774/zy43778/Document/1688252/1688252. htm，最后访问日期：2020 年 9 月 23 日。

科技部：《开展技术攻关等行动，为贫困地区产业发展提供智力支持》，http：//www. scio. gov. cn/xwfbh/xwbfbh/wqfbh/42311/44592/zy44603/Document/1695478/1695478. htm，最后访问日期：2020 年 12 月 21 日。

刘昆：《国务院关于财政农业农村资金分配和使用情况的报告》，2020 年 12 月 23 日在第十三届全国人大常委会第二十四次会议上的报告，http：//www. pkulaw. cn/fulltext_ form. aspx？Db = chl&EncodingName&Gid = 3c1e73df41af22f0bdfb&Search_ IsTitle = 0&Search_ Mode&keyword，最后访问日期：2020 年 12 月 23 日。

龙刚（通讯员）：《念好"小"字诀，激发"大"能量——在脱贫攻坚中激发群众内生动力的红河实践》，《红河日报》，https://baijiahao. baidu.
com/s? id=1647097187511876764，最后访问日期：2019 年 10 月 11 日。

罗晨：《国家卫健委：我国健康扶贫成效显著》，《中国食品报》第 3 版，
http://www. cnfood. cn/yiqingfangkong168063. html，最后访问日期：2020
年 11 月 25 日。

农业农村部：《产业扶贫政策覆盖 98% 贫困户，人均纯收入年均增长 30. 2%》，
http://www. scio. gov. cn/video/42600/42601/Document/1694780/1694780.
htm，最后访问日期：2020 年 12 月 21 日。

农业农村部：《贫困地区特色产业快速发展，贫困户收入大幅提高》，ht-
tp://www. scio. gov. cn/xwfbh/xwbfbh/wqfbh/42311/44465/zy44469/Doc-
ument/1694659/1694659. htm，最后访问日期：2020 年 12 月 21 日。

《人民日报》记者张烁：《义务教育有保障、阻断贫困靠知识》，《人民日报》，
http://www. moe. gov. cn/jyb_xwfb/s5147/202012/t20201221_506637. html，
最后访问日期：2020 年 12 月 20 日。

水利部、国务院扶贫办、国家卫生健康委：《关于坚决打赢农村饮水安全
脱贫攻坚战的通知》，http://mwr. gov. cn/zw/tzgs/201808/t20180802_
1044428. html，最后访问日期：2018 年 8 月 2 日。

王吉飞：《曲靖市抓好"七字诀"扎实推进农村人居环境提升工作》，珠江
网，http://www. zjw. cn/index. php? a=shows&catid=128&id=140472，
最后访问日期：2020 年 12 月 21 日。

王蒙徽：《补齐农村贫困人口住房安全短板 坚决打赢脱贫攻坚战》，《中国
建设报》，http://www. mohurd. gov. cn/jsbfld/202010/t20201016_247592.
html，最后访问日期：2020 年 10 月 16 日。

新华社记者田晓航：《为决战决胜脱贫攻坚筑牢健康之基》，新华网，ht-
tps://www. 360kuai. com/pc/904d238967c9e5c2c? cota=4&kuai_so=
1&tj_url=so_rec&sign=360_57c3bbd1&refer_scene=so_1，最后访问
日期：2020 年 10 月 26 日。

《云南省光荣脱贫户——罗现刚》，《保山日报》，https://www. 163. com/dy/
article/E29RPMO70514T96E. html，最后访问日期：2018 年 12 月 5 日。

中央网信办:《网络扶贫取得实质性进展和明显成效》, http://www. scio. gov.
cn/xwfbh/xwbfbh/wqfbh/42311/44157/zy44161/Document/1691518/1691
518. htm, 最后访问日期: 2020 年 12 月 21 日。

(四) 英文著作

Alkir. S. , *Valuing Freedom's*: *Sen's Capability Approachand Poverty Reduction*
(Oxford: OUP, 2002).

Amartya Kir. Sen, *Development as Freedom* (Oxford University Press, 1999).

Anand S. and Sen. A, *Concepts of Human Development and Poverty*: *A Multidi-
mensional Perspective* (New York: UNDP, 1997).

Asian Development Bank, *Reducing Poverty*: *Major Findings and Implications A-
sian Development Bank* (Asian Development Bank Report, 1999).

Lawrence M. Mead, *The New Politics of Poverty*: *The Nonworking Poor in America*
(New York: Basic Books, 1992).

Michael Harrington, *The New American Poverty* (New York: Holt, Rinehart and
Winson of Canada limited, 1984).

Michael Harrington, *The Other American*: *Poverty in the United States* (New
York: Simon and Schuster, 1962).

M. Lipton & M. Ravallion, "Poverty and Policy," *Handbook of Development Eco-
nomics*, 1995.

Nussbaum M. , *Capabilities as Fundamental Entitlements*: *Sen and Social Justice*
(Feminist Economics, 2003).

Olson M. Jr, *The Logic of Collective Action*: *Public Goods and the Theory of
Groups* (Harvard University Press, 1965).

Oscar Lewis, *Five Families*: *Mexican Case Studies in the Culture of Poverty* (New
York, Basic Books, 1996).

Runciman. W. G, *Relative Deprivation and Social Justice* (London: Routldge &
Paul, 1966).

The World Bank, *An Update to the World Bank's Estimates of Consumption Pover-*

ty in the Developing World (World Bank, 2012).

Townesend P. , *The International Analysis of Poverty* (Harvester, 1993).

Townseng P. , *World Poverty*: *New Policies to Defeat an Old Enemy* (Bristol: The Policy Press, 2002).

UNDP, *Human Development Report* (Oxford University Press, 1997).

（五）英文论文

Alkire S. and Foster J. , "Aandmultidimensional Poverty Measurement," *Journal of Public Economics* 15 (1995).

Alkire S. and Foster J. , "Counting and Multidimensional Poverty Measurement," *Journal of Public Economies* 7 (2011).

Alkire S. and Foster J. , "Understandings and misunderstandings of multidimensional poverty measurement," *Journal of Economic Inequality* 9 (2011).

Alkire S. and Janhan S. , "The New Global MPI 2018: Aligning with the Sustainable Development Goals," *UNDP Human Development Report Office*, 2018.

Alkire S. , Kanagaratnam U. , and Suppa N. , "Multidimensional Poverty Index 2018: Brief Methodological Note and Results," *OPHI MPI Methodological*, University of Oxford 1 (2018).

Alkire S. , Roche J. M. , and Vaz A. , "Changes over Time in Multidimensional Poverty: Methodology and Results for 34 Countries," *World Development* 94 (2016).

Alkire S. , "The Research Agenda on Multidimensional Poverty Measurement: Important and as – yet Unanswered Questions," *OPHI Working Paper*, University of Oxford, 2018.

Anand S. and Sen A. , "Concepts of Human Development and Poverty: A Multidimensional Perspective, in (UNDP) Human Development 1997: Poverty and Human Development," *New York*: *United Nations Development Programme* 1 (1997).

Betti G. and Verma V. K. , "Measuring the Degree of Poverty in a Dynamic and

Comparative Context: A Multidimensional Approach Using Fuzzy Theory," *Proceedings* 6 (2001).

Bossert W. , Chakravarty S. , and D. Ambrosio C. , "Poverty and Time," *The Journal of Economics Inequality* 2 (2012).

Decancq K. and Lugo M. A. , "Weights in Multidimensional Indices of Wellbeing: An Overview," *Econometric Reviews* 1 (2013).

Dotter C. and Klasen S. , "The Multidimensional Poverty Index: Achievements," *Conceptual and Emprical Issues*, UNDP Human Development Report Office 1 (2014).

John D. McCarthy and Mayer N. Zald, "The Trend of Social Movements in America," *professionalization and Resource Mobilization*, 1973.

John Morristown, "Resource Mobilization and Social Movements: A partial Theory," *American Journal of Sociology* 82 (1977).

Kovacevic M. and Calderon M. , "UNDP's Multidimensional Poverty Index: 2014 Specifications," *UNDP Human Development Report Office* 1 (2016).

Park A. , Wang S. , and Wu G. , "Regional Poverty Targeting in China," *Journal of Public Economics* 86 (2002).

Rowntree S. , "Poverty: A Study of Town Life," *Macmillan* 1 (1901).

Sen A. K. , "Poverty: An Ordinal Approach to Measurement," *Econometric* 44 (1976).

The World Bank, "Monitoring Global Poverty: Report of the Commission on Global Poverty," Washington, DC: World Bank, 2017.

Vollmer F. and Alkire S. , "Towards a global asset indicator: Re – assessing the asset indicator in the Global Multidimensional Poverty Index," OPHI Research in Progress, Oxford Poverty and Human Development Initiative, University of Oxford, 2018.

Zavaleta D. , "What Are the Dimensions and Indicators Most Commonly Used by Countries in their National MPIs?" *Dimensions Magazine* 2 (2017).

图书在版编目(CIP)数据

中国脱贫攻坚的理论与实践 / 郑宝华著. -- 北京：
社会科学文献出版社，2021.10
ISBN 978 - 7 - 5201 - 9207 - 1

Ⅰ.①中… Ⅱ.①郑… Ⅲ.①扶贫 - 研究 - 中国
Ⅳ.①F126

中国版本图书馆 CIP 数据核字(2021)第 209376 号

中国脱贫攻坚的理论与实践

著　　者 / 郑宝华

出 版 人 / 王利民
责任编辑 / 胡庆英
文稿编辑 / 张真真
责任印制 / 王京美

出　　版 / 社会科学文献出版社·群学出版分社 (010)59366453
　　　　　　地址：北京市北三环中路甲 29 号院华龙大厦　邮编：100029
　　　　　　网址：www. ssap. com. cn
发　　行 / 市场营销中心 (010)59367081　59367083
印　　装 / 三河市尚艺印装有限公司

规　　格 / 开　本：787mm × 1092mm　1/16
　　　　　　印　张：22　字　数：336 千字
版　　次 / 2021 年 10 月第 1 版　2021 年 10 月第 1 次印刷
书　　号 / ISBN 978 - 7 - 5201 - 9207 - 1
定　　价 / 158.00 元

本书如有印装质量问题，请与读者服务中心 (010 - 59367028)联系